权威・前沿・原创

皮书系列为
"十二五"国家重点图书出版规划项目

中国社会科学院创新工程学术出版资助项目

城市蓝皮书
BLUE BOOK OF CITIES IN CHINA

中国城市发展报告
No.8

ANNUAL REPORT ON URBAN DEVELOPMENT OF CHINA
No.8

创新驱动中国城市全面转型

主　编／潘家华　魏后凯
副主编／单菁菁　李恩平　王业强　盛广耀

社会科学文献出版社
SOCIAL SCIENCES ACADEMIC PRESS (CHINA)

图书在版编目(CIP)数据

中国城市发展报告.8,创新驱动中国城市全面转型/潘家华,魏后凯主编.—北京:社会科学文献出版社,2015.10
（城市蓝皮书）
ISBN 978-7-5097-8079-4

Ⅰ.①中… Ⅱ.①潘… ②魏… Ⅲ.①城市经济-经济发展-研究报告-中国 Ⅳ.①F299.21

中国版本图书馆 CIP 数据核字（2015）第 225641 号

城市蓝皮书
中国城市发展报告 No.8
——创新驱动中国城市全面转型

| 主　　编 / 潘家华　魏后凯 |
| 副 主 编 / 单菁菁　李恩平　王业强　盛广耀 |

| 出 版 人 / 谢寿光 |
| 项目统筹 / 邓泳红　陈　颖 |
| 责任编辑 / 陈　颖 |

| 出　　版 / 社会科学文献出版社・皮书出版分社　(010) 59367127 |
| 　地址：北京市北三环中路甲29号院华龙大厦　邮编：100029 |
| 　网址：http://www.ssap.com.cn |
| 发　　行 / 市场营销中心　(010) 59367081　59367090 |
| 　读者服务中心　(010) 59367028 |
| 印　　装 / 北京季蜂印刷有限公司 |
| 规　　格 / 开本：787mm×1092mm　1/16 |
| 　印张：23　字数：385 千字 |
| 版　　次 / 2015 年 10 月第 1 版　2015 年 10 月第 1 次印刷 |
| 书　　号 / ISBN 978-7-5097-8079-4 |
| 定　　价 / 79.00 元 |

皮书序列号 / B-2007-072

本书如有破损、缺页、装订错误，请与本社读者服务中心联系更换

▲ 版权所有 翻印必究

城市蓝皮书编委会

主　编　潘家华　魏后凯

副主编　单菁菁　李恩平　王业强　盛广耀

编委会（以姓氏笔画排列）

王业强　刘治彦　刘　利　庄贵阳　宋迎昌
李春华　李宇军　李红玉　李恩平　李国庆
李　庆　何　丽　苏红键　单菁菁　陈洪波
武占云　盛广耀　潘家华　魏后凯

撰稿人（以文序排列）

潘家华　单菁菁　李恩平　王业强　苏红键
朱焕焕　武占云　耿亚男　盛广耀　黄顺江
蔡翼飞　钱　洁　李国庆　卢海元　董　昕
李宇军　李　庆　史巍娜　庄贵阳　丛晓男
刘治彦　王　轶　李红玉　梁尚鹏　宋迎昌
邓　军　陈洪波　章贤春　陶雪军
嘉峪关市创新社会治理研究课题组　胡　浩
胡　刚　杨　津　韩镇宇

编辑人（以姓氏笔画排列）

苏红键　武占云　薛苏鹏　胡　浩

摘　要

　　2015年是"十二五"规划的收官之年，《中国城市发展报告No.8》以"'十二五'回顾与'十三五'展望"为主题，研究总结了中国城镇化和城市发展各个领域在"十二五"阶段取得的成就和存在的问题，深入分析了经济新常态下中国城镇化和城市发展面临的形势和发展趋势，借此提出了"十三五"期间中国城镇化和城市发展的总体思路和对策建议。

　　本书研究发现，"十二五"期间，中国的城镇化率实现了两大重要突破：2010～2011年中国城镇化率达到并开始超过50.0%，中国整体进入城市型社会阶段；2012年中国城镇化率达到52.6%，超过世界总体水平（52.5%），并以高于世界平均水平的速度（年均0.5个百分点）快速推进。与此同时，中国城镇化与城市发展在"十二五"期间还取得了很多实质性进展，城镇化的区域差距逐步缩小，城市群的载体功能日益显著，城市经济实力、社会事业、创新创业等领域的水平均不断提升，城乡收入差距逐年缩小。但是，中国城市在规划管理、经济增长方式、空间布局、科技创新、社会矛盾、安全管理、环境污染等方面依然问题突出、有待改善。

　　围绕中国城镇化和城市发展问题，本书除总报告外，还设计了综合篇、经济篇、社会篇、生态环境篇、建设管理篇、案例篇、大事记等7大篇章，评价分析了中国287个城市的健康发展状况，分专题深入研究了中国城镇化、城市经济转型升级、社会保障和社会治理、城市生态环境和生态文明建设、城市管理、城市治理和城市建设等问题，总结了嘉峪关、杭州、三亚、北京、广州等城市在城镇化和城市发展方面的优秀经验，梳理了"十二五"期间中国城镇化和城市发展的重要事件。

　　基于对"十二五"期间中国城镇化和城市发展各个领域的回顾和反思，本书提出"十三五"期间中国要通过改革创新驱动中国城市全面转型，积极适应一种"常态"，重点把握五个"节点"，加快实现三大"转型"，着力推动六大"创新",积极稳妥推进以人为本、产城融合、城乡一体、区域协同的新型城镇化,促进创新、智慧、绿色、低碳的城市经济转型,构建开放、包容、和谐、多元共治的新型社会治理体系。

关键词: 城镇化　城市发展　转型　创新

目 录

城乡一体　转型发展（代序） ………………………… 潘家华 / 001

ⒷⅠ　总报告

Ⅰ.1　创新驱动中国城市全面转型
　　——"十二五"回顾与"十三五"展望 ……… 总报告编写组 / 001

ⒷⅡ　综合篇

Ⅰ.2　2014年中国城市健康发展评价 ……… 单菁菁　武占云　耿亚男 / 037
Ⅰ.3　中国城镇化发展状况与演进趋势 ………………… 盛广耀 / 072

ⒷⅢ　经济篇

Ⅰ.4　新常态下城市经济转型升级分析与预测 ………… 黄顺江 / 087
Ⅰ.5　信息时代产业融合发展的趋势与特征
　　………………… 武占云　单菁菁　蔡翼飞　苏红键 / 103
Ⅰ.6　"自贸区"战略对城市经济的影响与启示 ………… 钱　洁 / 120

B Ⅳ 社会篇

B.7 社会治理与社会组织建设 ………………………… 李国庆 / 133
B.8 养老保险制度的中国化：制度设计与改革思路 ……… 卢海元 / 148
B.9 中国城镇住房保障体系的建设与发展 ………………… 董　昕 / 160

B Ⅴ 生态环境篇

B.10 城市生态环境保护的现状、问题与建议 ……………… 李宇军 / 172
B.11 低碳试点省市工作评估与对策建议 …………… 史巍娜　庄贵阳 / 186

B Ⅵ 建设管理篇

B.12 中国智慧城市建设面临问题及对策
　　　………………………………… 丛晓男　刘治彦　王　轶 / 199
B.13 城市安全与应急管理体系建设 ………………… 李红玉　梁尚鹏 / 217
B.14 中国特大城市治理："十二五"回顾与"十三五"
　　 发展思路 ……………………………………………… 宋迎昌 / 231
B.15 城市地下综合管廊：国际经验与中国推进建设的
　　 关键问题 ……………………………………… 邓　军　陈洪波 / 246

B Ⅶ 案例篇

B.16 嘉峪关市创新社会治理的探索与实践
　　　…………………………… 嘉峪关市创新社会治理研究课题组 / 262
B.17 杭州建设公共自行车服务系统的探索 ………… 章贤春　陶雪军 / 278
B.18 三亚市生态文明建设的探索与实践 …………… 朱焕焕　单菁菁 / 288

B.19 推动万众创新、大众创业
　　——浅谈北京市创新孵化平台建设 …………………… 胡　浩 / 299
B.20 公众参与城市治理：广州同德围解困之路
　　………………………………………………… 胡　刚　杨　津 / 309

BⅧ "十二五"中国城市发展大事记
（2011～2015年）

B.21 "十二五"中国城市发展大事记（2011～2015年）…………… / 318

Abstract ………………………………………………………………… / 339
Contents ………………………………………………………………… / 341

城乡一体　转型发展（代序）

潘家华

2015年似乎是一个标志性的转型转折年。在国际层面，以脱贫发展为导向的"千年目标（2001~2015）"告一段落，以转型为标志的《让世界转型：2030可持续发展议程（2016~2030）》，2015年正式启动。中国的"十二五（2011~2015）"规划2015年收官，"十三五（2016~2020）"规划于2015年谋划到位。"十二五"业已启动的全面转型，"十三五"将向纵深展开。

巧合的是，"千年目标"执行期间，全球城市化水平从2000年的46.7%提升到2013年的53.0%；中国"十二五"期间，城镇化率从2010年的49.2%提高到2014年的54.8%。中国与世界几乎同步进入以城市为主体的社会形态。涉及全球气候安全的国际谈判，从2005年《京都议定书》生效到2015年《巴黎气候协议》的签署，迈出了遏制全球变暖的决定性一步；中国粗放型经济发展导致"不平衡、不协调、不可持续"的态势，2013年十八届三中全会《决定》扭转了方向。联合国"2030可持续发展议程"中的城市发展目标，明确提出城市、社区和农村协同发展，中国2020年全面建成小康社会，城乡一体发展是核心内容。

联合国2015年制定的"让世界转型"议程提出5P愿景，即人本（people）、环境（planet）、繁荣（prosperity）、和谐（peace）和合作（partnership），与中国2012年"十八大"提出的经济、政治、社会、文化和生态文明建设"五位一体"，以及工业化、城镇化、信息化、农业现代化和绿色化"五化并举"，似乎也有神似之处。而且，中国的转型，是要将生态文明建设放在突出位置，融入经济和社会发展的各方面和全过程，绿色化是新型工业化、新型城镇化、农业现代化的手段和测度标准。这不是巧合：从这个角度分析，中国的转型，似乎领先世界一步，实现着全面的从工业文明向生态文明的整体转型。

中国的城市发展，在"十二五"期间，已然进入转型进程。城市经济的增长，从工业化投资型外延拉动转向品质型创新和消费驱动，从改革开放以来30多年10%上下的高速转向7%左右的中高速增长；城市的社会，从农业户籍与非农业户籍的"二元"割裂转向市民化公共服务共享与均等化；城市环境，从控制增量遏制恶化速率转向削减总量整体改善；城市基础设施，从发展投资导向的硬件设施转向民生导向的社会服务设施；城市居民的消费，也从强调物欲满足转向注重精神文化品质。显然，这些转型在"十三五"期间还将继续而且加速。但是，同世界转型进程一样，我国在区域差距、城乡分化和贫富鸿沟等方面，尚未得到根本改变。全球可持续发展转型的目标年是2030年，中国全面建成小康社会的目标年是2020年，也就是说，要在"十三五"期间实现。显然，中国的转型发展，必然也必须快于世界进程。

"十二五"时期，中国城市病凸显，主要表现在一些特大城市和大城市雾霾挥之不去而且愈演愈烈，水资源或严重短缺或严重污染，城市交通严重拥堵停车无位。因而，转型的重点是城市均衡发展。这就要求，第一，公共优质社会服务资源或国家主导的战略性优质经济资源，需要由东部向中西部、一二线城市向三四线城市、特大和大城市向中小城市疏解。京津冀一体化，只是在包括京津在内的河北省域内的疏解。实际上，京津功能疏解，需要超出河北；而且，各省省会城市一城独大困境的改善，也需要复制这一疏解模式。从某种角度上，1960~1970年代的"三线建设"和高校疏解，对于优质社会公共资源和国家战略资源的均衡配置，其积极意义是不可否认的。第二，一个城市，尤其是大城市、特大城市的空间格局，需要多中心布局。北京的大兴、顺义、通州、昌平，距中心城区50公里左右，人口少则百万，多则200万，如果北京不是单中心摊大饼，而是各自形成分中心，中心城区的拥堵也就自然而然地缓解了。第三，如果说从单中心到多中心是一种文化观念转型的话，那么，城市单元如学校、机关、单位画地为牢的封闭大院，要破除围墙而形成开放通畅的棋盘格局，则更需要一种开放共享的制度环境和文化氛围。

城乡一体发展，已经引起社会高度关注，成为转型发展的重点。城乡一体，以城带乡，以工补农，需要有机制保障。长期以来的城乡"二元"格局，是体制机制强化的结果。为发展工业和城市，实施工农产品剪刀差政策，人为压低农产品价格获取资金。户籍制度限制农村人口流向城市，通过高考、征兵，把农村优秀人才吸收到城市，形成保障城市和工业发展的人才机制。改革开放以后，以无偿、低价形式征收农村土地，增值数以百倍乃至万倍转化为商业和工业地产。这就意味着，城乡一体，需要体制机制的转型。如何转？由于乡村是弱势，需要"托""拉"并举的机制。"托"就是托起来，农村的留守儿童、留守老人，需要社会托起来：一是医疗教育托起来。16岁以下少年儿童教育、医疗，全部免费，而且可参照西方福利社会发放一定量的儿童福利金，使其有基本的尊严和保障。如果农村弱势群体没有尊严和保障，高高在上的城市居民，实际上也没有尊严和保障，因为，尊严和保障是双向的。二是托起农村的产业，即托底农业。农业现代化不是一个口号，需要规模化、商品化、集约化和高效率。只有农业托起来了，农村才能有生命和生机。

城乡一体发展，仅有"托"是不够的，还要"拉"。所谓"拉"，就是要将大城市的优质教育、文化、医疗资源投向乡镇，将乡镇的发展层次和文化品位"拉"上来。封建社会时期达官贵人和社会贤达"衣锦还乡"和"告老还乡"，在某种角度上，也是一种"拉"。当代没有"还乡"机制，但是，在城乡要素平等交换的制度环境下，我们可以鼓励士绅回归故里、商贾投资乡间。试想，大城市动则数百万数千万乃至上亿的单元房，如果投向乡村，拉动乡村道路、学校医院的建设，外溢效应是显而易见的。西方"八国峰会"的举办地，多不在举办国首都，很多在"名不见经传"的小城镇。如果G20、APEC、上合组织、金砖国家峰会等，在中小城市举办，对当地的拉动效应，要远大于对大城市的拉动。

城乡一体，"托""拉"并举，乡村会使人们更向往，城市让生活更美好。"十三五"全面小康目标的实现，农村是关键；到2020年，城市将可能居住高达8.5亿的人口，需要确保发展及改革的红利能够惠及数以亿计的城市边缘人口、老龄人口。占城市人口总数1/3的新市民，多在体制外，从事低端产业，提高其收入水平，使其融入城市社会，也是转型发展的重要内容。

中国城市全面转型升级发展，是中国经济社会平稳可持续发展的需要，也是对全球转型、实现2030可持续发展议程的巨大贡献。

总报告

General Report

B.1
创新驱动中国城市全面转型
——"十二五"回顾与"十三五"展望

总报告编写组*

摘　要：　"十二五"时期，中国城镇化与城市发展取得显著成就，城市经济实力、基础设施建设、社会事业、创新创业水平等快速推进，城乡差距和区域差距逐步缩小，城市群核心承载功能不断加强。但在取得成就的同时，中国城市发展依然存在经济增长方式粗放、科技创新能力不足、城镇空间布局失

---

* 执笔：单菁菁、李恩平、王业强、苏红键、朱焕焕。单菁菁，中国社会科学院城市发展与环境研究所研究员，博士，主要研究方向为城市与区域规划、城市与区域经济、城市与区域管理等；李恩平，中国社会科学院城市发展与环境研究所副研究员，博士，主要研究方向为城市经济、土地与不动产等；王业强，中国社会科学院城市发展与环境研究所副研究员，博士，主要研究方向为区域经济、城镇化、土地与不动产；苏红键，中国社会科学院城市发展与环境研究所副研究员，博士，主要研究方向为城市与区域经济；朱焕焕，中国社会科学院研究生院博士，主要研究方向为城市与区域发展。潘家华、魏后凯（现任中国社会科学院农村发展研究所所长）和宋迎昌研究员参加讨论。

衡、各种社会矛盾交织、环境污染和安全隐患突出等一系列问题。"十三五"中国城市发展要把握新常态、争取新作为，加速推进以人为本、产城融合、城乡一体、区域协同的新型城镇化，促进创新、智慧、绿色、低碳的城市经济转型，构建开放、包容、和谐、多元共治的新型社会治理体系，通过深化改革创新驱动城市全面转型。

关键词： "十三五"城市发展　创新驱动　转型

一 "十二五"时期中国城镇化与城市发展取得的成就

"十二五"时期，中国城镇化与城市发展取得了显著成就，主要表现在城镇化率实现两大重要突破，城镇化区域差距开始缩小，城市群的核心承载功能不断加强，城市经济实力、基础设施建设、社会事业、创新创业水平等均快速推进，城乡居民收入差距也开始明显缩小等。

（一）城镇化实现两大重要突破

"十二五"期间，中国的城镇化率从2010年的50.0%提高到2014年的54.8%，按照每年1.2个百分点的速度推进，预期2015年城镇化率将达到55.8%左右，比2010年增长5.8个百分点，大大超过国家"十二五"规划中预期的4个百分点的增长速度。

"十二五"时期，中国城镇化水平实现了两个重要突破：一是2010~2011年期间，中国城镇化率开始突破50.0%的转折点，整体进入了城市型社会阶段，与此同时，根据诺瑟姆关于城镇化演进的S形曲线理论（Northam, 1979），中国的城镇化进入了50%~70%的减速推进阶段（如图1所示）。二是在2012年，中国城镇化率达到52.6%，首次高于当年世界总体的城镇化率水平（52.5%），并以高于世界平均速度（年均0.5个百分点）快速推进（如图2所示）。

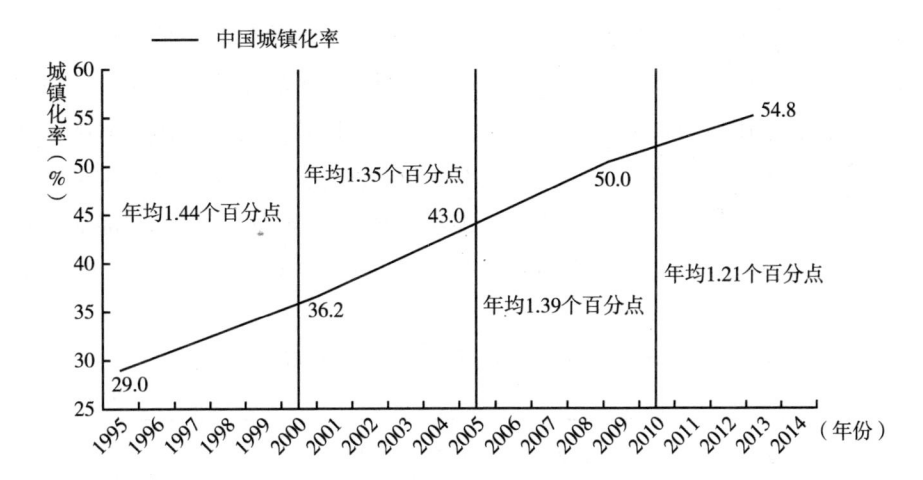

图 1　中国城镇化率超过 50% 拐点

数据来源：《中国统计年鉴（2014）》。

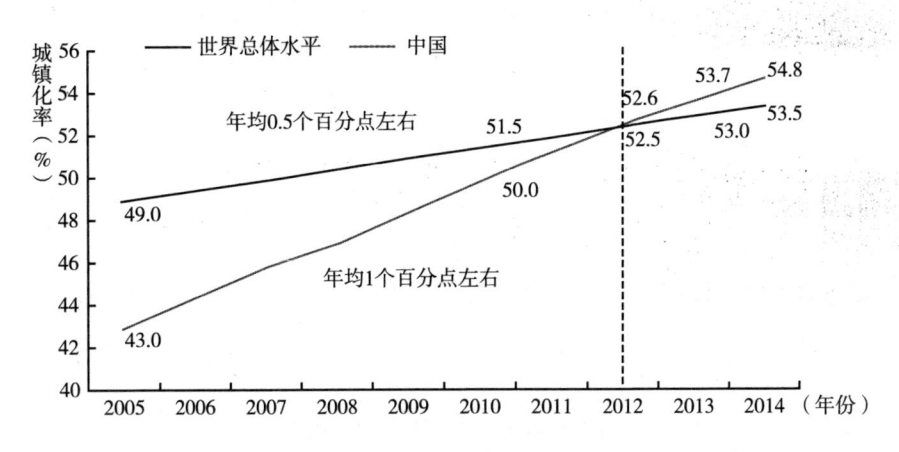

图 2　2012 年中国城镇化率超过世界总体水平

数据来源：世界银行网站数据（http://data.worldbank.org），《中国统计年鉴（2014）》。

（二）城镇化区域差距开始缩小

"十二五"时期，中国城镇化的区域差距开始缩小（如表 1 所示）。2013年，东中西部和东北地区的城镇化率分别达到 62.8%、48.5%、46.0 和60.2%，东部和东北地区的城镇化率高于全国整体水平，中西部地区的城镇化率低于全国整体水平。2010~2013年，四大区域的城镇化率增长速度分别为年均0.99、1.63、1.59、0.85个百分点，中西部地区城镇化率表现出较高的增速，而且增速高于"十一五"时期。中西部地区较高的增长速度缩小了其与全国整体水平及其他区域的差距，2013年，西部地区城镇化率低于全国平均水平7.8个百分点，差距比2010年缩小0.9个百分点；西部与东部地区差距为16.8个百分点，比2010年降低1.8个百分点。

表1 中国四大区域城镇化率演进情况

单位：%，百分点

年份	2006	2010	2011	2012	2013	2006~2010年均增长	2010~2013年均增长
全国	44.3	50.0	51.3	52.6	53.7	1.40	1.26
东部	54.5	59.8	60.8	61.9	62.8	1.34	0.99
中部	38.0	43.6	45.5	47.2	48.5	1.40	1.63
西部	35.7	41.2	43.0	44.7	46.0	1.38	1.59
东北	55.5	57.7	58.7	59.6	60.2	0.53	0.85
全国-西部	8.6	8.7	8.3	7.8	7.8	—	—
东部-西部	18.8	18.6	17.8	17.1	16.8	—	—

数据来源：《中国统计年鉴》（2007~2014）。

从各个省和直辖市的城镇化情况来看（如表2所示），同样表现出差距缩小的趋势。2010年，中国城镇化率最高的省份（不含港澳台地区）为上海89.3%，

表2 中国各个省份"十二五"时期城镇化率情况

单位：%，百分点

地区	2010年	2013年	2011~2013年均增幅	地区	2010年	2013年	2011~2013年均增幅
全 国	50.0	53.7	1.26	湖 北	49.7	54.5	1.60
北 京	86.0	86.3	0.11	湖 南	43.3	48.0	1.55
天 津	79.6	82.0	0.82	广 东	66.2	67.8	0.53
河 北	44.5	48.1	1.21	广 西	40.0	44.8	1.60
山 西	48.1	52.6	1.50	海 南	49.8	52.7	0.98
内蒙古	55.5	58.7	1.07	重 庆	53.0	58.3	1.77
辽 宁	62.1	66.5	1.45	四 川	40.2	44.9	1.57

续表

地区	2010年	2013年	2011~2013年均增幅	地区	2010年	2013年	2011~2013年均增幅
吉 林	53.4	54.2	0.28	贵 州	33.8	37.8	1.34
黑龙江	55.7	57.4	0.58	云 南	34.7	40.5	1.93
上 海	89.3	89.6	0.10	西 藏	22.7	23.7	0.35
江 苏	60.6	64.1	1.18	陕 西	45.8	51.3	1.85
浙 江	61.6	64.0	0.79	甘 肃	36.1	40.1	1.34
安 徽	43.0	47.9	1.62	青 海	44.7	48.5	1.26
福 建	57.1	60.8	1.22	宁 夏	47.9	52.0	1.37
江 西	44.1	48.9	1.60	新 疆	43.0	44.5	0.49
山 东	49.7	53.8	1.35				
河 南	38.5	43.8	1.77	标准差	14.47	13.94	—

数据来源：根据相关年份《中国统计年鉴》计算。

最低的西藏22.7%，省级行政地域单位城镇化率标准差为14.47个百分点；2013年，城镇化最高的省级单位依然是上海89.6%，最低仍然是西藏23.7%，省级单位城镇化率标准差13.94个百分点，标准差降低0.53个百分点，省级单位之间城镇化率的差距开始缩小。这也符合城镇化推进的一般规律，当城镇化率超过70%之后，即进入稳步增长阶段，增速放缓，城镇化率相对滞后的地区或省份以相对较高的速度推进，从而缩小区域之间、省份之间差距。

（三）城市群成为城镇化主要载体

"十二五"时期，"两横三纵"的城市化战略格局不断深入推进，东部沿海三大城市群继续引领发展，中西部地区的长江中游城市群和成渝城市群的功能地位日益增强，海峡西岸城市群、中原城市群、关中城市群、哈长城市群、江淮城市群、山东半岛城市群、北部湾城市群、辽中南城市群和天山北坡城市群等城市群快速发展。

中国东部沿海和沿长江的五大国家级城市群在经济发展、人口集聚、城市建设方面均接近一半的体量，沿海沿江城市群的快速发展塑造了中国新的区域发展格局。如表3所示，2013年，五大国家级城市群以占全国城市合计18.14%的行政区划面积，拥有40.48%城市建设用地面积，集聚人口4.1亿，占全部城市人口合计的32.16%，创造了46.43%的国内生产总值，贡献了

46.03%的社会消费品零售总额，吸纳了38.63%的固定资产投资，吸引了57.15%的外资。

其中，根据《国家新型城镇化规划（2014～2020年）》，2013年，京津冀、长江三角洲、珠江三角洲三大城市群，以占全国2.8%的国土面积集聚了占全国18%的人口，贡献了36%的国内生产总值，成为带动我国经济快速增长和参与国际经济合作与竞争的主要平台。另据方创琳（2014）的不完全统计，2012年中国所有城市群总面积约占国土总面积的25%，总人口占全国的62%、经济总量占80%，是中国各大经济区最具活力和潜力的地区。

表3　2013年5大国家级城市群发展情况

	城市建设用地（平方公里）	年末总人口（万人）	地区生产总值（亿元）	社会消费品零售总额（亿元）	固定资产投资（亿元）	实际利用外资（亿美元）
城市合计	35276	127786	629715	230097	418770	2725
京津冀城市群	3161	7541	56474	20700	33819	305
所占比重(%)	8.96	5.90	8.97	9.00	8.08	11.18
长三角城市群	3611	8601	97760	35599	47152	583
所占比重(%)	10.24	6.73	15.52	15.47	11.26	21.39
珠三角城市群	2364	3142	53060	18933	16057	231
所占比重(%)	6.70	2.46	8.43	8.23	3.83	8.46
长中游城市群	2953	12055	51150	17884	38653	210
所占比重(%)	8.37	9.43	8.12	7.77	9.23	7.71
成渝城市群	2191	9754	33921	12802	26090	229
所占比重(%)	6.21	7.63	5.39	5.56	6.23	8.42
五大城市群合计	14280	41094	292365	105919	161771	1557
五大城市群合计比重(%)	40.48	32.16	46.43	46.03	38.63	57.15

注：数据来源为《中国城市统计年鉴（2014年）》，考虑到数据的可比较性，本表中的城市群以大陆的地级以上城市为统计单元，没有包括香港和澳门，也没有包括县级市。京津冀城市群主要统计了北京、天津、石家庄、秦皇岛、唐山、廊坊、保定、沧州、张家口、承德等10个城市；长三角城市群主要统计了上海、苏州、杭州、无锡、宁波、南京、绍兴、南通、常州、嘉兴、镇江、扬州、泰州、湖州、舟山、台州等16个城市；珠三角城市群主要统计了广州、深圳、佛山、东莞、中山、珠海、惠州、江门、肇庆等9个城市；长江中游城市群主要统计了湖北的武汉、黄石、鄂州、黄冈、孝感、咸宁（仙桃、天门、潜江，未统计）、宜昌、荆州、荆门，湖南的长沙、株洲、湘潭、岳阳、益阳、常德、娄底、衡阳，江西的南昌、九江、景德镇、鹰潭、上饶、抚州、宜春、新余、萍乡等城市；成渝城市群主要统计了重庆和四川的成都、绵阳、德阳、乐山、眉山、遂宁、内江、南充、资阳、自贡、广安、达州等城市。

（四）城市经济实力显著增强

经济活动向城市集聚是经济发展的一般规律。从"十二五"以来中国城市经济的各项指标来看，地级以上城市市辖区的各项经济指标占全市的比重基本稳定，其中，外商投资和消费在市辖区的比重更高（如表4所示）。2013年，287个城市市辖区的地区生产总值合计为363325亿元，占这些城市全市生产总值合计的比重为57.7%；市辖区固定资产投资合计219110亿元，占全市域的比重为52.3%；实际利用外资市辖区比重较高，而且表现出稳步上升的态势，2013年达72.4%；社会消费品零售总额的比重也表现出稳步上升的态势，2013年达64.6%；规模以上工业总产值2013年达551888亿元，占全市域的54.7%。

表4 中国287个城市市辖区经济发展情况

城市合计	2010年	2011年	2012年	2013年
地区生产总值(亿元)	245307	293026	327382	363325
占全市比重(%)	57.0	56.9	57.0	57.7
固定资产投资(亿元)	142430	154776	184463	219110
占全市比重(%)	53.3	53.1	52.5	52.3
实际利用外资金额(亿美元)	1328	1525	1749	1972
占全市比重(%)	72.6	70.5	70.5	72.4
社会消费品零售额(亿元)	96834	113806	130703	14854
占全市比重(%)	63.8	63.7	63.8	64.6
规模以上工业总产值(亿元)	394974	463176	497711	551888
占全市比重(%)	57.9	56.4	55.1	54.7

数据来源：根据历年《中国城市统计年鉴》计算。

与此同时，随着城镇化快速推进、城市群和城市经济的快速发展，中心城市的经济和人口集聚程度不断加强。如图3所示，到2013年，全国36个中心城市[①]，占全国城市合计行政区划面积的11.04%，拥有40.4%的城市建设用地面积，年末总人口占20.0%，地区生产总值占37.7%，社会消费品零售总额占41.7%，固定资产投资占34.1%，实际利用外资占所有城市的54.9%。

---

① 36个中心城市包括4个直辖市、27个省会城市和5个计划单列市。

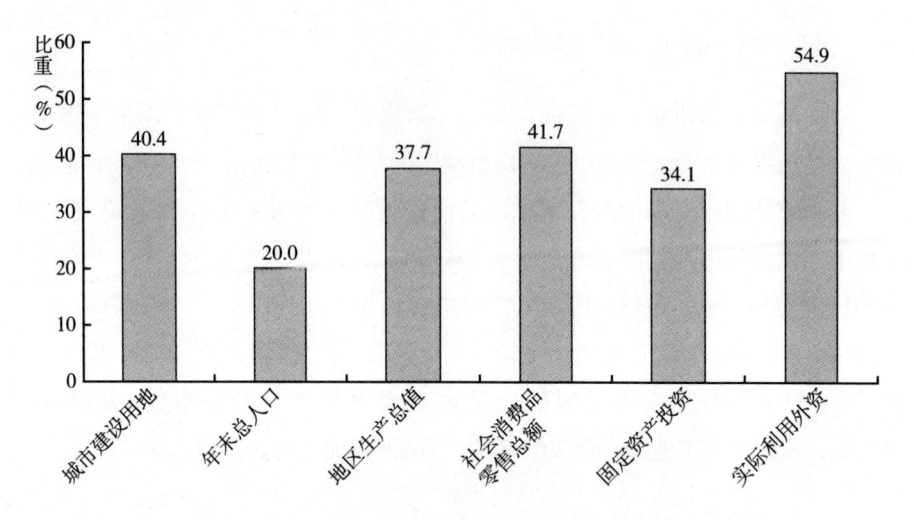

图3　2013年36个中心城市相关经济指标占城市合计的比重

数据来源：《中国城市统计年鉴（2014年）》。

（五）城市基础设施建设稳步推进

"十二五"时期，城市公用事业稳步发展，城市水、电、路、气、信息网络等基础设施显著改善（如表5所示）。从2010年到2013年，中国城市用水普及率从96.7%提高到97.6%，燃气普及率从92.0%提高到94.3%，基本接近全覆盖；人均道路面积从13.2平方米提高到14.9平方米，每万人拥有公交车辆从11.2标台提高到12.8标台，交通基础设施稳步提升；人均公园绿地面积从11.2平方米提高到12.6平方米；城市污水处理厂日处理能力从10262万立方米提高到12246万立方米，2014年进一步提高到12896万立方米；城市污水处理率从76.9%提高到87.9%，到2014年进一步提高到90.2%，生态环境状况有所改善。

其中，用水普及率、燃气普及率以及人均公园绿地面积由于水平较高，年均增幅相对"十一五"时期放缓；道路面积和公交车辆的人均水平均维持"十一五"以来的增长幅度，稳步提升。另据初步统计，全国已有230多个城市开辟了公交专用道（路），北京、上海、广州、深圳、天津、重庆、武汉、长春、大连、南京等城市开通运营了轨道交通。

表5　城市公用事业发展基本情况

项目	2006	2010	2013	2006~2010年均提高	2010~2013年均提高
用水普及率(%)	86.7	96.7	97.6	2.49个百分点	0.29个百分点
燃气普及率(%)	79.1	92.0	94.3	3.23个百分点	0.74个百分点
人均拥有道路面积(平方米)	11.0	13.2	14.9	0.55	0.55
每万人拥有公交车辆(标台)	9.1	11.2	12.8	0.53	0.53
人均公园绿地面积(平方米)	8.3	11.2	12.6	0.72	0.49
污水处理厂日处理能力(万立方米)	6122	10262	12246		
城市污水处理率(%)	56	76.9	87.9		

数据来源：《中国统计年鉴》（2007~2014）。

（六）城市社会事业不断改善

"十二五"以来，在基本公共服务全覆盖的目标引导下，城市社会保险覆盖率大幅提升，保障性住房建设稳步推进。

城镇社会保险参与率加快提升（如表6所示）。"十二五"以来，城乡居民社会保险参与率加快提升，城镇职工养老保险参与数从2010年的25673万人提高到2014年的34115万人，累计增长32.9%；城乡居民养老保险参与人数从2010年的10277万人提高到2014年的50107万人，受城乡居民养老保险制度改革的影响，该项保险人数大幅增加；基本医疗保险参与人数从43206万人增长到59774万人，提高38.3%；失业保险、工伤保险、生育保险分别提高27.4%、27.6%和38.1%。与新型农村保险结合起来看，我国城乡居民、职工的社会保险参与率已经接近100%，基本实现了数量上的全覆盖。

表6　城市社会保险基本情况

单位：万人

	2010年	2011年	2012年	2013年	2014年
城镇职工基本养老保险	25673	28392	30379	32212	34115
城乡居民基本养老保险	10277	33182	48370	49750	50107
基本医疗保险	43206	47291	53589	57322	59774
失业保险	13376	14317	15225	16416	17043
工伤保险	16161	17696	19010	19917	20621
生育保险	12336	13892	15428	16392	17035

数据来源：历年中国统计公报。

农民工社会保险参与率稳步提升（如表7所示）。"十二五"以来，在基本公共服务全覆盖的目标引导下，农民工参与社会保险的比重不断提高。养老保险参与率从2010年的9.5%提高到2014年的16.7%，提高7.2个百分点；工伤保险参与率从24.1%提高到26.2%，提高2.1个百分点；医疗保险参与率从14.3%提高到17.6%，提高3.3个百分点；失业保险参与率从4.9%提高到10.5%，提高5.6个百分点；生育保险参与率从2.9%提高到7.8%，提高4.9个百分点。

表7　农民工参与社会保险基本情况

单位：%、百分点

	2010年	2011年	2012年	2013年	2014年	2010~2014年提高比重
养老保险	9.5	13.9	14.3	15.7	16.7	7.2
工伤保险	24.1	23.6	24.0	28.5	26.2	2.1
医疗保险	14.3	16.7	16.9	17.6	17.6	3.3
失业保险	4.9	8.0	8.4	9.1	10.5	5.6
生育保险	2.9	5.6	6.1	6.6	7.8	4.9

数据来源：历年农民工监测报告。

保障性住房建设稳步推进（如图4所示）。2011~2014年，全国共建成保障性住房2088万套，新开工3230万套。预计到"十二五"末，新开工数基本能够完成国家"十二五"规划3600万套的目标。

（七）城市"双创"快速推进

"十二五"期间，中国城市的创新、创业氛围和人数快速提高，为"大众创业、万众创新"战略奠定了良好的基础。

近年来，城市和乡村的创业人员均不断增加，表现为城乡个体就业人员的快速增加及其占总就业的比重不断提高，"十二五"期间的增速相对加快（如表8所示）。"十一五"期间，城镇就业人员从2005年的27331万人增加到2010年的34687万人，年均增长4.39%，同期城镇个体就业人员从2778万人增长到4467万人，年均增长9.30%，个体就业年均增长率是总就业年均增长率的2.12倍，相应的比重从10.2%提高到12.9%；2013年，城镇就业人员增

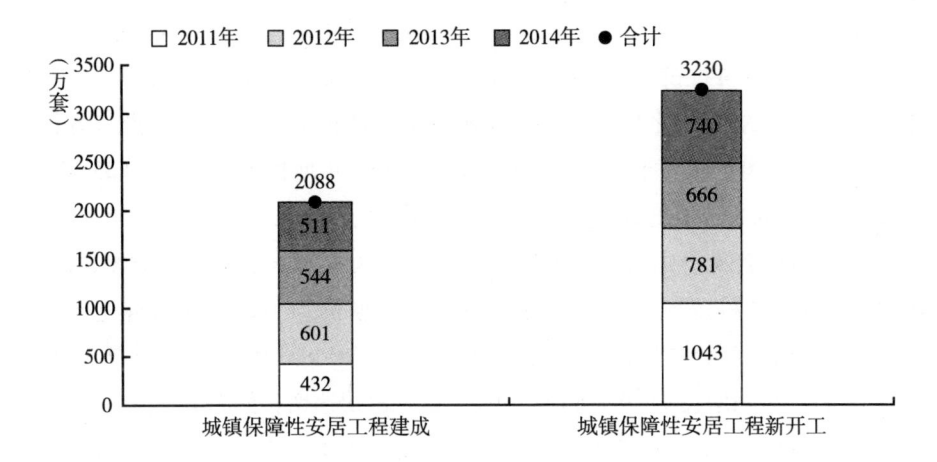

图4　中国保障性住房建设情况

数据来源：国民经济和社会发展统计公报（2011~2014年）。

长到38240万人，城镇个体就业人员增长到6142万人，2010~2013年的年均增长率分别为3.30%和10.62%，个体就业增速加快，相应的比重提高到16.1%。同期，乡村就业人员总量不断减少，但乡村个体就业人员及其比重也不断增加，从2010年的2540万人增长到2013年的3193万人，年均增长7.82%，乡村个体就业占乡村总就业的比重从2010年的6.1%提高到8.2%。

表8　城乡个体就业情况

单位：万人、%

就业类型	2005年	2010年	2011年	2012年	2013年	"十一五"年均增长率	2010~2013年均增长率
城镇就业人员	27331	34687	35914	37102	38240	4.39	3.30
城镇个体就业人员	2778	4467	5227	5643	6142	9.30	10.62
比重	10.2	12.9	14.6	15.2	16.1		
乡村就业人员	48494	41418	40506	39602	38737		
乡村个体就业人员	2123	2540	2718	2986	3193		7.82
比重	4.4	6.1	6.7	7.5	8.2		

数据来源：《中国统计年鉴》（2006~2014）。

从创新角度来看,由于创新活动主要发生在城镇地区,统计数据也没有区分城乡,因而以科技投入与产出情况衡量创新活动情况。表9显示"十二五"期间中国总体的科技投入与产出均表现出快速增长的态势。科技投入方面,R&D人员全市当量从"十二五"初期的255.4万人年增长到2013年的353.3万人年,增长38.33%;R&D经费支出从7063亿元增长到11847亿元,增长67.74%,R&D经费支出占国内生产总值的比重从1.76%增长到2.08%,提高0.32个百分点。科技产出方面,科技成果登记数增长24.62%,2013年达52477项;专利申请受理数和授权数分别从1222286件、814825件增长到2377061件、1313000件,分别增长94.48%和61.14%,表现出快速增长的态势。但是从科技成果来看,国家科学技术进步奖有所减少。从与"十一五"期间的比较来看,"十二五"前三年的R&D经费占国内生产总值的比重增长情况、科技成果登记数的增长情况、专利申请受理数的增长情况等均要优于"十一五"时期。

表9 科技投入与产出情况

单位:万人、%

指标	2005	2010	2011	2012	2013	2005~2010增幅	2010~2013增幅
R&D人员全时当量(万人年)	136.5	255.4	288.3	324.7	353.3	87.11	38.33
R&D经费支出(亿元)	2450	7063	8687	10298	11847	188.27	67.74
R&D经费支出占国内生产总值(%)	1.34	1.76	1.84	1.98	2.08	0.42	0.32
科技成果登记数(项)	32359	42108	44208	51723	52477	30.13	24.62
国家科学技术进步奖(项)	236	273	283	212	188		
专利申请受理数(件)	476264	1222286	1633347	2050649	2377061	156.64	94.48
专利申请授权数(件)	214003	814825	960513	1255138	1313000	280.75	61.14

数据来源:《中国统计年鉴》(2006~2014)。

（八）城乡收入差距开始缩小

"十二五"以来，城乡居民收入差距开始表现出逐步下降的趋势（如表10所示）。2010～2014年，城镇居民人均可支配从19109元提高到28844元，相应的农村居民人均纯收入从5919元提高到10489元，城乡居民收入比从3.228降低到2.750；2010～2013年，城乡居民恩格尔系数差距显著缩小，城镇居民恩格尔系数变化较小，从2010年的35.7降低到35.0，而同期农村居民恩格尔系数从41.1降低到37.7，城乡居民恩格尔系数比从0.869提高到0.928（如图6所示）。

表10 城乡居民收入情况

年份	城镇居民人均可支配收入（元）	农村居民人均纯收入（元）	城镇居民恩格尔系数	农村居民恩格尔系数	城乡居民收入比	城乡居民恩格尔系数比
2005	10493	3255	36.7	45.5	3.224	0.807
2006	11760	3587	35.8	43.0	3.278	0.833
2007	13786	4140	36.3	43.1	3.330	0.842
2008	15781	4761	37.9	43.7	3.315	0.867
2009	17175	5153	36.5	41.0	3.333	0.890
2010	19109	5919	35.7	41.1	3.228	0.869
2011	21810	6977	36.3	40.4	3.126	0.899
2012	24565	7917	36.2	39.3	3.103	0.921
2013	26955	8896	35.0	37.7	3.030	0.928
2014	28844	10489			2.750	

数据来源：《中国统计年鉴》（2006～2014）。

图5 中国城乡居民收入差异演进情况

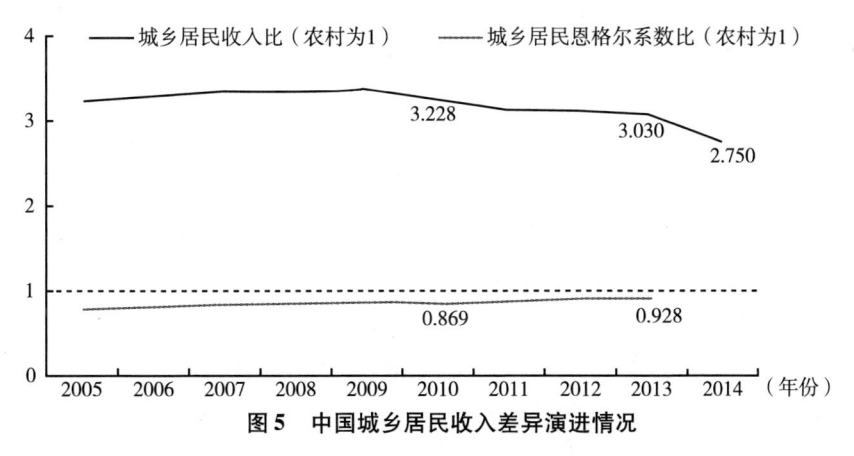

数据来源：《中国统计年鉴》（2006～2014），《2014年国民经济和社会发展统计公报》。

二 当前中国城市发展存在的主要问题

"十二五"时期,中国城镇化水平快速提升,城市发展取得了令人瞩目的成绩。但是,随着城镇化率越过50%的拐点之后,城镇化速度由加速增长时期进入减速增长时期,长期快速城镇化所掩盖的一些深层次矛盾逐步显现,集中表现为以下一系列问题。

(一)城市规划普遍缺乏长期性

当前我国许多城市规划缺乏长期性。以沿海某市为例,新中国成立以来,该市平均每8年就要进行一次城市规划的修编。新中国成立后到改革开放前,该市分别于1957年、1959年、1964年、1974年进行了四次城市规划的编制工作,但这四次规划或者没有成文,或者虽已成文,但没有得到上级政府批准,加上历史或其他原因,规划没能得到及时修编完善和较好实施,使得城市配套不完善,基础设施严重滞后和不足。改革开放以来,该市城市规划修订频率更为频繁,仅"十二五"期间,该市就对城市总体规划进行了三次编制或修订,分别是:《**市城市近期建设规划(2011~2015)》(2012年)、《**市城市总体规划(2004~2020)(修编)》(2014)和《**市城市总体规划(2006~2020)》(2015)。众所周知,城市规划频繁修订与我国当前的城镇化快速发展、土地财政和政府领导的频繁变动有很大关系。我国当前正处于城镇化快速推进的时期,城市经济的快速增长和人口规模的不断膨胀,使一些特大城市人口规模超过了城市资源、生态环境、基础设施等的承载能力,城市发展与人口、资源和环境之间的矛盾日益突出,城市人口超饱和、建筑空间拥挤、绿化面积减少、交通阻塞、城市抗灾能力差等"城市病"凸显。一方面由于没有前瞻性地预测到城市化的快速发展以及由此带来的一系列可能的影响和问题,许多城市的规划没有实施几年,就不得不重新规划或修订;另一方面,一些地方政府受土地等带来的巨大商业利益的诱惑,导致城市规划普遍存在着"急功近利"的规划调整。"建了拆、拆了建"、"一届政府一个规划"和"一年一小变,三年一大变"的现象非常普遍,严重影响了发展规划对经济社会发展的宏观调控和指导,甚至出现无序建设、重复建设等,浪费了大量的人力、物力和财力，对政府的公信力、城市的竞争力及市民生活都产生了诸多的负面影响。此外，我国许多城市在做空间规划时大多"以自我为中心"，缺乏城市规划的"区域"理念，导致城市规划贪大求全、无视长远，不能很好地考虑自身在更大区域范围中的定位（如根据同济大学的调查，全国有182座城市提出要建设国际化城市），也没有充分考虑城市经济发展与整个中下游产业链的合理分工布局，结果导致城市经济和人口发展到一定规模后，空间受限，"城市病"逐渐显现。

（二）城市经济增长方式粗放

当前我国城镇化正处于快速推进的阶段。2014年国务院公布《国家新型城镇化规划》指出，2020年要实现常住人口城镇化率达到60%左右，户籍人口城镇化率达到45%左右，这意味着将有8亿人口生活在城市，但资源环境的约束将明显制约城镇化的发展。这一方面与我国人口众多，虽然地大物博但人均占有量较低，加之我国生态环境先天脆弱有着重要关系；另一方面也与我国城镇化发展所处的阶段有很大的关系，当前我国城镇化发展正处于快速推进阶段，对资源的需求不断膨胀；此外更与我国粗放的城镇化发展模式有着密不可分的关系。我国城镇化发展走的是一条高增长、高消耗、高排放的粗放型发展模式，依靠土地、能源、原材料及大量的投资实现了城市的发展。以城市建设用地为例，当前我国适于工业、农业发展和城市建设的平原只占全部国土面积的12%，城市发展建设中土地供给短缺问题突出，人地矛盾尖锐，土地对经济发展和城市建设的制约十分明显。然而稀缺的土地资源在我国城市发展过程中并没有得到有效的利用，城市发展的土地使用效率较低，土地的供给难以满足城市快速发展对土地的需求。为了获得充足的城市建设用地，城市建设管理通常更多侧重对城市性质、扩展方向、规模和布局的重视，而缺乏对城市建设过程的管理。同时，由于规划末期的城镇化水平直接关系可获批的城市用地规模，许多城市以虚增城镇化水平和城市人口基数的方法获得近期建设用地的过量供给，也影响了未来城市建设用地的供给量。2003年至2013年间，我国人口城镇化率由40.53%提高到53.73%，提高了13.2个百分点，然而同时期城市建成区面积增加了近70%，城市建设用地的扩展速度远远超过了人口城镇化速度。

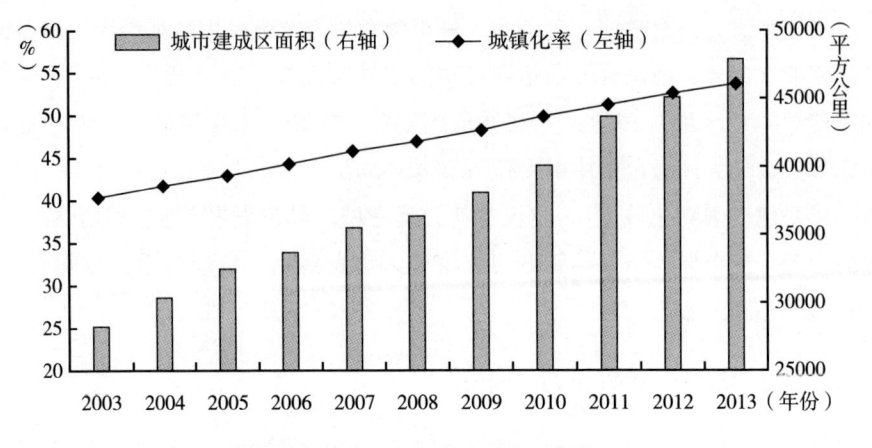

图6　人口城镇化率与城市建成区面积的比较（2003～2013）

（三）产业对城市发展支撑明显不足

西方发达国家的城市化经过一个长期的发展过程，走的是"先产业集聚、后人口集聚"的市场化道路。中国的城镇化更多是由政府推动形成的，人口规模是政府调控城市发展的核心要素，忽视了对产业支撑体系的构建和培育，从而导致城市产业支撑能力不足。一方面，产业支撑能力不足使得城市发展面临着巨大的就业压力。经验表明：城市就业是决定城镇化速度、城镇规模的重要基础。近年来，我国进入了城镇化快速发展阶段，然而城市产业支撑能力不足，城镇就业岗位的增加远远赶不上城镇新增人口的增长。2003年至2013年间，我国城镇化率以每年1.32个百分点的速度增长，每年新增城镇人口达2000多万人，然而每年新增的就业岗位仅1200万。我国的城镇化涉及2.6亿农民工在城市的发展和生活保障问题，他们进城后缺乏稳定性就业将会给城市经济社会稳定带来极大的威胁。另一方面，产业支撑能力不足也影响了城市的可持续发展。党的十八大提出了要建设新型城镇化的战略思路。新型城镇化是以城乡统筹、城乡一体、产销互动、节约集约、生态宜居、和谐发展为基本特征的城镇化，新型城镇化建设需要长期不断的资金支持。当前我国城镇化建设的资金来源主要是土地出让金及政府财政补贴，但这种方式在土地资源不断减少、地方财政压力不断增加的现实下已经难以为继。当前城镇化发展的关键在于培育城镇自身的造血功能，这种造血功能主要来自产业支撑体系。

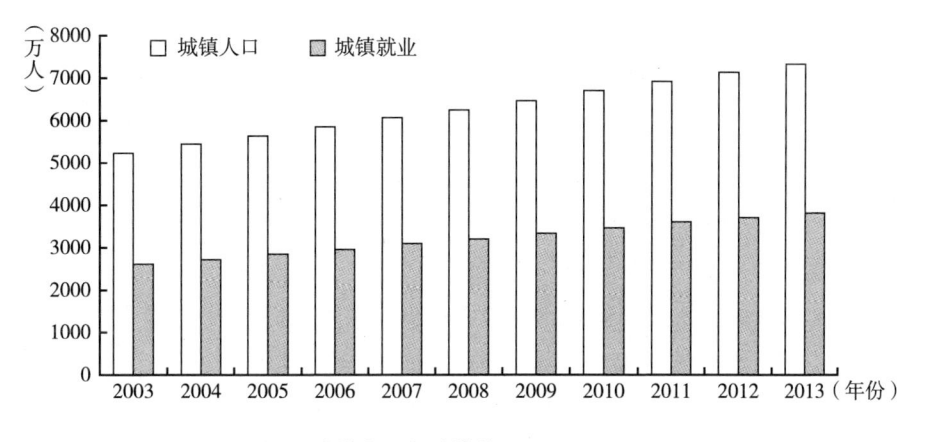

图7 城镇人口与城镇就业（2003~2013）

（四）城镇空间布局不均衡

在中国快速工业化与城镇化进程中，城市在空间上存在盲目扩张和无序蔓延的态势，城市空间布局极不均衡，甚至出现严重的失控局面。

一方面，城市内部空间结构不合理。主要表现在：一是城市用地结构不合理。这主要是受我国长期以来计划经济的影响，忽视了土地的价值规律，造成不合理的城市用地结构。比如，我国许多城市工业用地比重明显偏大且节约集约利用程度低，各种开发区规模过大使得土地浪费现象严重，人均生活居住用地、公共绿地及城市道路用地偏低，房地产业盲目大量建设别墅、度假村和高档住宅等造成大量空置，等等。二是城市空间发展密度过高，空间发展格局不舒展。比如，在旧城区的发展改造方面，过高的城市空间发展密度使得原有的许多道路交通和基础设施处于超负荷的运行状态，也导致许多历史文化生命遭到了不可逆转的破坏。为了缓和城市交通拥挤，各种高架路、立交桥等在旧城叠床架屋，使得城市空间发展陷入了恶性循环的"怪圈"。更严重的是，有些城市新城区的建设仍在重复旧城区的老路。三是一些城市空间构成要素发展失当，一些城市空间构成的"通道"或"网络"等不尽合理。比如，许多城市的城区仍有许多"丁"字路、断头路未打通，旧城区的一些高架路、立交桥、引桥等设计不合理，新城区十字路太多、红绿灯等交通标识太少，城市路网密度过大，新旧城市之间的通道太少等。四是一些城市空间构成的"节点"、

"区域"存在较大失误，导致城市空间功能混乱，比如在一些城市的老城区，居住区、工厂区、商业区、办公区等混杂在一起，改造困难重重，城市安全隐患非常明显。五是城中村严重影响城市发展。由于缺乏统一规划、统筹发展的观念，许多城市内部的区域发展差距也有逐渐扩大的趋势。

另一方面，城市间空间布局不合理。从城市数量来看，受自然条件与区域发展政策的影响，中国绝大多数城市分布在黑河－腾冲线的东南部地区，其中西部地区72%的国土面积仅分布167座城市，城市数占全国的25.5%，城市人口仅占18.6%；东部地区10%的国土面积坐拥232座城市，城市数占35.4%，城市人口占49.3%。从城市规模看，中国非农业人口大于500万的城市共有8座，其中6座分布在东部地区；非农业人口小于50万的城市共491座，其中275座分布在中西部地区。中国城市数量与城市规模的分布均呈现显著的空间集聚性与不均衡性，造成局部地区资源环境的巨大压力、能源与大宗商品的跨区域流动困难（加大社会经济的发展成本）以及区域经济发展失衡。

表11 2012年中国四大区域城市规模结构

	项目	合计	1000万人以上	500万~1000万人	100万~500万人	50万~100万人	20万~50万人	20万人以下
全国	城市个数	655	2	6	59	97	248	243
	人口比重(%)	100	6.5	10.9	32.3	18.8	22.3	9.2
东部地区	城市个数	232	2	4	32	41	100	53
	人口比重(%)	49.3	6.5	6.7	16.7	8.1	9.3	2.0
中部地区	城市个数	169	—	1	10	26	61	71
	人口比重(%)	19.3		1.6	4.8	4.9	5.3	2.7
西部地区	城市个数	168		1	9	15	63	80
	人口比重(%)	19.7		2.6	5.7	3.0	5.5	2.9
东北地区	城市个数	86	—	—	8	15	24	39
	人口比重(%)	11.7			5.1	2.8	2.2	1.7

注：城市人口规模按非农人口分组，人口数为非农人口。
资料来源：根据《中国人口和就业统计年鉴（2014）》计算。

（五）城市科技创新能力明显不足

城市科技创新能力是指一个城市为增强其经济增长的原动力，充分发挥城市科技创新行为组织（包括大学、企业、政府、科研机构、金融机构和中介机构等）的科技创新积极性，高效配置创新资本，将创新构想转化为新产品、新工艺等的综合能力。目前，科技创新能力已成为促进城市经济增长、提高城市经济力的重要驱动力量之一。然而当前我国城市科技创新能力明显不足，这不仅与我国城市 R&D 经费等创新资本投入较低有关，还与创新资本空间分布的不均衡有着重要联系。以城市科学技术支出占地方财政一般预算内支出比重为例，2012 年，该数据为 2.26%，然而横向分析发现，全国 288 个地级及以上城市，科学技术支出占地方财政一般预算内支出比重在全国平均水平以上的仅 50 个，这些城市的科学技术支出占全国城市科学技术总支出的 68.6%；城市科学技术支出占地方财政一般预算内支出比重低于 1% 的城市有 127 个，这些城市的科学技术支出占全国城市总科学技术支出的比重却不足 10%；城市科学技术支出占地方财政一般预算内支出比重最高的芜湖市（6.9%）是该比重最低的松原市（0.19%）的 36 倍之多，科技创新资源分布两极化现象严重。

（六）城市社会矛盾凸显

城市社会矛盾是指在城市经济社会运行过程中，存在某些障碍因素使得社会结构或社会环境失调，从而影响全部或部分社会城市的共同生活，导致社会秩序发生混乱或影响社会正常运行，需要动员社会公众或政府进行干预的一种社会现象。当前我国城市发展面临的社会矛盾主要表现如下。

一是城乡人口矛盾，主要是指城市居民与农村转移人口之间的矛盾。我国农村转移人口大量进入城市始于 20 世纪 80 年代中后期，90 年代以来形成遍及全国的高潮，在这一过程中矛盾愈加突出和表面化。这主要是由于我国二元的户籍制度尚未取消，农村转移人口在为城市发展做出巨大贡献的同时无法享受到与城市户籍居民在就业、子女教育、医疗卫生、社会保障等方面同样的利益和权利，引发了各种社会对立情绪和冲突事件。

二是工业劳资矛盾。我国制造业层次总体偏低，且以劳动密集型为主。这些企业大多集中在新开辟的城市开发区或工业区内，生活环境枯燥乏味，封闭沉闷，缺乏人文关怀。一些工厂违反国家法律法规，延长工人上下班时间，限制工人的人身自由，并以解雇、扣押身份证、克扣奖金和加班费等方式迫使他们付出更多的劳动。更有少数企业使用黑保安等暴力手段对付工人的不满情绪和反抗举动。在工人尤其是农民工遭遇工伤事故时，企业往往会以各种理由逃避责任。2010年前后富士康公司在短短数月时间内发生了数名工人坠楼死伤事件就是这一矛盾的集中反映。

三是社会分配矛盾。近年来，尽管中国城乡收入差距已呈下降趋势，但2013年全国城镇居民人口可支配收入与农村居民人均纯收入之比仍高达3.03∶1（见图8）。考虑到农民纯收入中包括了相当一部分的实物收入，剩下部分还有20%左右要购买农具、化肥、农药、种子等生产资料。如果扣除这部分，城乡居民收入差距要远大于这一比例。国际上通常认为，基尼系数0.4是警戒线，一旦超过0.4，表明财富已过度集中在少数人手中，该国社会可能处于"危险"状态。然而，我国居民收入的基尼系数已从改革开放初的0.28上升到了2014年的0.469，居民收入差距的不断拉大已经成为制约中国城市发展的重要因素。

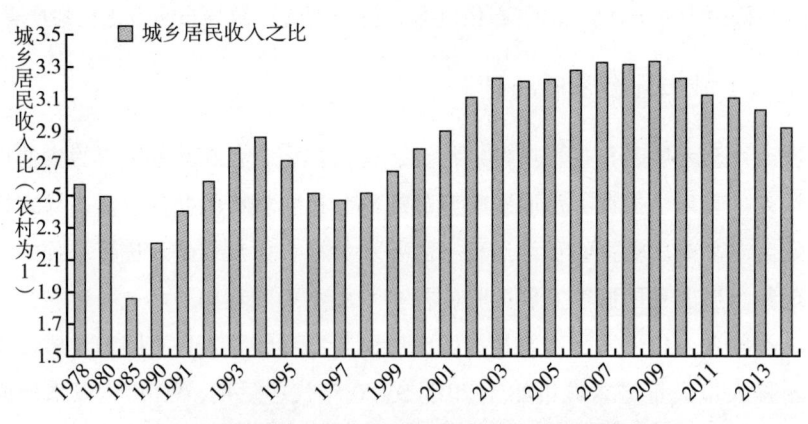

图8 改革开放以来中国城乡居民收入差距变动趋势

注：1979、1981~1984、1986~1989年数据缺失。
资料来源：根据《中国统计年鉴（2014）》及国家统计局数据整理。

四是土地产权矛盾。产权矛盾主要指在城市发展中因要素产权制度模糊导致利益分配关系失衡或对分配结果的接受度差别所带来的矛盾。矛盾的表现形式多种多样，主要包括：（1）城市拆迁矛盾，这主要是由于政府确定的拆迁补偿标准和居民、企业搬迁落脚地点往往因涉及巨大的经济利益而难以达成共识所形成的矛盾。近年来，不断曝光的极端"钉子户"甚至以群体性事件方式出现的抗争行为就是这一矛盾的很好呈现。（2）征地矛盾，这主要是因为我国土地产权制度模糊，缺乏不同主体之间的利益分配和协调机制，土地定价权掌握在政府手中，价格往往与被征地一方的预期差距很大，造成了被征地方的抵制情绪。一些城市政府强行征地、开工建设，上访静坐等群体性事件频繁发生，引起了媒体和公众的广泛关注，对社会心理和氛围带来了一定程度的消极影响。

（七）城市安全问题被忽视

随着现代化进程的不断加快，我国城市正面临着各种安全风险，既包括政治、军事、公共交通、社会治安等传统安全领域的风险，也包括非传统安全领域的风险。

一是城市社会安全问题。随着城市经济社会的快速发展，大量外来人口涌入城市，社会分层和居住分异现象十分明显，大量的农村转移人口和大学毕业生蚁居在城中村、棚户区或城市边缘区。经济利益分配格局不合理、各种社会风俗和文化相互冲突，导致失业、暴力、城市贫困等风险加大。此外，国际敌对势力、恐怖主义与国内分裂分子相互勾结，加大了恐怖事件发生的风险。

二是城市生态安全问题。随着城镇化的不断推进，大量农村转移人口向城市集聚，给城市生态系统和城市环境带来了巨大的挑战。城市周边的农田和生态空间被大片的钢筋水泥、高楼大厦取代，城市生态系统的稳定性和生物多样性面临前所未有的威胁。城市地下水被长期严重超采，引发地面沉降、房屋坍陷等问题。

三是城市公共卫生安全问题。城市是人口密集区，公众公共卫生意识的淡薄为新型传染性疫情的传播及扩散提供了有利条件，给城市居民的生命安全和身心健康带来了巨大的威胁。2013年在北京、上海等城市出现的H7N9疫情给我们上了一次生动的城市危机课。此外，部分企业社会责任的缺失及相关部门监管的不足使得城市食品安全问题不断爆发。

四是城市公共安全管理问题。当前，我国许多城市领导忽视城市公共安全管理，公众缺乏风险防范意识，对危机的征兆反应不敏锐，应急避险尝试少，城市公共安全基础设施薄弱，城市缺乏公共安全事件的应急管理系统，使得城市公共管理安全问题不断凸显。2015年"8·12"天津危化爆炸事故为城市公共安全管理敲响了警钟。

五是城市信息安全问题。在信息化时代，城市信息安全尤为重要。然而当前中国城市信息安全防护能力与发达构架城市相比，仍然存在较大的差距。

（八）城市环境污染问题突出

我国城市发展走的是一条"高消耗、高排放、高污染"的道路，城市环境问题日益严峻。大气污染、水体污染、垃圾污染等问题严重威胁了城市的健康发展。一是大气污染问题。大气污染通常是指由于人类活动或自然过程引起某些物质进入大气中，达到足够的浓度，持续足够的时间，并因此危害了人类的舒适、健康的环境的现象。随着城镇化进程的不断推进，工业化的不断发展，大气污染已成为城市环境污染中最为突出的问题。《2014中国环境状况公报》显示，共有161个地级及以上城市开展了空气质量新标准监测。监测结果显示，仅舟山、福州、深圳、珠海、惠州、海口、昆明、拉萨、泉州、湛江、汕尾、云浮、北海、三亚、曲靖和玉溪16个城市空气质量达标（好于国家二级标准），占监测城市总量的9.9%；145个城市空气质量超标，占监测城市总量的90.1%。

二是水体污染问题。水体污染是指因某种物质的介入，超出了水体的自净能力，导致水体物理、化学、生物等方面特征的改变，从而影响到水的利用价值，危害人体健康或破坏生态环境，造成水质恶化的现象。随着城市人口总量和密度的增加以及工业化的不断发展，城市生活与生产的污水排放量大幅度增长，远远超过了水体的自净能力，使得城市水环境质量日益下降。《2014年中国环境状况公报》显示，我国有202个地级及以上城市开展了地下水水质监测工作，监测点总数达4896个，其中国家级监测点1000个。水质为优良级的监测点比例为10.8%，良好级的监测点比例为25.9%，较好级的监测点比例为1.8%，较差级的监测点比例为45.4%，极差级的监测点比例为16.1%。主要超标指标为总硬度、铁、锰、"三氮"（亚硝酸盐、硝酸盐和氨氮）、硫酸盐、氟化物等，个别监测点有砷、铅、六价铬、镉等重（类）金属超标现象。

三是城市生活垃圾问题。随着城市经济高速增长，城市规模不断扩张，以及城市人口不断集聚和居民生活水平不断提高，城市垃圾的产生量也不断增加。垃圾不处理或处理不当不仅会占用有限的城市土地，还会对大气、水、土壤等造成污染，进而对人体产生危害。然而，当前我国城市垃圾处理的总体水平还很落后,垃圾处理的科技水平和相关设施严重不足和滞后,远不能适应城市建设和环境保护的需要。《2014年中国环境状况公报》显示,2014年我国设市城市生活垃圾清运量为1.79亿吨,城市生活垃圾无害化处理量为1.62亿吨,无害化处理率达90.5%。然而填埋处理量占65%,焚烧处理量占33%,垃圾处理的科技水平落后。

四是噪声污染问题。城市噪声干扰居民的工作、学习、休息和睡眠,严重的还会危害人体健康,引起疾病和噪声性耳聋等问题,日益成为城市环境的一大公害。近年来,关于城市噪声污染的举报事件也逐渐增多,主要有城市交通噪声、建筑施工噪声、社会生活噪声等。《2014中国环境状况公报》显示,我国327个城市昼间区域声环境监测中有87个城市区域声环境低于二级;道路交通声环境与上年相比,质量总体也有所下降。

三 "十三五"时期中国城市发展形势分析与展望

"十三五"及未来一段时期,中国城市发展面临的形势及其未来趋势可以简要总结为:适应一种"常态",把握五个"节点",深化六大"创新",实现三大"转型"。简言之,要通过创新驱动中国城市全面转型。

(一)适应一种常态

"十三五"时期中国城市发展面临的一个突出变化就是经济发展进入新常态。从国内形势看,经过改革开放30多年的高速发展,中国经济正在进入一个较长的调整期,一个新旧矛盾的消化期,一个新发展模式的孕育期,一个质变前的准备期,一个从粗放增长到智慧发展的成熟期。从国际形势看,随着后金融危机时代的到来,全球经济结构面临调整与再平衡,发达国家经济体在高债务、高失业和低投资、低增长的缓慢复苏中步履蹒跚,发展中国家过度依赖发达国家市场获取比较利益的空间被不断压缩,出口和投资对经济增长的拉动作用双双下降,中国经济发展面临着增强内生动力和转型升级的迫切要求。总体说来,"速度变化、结构优化、动力转化"将是新常态下中国经济运行所表现出来的基本特征。只有把握新常态、争取新作为,中国经济社会才能迈上一个新台阶,才能真正跃迁为世界一流强国。

新常态将是一个较长时期的发展样态。其中，发展动力的转变是根本动因，本质是人口红利的逐步丧失导致生产成本上升，技术创新速度不足以抵消成本上升的幅度，进一步引发投资和出口受到抑制，拉动经济的三驾马车有两驾出现疲态。可见，新常态的根本含义是中国经济社会在新的发展阶段，发展要素发生重大变化而带来发展动力的根本性转变，将在未来相当长的时期内使得发展形态呈现出不同于高速发展时期的常态化发展特征，降速、提质、增效是新常态下的关键变化。

基于上述认识，可以对新常态时期中国城市经济社会运行的一些基本趋势做出预判。

首先是"速度变化"。城市经济总体上进入增速放缓和转型升级的"新常态"，同时也进入深化重要领域和关键环节改革的"攻坚期"，经济基本面总体向好但下行压力较大。2015年上半年中国GDP同比增长7.0%，其中，第一产业增长3.5%，第二产业增长6.1%，第三产业增长8.4%。从产业结构看，第三产业对经济增长的促进作用进一步增强。从拉动经济增长的"三驾马车"看，消费对经济增长的贡献率已达到60%，同时民间投资较为活跃，2015年上半年同比增长11.4%。上述数据表明，在一系列精准化的宏观调控下，中国经济缓中趋稳态势已然显现，未来随着改革红利的释放、产业结构的升级以及消费、出口、投资等内外环境的改善，中国经济有望开启新一轮更高质量、更加平衡、中高速度和更可持续的增长。

其次是"结构优化"。城乡经济社会发展出现结构性变化：其一，在城市发展的总体结构方面，生态环境保护和民生建设的重要性将上升到与经济增长同等重要的地位，在一些特定区域和特定领域可能成为政府工作的首要目标；其二，在城市经济结构方面，要从增量扩能为主转向调整存量、做优增量并举，进行结构性的深度调整；其三，在城市空间结构方面，要加快推进城乡统筹、产城融合、区域协同发展。

最后是"动力转换"。城市发展和经济驱动力不再依赖于人力、资源、土地和资本等要素投入，驱动力将主要来自于消费领域，包括消费规模扩大、消费水平提高和寻求新的消费市场，经济体系将向新经济转进，新价值体系逐步建立。而这一切都离不开改革创新的支持，因此，驱动力将从主要依靠资源和低成本劳动力等要素投入转向创新驱动发展。

（二）把握五个节点

在新常态下，可预期的城市发展时序内，存在几个极其重要、需要特别关注的时间节点。

一是国家整体发展战略面临新的选择。根据党的十八大报告和总体战略部署，到2020年，我国全面建成小康社会的目标初步实现，标志着中国改革开放的阶段性目标达成，在国家层面将形成新的战略性目标体系。从"中国梦"的内涵表述来看，必然是以迈向世界一流强国、建设现代文明社会为目标。而城市作为中国经济社会发展的主要载体，必将成为实现"中国梦"的主力军和先遣队。

二是劳动力供给规模出现转折性变化。随着人口生育率的下降，中国正加速进入老龄化社会，预计2030年左右中国人口将出现负增长，但劳动力供给规模的下滑会更早于此。根据国家统计局2015年1月发布的数据，中国劳动力人口数量已经连续3年出现下降，预计"十三五"期间，这种下降趋势会进一步加快，且数量进一步加大。人口规模特别是劳动力供给规模的转折性变化，标志着人口红利将彻底消失，人力成本将更加高昂，我国在传统制造业的低成本要素优势逐步丧失，同时人口结构的变化也将对城市经济社会运行产生重大和深远的影响。

三是传统资源型产业步入下行通道。由于经济发展模式的变化以及生态环境约束的不断加强，传统资源型产业将总体步入下行通道，此趋势对资源性开发产业、资源加工产业、房地产业等传统行业是长期利空，对于严重依赖土地出让金的城市政府财政影响尤大。更为重要的是，大量的产业资本将从传统产业领域逐步退出，寻求新的投资方向。加快产业结构转型升级和政府财税体制改革、财政体制创新成为当务之急。

四是全面进入城市型社会。截止到2014年底，中国城镇化率已经达到54.8%，预计到2020年中国城镇化率将超过60%，到2030年将达到70%左右，也就是说，"十三五"期间中国将全面进入城市型社会，同时城镇化从以速度为主转向速度、质量并重的发展阶段。在这一新的时期，城市经济将占据主导性地位，城镇化将取代工业化成为中国发展的主要动力。

五是正式迈向服务经济时代。2013年，我国第三产业增加值占GDP的比

重首次超过第二产业，正在进入一个崭新的服务经济时代。从国际形势看，世界经济已全面向服务经济转型，服务业日益成为国际分工和产业价值链的重要环节，成为国际经济合作与竞争的核心领域。大力发展服务经济，加快服务业对外开放，成为城市经济发展和产业结构转型升级的重要方向。

（三）实现三大转型

基于上述的国内外形势分析，我们认为，在"十三五"及未来更长一段时期，中国城市发展需要着力推动三大转型。

首先，要加快推动城市发展方式转型。其要点包括五个方面：一是推动发展格局由城乡分割转向城乡融合，加快建立健全城乡一体化发展的体制机制，着力破除城乡二元结构，促进城乡要素平等交换、公共资源均衡配置；二是推动城市经济由规模速度型的粗放增长向质量效率型的集约发展转型，摈弃依靠资源和要素投入驱动的传统发展模式，把经济发展更多引导到依靠创新驱动和优化资源配置效率上来；三是推动城市发展由产城分离、职住失衡向产城融合、职住平衡转型，逐步改变目前城市发展中普遍出现的"圈地式"、"摊大饼"、"卧城"、"鬼城"等现象；四是推动发展重心由以经济建设为中心向以社会建设为中心转型，更加重视以人为本和民生福祉；五是推动发展理念由传统的工业文明转向生态文明，更加重视绿色、低碳、智慧和可持续发展。

其次，要加快推动城市经济转型。其要点包括两个方面：一是增强经济增长的内生动力，由出口导向型、投资拉动型转向消费驱动型。改革开放以来，中国经济增长主要依靠出口拉动和投资拉动，到2007年出口对GDP的贡献已经接近40%。但2008年金融危机爆发后，欧美等发达国家经济疲软、需求不振，贸易保护主义抬头，传导到中国则表现为外贸萎缩、产能过剩、投资拉动收效甚微甚至失去作用。而国际经验也表明，出口导向型的国家经济面临着巨大风险，容易因外部市场变化而引起经济急剧下滑。1987年的日本和1997年的东南亚就因为出口导向型经济受阻、经济泡沫破灭，而陷入较长时期的经济衰退。当前，我国已进入中上等收入社会，消费结构处于战略升级的新阶段，在此时加强我国经济的内生动力，推动经济增长从出口导向型、投资拉动型转向消费驱动型可谓正当其时。二是加快产业结构的优化升级。当前，中国正在从农业社会迈向城市社会、从工业经济时代转向服务经济时代，这是一个历史性的重大变化，而"服务化"正是这个时代最重要的特征和发展方向，也是整个经济体系由工业主导型向服务主导型转变的根本动力。从目前看，中国城市服务业发展相对滞后，作为世界第二大经济体，服务业增加值占 GDP 比重刚刚超过 50%，与发达国家 80% 左右的比重相去甚远。"十三五"时期中国城市经济应进一步加快服务业特别是生产性服务业的发展，促进和带动整个国家的产业结构升级。

最后，要加快推动城市社会转型。"十三五"时期是中国从以经济建设为中心向以社会建设为中心转型的关键时期，推动社会转型成为改革创新的重要内容，其要点包括三个方面：一是加强收入分配体制改革，进一步推动社会公平。启动内需的根本在于提高居民收入，增强国民的消费能力。我国现行国民收入分配体系中，国家占有比例较高，而居民收入所占比例较低，同时国家再分配制度对居民之间收入差距的调整力度也不大，出现国强而民不富、社会贫富差距拉大等现象，未来应继续加快财税体制、国有资产管理体制、社会保障体制、金融体制等收入分配和再分配体制改革，进一步理顺国家与居民以及不同人群之间的收入分配关系，让全体人民共同享受改革开放和社会发展的成果，同时也为进一步启动内需奠定基础。二是加快推进基本公共服务均等化，进一步促进城乡统筹。三是继续加快社会管理体制改革，进一步建设包容性社会。2014 年中国城镇常住人口为 7.5 亿人，其中流动人口为 2.53 亿人。未来需继续推动与城市社会结构变迁相适应的社会管理体制改革，逐步建立政府、社区、企事业单位、社会组织以及个人共同参与、多元共治的新型社会治理体系。

（四）深化六大创新

面对新形势、新常态的挑战，"十三五"时期中国城市发展的总体思路是：通过创新驱动城市全面转型。这种创新不仅指传统意义上的科技创新、制度创新，更包括路径创新和理念创新，是通过全面深化创新寻求一揽子解决方案。重点包括：通过简政放权和国企改革，全面激发政府和企业的活力；通过进一步扩大开放，用足用好国内外两种资源、两个市场；实施创新驱动和产业融合战略，形成"中国制造"和"中国服务"双轮驱动；大力推进新型城镇化，实现产城融合、城乡统筹、区域协同；创新发展理念，推动城市文明和生态文明建设融合互动发展。具体如下。

一是加大改革力度，寻求改革红利。改革重点集中于两大领域：在国家层面，要进一步调整中央和地方关系，简政放权，赋予城市政府更大的发展自主权；在城市层面，要继续推动国有企业改革，破除垄断，激发民营企业活力。

二是进一步扩大开放，寻求外部解决途径。在国家层面，主要是加快推进自贸区战略、一带一路战略，特别是加强与沿路国家的互联互通，利用更为广阔的国际市场消化和转移国内过剩产能，盘活高额的外汇储备，谋求新的发展。在城市层面，则是要借助于国家战略，推动以高铁、核电、水电等高端装备制造业为代表的中国企业走出去，用足用好国内、国外两种资源、两个市场，使着力启动内需和进一步开拓国际市场成为新常态下推动城市经济发展的两大重要抓手。

三是实施创新驱动战略，推动产业转型升级。一方面加大研发投入，推动具有基础性、战略性、前沿性的科技创新，不断提升自主创新能力，夯实产业发展基础。另一方面通过政策引导，鼓励面向应用的大众创新、万众创业，充分激发全社会的创新创业活力。在此基础上，以"互联网＋"为手段，以工业化和信息化深度融合为主线，以推进"中国制造2025"和扩大服务业对外开放为路径，改造提升传统产业，大力发展新一代信息技术、新材料、新能源、生物医药等战略性新兴产业，加快淘汰落后产能和抑制过剩产能，全面促进生产性服务业与制造业创新融合发展，提升产业层次和核心竞争力，形成"中国制造"和"中国服务"双轮驱动。

四是实施新型城镇化，推动城乡统筹、区域协同。在国家层面，要继续深化京津冀、长江经济带、一带一路等区域战略布局，在中西部地区加速产业—城市建设，改变目前经济产业资源配置失衡的局面，促进中西部内陆经济腹地快速崛起；在东部地区着力培育和打造长三角、珠三角、京津冀三大世界级城市群，在更高层次参与国际竞合，发挥对全国经济社会发展的引领和带动作用，加快形成国际竞争新优势。在城市层面，要进一步加快户籍制度改革以及附着其上的社会福利制度改革，推进以人为本的城镇化。同时注重强化城市发展过程中的产业支撑，加强城乡一体、产城融合。

五是加强社会领域改革，提高社会治理水平。针对当前突出的社会问题、民生问题，有序推动社会领域各项改革，加强民生建设，改善民生福利。同时，加强依法决策、依法行政、依法管理，全面提升社会治理能力和水平，维护社会稳定，构建和谐社会。

六是创新发展理念，着力建设生态文明。明确城市规划的法律地位，在城市发展中坚持规划先行、依规建设，确保城市发展的长期性和稳定性。按照主体功能区划要求，实施城市空间分类管理，坚守生态底线，全面加强生态环境保护和建设，坚持走绿色发展、低碳发展道路。

四 推进城市优化转型发展的对策建议

"十三五"时期是我国城市经济和社会发展的关键期，也是化解城市发展中问题和矛盾，实现改革、突破、转型和优化的关键时期。根据城市经济和社会发展存在的矛盾和问题，我们提出推进城市优化发展的三个方面的对策建议。

（一）推进城镇化进程，促进城乡就业、居住、服务一体化发展

经历30多年的高速经济增长和收入增长，在经济新常态下，我国城镇化的导向和模式正在发生重大转型，城镇化动力由早期的单纯就业收入利益转向了就业收入利益与生活消费利益并重，城镇化模式也由早期单纯就业的农民工迁移主导转向就业、居住、服务一体的举家迁移主导，同时城城迁移的重要性增加，这就要求城市化政策取向也应相应调整。

1. 促进就业、居住、服务一体的城镇化进程

从区域层面看，东部沿海地区与中西部内陆地区城市化条件、城市化集聚利益格局、城市化模式均存在巨大差异，这就要求城市化政策在地区之间应有所侧重。

中西部内陆地区，工商产业不发达，就业机会少，就业不足和劳务输出是经济发展的基本特征。在这些地区，城镇化的主要内容在于城镇工商产业的培育和集聚、在于工商业就业机会的创造，推进城镇化的重点在于招商引资、支持创业。简单的迁村并镇、农民被动进镇上楼和造城运动，并不能带来递增的规模收益，因为非农就业没有保障，农业剩余劳动人口仍然需要流向东南沿海发达地区寻找工商就业机会，仍然被迫保持居住与就业分离的农民工模式，而

农业就业更因为增加了居住地到农业生产场地的空间距离，提高了农业劳动的通勤时间和通勤成本，其结果只能是农业生产率的下降、农民生活水平的下降和生活成本的剧增。

东南沿海较发达地区，得益于区位优势和改革开放政策，工商产业集聚明显，就业岗位特别是低端就业岗位充足，吸引外来农民工形式的劳务输入是过去几十年经济高速增长的重要动力，由于外来农民工收入多在迁入地家庭消费或转化为储蓄，也使得这些农民工就业较为集中地区，相对于GDP产出规模、消费市场规模严重不足，城市服务产业发展滞后。对这些地区，城镇化的主要内容在于引导农民工家庭居住生活整体迁入、完成市民化的过程，促进农民工家庭消费结构升级，带动城镇服务产业的集聚和发展，推进城镇化的重点在于为有条件举家迁入的农民工家庭提供低成本的住房和各种公共或准公共服务，完成从工业集聚地到现代城市的转型。

广袤的农村地区，随着城镇化的推进，劳动人口持续外流，留守人口多为老年人口和未成年人口，而这些人口又属于社会性服务需求最大的人口，老年人口亟须健康服务，未成年人口也亟须托管就学服务。因此在推进就业人口及其家庭举家迁移城镇化的同时，也应加强农村地区的教育、医疗等基础性社会服务的发展，促进城乡公共服务均等化发展，特别是一些优质的基础教育、医疗资源应向城乡连接节点——乡镇集聚点倾斜分布。

2. 推动集聚与分散相平衡、低通勤成本的城市发展

随着城市化发展转型，城市规模扩张模式也应相应调整。以前以"农民工"为主导的城市化时期，农民工以就业收入为目的，只需要维持简单的居住生活，相对远离城市服务中心的单纯工业集聚地能够独立存在，但在就业居住服务一体的举家迁移城市化时代，城市产业集聚地的规模和布局就必须考虑与城市居住服务中心的就业居住通勤距离、时间和成本。在不同规模的城市，其就业、居住、服务空间布局，对就业居住通勤效率具有不同的影响。

对独立的中小城市，其自身城市规模和内源性增长动力还相当有限，城市发展的经济基础还不厚实，城镇化的方向在于城市工商产业的培育和集聚、在于主城区空间的扩容和经济密度的增厚。但在城镇化实践过程中，一些中小城市却热衷于房地产开发、热衷于成规模的居住新城开发，有的城市自身规模不大，规划新城人口规模却超过主城。居住新城不同于产业新区，得益于农民工就业模式，我国不少地区产业新区发展模式取得了巨大成功，但居住新城需要初始的人口和市场规模带动，没有足够的初始人口和市场规模，基本的城市服务难以有效提供，尽管基础设施完善、住房条件优越，也并不宜居，其结果必然是人口集聚不足、住房资源闲置，形成"鬼城"、"死城"。

对较大规模的中心城市特别是超大城市和都市区，由于主城区经济集聚的密度过厚、规模过大，城市拥堵效应开始呈快速增长趋势，其城镇化的主要方向在于建设新城和卫星城镇，完成由单中心的超大城市向多中心的都市区、城市群转型。全球都市区、城市群发展实践也表明，遍地开花式的单一功能卫星城镇发展模式往往因为人为增加就业—居住—服务通勤距离，并不能真正减轻城市拥堵效应，只能导致城市运行成本剧增、城市发展绩效下降；而集就业、居住、服务于一体的大型综合新城建设模式，则既有利于主城区人口和产业的疏解分流，也有利于次级城市中心形成和城市服务产业的重新集聚，更因为就业—居住—服务平衡发展，新城内部就业居住服务直接消减通勤距离，实质性地降低城市拥堵效应和运行成本，提高城市竞争力。

3. 推进区域经济整合，促进城市群和城市发展带的形成和壮大

经过30多年的快速城市化和城市规模、数量的增长，我国城市发展已经表现出几个明显的城市发展带和城市群集聚区，特别是长三角、珠三角、京津冀、西南成渝城市群对全国经济增长发挥了越来越重要的引擎效应，长江中游的武汉、长沙、南昌城市群集聚区也初具规模，西北西安、兰州、西宁、乌鲁木齐等交通沿线城市带也迅速发展，同时东北等老工业城市群集聚区近年来也出现了发展迟滞。

进一步的发展，要大力推进区域经济整合，促进大规模城市群和城市发展带的形成和壮大。其一，促进京津冀协同发展，优化提升首都经济圈，促进北京中心城区过度集聚服务产业向外围卫星城镇转移发展，积极培育和打造1~2个能承载首都副中心城市功能、集就业服务居住于一体的大型综合新城。其二，要优化长三角、珠三角城市体系，促进城市经济结构的转型升级，淘汰落后产能，积极培育新兴产业。其三，发挥长江黄金水道的优势，促进长江经济带的快速发展，促进长江下游、中游、上游城市之间的更好分工与合作，做好长江中上游城市对长江下游转移产业的承接。其四，大力振兴东北等老工业城市集聚区，依托老工业城市熟练劳动力集聚、基础设施发达的优势，促进传统

工业企业现代化转型，发挥主要中心城市的核心带动效应。其五，加快西部地区人口的城镇化集聚，重点打造丝绸之路交通节点中心城市，发挥中心城市对西部地区人口和环境的优化作用。

（二）推进城市经济发展，促进智慧创新、绿色生态导向的城市经济转型

以城市空间为载体的城市经济是过去30多年高速经济增长的主导引擎，但在经济新常态下，城市经济的发展也正面临诸多矛盾、问题、制约和挑战。城市经济的进一步发展需要对经济结构、经济组织形式、市场机制进行重大的调整、转型和创新。

1. 促进智慧创新导向的城市经济转型

尽管经历30多年高速经济增长，但我国城市经济结构层级仍然较低，服务产业比重低，第二产业也主要集中在较低端的加工制造环节。在经济新常态下，低层级产业结构在国际竞争中表现出越来越不利的趋势，城市经济的发展必须寻求高端化产业结构转型。互联网化、信息化条件下，智慧产业成为经济增长的新引擎，创新成为经济发展的根本动力，城市经济的进一步发展，应大力促进智慧创新导向的经济转型。

其一，大力发展知识技术密集的信息产业、智能产业，形成全球领先的"互联网+"产业发展态势。互联网化、信息化的时代，信息产业、智能产业具有明显的产业引领效应，对其他产业具有明显的拉动效应，也是技术、产品和服务创新最快的产业，国家之间、城市之间产业竞争越来越体现为信息产业、智能产业发展程度。因此，我国城市经济转型应该把知识技术密集的信息产业、智能产业发展列为优先方向，大力促进互联网技术在各产业、各领域的应用，形成全球领先的"互联网+"产业发展态势。一方面，加大对互联网、信息化基础设施投资力度，实现对全国范围的互联网、信息化基础设施全覆盖，努力降低互联网等信息化服务的使用成本；另一方面，利用金融、财政、税收等政策手段，大力促进各产业、各领域对互联网等信息化技术的应用，鼓励基于互联网等新信息新技术的新产业形态不断涌现。

其二，大力推进产业链条向总部管理、科技研发、销售开发的高端化延伸，占领各产业发展的制高点。在互联网、信息化时代，各产业内部的分工进

一步细化,产业链条不断延伸,主导产业发展的总部管理、科技研发、销售开发等高端环节对整个产业链的掌控能力和对产业链增加值利益的分配比率均大大增强,同时国家之间、城市之间对总部管理、科技研发、销售开发环节的集聚争夺也日益白热化,国家或城市集聚了各产业的高端环节,就占领了各产业发展的制高点,处于更有利的竞争地位并迎来更快的经济增长和收入增长。因此,我国城市经济的转型应大力推进各产业链向总部管理、科技研发、销售开发的高端化延伸,把高端产业链的集聚作为城市经济转型的主攻方向。一方面,大力加强我国城市特别是大城市高端产业链集聚环境建设,通过合理的城市规划、配套设施建设、制度机制改革,努力提高适宜总部管理、科技研发、销售开发等高端产业环节集聚的城市服务水平和相应人才集居的社会服务环境;另一方面,对高端产业链集聚提供人才吸引、金融服务等方面的国家支持。

2. 加快绿色生态导向的城市经济转型

随着人们收入水平的增长和环保意识的增强,绿色生态成为产业发展和生活消费的新潮流,我国在绿色生态理念基础上,更进一步提出建设生态文明的战略决策。无论从国际竞争还是国内生态环境改善视角,我国城市经济均应控制高污染、高排放产业发展,大力培育生态性产业增长点,促进绿色生态导向的城市经济转型。

其一,强化能耗、排放标准,引导绿色低碳城市发展。绿色低碳成为产业发展新潮流,也成为各国产业竞争和政治角力的重要工具。按照人均计算,我国石油、天然气等能源资源贫乏,对国际油气进口需求量大,经济发展严重受制于国际油气资源供给,更应走绿色低碳发展之路,强化能耗、排放标准,引导绿色低碳导向的城市经济增长。一方面,要适度控制高能耗、高排放产业发展,鼓励低能耗、低排放产业;另一方面,大力推进节能减排,鼓励节能减排技术的应用和开发。

其二,培育生态导向的城市经济新增长点,促进城市经济占领生态消费产业的制高点。绿色生态意识也导致了人们消费观念的变化,生态消费、健康消费成为人们消费结构转型的新动向。城市经济发展也应顺应这一消费结构转变新潮流,努力改善城市生态环境,大力培育生态导向的新兴产业业态。

3. 加快城市服务产业发展

我国城市服务产业发展严重滞后,第三产业占 GDP 比重与经济发展水平不相适应，城市经济转型提升离不开服务产业发展的支撑，应加快发展服务产业。

其一，加快传统事业服务单位体制改革，促进社会生活性服务产业发展。长时期内，我国城市的文化、教育、卫生、体育、社区服务等社会生活性服务采用公共、准公共的事业单位管理体制，导致服务提供的效率低，既造成巨大的财政负担，服务质量和数量也难以满足人民群众日益增长的服务需求，更由于事业化管理体制，这些社会性服务对象也以城市所在户籍人口作为严格的准入限制，城市化移民人口被排斥在社会服务之外，迟滞移民人口的居住城镇化进程。因此，应加快社会事业服务体制改革，一方面，引入民间资本，特别探索PPP模式，社会事业单位逐渐市场化，改造传统社会事业服务成为城市服务经济新的增长点；另一方面，加强社会生活服务规制建设，健全社会生活性服务定价机制和质量检测认证机制。

其二，合理规划引导，促进生产性服务产业集聚。不同于内源性的生活性服务业，生产性服务业具有较强的输出性和地区竞争性，是城市竞争力的重要体现。但生产性服务业的集聚取决于所在城市的区位条件、生活性服务规模（反映为城市规模），也取决于城市空间布局（反映为通勤成本）的合理性。因此，应在有条件城市通过合理规划，促进生产性服务产业集聚。

（三）推进城市社会发展，构建开放、包容、和谐、多元的社会治理体制

快速经济增长和快速城市化导致了城市人口和城市规模的快速增长，无论城市既有居民还是城市化迁入人口，对快速变化的城市社会新形态均存在一个适应磨合过程，城市社会治理机制也有一个从不完善到完善的过程。这使得我国当前的城市社会表现出诸多较严重的矛盾、问题，城市社会治理面临严峻的挑战。城市社会的健康发展，必须加强和完善城市社会治理机制建设，特别是城市收入分配体系、城市社会保障体系和公共准公共服务体系亟待完善。

1. 完善构建公平与效率兼顾的收入分配体系

由于国有企业制度改革和财税制度改革滞后，我国城市收入分配关系被严重扭曲，一方面社会收入和财富向少数高收入人群严重倾斜，另一方面各种灰色收入、黑色收入占据居民收入的重要组成，收入所得与社会贡献不相称。推

进城市社会发展，必须重构公平与效率兼顾的收入分配体系。

其一，理顺国有企事业单位收入分配机制。一方面，破除部门垄断和部门利益，探索与绩效挂钩的职工激励机制；另一方面，杜绝机关事业单位的灰色、黑色收入，建立职工收入正常增长机制。

其二，建立合理的财税再分配机制。一方面，适当提高股市、房产等资本所得税率，适时开征遗产税；另一方面，适当提高个人所得税税基，使得中低收入人群能获得更多税负减免。

2. 完善构建全覆盖、多元化、可转换的城市社会保障体系

社会保障体系通过为社会弱势人群提供基本的生存和生活保障，从而化解现代工商业社会竞争所造成的风险，成为现代城市工商业社会得以稳定维持的重要支撑。但快速城镇化进程中，我国城镇社会保障体系很不健全，一方面，现有的城镇社会保障相对单一，但在城镇社会特别是快速城镇化进程中的城镇社会，各层级弱势人群对社会保障需求存在巨大差异；另一方面，各类社会保障之间衔接困难，特别对城镇化移民人口，城乡之间、跨区之间社会保障账户存在困难。推进城市社会发展，应着力完善构建全覆盖、多元化、可转换的城市社会保障体系。

其一，完善构建全覆盖、多元化的社会保障体系。设计针对与各类弱势人群特征相适应的多元化社会保障机制，实现对城市社会弱势人群社会保障的全覆盖。

其二，加强各类社会保障体系之间可转换机制的建设。

3. 完善构建开放、包容、均等化的城市公共、准公共服务体系

公共、准公共服务的提供也是现代城市社会得以存在和发展的重要基础。我国快速城市化进程中，城市公共、准公共服务体系也很不健全。一方面，现有的城市公共、准公共服务表现出较严重的封闭性和排斥性，特别是城市化移民人口往往被排斥在城市公共、准公共服务之外；另一方面，公共、准公共服务设施在城市内部分布不均衡，优质公共、准公共服务基本上集中在成熟老城区，新城区公共、准公共服务供应滞后。

其一，提高城市公共、准公共服务的开放度和包容性。基本公共服务应实现全域居民开放，对一些排他性较强的准公共服务，例如中小学、幼儿园教育，严格执行就近原则。

其二，努力提升公共、准公共服务的均衡分布。一方面，加大对新城区公共、准公共服务设施建设，实现公共服务硬件均等化；另一方面，鼓励老城区优质公共服务机构向新城区迁移或建立合作分部。

参考文献

成艾华、魏后凯：《中国特色可持续城镇化发展研究》，《城市发展研究》2012年第1期。

傅小随：《城市社会矛盾与社会管理创新》，《行政管理改革》2013年第10期。

郭叶波：《特大城市安全风险防范为题研究》，《中州学刊》2014年第6期。

陆大道：《我国的城镇化进程与空间扩张》，《城市规划学刊》2007年第4期。

仇保兴：《笃行借鉴与变革：国内外城市化主要经验教训与中国城市规划变革》，中国建筑工业出版社，2012。

单菁菁：《我国城市化进程中的脆弱性分析》，《区域与城市经济》2012年第1期。

孙钰、李泽涛、马瑞：《我国城市科技创新能力的实证研究》，《南开经济研究》2008年第4期。

中华人民共和国环境保护部：《2013年中国环境状况公报》。

Northam, R. M. (1979). *Urban Geography*, 2nd edn. New York：John Wiley & Sons，65 – 67.

综合篇
Comprehensive Reports

B.2 2014年中国城市健康发展评价

单菁菁 武占云 耿亚男*

摘 要： 近年来，我国城市的健康发展日益受到各地政府乃至国家层面的高度重视，各地积极开展健康城市行动计划，城市健康发展进入了从试点探索向全面推进转变的新阶段。评价结果显示，2014年我国城市健康发展水平有所提升，但亚健康城市占比仍然较高；从区域格局来看，各城市群之间的健康发展差距明显，珠三角城市群的健康发展水平位居各城市群之首，京津冀城市群的生态环境问题最为突出，而长三角和珠三角城市群在城市安全保障能力方面表现欠佳；从城市规模来看，小城市公共服务建设滞后，特大城市的健康环境和健

---

* 单菁菁，中国社会科学院城市发展与环境研究所研究员、博士，主要研究方向为城市与区域发展战略、城市与区域规划、城市与区域管理等；武占云，中国社会科学院城市发展与环境研究所副研究员、博士，主要研究方向为城市规划、城市与区域经济等；耿亚男，中国社会科学院研究生院城市发展与环境系硕士生，主要研究方向为城市与区域管理。

康管理指数垫底；资源型城市的健康发展水平远低于非资源型城市，各项健康发展指数普遍落后。

关键词：健康城市　健康发展指数　评价体系　亚健康

当前，我国经济发展进入了提质减速的新常态，提升城市发展质量、创新城市发展模式则成为我国城市主动适应新常态的必然选择。然而，随着城镇化的快速推进，部分城市过度扩张或超载扩张，资源紧缺、环境污染、供给不足、交通拥堵等"城市病"或"亚健康"现象依然普遍。"十三五"期间是我国全面建成小康社会的冲刺阶段，如何积极有效推进城市健康发展，形成经济高效、社会和谐、环境友好、文化繁荣和宜居安全的城市健康发展格局，成为我国各地面临的严峻挑战。

一　2014年城市健康发展评价

根据城市健康发展评价指标体系（详见《中国城市发展报告 No.7》），我们采用主观赋权和客观赋权相结合的方法，对2014年除拉萨市、三沙市、海东市①以外的287座地级及以上建制市②的健康发展情况进行了综合评价③。并按照我国城市规模最新划分标准，将上述城市分为超大城市、特大城市、大城市、中等城市和小城市五组④分别计算其城市健康发展指数（Urban Health Development Index，缩写为UHDI），具体评价结果如下（详见附表1、2、3、4、5、6）。

---

① 拉萨市、三沙市、海东市目前缺少进行城市健康发展评价的系统数据。
② 本文研究范围仅限于中国大陆地区，不包括港澳台地区的城市。
③ 受数据可获得性的限制，基尼系数、工业废水排放达标率、房价收入比、刑事案件发生率等4项指标暂未纳入本次城市健康发展测评，"人均受教育年限"以"万人在校高中生数"替代。
④ 根据国家统计局统计口径，以市区（不包括市辖县）的非农业人口总数对城市规模进行划分，200万人口以上的为超大城市，100万~200万人口的为特大城市，50万~100万人口的为大城市，20万~50万人口的为中等城市，20万以下人口的为小城市。

（一）城市健康发展水平有所提升，但"亚健康"城市仍占九成以上

根据评价结果，深圳、北京、上海、佛山、广州、苏州、珠海、无锡、鄂尔多斯、杭州等十座城市居2014年度城市健康发展指数综合排名前10位。其中来自珠三角、长三角和京津冀城市群的城市分别为4座、4座和1座。深圳市的健康发展综合指数连续两年位居全国第1，分项指标中健康经济、健康文化、健康社会和健康环境均居全国前3位，而健康管理仅居第142位，在城市公共安全和管理效率等方面不甚理想。北京和上海综合排名分列全国第2和第3位。北京综合排名较2013年上升1位，在健康经济、健康文化和健康社会等方面优势明显，尤其是健康社会指数位居全国第1，但健康环境和健康管理排名靠后，成为影响城市健康发展的主要因素。由此可见，综合排名靠前的城市各项指标得分并不均衡，城市的健康发展均存在不同程度的"短板"。

总体来看，与2013年度相比，2014年全国城市的健康发展水平有小幅上升，尤其是健康社会、健康环境和健康管理方面表现突出，但健康经济指数下降幅度较大，较2013年下降了15.32%，这在一定程度上也反映出当前我国经济的下行压力（如图1所示）。

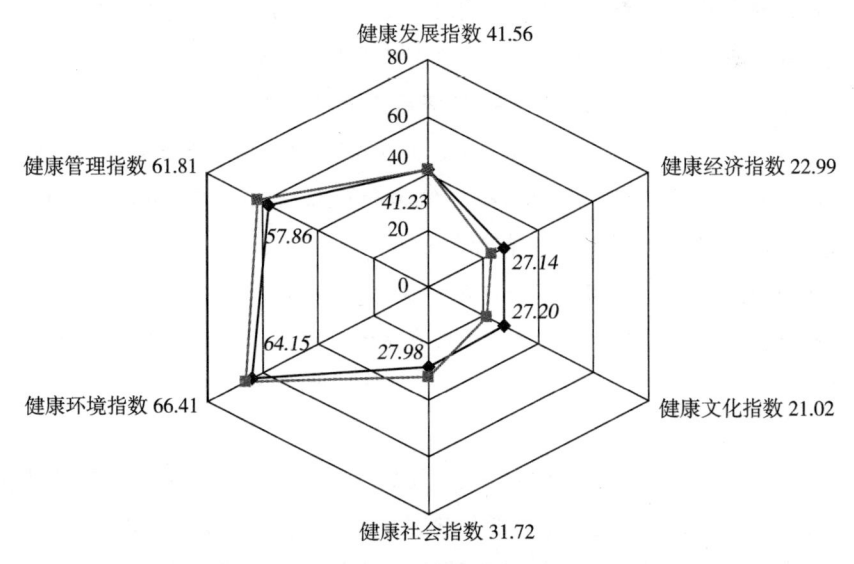

图1 2013~2014年全国城市健康发展比较

注：斜体为2013年城市健康发展指数。

专栏1　深圳连续两年健康发展指数位居全国第一

2013年、2014年连续两年的健康发展指数均位居全国第一的深圳,近年来,城市综合实力持续增强,经济发展质量和效率不断提升,社会和民生建设成果显著。2014年5月,国务院正式批准深圳建设国家自主创新示范区,成为我国首个以城市为地域单元的国家级自主创新示范区。近年来,深圳市在创新发展方面取得了较大突破,从政策上全面支持学生创新、青年创新、创客空间等创新创业活动,国内首家互联网银行——前海微众银行业也落户深圳;2014年,深圳市研发投入占GDP比重增长至4%,高于全国平均水平的2倍。在社会发展质量方面,深圳居民人均可支配收入达到4.5万元,最低生活保障标准、最低工资标准也高于全国平均水平,2014年深圳市在教育、医疗、交通等9类重点民生领域投入累计达1448亿元,民生水平持续提升。

专栏2　资源型城市鄂尔多斯跻身综合排名前十位城市

资源型城市鄂尔多斯跻身综合排名前十位城市,主要是由于其在经济效率,以及环境建设和保护方面取得较大进展。2014年,国家发改委将鄂尔多斯列为资源型经济创新发展综合改革试点,鼓励鄂尔多斯在能源综合利用、资源型产业转型升级、资源资产产权制度改革等重点领域率先突破,在打造国家清洁能源输出基地、国家新型煤化工生产示范基地、西部地区重要的生态安全屏障和推进新型城镇化进程等方面发挥示范带动作用。2014年,鄂尔多斯完成地区生产总值4215亿元,增长8%,高于全国增速0.6个百分点。通过一、二、三产联动发展,鄂尔多斯的投资结构和产业结构也得到优化,2014年,民间投资同比增长15.6%,非煤产业投资和增加值分别占工业投资和工业增加值的80%、42%。但相比经济发展和生态建设等方面取得的成就,目前鄂尔多斯市的城市管理水平和运行效率也有待进一步提升,社会和民生建设需要加大投入。

为了进一步检测中国城市的健康发展状况,我们按照以下标准将全国城市划分为健康和亚健康两类城市:即若健康经济、文化、社会、环境和管理五项指数均高于所有城市的中位数,则可视该城市的发展状态相对健康,否则视其为亚健康城市。根据该划分方法,全国共有26座城市处于相对健康发展状态,包括深圳、上海、绍兴、佛山、苏州、杭州、泰州、厦门、南京、东营、中山、长沙、无锡、沈阳、镇江、南通、扬州、淄博、烟台、惠州、温州、克拉玛依、福州、威海、湘潭、昆明等城市（划分结果如表1所示）。其中，来自中东部地区的城市共21个，占全国健康城市数量的80%，来自中部、西部和东北地区的城市分别为2个、2个和1个。而综合排名居前10位的北京和鄂尔多斯则未进入健康城市行列。上海、杭州、克拉玛依等城市连续两年达到健康城市标准。此外，健康经济排名前10位的城市仅有3个入围健康城市序列，表明经济发达城市的经济绩效与城市健康发展失衡严重。总体来看，2014年无论是城市健康发展的整体水平还是健康城市的数量都有所上升，然而，当前全国287个地级市处于健康发展状态的不到十分之一，亚健康城市仍占全国城市的九成以上。

表1 健康城市类型划分

城市类型	划分标准	代表城市
健康城市	五项指数均高于全国城市各类指数的中位数，综合指数排名靠前	深圳、上海、绍兴、佛山、苏州、杭州、泰州、厦门、南京、东营、中山、长沙、无锡、沈阳、镇江、南通、扬州、淄博、烟台、惠州、温州、克拉玛依、福州、威海、湘潭、昆明等26座城市（其中东部地区城市占80%）
亚健康城市	五项指数中有一项以上低于该项指数的中位数，存在明显的发展"短板"	北京、天津、鄂尔多斯等其余261座城市

注：划分界限略高于各项指标的中位数，使分界线上下城市数量的比例保持在40%:60%。

（二）城市发展空间不平衡现象明显，各城市群健康发展差距显著

从区域角度来看，城市健康发展指数综合排名前50位的城市中，有36座城市来自东部地区，占总数的72%，而来自中、西部和东北地区的城市分别仅有7座、3座和4座。其中，深圳、长沙、鄂尔多斯和大庆分别居东部、中部、西部和东北地区健康城市首位。如表2所示，2014年，中国城市健康发展的空间不平衡现象未得到明显改善，东部地区的城市健康发展总体占优，综合指数为45.96；其次是中部地区和东北地区，综合指数分别为40.67和

39.65，而西部地区居于末位，综合指数为38.68。从各项指标来看，四大区域在社会和民生建设方面差距仍然较大，东部城市的社会和民生建设水平远高于其他区域，在全面改善民生、全民共享发展成果方面走在全国前列。而东北、中部和西部城市的民生建设则普遍落后，健康社会平均指数均在30以下。四大区域在城市健康管理方面的差距并不明显，且与其他分项指标相比，健康管理指数也相对较高，反映了当前我国各城市均高度重视城市安全与应急管理体系建设。

表2 2014年四大区域城市健康发展水平情况

	健康发展指数	健康经济指数	健康文化指数	健康社会指数	健康环境指数	健康管理指数
东部地区	45.96	28.18	24.90	40.78	68.63	61.57
东北地区	39.65	21.64	17.51	29.76	63.94	61.79
中部地区	40.67	20.98	21.02	29.60	67.21	60.76
西部地区	38.68	20.13	18.48	25.31	64.41	63.04

从省域角度来看①，城市健康发展指数综合排名前5位的省份（直辖市）依次为：北京、上海、浙江、江苏和天津（见图2）。以省域为单位，各省（直辖市）城市健康发展水平大体上可以分为四个梯队：第一梯队由北京、上海组成，其城市健康发展指数都在55以上；第二梯队主要由浙江、江苏、天津、广东和福建等东部省份组成，其城市健康发展指数均在45~50②之间；第三梯队除新疆③外，主要包括山东、重庆、海南、辽宁、内蒙古、江西、湖南、安徽、湖北、河北、山西、河南等，地域范围覆盖了中部六省，以及西部和东北的个别省份，其城市健康发展指数均在40~45之间；第四梯队主要由一些西部省份构成，包括吉林、陕西、云南、广西、贵州、四川、黑龙江、宁夏、甘肃和青海等，地域范围覆盖了西部地区的大部分省份，其城市健康发展指数均在40以下。值得注意的是，东北三省中的吉林、黑龙江均位于第四梯队，反映出当前我国东北地区城市的健康发展问题尤为突出。实际上，近年来过度依赖采矿业和重工业的东北地区的经济增速落后于全国平均水平，经济下

---

① 因数据缺乏，本文的省域评价不包括西藏自治区。
② 本章评价对象为各省城市的科学发展情况，而非各省省域的科学发展情况，下同。
③ 新疆有2个地级市，即乌鲁木齐和克拉玛依，此处指其2个地级市科学发展的平均水平。

行压力尤为显著。此外，贵州省城市健康发展指数由2013年的35.35上升至2014年的37.74，综合排名上4位，超过西部地区的四川、宁夏、甘肃和青海等省份，尤其是资源节约和环境保护方面，以及社会民生建设等方面取得较大进展。但相比民生建设和环境保护，目前贵州省文化基础设施建设相对滞后，亟须加强市民文化生活建设，提升城市文化品质。

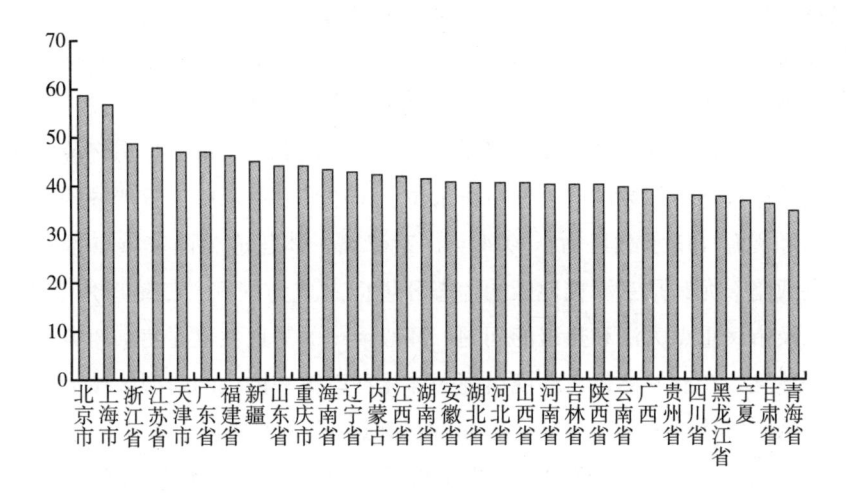

图2　省域城市健康发展指数比较

专栏3　贵州省综合排名上升四位

贵州省作为我国长江、珠江流域的生态屏障，具有重要的生态安全战略地位，生态保护和地区发展之间的矛盾也尤为突出。为了进一步促进贵州省的发展，国务院出台了《关于进一步促进贵州经济社会又好又快发展的若干意见》，并批准建设国家级新区——贵安新区。近年来，在国家政策的大力支持和引导下，贵州省以科学发展、后发赶超、同步小康为主题，积极探索生态脆弱的石漠化地区产业发展和生态保护双赢的可持续发展之路。2014年，贵州省聚焦大数据、大健康等领域，积极发展电子信息产业、生物医药、健康养生、高效农业、文化旅游等产业，以及以节能低碳环保为主导的新型建筑建材业，加快促进了产业转型和升级，其中，电子信息、医药、建筑产业的产值同比分别增长62%、15%和20.2%。在社会民生方面，全省对教育、社会保障和就业、医疗卫生与计划生育、住房保障支出和文化体育等方面的支出达到1557.2

亿元，民生支出占全省财政支出的大头。在环境治理和生态保护方面，全省节能环保支出完成86.56亿元，比上年增长37.4%，城市污水处理率上升到86.87%。工业固体废弃物综合利用率46.52%，比上年下降2.73个百分点。

从城市群角度观察，目前我国五个国家级城市群①中，城市健康发展水平最高的为珠三角城市群，其次是长三角、京津冀和长江中游城市群，成渝城市群居于末位，综合指数低于珠三角城市群15.05，健康经济、健康文化和健康社会3项指标也基本遵循这一规律。在城市安全和管理效率方面，长三角和珠三角两大城市群表现不佳。在环境质量方面，京津冀城市群的生态环境问题最为突出，健康环境指数居五大城市群末位，未来发展将面临十分严峻的资源保障压力和资源环境承载压力。2014年，京津冀一体化成为国家重点推进的区域发展战略，尤其是京津冀地区的生态环境问题成为国家、三地政府、媒体、学者以及市民重点关注和热议的问题。环境治理的紧迫性也促使京津冀地区向交通一体化、产业一体化、环境治理一体化和政策一体化的新型区域治理阶段转型。从空气质量来看，2014年，京津冀地区13个地级以上城市的空气质量平均达标天数比例仅为37.5%，北京市的空气质量达标天数也不足全年的50%，区域大气环境污染问题极其严峻。京津冀三地亟须构建科学有效的区域环境治理与合作机制，以推动京津冀城市群的健康、协调发展。

表3 国家级五大城市群城市健康发展情况

指数	健康发展指数	健康经济指数	健康文化指数	健康社会指数	健康环境指数	健康管理指数
珠三角城市群	53.63	35.55	34.49	58.77	71.69	58.21
长三角城市群	48.44	31.54	30.91	43.02	70.73	60.37
京津冀城市群	42.33	24.66	19.16	36.51	64.92	61.12
长江中游城市群	41.87	22.09	20.75	30.93	68.63	62.99
成渝城市群	38.58	20.14	13.46	25.53	67.55	61.76
全国城市	41.56	22.99	21.02	31.72	66.41	61.81

---

① 国家级城市群即上升到国家发展高度，在全国城市群发展中具有战略主导地位的高度城市化区域。截至2015年，中国现有长三角城市群、珠三角城市群、京津冀城市群、长江中游城市群、成渝城市群共5个国家级城市群。

（三）小城市公共服务建设滞后，特大城市健康环境和管理指数垫底

2014年11月，国务院印发《关于调整城市规模划分标准的通知》，提出了新的城市规模划分标准①，按照新标准，城区常住人口1000万以上的超大城市有5个，上海、北京、重庆、深圳和广州；特大城市有6个，包括天津、武汉、东莞、郑州、沈阳和南京。这11个超大和特大城市集聚城区人口共计10962万人，占全国城市城区人口的26.0%。

基于城市规模的评价结果显示，2014年，我国超大城市组的健康发展指数为56.45，特大城市组为48.95，大城市组为44.79，中等城市组为40.98，小城市组为39.19，城市规模与健康发展指数存在着同向变化关系，相对而言，城市规模越大，健康发展指数越高。这表明，从现有阶段来看，规模大的城市由于规模效应和集聚经济优势，仍然具有较高的经济竞争力、创新发展活力、资源利用效率，在社会保障、公共服务和文化设施建设等方面优势明显，健康发展指数显著高于其他规模的城市。然而，相对优势明显的经济效益、民生保障和文化建设，特大城市组的健康环境指数和健康管理指数排名垫底，这暴露出当前特大城市过度扩张所带来的资源紧缺、环境质量下降、交通拥挤和房价上涨等"亚健康"甚至"城市病"症状。此外，特大城市的健康管理指数更是低于小城市的7个点，反映出当前特大城市的城市安全保障能力仍是其薄弱环节，亟须提升公共安全保障和城市管理。虽然"城市病"并非特大城市所特有，但由于城市规模的过度扩张和膨胀，特大城市的"城市病"往往更为严重。随着超大和特大城市资源环境承载力饱和、经济发展速度放缓，城市发展的亚健康状况更令人担忧。据调查，北京、上海、天津、沈阳等超大城市上下班平均通勤（往返）时间已超过1小时，广州、武汉、重庆、郑州、南京、深圳等特大城市也在0.85小时以上，其中北京高达1.32小时，上海达1.17小时，天津达1.15小时（智联招聘和北京大学社会调查研究中心，2012）。

---

① 城区常住人口1000万以上的城市界定为超大城市，500万~1000万的城市界定为特大城市，100万~500万的城市界定为大城市，50万~100万的城市界定为中等城市，50万以下的城市界定为小城市。

小型城市虽然目前的环境质量较好，在经济发展、资源环境、城市安全等维度相对均衡，但亟须提升公共服务水平，以城市文化建设为例，小城市的健康文化指数与超大城市的差距高达23.68，不足超大城市的45%。健康文化是城市健康发展的重要支撑，深厚的文化底蕴和良好的人文环境是健康城市的核心品质，我国的中小城市亟须加强公共文化设施建设，完善传播健康文化、理念的载体和渠道。

表4　2014年不同规模城市的健康发展指数比较

城市规模	健康发展指数	健康经济指数	健康文化指数	健康社会指数	健康环境指数	健康管理指数
超大城市	56.45	42.29	42.70	60.24	69.89	60.35
特大城市	48.95	35.38	30.14	50.92	65.86	54.39
大城市	44.79	25.91	23.68	38.92	67.38	63.23
中等城市	40.98	22.56	19.92	30.81	65.96	61.91
小城市	39.19	20.23	19.02	26.22	66.12	61.39

（四）资源型城市健康状况堪忧，各项指数普遍落后

资源型城市是主要依托资源开发而发展起来的，它们的经济增长过度依赖优势资源的开发，产业贡献主要来自于资源型产业的发展，资源型城市对于国家的能源战略保障以及国民经济的健康发展具有重要作用。我们根据《全国资源型城市可持续发展规划（2013~2020年）》，对全国115个资源型城市[①]（约占全国287个地级市的40%）的健康发展水平进行了综合测度（结果如表5所示）。城市健康发展综合排名前10位的城市仅有1个资源型城市（鄂尔多斯），综合排名前100位的城市仅有20个资源型城市，而综合排名后100位的城市则有51个资源型城市，占比超过一半。

从测度结果来看，资源型城市的健康发展水平明显低于全国城市平均水

---

① 《全国资源型城市可持续发展规划（2013~2020年）》确定了全国262个资源型城市，其中地级行政区（包括地级市、地区、自治州、盟等）126个，县级市62个，县（包括自治县、林区等）58个，市辖区（开发区、管理区）16个，受限于城市和地区数据的可获得性，本文测评了115个城市（地级行政区）的健康发展水平。

平,更是低于非资源型城市3.08。从分项指数来看,除了健康管理指数外,非资源型城市在经济效益、民生建设、文化品质和生态环境等方面的表现均优于资源型城市,尤其是在经济发展和社会建设方面,非资源型城市分别高于资源型城市3.76和6.03(如表5所示)。这表明,资源型城市的经济增长过度依赖优势资源开发和资源型产业,资源利用效率和环境效率低下,公共服务水平和社会保障水平较低,城市的健康发展堪忧。与2013年度相比,资源型城市的健康发展总体水平有所上升,尤其是社会建设和环境保护与治理显著改善,然而健康经济指数则由2013年的25.52下降至20.73,显示出当前资源型城市面临的产业转型压力巨大、经济活力和创新能力不足等突出问题。《全国资源型城市可持续发展规划(2013~2020年)》明确指出,"要继续加大中央财政转移支付资金和中央预算内资金对资源枯竭城市的支持力度……逐步建立多层次的可持续发展政策保障体系"。

表5 资源型城市与非资源型城市健康发展指数比较

	健康发展指数	健康经济指数	健康文化指数	健康社会指数	健康环境指数	健康管理指数
全国城市(2014)	41.56	22.99	21.02	31.72	66.41	61.81
非资源型城市(2014)	42.79	24.49	22.03	34.14	67.21	61.65
资源型城市(2014)	39.71	20.73	19.50	28.11	65.22	62.06
资源型城市(2013)	39.28	25.52	25.57	24.19	62.69	57.46

二 当前城市发展存在的十大"亚健康"问题

从目前来看,我国"亚健康"城市仍占九成以上,全国城市发展不同程度地存在着以下十大"亚健康"问题。

一是发展方式依然粗放。近年来,我国在转变经济增长方式方面取得了较为显著的成绩,但总体来看,发展方式依然粗放。如2010~2014年,我国城镇化率提高了4.8个百分点,城市建成区面积和城市建设用地面积却都增加了20%以上,土地城镇化明显快于人口城镇化。又如,2013年我国单位GDP能耗6.5吨标准油/万美元,是英国的8.2倍、日本的6.5倍、美国的3.9倍、

世界平均水平的2.7倍，经济增长对要素投入增加的依赖较大，能耗、物耗水平较高。

二是经济增长较为乏力。投资、出口、消费是拉动经济增长的"三驾马车"。从出口层面看，2008年之前，我国出口贸易额的年增长速度能够达到17%以上，但2012年、2013年、2014年我国出口总值仅分别增长了7.9%、7.9%和4.9%，出口对经济增长的拉动作用明显下降。从投资层面看，2011~2014年，我国全社会固定资产投资的增长速度分别为23.8%、20.3%、19.1%、14.9%，而2015年上半年固定资产投资完成额累计增长只有11.2%，固定资产投资增速的大幅下滑，说明整个社会需求不足、企业缺少订单。同时，投资效益下降，2001~2008年，我国宏观投资效益系数基本能够达到0.3以上，但2012年以后宏观投资效益系数始终处于0.15以下，并持续下降，说明大规模投资刺激计划已经出现边际效应递减，很难形成预期的生产力，投资对经济增长的拉动作用明显下降。从消费层面看，2014年，我国最终消费支出对GDP的增长贡献为51.2%，但居民消费只占35%左右，社会层面的需求没有被有效启动（这从固定资产投资增速下滑也可以看出来），经济增长的内生动力依然不足。出口、投资、需求"三驾马车"的发展均不同程度受阻，经济增长相对乏力。

三是管理建设相对滞后。相对于城镇化和城市发展的快速推进，很多城市的基础建设和管理能力相对滞后，城市的软硬环境都存在薄弱环节。如城市建设重地上、轻地下，地下管网建设严重滞后、历史欠账过多，很多城市在强降雨面前街道成河、内涝成灾。2012年北京"7·21"暴雨造成78人死亡、190万人受灾，直接经济损失高达116.4亿元。而"十二五"期间，广州、深圳、上海、天津、石家庄、南宁、武汉、南昌、珠海、福州、成都等城市都曾出现过严重的内涝灾害，越来越多的城市在暴雨面前显得不堪一击。又如，我国很多城市正在大力推进电子政务和城市智慧管理，但在调研中我们发现，不少政务人员知识陈旧、结构老化，有的甚至不懂电脑，依然按照原有模式开展工作，政务服务能力和服务效率低下。再如，我国一些旅游城市，每逢旅游旺季或黄金周，热点景区必人满为患，各种不法之徒扰乱市场秩序，宰客、黑车、黑导游乃至安全事故时有发生，城市管理能力明显不足。

四是失衡现象比较严重。当前我国城市发展中存在诸多失衡现象，主要表现在几个方面：首先是"产城分离"。城镇化推进速度很快，但产业发展没有跟上，城镇新增就业岗位赶不上城镇新增人口的增长。如"十二五"期间，我国每年新增城镇人口约1985万人，然而每年新增的就业岗位仅为1155万。很多城市新区建设靠人为拉动，产业支撑不足，虽然建设得很漂亮，却是缺乏产业、缺乏人气的"空城"，造成大量浪费。其次是"职住失衡"。一些城市产业园区或经济功能区缺乏住宅和相应的生活服务配套，而另外一些新区则缺乏足够的产业支撑和就业岗位，造成这些产业园区或经济功能区白天人潮汹涌，晚上人去楼空成为"鬼城"，而那些仅以居住为主要功能的区域则恰恰相反，成为白天人去楼空、夜晚人流回归的"卧城"，从而产生大规模、潮汐式的交通流，带来交通拥堵、资源浪费、环境污染、通勤时间过长等一系列问题。最后是"社会空间分异"。所谓"社会空间分异"是指不同社会阶层的人群各自聚居在不同的城市空间内，并由此引起居住分化、阶层隔离、社会分裂和贫困人群边缘化等一系列社会问题，影响城市的健康发展。目前，我国城市的居住空间分异现象正日益突出，由此引发的社会问题也已初见端倪，加剧了城市贫困和二元化特征。

五是社会矛盾交织凸显。随着改革开放的深入，市场经济的转型，社会利益格局的调整，原有快速发展中的各种累积性问题不断暴露出来，同时，一些新问题、新矛盾也不断出现，城市社会整体处于矛盾多发期，各种社会矛盾交织凸显。首先，贫富分化严重。由于收入分配格局的不平衡，2014年我国基尼系数已经达到0.47，超过了国际公认的0.4警戒线。城镇居民最高收入户的人均收入是最低收入户人均收入的7.6倍、困难户人均收入的9.3倍，城市贫富悬殊，贫困问题严峻。其次，城乡矛盾突出。大量进城农民工在为城市发展做出巨大贡献的同时，却无法平等享有户籍居民在文化教育、医疗卫生、社会保障等方面的权益和福利，引发了诸多社会对立和冲突。再次，劳资纠纷频繁。如企业拖欠员工工资、违反劳动法侵犯员工合法权益、企业改制后的职工下岗和安置问题等，引发了大量的劳资纠纷和劳资冲突。最后，官民矛盾显现。由于部分政府部门和工作人员在行使公权力时，办事不公、执法不当、贪污腐败、滥用职权，引发了许多官民矛盾和冲突，也对政府公信力造成损害。近年来，各种群体性事件多发就是其中的一个重要表象。

六是自主创新能力不足。城市是创新的主阵地。2014年，我国研发投入

13312亿元，占GDP的比重为2.09%，已经达到中等发达国家水平，但在自主创新能力和创新体系建设上仍然存在许多问题。首先，企业的创新主体地位没有得到确立，一些重要产业的对外技术依存度过高。其次，创新激励机制尚未完善建立，企业的创新动力和自主创新能力严重不足。最后，产学研结合不紧密，科技创新成果转化率低，很多关键技术、核心技术受制于人，从"中国制造"迈向"中国创造"步履维艰。

七是环境污染问题突出。"十二五"以来，我国继续加大生态环境保护和建设力度，取得显著成效，但城市环境质量依然堪忧。2014年，我国实施空气质量监测的161个城市中，空气质量达标的仅占9.9%；地下水水质达标率比2010年下降了4.3个百分点，绝大多数监测点位水质仍处于较差级和极差级水平；城市工业固废和生活垃圾排放量逐年增加，约有一成多的垃圾不能得到有效处理，"垃圾围城"现象日益严重；城市生态环境整体处于中偏下的水平，与城市居民的健康生活要求仍然存在很大差距。

八是安全风险隐患加大。城市具有人口集中、产业集中、建筑集中、社会财富集中等特点，一旦发生地震、火灾、洪涝、传染病等灾害，往往会造成巨大的人员伤亡和财产损失，严重影响城市安全和社会稳定。我国正处于快速城镇化时期，城市快速发展与防灾能力不足的矛盾日益突出，安全风险隐患不断加大，2015年天津滨海新区危险品仓库"8·12"特大爆炸事故再次给城市安全敲响警钟。目前，我国是世界上灾害最严重的国家之一，每年因灾害和各种安全事故死亡的人数超过20万人，受灾达1.5亿~3.5亿人，造成的经济损失相当于GDP的3%~6%。如何有效防御城市安全风险，推动城市健康发展，已经成为当前必须面对的重要问题。

九是城市发展千城一面。改革开放以来，我国城市快速发展，但急功近利、贪大求洋、简单模仿、千城一面的现象非常严重。很多城市不分自然气候条件、不分历史文化背景、不分城市个性差异，一律大拆大建，大广场、大马路、高架桥、摩天大厦等简单堆砌、攀比成风，使得"南方北方一个样，大城小城一个样，城里城外一个样"，城市发展割裂了文脉，丧失了个性，偏离了本质，迷失了方向。

十是存在庸政懒政怠政。在中国现行体制下，政府是推动城市发展的重要力量，特别是在经济下行压力下，要实现稳增长、调结构、促改革、惠民生，最大限度地释放市场活力，离不开政府干部的勇于担当、积极作为。但现在，随着中央反腐力度的加大，一些干部抱着"只要不出事，宁愿不做事"、"不求有功但求无过"、"多一事不如少一事"的中庸思想，不思进取、不敢担当、工作不主动、责任不落实、得过且过、碌碌无为，客观上对提振经济、促进发展形成了一定的影响。李克强总理对于"尸位素餐"、"庸政懒政怠政也是一种腐败"的再三严厉批评，就是证明。

三 "十三五"时期中国城市健康发展趋势分析

（一）经济发展进入新常态，城市健康发展面临新挑战

2014年，全国GDP整体增速由2013年的7.7%下降至2014年的7.4%，我国"四期叠加"（增长速度换挡期、结构调整阵痛期、前期政策消化期、新的政策探索期）的阶段性特征日益凸显，国家宏观经济发展已经进入"新常态"，这也意味着经济发展开始转向一种更有质量、更有效率、更可持续的增长（李扬，2015）。展望"十三五"，新常态下宏观经济社会环境的变化，对城市发展的创新驱动力、资源配置效率、环境保护与治理、新的经济增长点培育等提出了更高的要求和挑战。这种新的变化和挑战要求城市由粗放、单一的发展模式转向创新、多元的发展模式，必须更新政绩观念、提升城市发展质量和内涵。城市健康发展作为一种全新的城市发展模式，注重城市各个系统的协调、健康发展，更加强调经济发展的质量、社会发展的公平、资源低消耗和环境友好，以及安全和谐的宜居环境。这一发展模式符合经济新常态的发展要求，因此，积极推动形成具有社会和谐、经济高效、文化繁荣、环境友好和安全宜居的城市健康发展格局，是"十三五"期间城市健康发展的重要方向（如图3所示）。

（二）健康城市提至国家战略，城市健康发展面临新机遇

当前国内城市健康发展的理念最早源自世界卫生组织（WHO）在1986年提出的"健康城市"，即应对源于西方国家的高污染、高消耗、低效益的传统生产方式对人类发展造成的严重危机，而提出的一种新的城市发展理念。目

图 3　城市健康发展的内涵与特征

前，全世界参与 WHO 健康城市建设项目的城市达到数千座。1989 年，中国启动创建国家卫生城镇的工作，标志着中国健康城市建设的开始。中国与 WHO 合作的健康城市项目始于 1994 年，并首先选择北京东城区作为项目合作城市（区）；2007 年，全国爱卫办批准 10 个城市开展建设健康城镇试点工作，之后，包括北京、上海、长春、苏州、义乌等在内的多个城市均出台了健康城市行动计划，旨在保障人的健康发展，提升城市的健康发展水平。上海市是国内首个编制健康城市三年行动计划的城市，截至目前已经连续颁布并实施了 5 个三年行动计划；北京市则编制了《健康北京人——全民健康促进十年行动计划（2009～2018）》、《健康北京"十二五"发展建设规划》，正在编制《健康北京"十三五"发展建设规划》。2014 年 12 月，国务院发布《关于进一步加强新时期爱国卫生工作的意见》，明确指出要鼓励和支持开展健康城市建设，以促进城市建设与人的健康协调发展。2015 年的政府工作报告则首次明确要打造"健康中国"的目标，健康城市则是"健康中国"的基本构成单元，是打造健康中国的重要基础和有效途径。目前，国家相关部门正在起草开展健康城市建设的指导意见，并研究制定健康城市的评价指标体系。因此，可以预期"十三五"期间，随着健康城市建设上升至国家战略，城市的健康发展将得到更多国家层面的引导与政策支持，这也给各地城市发展与转型带来了新机遇。

(三)多领域多部门渗透发展,城市健康发展进入新阶段

推动城市的健康发展,其实质上是政府部门、全体市民和社会组织共同致力于不同领域、不同层次的健康促进过程,建立经济高效、社会和谐、环境友好、文化繁荣和宜居安全的城市的过程。越来越多的人意识到,城市不能一味地追求发展速度和增长效率,更应该努力形成有利于改善人类健康状况的环境和氛围。(陈柳钦,2010)。早期的健康城市理念聚焦于公共健康和卫生保健层面,城市建设与管理的主体也是各地卫生部门。随着"城市病"、"城市亚健康"问题的不断凸显,来自不同部门和领域的决策者、管理者及学者愈加关注城市的健康发展,健康城市的理念与内涵随之拓展,逐渐由公共健康、卫生保健层面向经济、社会、文化等层面延伸,由聚焦于人自身的健康问题,向关注社会、文化、经济健康等方面拓展。有研究表明,在20世纪的英国等其他发达国家,与人们通常所认识的不同,医疗保健和医疗技术的发展并不是健康进步的主要影响因素,特定的社会、文化和经济环境的变化则主要影响着人类的健康发展(Mckeown,2014)。与此同时,城市亚健康问题的治理,也从单纯依靠单一手段转向运用经济、社会、环境、信息技术等综合手段,从依靠单一的卫生部门力量转向依靠城市规划、建设、管理等各方面的力量,从政府的独自治理转向政府、市场和社会的共同参与。展望"十三五",无论是城市健康发展的理念,还是地方治理的手段,我国城市的健康发展将进入从单一部门主导向多部门多主体参与、从试点探索向全面推进转变的新阶段。

四 推进中国城市健康发展的对策建议

总体而言,2014年度,中国城市健康发展的水平普遍有所提高,但亚健康城市占比仍然较高,尤其是特大城市和资源型城市的亚健康问题更为突出。经济发展新常态下,如何积极有效推动我国城市由亚健康向健康转型尤为重要。然而,当前我国城市的健康发展仍存着诸多问题与障碍,包括顶层设计缺失、政绩导向明显、载体建设缺失等问题。展望"十三五",经济新常态对经济发展质量、社会发展质量和生态环境保护提出了更高要求,促进城市健康发展的任务更为紧迫和严峻。因此,应从加强城市健康发展的顶层设计和基础建

设着手,双管齐下全面促进城市健康发展。

一是加强顶层设计,引导形成城市健康发展的体制机制。从各地制定的健康城市计划来看,由于缺乏国家战略层面的顶层设计,各地制定的实施方案仍存在较多不足之处,尤其是对文化建设和城市安全方面的重视不够。因此,亟须从战略全局出发,制定引导城市健康发展的顶层设计,包括健康城市建设的总体规划、政策保障、行动计划等;加快出台健康城市建设标准和评价体系,引导形成科学的实施评估和动态调整机制,全面引导全国城市的健康城市建设。

二是加强基础建设,实施城市健康发展的细胞工程。当前,各地健康城市的建设多以政府部门为主体,缺少推进城市健康发展的载体与抓手,缺乏广大人民群众和企事业单位的积极参与。因此,应通过健康学校、健康社区、健康单位、健康园区等健康细胞工程的建设,搭建城市健康发展的载体和平台,引导社会各界广泛参与,形成政府、企业、单位、个人等全社会共同参与建设的良好氛围,推动整个城市系统的健康、可持续发展。

参考文献

丁志军:《鄂尔多斯转型在路上(经济聚焦)》,人民网,2015年5月5日。

何泳:《质量型发展成为深圳新常态》,《深圳特区报》2015年2月1日,第A01版。

智联招聘和北京大学社会调查研究中心:《2012年度中国职场人平衡指数调研报告》,http://wenku.baidu.com。

李扬:《中国经济新常态不同于全球经济新常态》,《人民日报》2015年3月12日07版。

王鸿春:《建设健康城市,保障和改善民生》,《求是理论网》2011年第23期。

陈柳钦:《健康城市建设及其发展趋势》,《中国市场》2010年第33期。

魏后凯:《中国特大城市的过度扩张及其治理策略》,《城市与环境研究》2015年第2期。

Mckeown, Thomas, *The Role of Medicine: Dream, Mirage or Nemesis?* Princeton University Press, Princetion, New Jersey, 2014.7.

附表1 中国城市健康发展评价

城市	城市健康发展指数(UHDI)	排名	健康经济	健康文化	健康社会	健康环境	健康管理
深圳市	67.31	1	51.43	65.52	67.47	84.72	60.96
北京市	58.64	2	40.84	50.82	75.83	61.90	56.14
上海市	56.43	3	43.87	41.58	59.78	70.88	58.41
佛山市	55.98	4	39.27	32.82	58.59	71.94	70.45
广州市	55.79	5	38.53	45.79	63.76	62.24	64.75
苏州市	55.48	6	37.75	35.12	60.56	73.55	60.87
珠海市	54.90	7	32.38	32.03	59.07	80.80	57.71
无锡市	54.68	8	33.34	36.19	57.32	74.09	64.87
鄂尔多斯市	54.62	9	47.08	41.81	43.78	77.40	57.59
杭州市	54.07	10	35.33	34.10	60.58	71.13	59.77
绍兴市	53.58	11	50.28	28.99	48.11	68.84	66.27
宁波市	53.56	12	38.66	38.31	57.92	70.16	53.74
南京市	53.29	13	35.76	44.22	48.80	70.17	65.08
东莞市	53.03	14	52.96	41.08	73.06	60.65	19.01
厦门市	52.78	15	36.19	25.15	53.33	76.90	61.40
中山市	52.54	16	34.17	25.35	59.44	69.09	65.19
惠州市	52.15	17	28.88	25.42	55.94	76.53	62.96
东营市	51.94	18	34.26	33.42	42.28	76.00	70.01
大庆市	51.24	19	28.38	24.64	31.86	79.79	93.02
武汉市	50.37	20	33.41	33.09	50.78	68.54	59.27
温州市	50.35	21	28.61	31.90	51.33	71.10	61.59
常州市	50.24	22	35.94	30.68	45.95	72.09	59.61
福州市	50.09	23	27.36	26.57	52.05	72.60	63.12
克拉玛依市	50.03	24	27.70	30.95	46.26	76.80	60.53
镇江市	50.00	25	30.00	29.60	46.00	73.69	64.23
长沙市	49.92	26	34.03	25.10	50.32	68.01	65.13
威海市	49.82	27	27.01	27.94	46.12	77.17	62.69
泉州市	49.71	28	27.40	20.72	50.20	75.37	64.84
淄博市	49.64	29	29.35	30.39	40.70	71.86	74.50
南通市	49.54	30	29.83	34.07	44.64	70.61	64.35
嘉兴市	49.50	31	31.81	33.43	44.71	73.17	57.68
泰州市	49.41	32	36.23	30.57	43.73	69.90	61.16
大连市	49.33	33	30.66	26.19	49.31	72.37	58.98
呼和浩特市	49.30	34	32.33	27.08	37.90	60.86	93.90

续表

城市	城市健康发展指数(UHDI)	排名	健康经济	健康文化	健康社会	健康环境	健康管理
沈阳市	48.83	35	31.79	25.91	45.89	70.89	62.63
合肥市	48.67	36	24.60	36.70	46.90	71.47	57.66
青岛市	48.32	37	31.59	20.13	46.33	74.07	59.25
丽水市	47.97	38	28.73	28.68	42.18	74.00	59.14
盘锦市	47.91	39	31.05	24.90	40.27	75.29	60.48
烟台市	47.77	40	29.18	23.98	42.28	70.33	67.87
江门市	47.41	41	22.83	22.31	49.25	75.58	55.29
黄山市	47.41	42	21.04	56.68	26.74	82.99	48.48
株洲市	47.09	43	29.74	19.26	43.81	72.00	61.98
天津市	47.01	44	32.28	18.41	51.80	63.68	59.46
台州市	46.59	45	29.21	28.91	35.64	73.57	60.76
梅州市	46.52	46	44.96	24.56	37.07	65.95	53.92
湘潭市	46.46	47	26.66	29.77	36.91	70.72	65.01
马鞍山市	46.44	48	29.31	33.17	36.52	71.16	57.91
三明市	46.43	49	23.37	33.55	40.39	70.64	59.80
舟山市	46.41	50	32.04	22.58	34.56	79.58	53.88
龙岩市	46.41	51	25.30	30.65	37.54	72.43	61.71
昆明市	46.27	52	23.45	24.42	38.50	68.87	73.81
扬州市	46.26	53	29.83	32.52	32.01	69.28	67.29
潮州市	45.91	54	34.97	15.20	34.17	71.93	67.43
晋城市	45.86	55	25.26	31.01	42.54	70.28	52.97
许昌市	45.83	56	22.05	25.83	43.54	69.33	62.17
临沂市	45.80	57	27.87	20.49	39.36	61.46	79.67
黄石市	45.66	58	18.35	25.14	43.06	70.16	66.06
岳阳市	45.62	59	29.61	26.94	30.45	72.86	65.56
铜陵市	45.59	60	24.31	26.87	36.34	75.82	57.72
三门峡市	45.49	61	38.19	30.86	39.04	59.84	56.68
鹰潭市	45.49	62	36.95	26.10	25.76	75.58	59.02
西安市	45.45	63	27.43	28.33	42.55	65.80	57.51
漳州市	45.32	64	21.48	20.30	39.47	73.99	64.10
柳州市	45.32	65	21.94	19.05	36.82	73.41	70.09
南宁市	45.27	66	21.13	33.84	31.33	73.77	64.64
济南市	45.09	67	31.42	29.41	47.99	52.04	62.56
成都市	45.06	68	24.58	16.68	45.05	63.55	69.96

续表

	城市健康发展指数(UHDI)	排名	健康经济	健康文化	健康社会	健康环境	健康管理
桂林市	44.96	69	19.59	33.96	38.28	68.48	61.73
徐州市	44.81	70	26.92	24.37	31.57	71.15	67.27
长春市	44.59	71	27.17	29.90	39.54	61.37	62.97
锦州市	44.45	72	24.47	24.43	39.12	69.42	58.36
三亚市	44.31	73	19.71	34.40	37.64	70.49	54.50
玉溪市	44.27	74	25.87	35.82	25.43	55.56	89.85
新余市	44.20	75	21.27	23.68	28.23	78.78	64.30
丹东市	44.15	76	17.97	17.18	35.24	73.18	72.48
重庆市	44.06	77	36.78	9.78	34.34	69.69	61.51
湖州市	44.03	78	28.33	20.02	34.66	70.42	60.61
衢州市	44.00	79	23.54	22.25	38.93	72.09	54.65
松原市	43.97	80	26.51	15.38	30.64	73.55	68.78
十堰市	43.97	81	18.67	23.12	34.02	71.69	68.95
金华市	43.80	82	30.36	23.57	33.02	70.31	55.74
莱芜市	43.80	83	23.11	13.04	38.63	73.09	61.93
贵阳市	43.67	84	17.78	29.48	36.92	69.39	60.76
包头市	43.61	85	34.18	24.02	38.92	59.99	56.28
日照市	43.60	86	25.92	16.15	30.06	73.41	67.52
阳江市	43.57	87	22.95	12.13	40.56	71.74	60.56
肇庆市	43.56	88	19.49	20.09	42.37	63.68	67.56
新乡市	43.52	89	22.36	24.06	37.18	66.49	63.49
嘉峪关市	43.47	90	14.92	44.59	28.66	65.59	68.24
秦皇岛市	43.44	91	23.29	19.25	38.17	69.34	60.10
沧州市	43.42	92	28.93	17.62	35.46	68.16	60.60
揭阳市	43.24	93	34.88	11.13	38.92	57.23	70.39
常德市	43.21	94	29.26	20.14	25.77	73.51	63.44
太原市	43.09	95	21.99	32.05	38.72	61.05	59.62
营口市	43.01	96	30.67	15.17	31.26	71.26	59.78
石家庄市	42.97	97	23.80	19.50	39.40	64.13	62.69
盐城市	42.87	98	26.34	29.90	34.78	62.26	59.05
安庆市	42.85	99	16.06	27.14	34.28	74.77	55.39
南昌市	42.84	100	23.62	19.78	33.06	68.04	65.85
连云港市	42.84	101	22.51	29.44	33.47	68.50	56.16
萍乡市	42.83	102	23.54	20.48	32.33	71.22	61.10

续表

	城市健康发展指数(UHDI)	排名	健康经济	健康文化	健康社会	健康环境	健康管理
曲靖市	42.74	103	22.07	20.72	26.33	68.19	77.24
芜湖市	42.69	104	23.27	23.16	33.77	74.67	49.71
滨州市	42.66	105	25.85	22.23	34.50	65.04	61.80
本溪市	42.58	106	25.12	16.10	38.76	65.06	61.28
潍坊市	42.54	107	26.06	18.47	34.19	66.42	62.66
辽源市	42.53	108	25.49	20.94	32.75	66.48	63.23
金昌市	42.49	109	21.49	37.90	28.11	52.71	82.03
莆田市	42.37	110	24.45	10.24	30.97	74.14	64.42
荆门市	42.35	111	19.28	28.75	30.66	68.50	62.57
景德镇市	42.32	112	19.62	13.98	34.52	74.55	60.23
辽阳市	42.30	113	23.43	19.09	31.97	71.94	58.50
延安市	42.29	114	22.75	17.10	39.28	61.19	67.04
宁德市	42.24	115	19.88	19.02	33.90	71.58	60.29
九江市	42.08	116	24.34	14.92	28.40	73.82	62.82
哈尔滨市	41.99	117	22.44	27.84	32.61	63.16	62.59
通化市	41.96	118	23.80	14.73	36.27	67.88	59.68
海口市	41.86	119	18.59	20.98	32.12	74.19	56.13
黄冈市	41.83	120	15.32	29.54	34.74	61.70	68.18
丽江市	41.83	121	15.39	29.61	26.01	74.34	61.48
韶关市	41.82	122	20.22	20.35	34.72	66.89	62.15
长治市	41.75	123	22.48	19.52	37.30	64.20	59.69
平顶山市	41.72	124	19.62	18.02	38.00	66.35	60.04
抚州市	41.66	125	20.17	23.40	20.57	75.21	67.84
洛阳市	41.64	126	26.45	25.64	32.33	60.61	61.81
阳泉市	41.59	127	21.13	45.52	31.56	53.52	61.80
汕尾市	41.55	128	18.25	30.59	27.01	69.69	60.93
绵阳市	41.55	129	18.48	24.98	30.54	70.01	59.81
吉安市	41.50	130	17.99	24.15	29.25	70.09	62.97
德阳市	41.47	131	20.04	17.63	30.61	71.96	61.20
铁岭市	41.38	132	21.51	14.22	21.37	76.75	69.41
濮阳市	41.35	133	21.06	18.94	30.75	69.40	61.76
济宁市	41.34	134	34.03	12.80	32.52	58.54	65.66
泰安市	41.29	135	24.63	21.83	34.34	59.64	63.97
安阳市	41.26	136	20.96	22.26	34.61	63.87	60.75

续表

	城市健康发展指数(UHDI)	排名	健康经济	健康文化	健康社会	健康环境	健康管理
汕头市	41.24	137	17.53	12.20	39.79	67.42	60.67
宜昌市	41.22	138	19.56	19.76	35.03	63.79	64.29
郑州市	41.16	139	26.05	18.15	35.18	61.21	60.89
淮安市	41.13	140	24.02	32.80	27.77	62.51	58.92
邯郸市	41.09	141	21.35	14.99	27.50	72.15	64.43
铜川市	41.07	142	21.81	23.01	29.74	67.21	60.11
廊坊市	41.05	143	27.69	17.62	37.60	57.29	60.96
茂名市	41.04	144	23.19	10.73	28.27	71.47	65.69
晋中市	41.03	145	20.83	22.59	28.57	65.37	66.59
蚌埠市	41.02	146	18.19	21.78	32.47	68.78	58.67
衡阳市	41.01	147	21.85	20.10	33.46	66.42	57.72
咸阳市	40.98	148	23.11	16.67	33.74	61.32	67.26
吉林市	40.97	149	24.05	18.74	33.82	61.20	63.92
榆林市	40.95	150	23.46	20.10	25.72	63.75	72.55
朔州市	40.83	151	20.83	34.39	20.15	69.40	60.76
银川市	40.71	152	21.29	19.17	28.81	71.15	57.28
遵义市	40.55	153	16.50	24.21	24.55	69.13	67.99
清远市	40.53	154	23.36	18.65	37.29	60.33	57.71
枣庄市	40.43	155	21.41	12.25	27.26	69.66	67.21
随州市	40.40	156	17.17	21.97	15.35	81.29	63.41
鞍山市	40.38	157	24.05	22.76	32.55	61.00	58.46
呼伦贝尔市	40.36	158	21.99	18.51	26.59	61.96	73.65
鹤壁市	40.35	159	20.88	21.40	29.15	64.77	63.26
梧州市	40.28	160	21.89	16.07	27.70	69.01	62.11
德州市	40.20	161	23.47	24.53	23.17	58.96	75.31
酒泉市	40.18	162	22.85	19.44	22.94	65.44	70.65
唐山市	40.15	163	22.91	13.42	26.37	64.48	72.25
乌海市	40.08	164	28.10	24.42	28.62	57.37	62.01
漯河市	40.08	165	19.91	12.98	30.23	68.73	62.77
宿迁市	40.05	166	19.19	29.05	27.34	65.22	58.12
宜春市	40.03	167	16.55	18.74	22.36	75.80	62.42
南平市	40.01	168	19.07	21.36	26.43	70.77	57.94
河源市	39.99	169	20.77	16.75	39.54	59.32	57.37
玉林市	39.95	170	18.57	21.12	21.15	73.95	61.98

续表

	城市健康发展指数(UHDI)	排名	健康经济	健康文化	健康社会	健康环境	健康管理
攀枝花市	39.95	171	21.53	19.67	35.25	57.96	62.60
北海市	39.82	172	20.18	9.67	25.99	72.20	65.26
乌鲁木齐市	39.81	173	18.56	27.03	32.20	60.71	58.77
娄底市	39.75	174	21.01	17.06	23.81	70.10	63.40
驻马店市	39.74	175	19.59	13.06	26.88	72.30	60.47
湛江市	39.63	176	20.88	19.28	28.37	64.05	63.03
运城市	39.59	177	21.44	21.95	23.65	65.36	65.03
邢台市	39.54	178	17.33	11.46	31.23	70.17	60.03
抚顺市	39.49	179	22.54	13.01	37.44	57.75	61.56
鄂州市	39.38	180	17.06	13.64	26.71	69.47	65.84
宣城市	39.37	181	18.52	14.68	22.61	77.99	55.42
资阳市	39.17	182	26.55	15.05	21.31	67.16	63.27
滁州市	39.12	183	19.64	5.75	30.03	74.26	55.02
宝鸡市	39.02	184	22.49	17.11	29.53	61.86	60.73
保定市	38.97	185	20.37	14.18	29.86	63.94	62.10
临汾市	38.93	186	20.40	27.00	28.58	56.46	63.59
淮北市	38.85	187	15.73	17.51	22.52	74.88	58.18
石嘴山市	38.76	188	18.25	13.13	28.27	70.34	56.57
自贡市	38.75	189	18.96	14.26	22.46	70.96	63.12
衡水市	38.74	190	23.31	19.89	26.41	62.16	59.67
汉中市	38.62	191	17.44	13.72	31.02	62.41	64.78
宜宾市	38.49	192	17.35	16.65	25.95	68.88	58.79
朝阳市	38.49	193	22.67	16.24	30.04	60.30	59.57
安康市	38.40	194	19.63	10.34	24.46	70.91	60.53
承德市	38.39	195	17.72	21.38	28.28	64.15	56.89
防城港市	38.34	196	25.13	3.14	27.98	66.11	62.11
信阳市	38.29	197	15.21	6.95	27.22	68.20	69.02
云浮市	38.25	198	14.31	18.33	36.51	58.98	58.42
郴州市	38.24	199	24.26	13.50	22.74	67.38	58.89
通辽市	38.16	200	26.81	15.78	15.57	63.61	70.89
大同市	38.16	201	19.64	25.79	25.87	60.02	59.25
上饶市	38.02	202	14.50	16.74	23.83	65.70	68.19
牡丹江市	38.02	203	16.73	24.96	26.96	61.26	59.16
眉山市	38.02	204	21.23	14.69	19.97	69.74	60.93

续表

	城市健康发展指数(UHDI)	排名	健康经济	健康文化	健康社会	健康环境	健康管理
巴彦淖尔市	37.99	205	24.82	14.07	17.43	66.63	65.96
襄阳市	37.98	206	18.91	12.62	26.07	64.28	64.82
庆阳市	37.95	207	17.23	14.95	20.70	69.86	64.17
葫芦岛市	37.91	208	20.31	17.61	22.83	62.42	65.95
中卫市	37.90	209	20.10	11.26	26.67	69.41	54.48
聊城市	37.88	210	25.23	18.61	26.24	59.35	57.63
咸宁市	37.75	211	15.86	15.94	27.10	67.02	57.69
来宾市	37.65	212	17.28	15.73	19.86	66.18	68.81
怀化市	37.64	213	19.43	23.11	25.95	60.30	58.17
泸州市	37.58	214	18.55	12.26	28.17	63.83	60.21
永州市	37.51	215	17.22	9.45	24.07	67.17	65.59
普洱市	37.50	216	12.20	22.58	26.61	64.24	59.73
菏泽市	37.49	217	23.28	15.30	26.35	58.51	62.16
阜新市	37.33	218	19.17	14.73	32.27	59.44	55.71
益阳市	37.31	219	19.87	14.44	21.40	67.35	59.88
焦作市	37.28	220	17.91	19.42	28.27	59.44	59.05
阜阳市	37.27	221	16.00	14.41	28.69	64.43	57.54
六盘水市	37.23	222	19.26	18.70	17.78	62.42	70.18
赣州市	37.22	223	16.25	19.99	32.59	51.62	66.13
池州市	37.18	224	20.13	18.49	22.37	68.98	50.27
乌兰察布市	37.15	225	19.60	19.62	11.63	72.39	61.89
南阳市	37.10	226	18.73	14.11	28.22	60.39	60.54
钦州市	36.97	227	19.41	11.69	19.41	68.50	62.40
河池市	36.93	228	14.54	21.86	24.66	59.59	64.55
张家口市	36.89	229	20.71	10.56	26.67	62.41	59.26
保山市	36.76	230	17.98	19.33	16.99	68.53	59.28
商洛市	36.76	231	18.74	12.47	31.44	56.98	60.25
安顺市	36.73	232	15.76	24.76	22.01	61.25	60.34
四平市	36.70	233	23.17	15.40	33.34	50.60	58.49
忻州市	36.69	234	19.00	28.07	19.11	58.52	61.83
乐山市	36.68	235	18.28	9.65	28.42	62.86	58.39
张掖市	36.67	236	15.38	19.32	22.56	65.91	57.21
宿州市	36.63	237	19.57	10.07	19.69	66.08	65.10
广安市	36.57	238	17.68	10.97	19.26	70.00	60.52

续表

	城市健康发展指数(UHDI)	排名	健康经济	健康文化	健康社会	健康环境	健康管理
贵港市	36.53	239	15.77	11.17	25.98	64.69	60.21
赤峰市	36.43	240	21.86	16.13	20.77	56.32	69.12
临沧市	36.32	241	12.47	25.17	18.94	66.68	57.66
吕梁市	36.31	242	17.99	15.32	25.08	61.41	58.60
内江市	36.31	243	17.80	9.78	22.70	64.20	63.72
淮南市	36.14	244	16.13	13.23	23.18	69.49	51.77
邵阳市	36.11	245	16.52	16.62	21.94	65.01	57.19
开封市	36.02	246	21.23	21.59	25.48	52.23	60.69
渭南市	35.98	247	17.55	10.25	27.17	58.01	64.25
张家界市	35.98	248	20.15	22.43	24.32	53.90	60.20
佳木斯市	35.97	249	17.82	13.48	22.29	63.46	59.61
广元市	35.96	250	15.22	9.36	21.20	70.80	56.76
武威市	35.90	251	17.83	19.40	16.03	67.29	57.30
遂宁市	35.90	252	14.99	9.44	18.37	72.23	58.89
亳州市	35.85	253	15.66	8.93	17.74	74.77	55.03
商丘市	35.85	254	17.65	10.90	23.00	65.00	57.89
平凉市	35.83	255	14.30	13.48	17.17	70.21	60.71
齐齐哈尔市	35.77	256	16.34	12.12	27.18	55.23	67.21
周口市	35.25	257	19.34	10.21	17.46	65.87	60.11
黑河市	35.24	258	15.18	13.08	17.84	71.33	52.97
百色市	35.10	259	16.18	14.54	20.86	55.01	71.46
白城市	34.96	260	23.05	15.66	26.95	50.75	57.18
雅安市	34.71	261	17.01	25.12	17.74	59.14	55.45
贺州市	34.62	262	16.76	10.97	16.51	65.18	61.32
西宁市	34.50	263	18.71	13.29	20.99	60.24	56.38
白山市	34.29	264	21.46	13.78	21.34	53.96	60.71
南充市	34.25	265	13.34	6.77	20.96	65.57	59.55
毕节市	34.20	266	15.02	15.91	15.84	62.80	61.02
定西市	34.20	267	13.32	16.26	13.59	68.70	56.84
铜仁市	34.04	268	32.09	18.26	19.58	44.81	58.54
巴中市	33.80	269	13.44	15.92	10.26	71.09	55.89
达州市	33.75	270	13.07	15.29	17.89	60.23	62.08
七台河市	33.74	271	11.64	15.90	19.99	61.12	58.30
吴忠市	33.53	272	17.19	10.98	15.51	66.95	52.21

续表

	城市健康发展指数(UHDI)	排名	健康经济	健康文化	健康社会	健康环境	健康管理
兰州市	33.41	273	18.52	18.74	32.14	37.99	62.40
荆州市	33.29	274	14.95	16.25	25.48	49.34	61.07
六安市	32.98	275	13.98	4.17	19.53	66.81	53.19
伊春市	32.94	276	13.45	15.41	20.22	57.52	56.71
白银市	32.49	277	16.04	15.82	22.50	48.85	60.46
固原市	32.48	278	19.74	12.79	14.57	58.66	55.33
双鸭山市	32.34	279	14.36	14.92	17.08	57.64	56.99
绥化市	31.64	280	15.31	8.01	11.91	62.66	58.22
崇左市	31.62	281	15.83	10.32	22.03	50.75	58.10
鹤岗市	31.34	282	11.76	11.05	17.92	56.53	58.12
孝感市	31.19	283	15.18	11.56	22.31	49.05	57.17
陇南市	31.09	284	15.95	15.41	17.35	49.88	58.54
昭通市	30.44	285	14.82	15.16	10.77	53.26	61.29
鸡西市	30.38	286	12.36	1.76	23.18	51.41	59.98
天水市	30.32	287	21.04	13.48	10.84	50.43	58.47

附表2 超大城市健康发展评价

	城市健康发展指数(UHDI)	排序	健康经济	健康文化	健康社会	健康环境	健康管理
深圳市	67.31	1	51.43	65.52	67.47	84.72	60.96
北京市	58.64	2	40.84	50.82	75.83	61.90	56.14
上海市	56.43	3	43.87	41.58	59.78	70.88	58.41
广州市	55.79	4	38.53	45.79	63.76	62.24	64.75
重庆市	44.06	5	36.78	9.78	34.34	69.69	61.51

附表3 特大城市健康发展评价

	城市健康发展指数(UHDI)	排序	健康经济	健康文化	健康社会	健康环境	健康管理
南京市	53.29	1	35.76	44.22	48.80	70.17	65.08
东莞市	53.03	2	52.96	41.08	73.06	60.65	19.01
武汉市	50.37	3	33.41	33.09	50.78	68.54	59.27
沈阳市	48.83	4	31.79	25.91	45.89	70.89	62.63
天津市	47.01	5	32.28	18.41	51.80	63.68	59.46
郑州市	41.16	6	26.05	18.15	35.18	61.21	60.89

附表4 大城市健康发展评价

	城市健康发展指数(UHDI)	排序	健康经济	健康文化	健康社会	健康环境	健康管理
佛山市	55.98	1	39.27	32.82	58.59	71.94	70.45
苏州市	55.48	2	37.75	35.12	60.56	73.55	60.87
珠海市	54.90	3	32.38	32.03	59.07	80.80	57.71
无锡市	54.68	4	33.34	36.19	57.32	74.09	64.87
杭州市	54.07	5	35.33	34.10	60.58	71.13	59.77
宁波市	53.56	6	38.66	38.31	57.92	70.16	53.74
厦门市	52.78	7	36.19	25.15	53.33	76.90	61.40
惠州市	52.15	8	28.88	25.42	55.94	76.53	62.96
大庆市	51.24	9	28.38	24.64	31.86	79.79	93.02
温州市	50.35	10	28.61	31.90	51.33	71.10	61.59
常州市	50.24	11	35.94	30.68	45.95	72.09	59.61
福州市	50.09	12	27.36	26.57	52.05	72.60	63.12
长沙市	49.92	13	34.03	25.10	50.32	68.01	65.13
泉州市	49.71	14	27.40	20.72	50.20	75.37	64.84
淄博市	49.64	15	29.35	30.39	40.70	71.46	74.50
南通市	49.54	16	29.83	34.07	44.64	70.61	64.35
大连市	49.33	17	30.66	26.19	49.31	72.37	58.98
呼和浩特市	49.30	18	32.33	27.08	37.90	60.86	93.90
合肥市	48.67	19	24.60	36.70	46.90	71.47	57.66
青岛市	48.32	20	31.59	20.13	46.33	74.07	59.25
烟台市	47.77	21	29.18	23.98	42.28	70.33	67.87
江门市	47.41	22	22.83	22.31	49.25	75.58	55.29
株洲市	47.09	23	29.74	19.26	43.81	72.00	61.98
台州市	46.59	24	29.21	28.91	35.64	73.57	60.76
昆明市	46.27	25	23.45	24.42	38.50	68.87	73.81
扬州市	46.26	26	29.83	32.52	32.01	69.28	67.29
临沂市	45.80	27	27.87	20.49	39.36	61.46	79.67
西安市	45.45	28	27.43	28.33	42.55	65.80	57.51
柳州市	45.32	29	21.94	19.05	36.82	73.41	70.09
南宁市	45.27	30	21.13	33.84	31.33	73.77	64.64
济南市	45.09	31	31.42	29.41	47.99	52.04	62.56
成都市	45.06	32	24.58	16.68	45.05	63.55	69.96
徐州市	44.81	33	26.92	24.37	31.57	71.15	67.27

续表

	城市健康发展指数(UHDI)	排序	健康经济	健康文化	健康社会	健康环境	健康管理
长春市	44.59	34	27.17	29.90	39.54	61.37	62.97
贵阳市	43.67	35	17.78	29.48	36.92	69.39	60.76
包头市	43.61	36	34.18	24.02	38.92	59.99	56.28
太原市	43.09	37	21.99	32.05	38.72	61.05	59.62
石家庄市	42.97	38	23.80	19.50	39.40	64.13	62.69
南昌市	42.84	39	23.62	19.78	33.06	68.04	65.85
芜湖市	42.69	40	23.27	23.16	33.77	74.67	49.71
潍坊市	42.54	41	26.06	18.47	34.19	66.42	62.66
哈尔滨市	41.99	42	22.44	27.84	32.61	63.16	62.59
海口市	41.86	43	18.59	20.98	32.12	74.19	56.13
洛阳市	41.64	44	26.45	25.64	32.33	60.61	61.81
济宁市	41.34	45	34.03	12.80	32.52	58.54	65.66
汕头市	41.24	46	17.53	12.20	39.79	67.42	60.67
淮安市	41.13	47	24.02	32.80	27.77	62.51	58.92
邯郸市	41.09	48	21.35	14.99	27.50	72.15	64.43
衡阳市	41.01	49	21.85	20.10	33.46	66.42	57.72
吉林市	40.97	50	24.05	18.74	33.82	61.20	63.92
银川市	40.71	51	21.29	19.17	28.81	71.15	57.28
鞍山市	40.38	52	24.05	22.76	32.55	61.00	58.46
唐山市	40.15	53	22.91	13.42	26.37	64.48	72.25
乌鲁木齐市	39.81	54	18.56	27.03	32.20	60.71	58.77
抚顺市	39.49	55	22.54	13.01	37.44	57.75	61.56
保定市	38.97	56	20.37	14.18	29.86	63.94	62.10
自贡市	38.75	57	18.96	14.26	22.46	70.96	63.12
大同市	38.16	58	19.64	25.79	25.87	60.02	59.25
泸州市	37.58	59	18.55	12.26	28.17	63.83	60.21
南阳市	37.10	60	18.73	14.11	28.22	60.39	60.54
淮南市	36.14	61	16.13	13.23	23.18	69.49	51.77
齐齐哈尔市	35.77	62	16.34	12.12	27.18	55.23	67.21
西宁市	34.50	63	18.71	13.29	20.99	60.24	56.38
南充市	34.25	64	13.34	6.77	20.96	65.57	59.55
兰州市	33.41	65	18.52	18.74	32.14	37.99	62.40

附表5　中等城市健康发展评价

	城市健康发展指数（UHDI）	排序	健康经济	健康文化	健康社会	健康环境	健康管理
鄂尔多斯	54.62	1	47.08	41.81	43.78	77.40	57.59
绍兴市	53.58	2	50.28	28.99	48.11	68.84	66.27
中山市	52.54	3	34.17	25.35	59.44	69.09	65.19
东营市	51.94	4	34.26	33.42	42.28	76.00	70.01
镇江市	50.00	5	30.00	29.60	46.00	73.69	64.23
威海市	49.82	6	27.01	27.94	46.12	77.17	62.69
嘉兴市	49.50	7	31.81	33.43	44.71	73.17	57.68
泰州市	49.41	8	36.23	30.57	43.73	69.90	61.16
盘锦市	47.91	9	31.05	24.90	40.27	75.29	60.48
湘潭市	46.46	10	26.66	29.77	36.91	70.72	65.01
马鞍山市	46.44	11	29.31	33.17	36.52	71.16	57.91
黄石市	45.66	12	18.35	25.14	43.06	70.16	66.06
岳阳市	45.62	13	29.61	26.94	30.45	72.86	65.56
桂林市	44.96	14	19.59	33.96	38.28	68.48	61.73
锦州市	44.45	15	24.47	24.43	39.12	69.42	58.36
丹东市	44.15	16	17.97	17.18	35.24	73.18	72.48
湖州市	44.03	17	28.33	20.02	34.66	70.42	60.61
十堰市	43.97	18	18.67	23.12	34.02	71.69	68.95
金华市	43.80	19	30.36	23.57	33.02	70.31	55.74
日照市	43.60	20	25.92	16.15	30.06	73.41	67.52
肇庆市	43.56	21	19.49	20.09	42.37	63.68	67.56
新乡市	43.52	22	22.36	24.06	37.18	66.49	63.49
秦皇岛市	43.44	23	23.29	19.25	38.17	69.34	60.10
沧州市	43.42	24	28.93	17.62	35.46	68.16	60.60
揭阳市	43.24	25	34.88	11.13	38.92	57.23	70.39
常德市	43.21	26	29.26	20.14	25.77	73.51	63.44
营口市	43.01	27	30.67	15.17	31.26	71.26	59.78
盐城市	42.87	28	26.34	29.90	34.78	62.26	59.05
安庆市	42.85	29	16.06	27.14	34.28	74.77	55.39
连云港市	42.84	30	22.51	29.44	33.47	68.50	56.16
曲靖市	42.74	31	22.07	20.72	26.33	68.19	77.24
滨州市	42.66	32	25.85	22.23	34.50	65.04	61.80
本溪市	42.58	33	25.12	16.10	38.79	65.06	61.28
辽源市	42.53	34	25.49	20.94	32.75	66.48	63.23
莆田市	42.37	35	24.45	10.24	30.97	74.14	64.42
辽阳市	42.30	36	23.43	19.09	31.97	71.94	58.50
九江市	42.08	37	24.34	14.92	28.40	73.82	62.82

续表

	城市健康发展指数(UHDI)	排序	健康经济	健康文化	健康社会	健康环境	健康管理
韶关市	41.82	38	20.22	20.35	34.72	66.89	62.15
长治市	41.75	39	22.48	19.52	37.30	64.20	59.69
平顶山市	41.72	40	19.62	18.02	38.00	66.35	60.04
抚州市	41.66	41	20.17	23.40	20.57	75.21	67.84
阳泉市	41.59	42	21.13	45.52	31.56	53.52	61.80
绵阳市	41.55	43	18.48	24.98	30.54	70.01	59.81
德阳市	41.47	44	20.04	17.63	30.61	71.96	61.20
泰安市	41.29	45	24.63	21.83	34.34	59.64	63.97
安阳市	41.26	46	20.96	22.26	34.61	63.87	60.75
宜昌市	41.22	47	19.56	19.76	35.03	63.79	64.29
廊坊市	41.05	48	27.69	17.62	37.60	57.29	60.96
蚌埠市	41.02	49	18.19	21.78	32.47	68.78	58.67
咸阳市	40.98	50	23.11	16.67	33.74	61.32	67.26
遵义市	40.55	51	16.50	24.21	24.55	69.13	67.99
枣庄市	40.43	52	21.41	12.25	27.26	69.66	67.21
德州市	40.20	53	23.47	24.53	23.17	58.96	75.31
乌海市	40.08	54	28.10	24.42	28.62	57.37	62.01
漯河市	40.08	55	19.91	12.98	30.23	68.73	62.77
宿迁市	40.05	56	19.19	29.05	27.34	65.22	58.12
宜春市	40.03	57	16.55	18.74	22.36	75.80	62.42
玉林市	39.95	58	18.57	21.12	21.15	73.95	61.98
攀枝花市	39.95	59	21.53	19.67	35.25	57.96	62.60
湛江市	39.63	60	20.88	19.28	28.37	64.05	63.03
邢台市	39.54	61	17.33	11.46	31.23	70.17	60.03
宝鸡市	39.02	62	22.49	17.11	29.53	61.86	60.73
淮北市	38.85	63	15.73	17.51	22.52	74.88	58.18
宜宾市	38.49	64	17.35	16.65	25.95	68.88	58.79
朝阳市	38.49	65	22.67	16.24	30.04	60.30	59.57
承德市	38.39	66	17.72	21.38	28.28	64.15	56.89
郴州市	38.24	67	24.26	13.50	22.74	67.38	58.89
通辽市	38.16	68	26.81	15.78	15.57	63.61	70.89
牡丹江市	38.02	69	16.73	24.96	26.96	61.26	59.16
襄阳市	37.98	70	18.91	12.62	26.07	64.28	64.82
聊城市	37.88	71	25.23	18.61	26.24	59.35	57.63
永州市	37.51	72	17.22	9.45	24.07	67.17	65.59
菏泽市	37.49	73	23.28	15.30	26.35	58.51	62.16
阜新市	37.33	74	19.17	14.73	32.27	59.44	55.71

续表

	城市健康发展指数(UHDI)	排序	健康经济	健康文化	健康社会	健康环境	健康管理
益阳市	37.31	75	19.87	14.44	21.40	67.35	59.88
焦作市	37.28	76	17.91	19.42	28.27	59.44	59.05
阜阳市	37.27	77	16.00	14.41	28.69	64.43	57.54
张家口市	36.89	78	20.71	10.56	26.67	62.41	59.26
安顺市	36.73	79	15.76	24.76	22.01	61.25	60.34
四平市	36.70	80	23.17	15.40	33.34	50.60	58.49
乐山市	36.68	81	18.28	9.65	28.42	62.86	58.39
赤峰市	36.43	82	21.86	16.13	20.77	56.32	69.12
内江市	36.31	83	17.80	9.78	22.70	64.20	63.72
邵阳市	36.11	84	16.52	16.62	21.94	65.01	57.19
开封市	36.02	85	21.23	21.59	25.48	52.23	60.69
佳木斯市	35.97	86	17.82	13.48	22.29	63.46	59.61
遂宁市	35.90	87	14.99	9.44	18.37	72.23	58.89
商丘市	35.85	88	17.65	10.90	23.00	65.00	57.89
达州市	33.75	89	13.07	15.29	17.89	60.23	62.08
荆州市	33.29	90	14.95	16.25	25.48	49.34	61.07
六安市	32.98	91	13.98	4.17	19.53	66.81	53.19
伊春市	32.94	92	13.45	15.41	20.22	57.52	56.71
鹤岗市	31.34	93	11.76	11.05	17.92	56.53	58.12
鸡西市	30.38	94	12.36	1.76	23.18	51.41	59.98
天水市	30.32	95	21.04	13.48	10.84	50.43	58.47

附表6 小城市健康发展评价

	城市健康发展指数(UHDI)	排序	健康经济	健康文化	健康社会	健康环境	健康管理
克拉玛依	50.03	1	27.70	30.95	46.26	76.80	60.53
丽水市	47.97	2	28.73	28.68	42.18	74.00	59.14
黄山市	47.41	3	21.04	56.68	26.74	82.99	48.48
梅州市	46.52	4	44.96	24.56	37.07	65.95	53.92
三明市	46.43	5	23.37	33.55	40.39	70.64	59.80
舟山市	46.41	6	32.04	22.58	34.56	79.58	53.88
龙岩市	46.41	7	25.30	30.65	37.54	72.43	61.71
潮州市	45.91	8	34.97	15.20	34.17	71.93	67.43
晋城市	45.86	9	25.26	31.01	42.54	70.28	52.97
许昌市	45.83	10	22.05	25.83	43.54	69.33	62.17

续表

城市	城市健康发展指数(UHDI)	排序	健康经济	健康文化	健康社会	健康环境	健康管理
铜陵市	45.59	11	24.31	26.87	36.34	75.82	57.72
三门峡市	45.49	12	38.19	30.86	39.04	59.84	56.68
鹰潭市	45.49	13	36.95	26.10	25.76	75.58	59.02
漳州市	45.32	14	21.48	20.30	39.47	73.99	64.10
三亚市	44.31	15	19.71	34.40	37.64	70.49	54.50
玉溪市	44.27	16	25.87	35.82	25.43	55.56	89.85
新余市	44.20	17	21.27	23.68	28.23	78.78	64.30
衢州市	44.00	18	23.54	22.25	38.93	72.09	54.65
松原市	43.97	19	26.51	15.38	30.64	73.55	68.78
莱芜市	43.80	20	23.11	13.04	38.63	73.09	61.93
阳江市	43.57	21	22.95	12.13	40.56	71.74	60.56
嘉峪关市	43.47	22	14.92	44.59	28.66	65.59	68.24
萍乡市	42.83	23	23.54	20.48	32.33	71.22	61.10
金昌市	42.49	24	21.49	37.90	28.11	52.71	82.03
荆门市	42.35	25	19.28	28.75	30.66	68.50	62.57
景德镇市	42.32	26	19.62	13.98	34.52	74.55	60.23
延安市	42.29	27	22.75	17.10	39.28	61.19	67.04
宁德市	42.24	28	19.88	19.02	33.90	71.58	60.29
通化市	41.96	29	23.80	14.73	36.27	67.88	59.68
黄冈市	41.83	30	15.32	29.54	34.74	61.70	68.18
丽江市	41.83	31	15.39	29.61	26.01	74.34	61.48
汕尾市	41.55	32	18.25	30.59	27.01	69.69	60.93
吉安市	41.50	33	17.99	24.15	29.25	70.09	62.97
铁岭市	41.38	34	21.51	14.22	21.37	76.75	69.41
濮阳市	41.35	35	21.06	18.94	30.75	69.40	61.76
铜川市	41.07	36	21.81	23.01	29.74	67.21	60.11
茂名市	41.04	37	23.19	10.73	28.27	71.47	65.69
晋中市	41.03	38	20.83	22.59	28.57	65.37	66.59
榆林市	40.95	39	23.46	20.10	25.72	63.75	72.55
朔州市	40.83	40	20.83	34.39	20.15	69.40	60.76
清远市	40.53	41	23.36	18.65	37.29	60.33	57.71
随州市	40.40	42	17.17	21.97	15.35	81.29	63.41
呼伦贝尔	40.36	43	21.99	18.51	26.59	61.96	73.65
鹤壁市	40.35	44	20.88	21.40	29.15	64.77	63.26
梧州市	40.28	45	21.89	16.07	27.70	69.01	62.11
酒泉市	40.18	46	22.85	19.44	22.94	65.44	70.65
南平市	40.01	47	19.07	21.36	26.43	70.77	57.94

续表

	城市健康发展指数（UHDI）	排序	健康经济	健康文化	健康社会	健康环境	健康管理
河源市	39.99	48	20.77	16.75	39.54	59.32	57.37
北海市	39.82	49	20.18	9.67	25.99	72.20	65.26
娄底市	39.75	50	21.01	17.06	23.81	70.10	63.40
驻马店市	39.74	51	19.59	13.06	26.88	72.30	60.47
运城市	39.59	52	21.44	21.95	23.65	65.36	65.03
鄂州市	39.38	53	17.06	13.64	26.71	69.47	65.84
宣城市	39.37	54	18.52	14.68	22.61	77.99	55.42
资阳市	39.17	55	26.55	15.05	21.31	67.16	63.27
滁州市	39.12	56	19.64	5.75	30.03	74.26	55.02
临汾市	38.93	57	20.40	27.00	28.58	56.46	63.59
石嘴山市	38.76	58	18.25	13.13	28.27	70.34	56.57
衡水市	38.74	59	23.31	19.89	26.41	62.16	59.67
汉中市	38.62	60	17.44	13.72	31.02	62.41	64.78
安康市	38.40	61	19.63	10.34	24.46	70.91	60.53
防城港市	38.34	62	25.13	3.14	27.98	66.11	62.11
信阳市	38.29	63	15.21	6.95	27.22	68.20	69.02
云浮市	38.25	64	14.31	18.33	36.51	58.98	58.42
上饶市	38.02	65	14.50	16.74	23.83	65.70	68.19
眉山市	38.02	66	21.23	14.69	19.97	69.74	60.93
巴彦淖尔	37.99	67	24.82	14.07	17.43	66.63	65.96
庆阳市	37.95	68	17.23	14.95	20.70	69.86	64.17
葫芦岛市	37.91	69	20.31	17.61	22.83	62.42	65.95
中卫市	37.90	70	20.10	11.26	26.67	69.41	54.48
咸宁市	37.75	71	15.86	15.94	27.10	67.02	57.69
来宾市	37.65	72	17.28	15.73	19.86	66.18	68.81
怀化市	37.64	73	19.43	23.11	25.95	60.30	58.17
普洱市	37.50	74	12.20	22.58	26.61	64.24	59.73
六盘水市	37.23	75	19.26	18.70	17.78	62.42	70.18
赣州市	37.22	76	16.25	19.99	32.59	51.62	66.13
池州市	37.18	77	20.13	18.49	22.37	68.98	50.27
乌兰察布	37.15	78	19.60	19.62	11.63	72.39	61.89
钦州市	36.97	79	19.41	11.69	19.41	68.50	62.40
河池市	36.93	80	14.54	21.86	24.66	59.59	64.55
保山市	36.76	81	17.98	19.33	16.99	68.53	59.28
商洛市	36.76	82	18.74	12.47	31.44	56.98	60.25
忻州市	36.69	83	19.00	28.07	19.11	58.52	61.83
张掖市	36.67	84	15.38	19.32	22.56	65.91	57.21

续表

	城市健康发展指数(UHDI)	排序	健康经济	健康文化	健康社会	健康环境	健康管理
宿州市	36.63	85	19.57	10.07	19.69	66.08	65.10
广安市	36.57	86	17.68	10.97	19.26	70.00	60.52
贵港市	36.53	87	15.77	11.17	25.98	64.69	60.21
临沧市	36.32	88	12.47	25.17	18.94	66.68	57.66
吕梁市	36.31	89	17.99	15.32	25.08	61.41	58.60
渭南市	35.98	90	17.55	10.25	27.17	58.01	64.25
张家界市	35.98	91	20.15	22.43	24.32	53.90	60.20
广元市	35.96	92	15.22	9.36	21.20	70.80	56.76
武威市	35.90	93	17.83	19.40	16.03	67.29	57.30
亳州市	35.85	94	15.66	8.93	17.74	74.77	55.03
平凉市	35.83	95	14.30	13.48	17.17	70.21	60.71
周口市	35.25	96	19.34	10.21	17.46	65.87	60.11
黑河市	35.24	97	15.18	13.08	17.84	71.33	52.97
百色市	35.10	98	16.18	14.54	20.86	55.01	71.46
白城市	34.96	99	23.05	15.66	26.95	50.75	57.18
雅安市	34.71	100	17.01	25.12	17.74	59.14	55.45
贺州市	34.62	101	16.76	10.97	16.51	65.18	61.32
白山市	34.29	102	21.46	13.78	21.34	53.96	60.71
毕节市	34.20	103	15.02	15.91	15.84	62.80	61.02
定西市	34.20	104	13.32	16.26	13.59	68.70	56.84
铜仁市	34.04	105	32.09	18.26	19.58	44.81	58.54
巴中市	33.80	106	13.44	15.92	10.26	71.09	55.89
七台河市	33.74	107	11.64	15.90	19.99	61.12	58.30
吴忠市	33.53	108	17.19	10.98	15.51	66.95	52.21
白银市	32.49	109	16.04	15.82	22.50	48.85	60.46
固原市	32.48	110	19.74	12.79	14.57	58.66	55.33
双鸭山市	32.34	111	14.36	14.92	17.08	57.64	56.99
绥化市	31.64	112	15.31	8.01	11.91	62.66	58.22
崇左市	31.62	113	15.83	10.32	22.03	50.75	58.10
孝感市	31.19	114	15.18	11.56	22.31	49.05	57.17
陇南市	31.09	115	15.95	15.41	17.35	49.88	58.54
昭通市	30.44	116	14.82	15.16	10.77	53.26	61.29

B.3
中国城镇化发展状况与演进趋势

盛广耀*

摘　要： 本文从城镇人口的增长变动、城镇化速度的差异、人口流动的分布格局、城市基本建设等四个方面，分析了"十二五"以来中国城镇化的进展状况，并对"十三五"时期城镇化的发展趋势进行了展望。在"十二五"时期，全国人口城镇化和城市建设水平继续快速提高，但较之"十一五"时期，城镇人口增长规模、城镇化速度、市政建设固定资产投资增速等均有所下降。其中，东部地区城镇化速度趋缓，市政建设投资规模下降，而中西部地区城镇化则呈加速之势，市政建设投资大幅度提高。展望未来，"十三五"时期全国人口城镇化的速度将会继续有所放缓，而城镇化水平的地区差距将进一步缩小，同时城镇化的转型发展将更加迫切。

关键词： 城镇化　发展状况　地区差异　演进趋势

"十二五"时期，城镇化受到国家前所未有的重视。2012年，中共"十八大"报告将城镇化与新型工业化、信息化、农业现代化共同列入未来"新四化"的发展道路。2013年，历史上首次召开中央城镇化工作会议，对推进城镇化进行了具体部署。2014年，专项出台《国家新型城镇化规划（2014~2020年）》，以指导城镇化的健康发展。本文将对"十二五"以来城镇化的发展状况进行分析，并对"十三五"时期城镇化发展趋势进行展望。

---

* 盛广耀，中国社会科学院城市发展与环境研究所副研究员，研究方向为城市与区域发展。

一 "十二五"城镇化的发展状况

(一)城镇人口的增长变动

随着经济社会的快速发展,中国的城镇化水平逐年提高。至2014年底,全国城镇人口为74916万人,占总人口比重为54.77%。与2010年底相比,全国城镇人口增加了7938万人,平均每年新增1984.5万城镇人口,低于"十一五"时期年均新增2153.2万人的规模。

与经济发展水平和人口分布状况相一致,全国城镇人口多集中于东部地区。2014年,东、中、西部和东北地区城镇人口分别为33200万、18056万、17452万和6677万,占全国城镇总人口的比重分别为44.04%、23.95%、23.15%和8.86%。同期,东部地区城镇化率为63.64%,比中、西部和东北地区分别高13.85个、16.27个和2.81个百分点。区域城镇化水平依然维持着东部地区较高,中、西部地区依次较低的梯度差异(图1)。

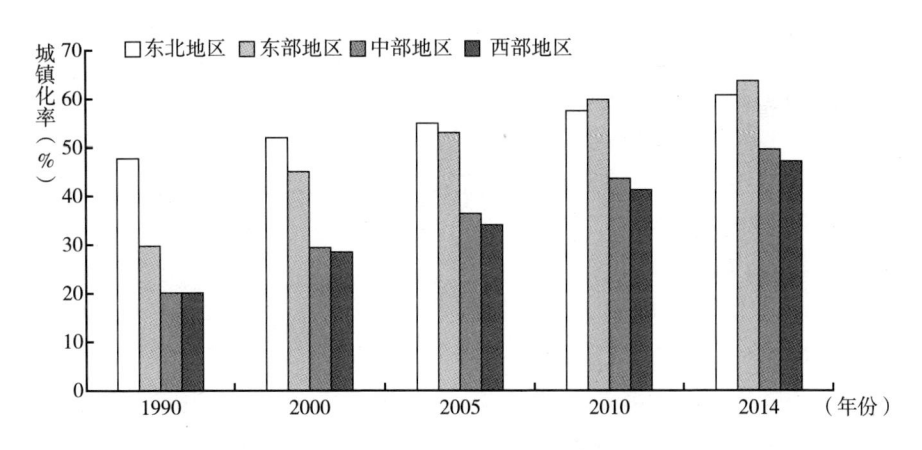

图1 城镇化发展水平的地区差异

资料来源:根据历年《中国统计年鉴》计算。

从四大地区城镇人口的增长变动情况看(见表1),与2010年相比,2014年东部和东北地区城镇人口在全国的比重有所降低,分别下降了1.12个和0.55个百分点;中、西部地区则进一步提高,分别上升了0.78个和0.89个百分点。"十二五"前四年，东、中、西部和东北地区城镇人口分别增加了2882万、2498万、2504万和361万人，年均分别增加721万、625万、626万和90万人。与"十一五"时期相比，东部地区城镇人口的增长规模有较大幅度的降低，新增城镇人口平均每年减少了376万人，降幅高达34.29%；而中、西部和东北地区则有不同程度提高，城镇人口的年均增长规模比"十一五"分别提高了85万、116万和14万人，增幅分别达15.86%、22.79%和17.79%。由此可见，东部地区尽管仍是全国城镇人口的重心所在，城镇人口及其增长的绝对规模较大，居全国各地区之首，但中、西部地区人口城镇化的相对地位近年来也不断提升。考虑到地区城镇化的发展趋势，未来中西部地区将成为中国人口城镇化的主战场，全国新增城镇人口绝大部分将分布于此。

表1 城镇人口的地区分布变动

地区	城镇人口(万人)				占全国比重(%)			
	东部	中部	西部	东北	东部	中部	西部	东北
2005年	24835	12863	12399	5933	44.33	22.96	22.13	10.59
2010年	30318	15558	14948	6316	45.16	23.17	22.26	9.41
2014年	33200	18056	17452	6677	44.04	23.95	23.15	8.86
2010~2005年	5483	2695	2549	383	0.83	0.22	0.14	-1.18
年均	1097	539	510	77	—	—	—	—
2014~2010年	2882	2498	2504	361	-1.12	0.78	0.89	-0.55
年均	721	625	626	90	—	—	—	—

数据来源：国家统计数据库。

从省区城镇人口的增长变动情况看（见图2），"十二五"前四年（2011~2014年），广东、江苏、浙江、上海、北京、内蒙古、河北、福建和新疆等9个省区市，城镇人口年均增长规模低于"十一五"时期，广东、江苏、浙江、上海和北京最为明显。除内蒙古和新疆外，这些省区市均位于东部地区。其中，广东省降幅最大，高达-178.7%，年均城镇人口增长比"十一五"时期少了170.7万人。而城镇人口年均增长规模高于"十一五"时期前10位的省区市，除山东外，均位于中西部地区。这种情况表明，东部各省区城镇吸纳人口的规模在快速下降，而中西部各省区正成为吸纳城镇人口的主要区域。特别是河南、四川、湖南、安徽等，每年新增城镇人口均在百万以上。

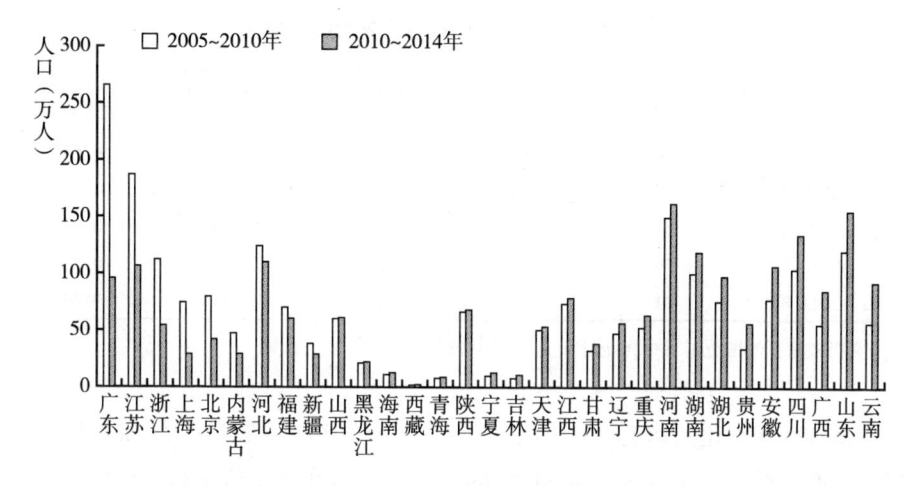

图 2　各省区"十一五"、"十二五"城镇人口年均增长规模

资料来源：国家统计局数据库。

（二）城镇化速度的差异

在经济发展的新常态下，"十二五"时期，全国城镇化速度有所放缓，但仍保持了较高的提高幅度。2014年全国城镇人口占总人口的比重，与2010年相比，提高了4.82个百分点。2011~2014年，全国城镇化率年均提高1.21个百分点，低于"十一五"期间年均提高1.39个百分点的幅度。同时，这也是"九五"以来城镇化速度最低的时期。

对比不同时期全国四大地区城镇化的速度可以发现：自"十五"以来，东部地区城镇化速度呈逐步放缓的态势，中、西部地区则不断加速。城镇化水平年均提高幅度，东部地区由"十五"期间的1.56个百分点，降低到"十一五"期间的1.34个百分点，"十二五"前四年（2011~2014年）则进一步下降到0.95个百分点，呈快速下降的趋势，并已低于全国平均水平。而中、西部地区则不断加速，同期分别由1.36个、1.16个百分点，加速到1.41个、1.38个百分点，再提高到1.55个、1.48个百分点。东北地区较此前有所提高，最近四年达到0.80个百分点（见表2）。2011~2014年，中部地区城镇化速度最快，西部地区次之，东北地区仍居末尾。

表2 不同地区城镇化水平的年均提高幅度

单位：个百分点

时间段	全国	东部地区	中部地区	西部地区	东北地区
1983~1990年	0.66	0.99	0.55	0.52	0.83
1991~2000年	0.98	1.52	0.93	0.79	0.46
2001~2005年	1.35	1.56	1.36	1.16	0.60
2006~2010年	1.39	1.34	1.41	1.38	0.50
2011~2014年	1.21	0.95	1.55	1.48	0.80

资料来源：根据历年《中国统计年鉴》、《中国人口统计年鉴》计算。

从省区城镇化的速度看，"十二五"前四年（2011~2014年）城镇化年均提高幅度，低于"十一五"时期的有9个省区，其中7个位于东部地区，分别为江苏、广东、福建、北京、浙江、天津、河北，仅有内蒙古、新疆2个省区位于中西部地区，江苏、内蒙古和广东城镇化速度下降幅度较大；高于"十一五"时期的有22省区，其中大部分属中西部和东北地区，仅山东、上海和海南3个省区属东部省份，云南、辽宁、山东、西藏、宁夏等城镇化速度提高幅度较大（见表3）。

表3 城镇化发展的省区差异

地区	城镇化率(%)			年均提高幅度(百分点)		
	2005年	2010年	2014年	"十一五"	"十二五"	两者比较
北 京	83.62	85.93	86.34	0.46	0.10	-0.36
天 津	75.07	79.60	82.27	0.91	0.67	-0.24
河 北	37.69	44.50	49.32	1.36	1.21	-0.15
山 西	42.12	48.04	53.78	1.19	1.44	0.25
内蒙古	47.19	55.50	59.52	1.66	1.00	-0.66
辽 宁	58.71	62.10	67.05	0.68	1.24	0.56
吉 林	52.50	53.33	54.83	0.17	0.38	0.21
黑龙江	53.09	55.67	58.02	0.52	0.59	0.07
上 海	89.10	89.27	89.57	0.03	0.07	0.04
江 苏	50.50	60.58	65.21	2.02	1.16	-0.86
浙 江	56.02	61.61	64.87	1.12	0.81	-0.30
安 徽	35.51	43.01	49.15	1.50	1.54	0.04

续表

地区	城镇化率(%)			年均提高幅度(百分点)		
	2005年	2010年	2014年	"十一五"	"十二五"	两者比较
福建	49.40	57.11	61.80	1.54	1.17	-0.37
江西	37.00	44.06	50.22	1.41	1.54	0.13
山东	45.00	49.70	55.01	0.94	1.33	0.39
河南	30.65	38.50	45.20	1.57	1.67	0.10
湖北	43.20	49.70	55.67	1.30	1.49	0.19
湖南	37.01	43.30	49.28	1.26	1.49	0.23
广东	60.68	66.18	68.00	1.10	0.45	-0.65
广西	33.63	40.00	46.00	1.27	1.50	0.23
海南	45.17	49.83	53.82	0.93	1.00	0.07
重庆	45.21	53.00	59.61	1.56	1.65	0.10
四川	33.00	40.17	46.30	1.43	1.53	0.10
贵州	26.86	33.80	40.02	1.39	1.55	0.17
云南	29.51	34.70	41.73	1.04	1.76	0.72
西藏	20.71	22.67	25.79	0.39	0.78	0.39
陕西	37.24	45.76	52.58	1.70	1.71	0.00
甘肃	30.02	36.13	41.68	1.22	1.39	0.16
青海	39.23	44.76	49.74	1.11	1.25	0.14
宁夏	42.28	47.87	53.63	1.12	1.44	0.32
新疆	37.16	43.02	46.08	1.17	0.77	-0.41

数据来源：国家统计数据库。

（三）人口流动格局的变化

农村转移劳动力是中国城镇人口增长的重要来源。据历年国家统计局发布的《全国农民工监测调查报告》，2014年全国农民工总量为27395万人，比2010年增加了3172万人；其中外出农民工增加了1486万人，略低于本地农民工1686万人的增长规模。外出农民工流向城市的分布格局，有如下特点。

（1）外出农民工主要是流向地级以上城市（见图3）。2014年，10885万的外出农民工流入地级以上城市，占外出农民工的比重为64.7%，其中地级市最多，占34.2%；省会城市占22.4%，直辖市占8.1%。

（2）"十二五"期间流入地级以上城市的外出农民工人数和比重继续攀

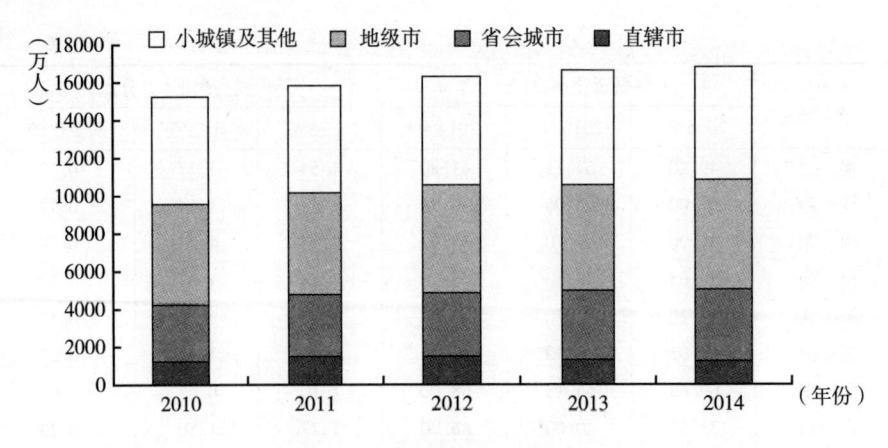

图3 外出农民工流向地区分布

资料来源：历年《全国农民工监测调查报告》。

升。2010~2014年，外出农民工人数增加了1486万人，增长了9.69%。其中，流入小城镇及其他地区的外出农民工仅增加了262万人口，流入地级以上城市的外出农民工则增加了1224万人，在外出农民工中所占比重因此也提高了1.7个百分点。其中，直辖市新增农民工数量较少，仅为10万；省会城市农民工数量增加最多，达799万人，增长了26.86%；地级市其次，新增415万人，增长了7.78%。这显示，近年来人口流动更倾向于大中城市，特别是大城市和特大城市，但北京、上海等直辖市对低端劳动力的吸引力下降。

（3）在外出农民工中，跨省流动的和省内流动的城市倾向存在一定差异（见图4）。跨省流动的农民工77.0%流入地级以上城市，而省内流动的农民工这一比例为53.9%；与之相对，省内流动的农民工在小城镇的比例（46.1%），明显高于跨省流动的农民工（22.1%）。而且，跨省流动的农民工流入地级市、省会城市和直辖市等的比重，均要高于省内流动的农民工。这说明，跨省流动的农民工出于对流动成本与收益的考虑，更倾向于流入收入水平相对较高的大中城市。

（四）城市基本建设情况

"十二五"时期，全国在城市建设领域的投资进一步提高，城市建设规模不断扩大。在此期间，为稳步推进新型城镇化、提高城市建设水平，国务

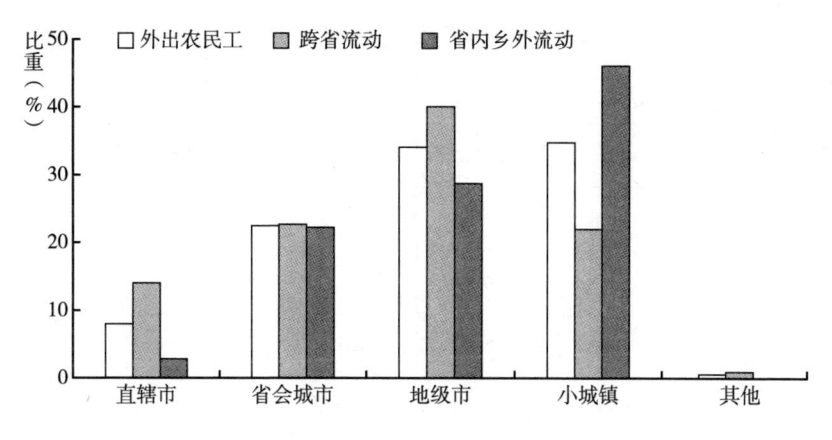

图 4　外出农民工流向地区构成（2014 年）

资料来源：《2014 年全国农民工监测调查报告》。

院印发《关于加强城市基础设施建设的意见》（国发〔2013〕36 号），住建部还推出《城市基础设施建设评价指标》，城市基础设施、公用事业、人居环境等方面的建设不断加强，建设水平进一步提高，城市功能和综合承载能力不断增强。

（1）城市建设规模不断扩大。2013 年底，全国城市建成区面积达到 47855 平方公里，比 2010 年扩大了 19.5%，平均每年扩张 2599 平方公里，大幅高于"十一五"时期每年扩张 1507 平方公里的速度。其中，2013 年城市建设用地面积达到 47108.5 平方公里，比 2010 年扩大了 18.5%，平均每年增加 2450 平方公里，同样高于"十一五"时期每年增加 2024 平方公里的速度。但从征用土地面积来看，2010~2013 年平均每年征地面积在 63 平方公里，低于"十一五"时期的年均 76 平方公里的规模。城市土地的集约利用程度提高，城市人口密度由 2010 年的 2209 人/平方公里提高到 2362 人/平方公里（见表 4）。

（2）城市建设固定资产投资增速下降。"十二五"期间，全国城市、县城市政公用设施建设固定资产投资规模仍不断提高，2013 年分别达到 16350 亿元、3833.6 亿元，比 2010 年增长了 24.2%、51.9%。但 2010~2013 年，城市、县城市政公用设施建设固定资产投资年均增速分别仅为 7.48%、14.95%，远低于"十一五"时期年均 19.16%、29.29% 的增速水平（见表 5）。

表4　中国城市建设规模增长情况

指标	2013年	2010年	2005年	2010~2013年		2005~2010年	
				增加	年均	增加	年均
建成区面积（平方公里）	47855.3	40058.0	32520.7	7797	2599	7537	1507
城市建设用地面积（平方公里）	47108.5	39758.4	29636.8	7350	2450	10122	2024
征用土地面积（平方公里）	1831.6	1641.6	1263.5	190	63	378	76
城市人口密度（人/平方公里）	2362	2209	870	153	—	1339	—

数据来源：国家统计数据库。

表5　全国城市、县城市政公用设施建设固定资产投资

年份	城市		县城	
	投资额（亿元）	比上年增长（%）	投资额（亿元）	比上年增长（%）
2009	10492.9	—	1639.3	—
2010	13169.5	25.51	2524.0	53.97
2011	13690.4	3.96	2810.3	11.34
2012	15047.2	9.91	3914.9	39.31
2013	16350.0	8.66	3833.6	-2.08

注：按可比项目统计，2013年以前数据已扣除防洪固定资产投资。
资料来源：《城市建设统计年鉴（2013）》。

(3) 城市基础设施建设水平进一步提高。随着城市建设投资规模的不断扩大，市政公用设施供给能力持续增加，供水、供气、供热、道路、绿化、垃圾和污水处理等市政设施水平不断提升，人均普及率不断提高，城市公共服务功能明显增强。

在城市设施方面，市政公用设施更加完善。到2013年，全国城市用水普及率达到97.6%，燃气普及率达到94.3%，人均城市道路面积达到14.9平方米。"十二五"以来，全国各地加大了城市生活垃圾无害化处理设施、污水处理厂以及园林绿地建设，城市人居环境有明显改善。2010~2013年，城市生活垃圾无害化处理率、污水处理率分别提高了11.4个、7.0个百分点，达到89.3%、89.3%；人均公园绿地面积3年提高了1.5平方米，达到12.6平方米（见图5）。

在县城设施方面，市政公用设施建设水平明显提高。到2013年，全国县城用水普及率达到88.1%，燃气普及率达到70.9%，人均城市道路面积达到

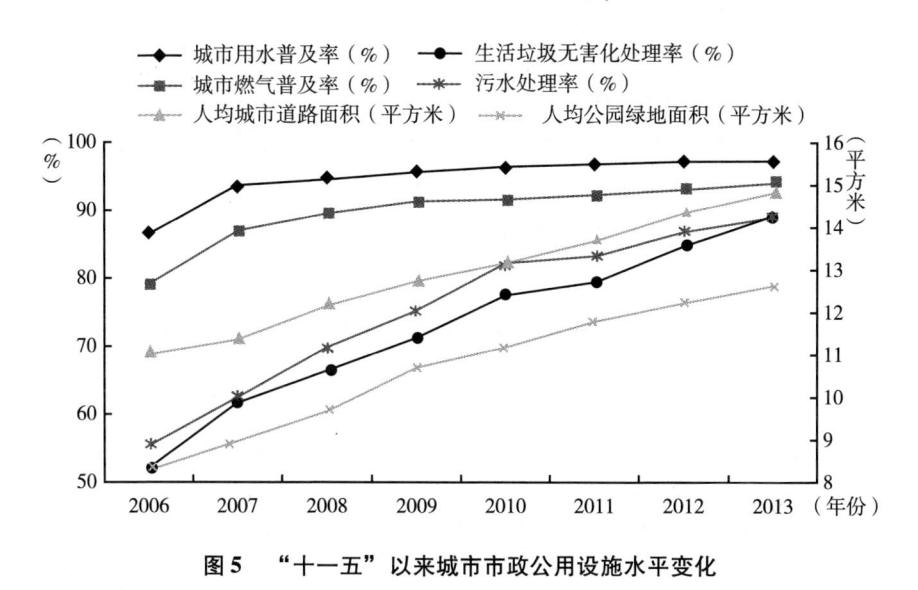

中国城镇化发展状况与演进趋势

图5　"十一五"以来城市市政公用设施水平变化

资料来源：《城市建设统计年鉴（2013）》。

14.9平方米，人均公园绿地面积达到9.47平方米。环境基础设施建设明显加快，生活垃圾无害化处理场（厂）由2010年的448座大幅增加至992座，无害化处理能力由6.93万吨/日提高到15.16万吨/日，提高了1.19倍；污水处理率也提高了18.35个百分点，达到78.47%（图6）。

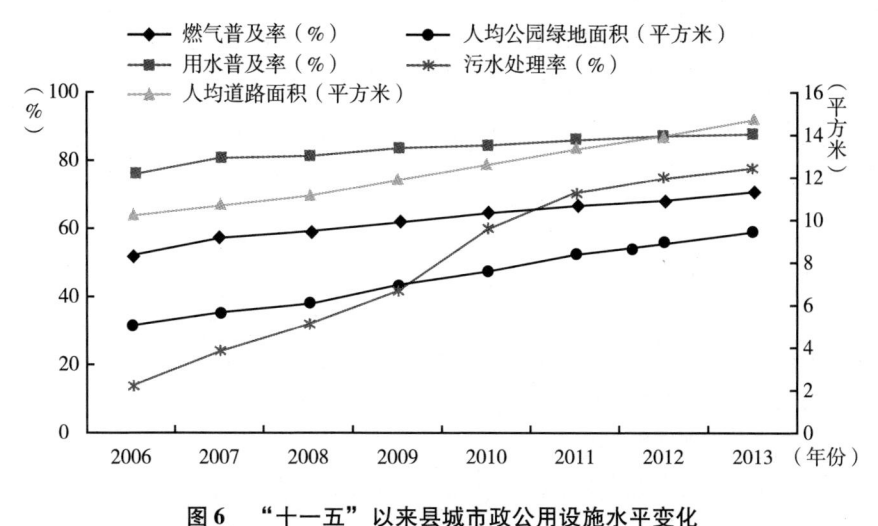

图6　"十一五"以来县城市政公用设施水平变化

资料来源：《城市建设统计年鉴（2013）》。

(4) 城市建设的地区差异趋于缩小。"十二五"以来，东部、东北地区城市市政公用设施建设固定资产投资增速下降，个别年份甚至出现较大幅度的负增长；与此相比较，中、西部地区则保持了相对较高的投资增速。2013年与2010年相比，东部、东北地区城市市政公用设施建设固定资产投资减少了8.09%、5.85%，中、西部地区则增长了55.68%、57.92%（表6）。

表6 "十二五"以来分地区城市市政公用设施建设固定资产投资

地区	2010年投资额（亿元）	2011年 投资额（亿元）	2011年 比上年增长（%）	2012年 投资额（亿元）	2012年 比上年增长（%）	2013年 投资额（亿元）	2013年 比上年增长（%）	2010~2013年增长（%）
全国	14112	13690	-2.98	15047	9.91	16350	8.66	15.86
东部地区	7757	6267	-19.21	6778	8.15	7129	5.19	-8.09
中部地区	2445	2977	21.73	3476	16.76	3807	9.53	55.68
西部地区	2717	3079	13.32	3345	8.64	4291	28.29	57.92
东北地区	1192	1368	14.75	1449	5.91	1122	-22.53	-5.85

注：按可比项目统计，2013年以前数据已减去防洪固定资产投资。
资料来源：历年《城市建设统计年鉴》。

在城市建设投资不断增长的推动下，中、西部地区市政公用设施的水平有了较大幅度提高，与东部地区的差距在各项指标上均有明显缩小（见表7）。其中，中、西部地区与东部地区的差距，用水普及率由相差4.10个、5.27个百分点缩小到2.86个、4.01个百分点，燃气普及率由相差12.52个、13.39个百分点缩小到7.38个、11.33个百分点，污水处理率由相差3.24个、7.45个百分点缩小到0.34个、4.58个百分点，人均道路面积的差距也明显缩小。仅中部地区在人均公园绿地面积、西部地区在生活垃圾无害化处理率两项指标上，与东部地区的差距有微幅扩大。

表7 2010、2013年分地区城市市政公用设施水平

项目	时间	全国	东部地区	中部地区	西部地区	东北地区
用水普及率（%）	2010年	96.68	99.32	95.22	94.05	92.90
	2013年	97.56	99.26	96.40	95.25	96.69
燃气普及率（%）	2010年	92.04	98.35	85.83	84.96	89.33
	2013年	94.25	98.86	91.48	87.53	92.05

续表

项目	时间	全国	东部地区	中部地区	西部地区	东北地区
人均道路面积（平方米）	2010年	13.21	14.37	12.77	12.10	11.12
	2013年	14.87	15.85	14.58	14.04	12.74
人均公园绿地面积(平方米)	2010年	11.18	12.27	9.78	10.41	10.54
	2013年	12.64	13.61	10.86	12.77	11.53
污水处理率(%)	2010年	82.31	85.89	82.65	78.44	69.65
	2013年	89.34	90.82	90.48	86.24	84.90
生活垃圾无害化处理率(%)	2010年	77.94	85.48	73.55	80.51	53.40
	2013年	89.30	93.32	91.38	88.00	71.41

资料来源：《城市建设统计年鉴》(2010、2013)。

二 "十三五"城镇化发展趋势展望

（一）全国人口城镇化的速度将有所放缓

自20世纪90年代中期中国城镇化率超过30%，进入城镇化中期发展阶段后，人口城镇化水平一直处于快速提高的过程中。"九五"、"十五"、"十一五"时期，全国城镇化水平年均分别提高了1.44个、1.35个和1.39个百分点。在"十二五"期间，全国城镇化水平超过50%，城镇化速度明显放缓，年均提高降至1.21个百分点。2011～2014年，城镇化水平的提高幅度逐年降低，依次为1.32个、1.30个、1.16个和1.04个百分点。

分析城镇化发展的阶段规律，在城镇化发展的历史进程中，城镇化速度的变化呈两侧带有长尾的倒U形曲线。即城镇化初期（城镇化率＜30%）和后期（城镇化率＞70%）速度缓慢，位于曲线两侧平缓的尾部；城镇化中期速度较快，位于曲线中部的U形部分；曲线的顶点在城镇化率为50%的时期；在城镇化中前期（30%～50%），城镇化呈加速的态势；在城镇化中后期（50%～70%），城镇化呈减速的态势。目前，中国城镇化整体上已进入中后期发展阶段，城镇化速度的降低符合以上所分析的城镇化阶段规律的表现特征。在"十三五"期间，全国整体上仍处于30%～70%城镇化中期的快速发

展区间，尽管城镇化的速度不再可能会到达城镇化中前期（即"九五"、"十五"、"十一五"时期）的年均增幅，但仍会维持在较高的水平。预计"十三五"时期全国人口城镇化的速度将略低于1个百分点，到2020年城镇化率将在60%左右。

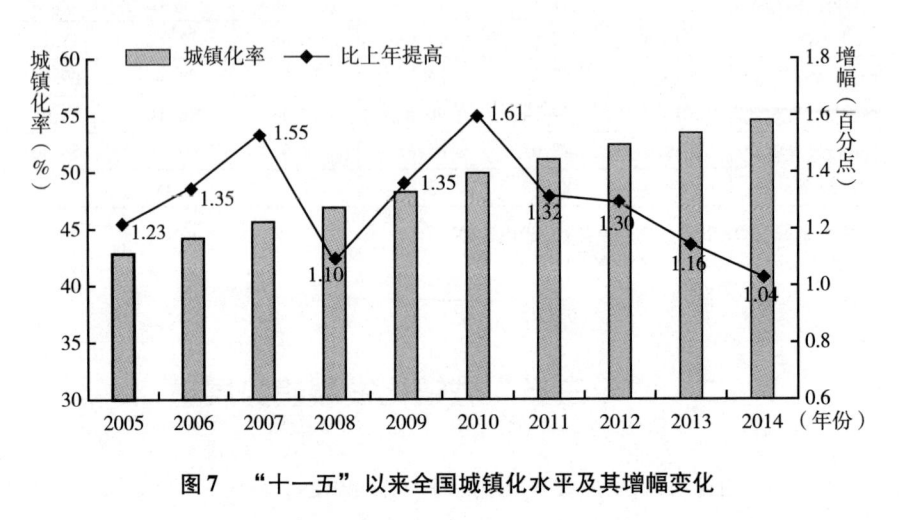

图7 "十一五"以来全国城镇化水平及其增幅变化

（二）地区城镇化水平的差距将趋于缩小

长期以来，中国的城镇化具有明显的地区差异，呈现东部地区相对较高、中部和西部地区相对较低的空间格局。从城镇化与经济发展的相关性规律分析，城镇化的水平和发展进程与经济发展的状况密切相关，中国城镇化的区域格局与各地区经济发展的差异基本一致。如同经济发展水平的差异很难在短时间内消除一样，未来中国城镇化水平的地区差距也将会长期存在。但在城镇化阶段发展规律的作用下，东、中、西部地区城镇化水平的差距将会逐渐收敛。

改革开放后，全国各地区的城镇化均保持了较高的增长速度。如前文表1所示，2005年以前，尽管中西部地区的城镇化也处于不断加速阶段，但城镇化速度要大幅低于东部地区，与东部地区在城镇化水平上的差距呈不断扩大之势。1982年"四普"时，东部地区城镇化水平比中、西部地区分别高6.24个、5.64个百分点，到2005年时已扩大到16.61个、18.63个百分点。但2006年后，东部地区城镇化速度逐步放缓，而中、西部地区仍处于加速过程中,并超越东部地区的增速,由此城镇化水平的差距不断缩小。到 2014 年,东部地区与中、西部地区城镇化水平的差距缩小至 13.85 个、16.27 个百分点。这种城镇化地区差距的趋势性扭转,究其原因在于东、中、西部地区城镇化发展阶段的差异性变化,东部地区已进入城镇化速度逐渐放缓的中后期阶段,中、西部地区还处于城镇化不断加速的中前期阶段。未来,按照国家有关新型城镇化的规划和工作安排,到 2020 年要"促进约 1 亿人在中、西部就近城镇化",相关国家政策的推动也将会增强地区城镇化的这种趋势。从以上分析的地区城镇化的演进趋势判断,"十三五"时期,中、西部地区城镇化水平仍将保持较高的增长速度,年均提高幅度将在 1 个百分点以上,东部地区城镇化速度将降低至 1 个百分点以下,城镇化东、中、西部的地区差距将会进一步缩小。

(三) 城镇化的转型发展将更加迫切

推动城镇化的转型发展、提升城镇化质量,是"十三五"时期中国城镇化必须面对的首要问题。正如《国家新型城镇化规划(2014～2020 年)》所提出的,"随着内外部环境和条件的深刻变化,城镇化必须进入以提升质量为主的转型发展新阶段"。这既是解决中国城镇化问题的必然选择,也是城镇化发展的趋势使然。

首先,随着城镇化发展阶段的变化,城镇化质量提升的问题已越来越重要。梳理世界各国城镇化发展的一般经验,在城镇化中前期,通常城镇化更多地表现为数量规模扩张的外延式发展,此时也积累了大量的社会、经济和资源环境问题;成功实现现代化的国家在城镇化的中后期,都经历了城镇化由规模扩张到质量提升的转折,城市发展更注重完善城市功能、提高居民生活品质、保护生态环境和推动产业升级;一些国家则因未能实现转型发展而陷入"中等收入陷阱",虽城镇化率很高,但社会矛盾重重、产业升级停滞、人民收入增长缓慢。中国城镇化整体上已进入城镇化中后期,推动城镇化转型发展已势在必行,城镇化的重心亟待转向质量内涵式的发展模式。

其次,随着各种城镇化问题的不断累积,加快城镇化的转型发展已十分紧迫。在社会融合方面,2 亿多农村转移人口难以融入城市,城市社会的二元矛盾已经显露。在城市建设方面,尽管中国城市没有形成大面积的贫民窟,但有

1亿多人还生活在棚户区。在资源环境方面，土地资源短缺、交通拥堵、环境污染严重等问题日益突出。在财政金融方面，过度依赖土地出让和土地抵押的城市建设融资模式已经不能持续，所隐藏的地方债务风险已成为中国金融体系中最大的隐忧。中国城镇化快速发展的中前期所积累的大量问题和矛盾，在城镇化的中后期正集中爆发。转型发展、质量提升是"十三五"时期中国城镇化面临的最大挑战，也是推进城镇化健康发展的重中之重。

参考文献

《国家新型城镇化规划》，《人民日报》2014年3月17日，第009版。

《李克强：棚户区不解决何谈社会公平》，《京华时报》2015年6月18日，第006版。

经济篇

Economic Reports

B.4 新常态下城市经济转型升级分析与预测

黄顺江*

摘　要： 进入"十二五"以来，我国城市顶住了后国际金融危机带来的下行压力，经济保持了快速发展态势，但同时也遇到了增长乏力的难题。在当前我国经济已进入新常态的背景下，城市经济要想获得可持续的发展动力，就必须进行转型升级。转型的方向，就是走向高端化，建立现代产业体系，包括先进制造业、现代服务业及现代农业。转型的根本路径，必须通过技术创新，推进产业的智能化、绿色化和精益化。

关键词： 新常态　转型升级　现代产业体系

---

* 黄顺江，中国社会科学院城市发展与环境研究所副研究员，博士，主要专业方向是城市化与城市经济。

随着城镇化进程的持续推进，城市已成为当今中国社会的主体，同时城市经济也成为中国经济的核心和引擎。自2008年国际金融危机爆发以来，中国城市就开始了快速的转型发展过程。在当前中国经济已进入新常态背景下，城市将扮演更加积极的角色，城市经济也将获得更强劲的发展动力。

一 "十二五"时期城市经济发展主要成就

国际金融危机对我国经济产生了严重冲击，尤其是外向发展的东部沿海城市顿时陷入了困境。为了重振我国经济，党中央及时采取了积极的对策，国务院连续出台了一系列重大措施，其中最重要的措施就是4万亿元投资计划。在这些重大措施的支撑下，我国经济的下滑态势得以遏制，各个城市很快恢复了活力。自2010年起，我国城市普遍进入了快速发展的新时期。

首先，经济总量快速增长。"十二五"期间，我国城市总体上保持了快速增长的态势，大多数城市经济增长速度都超过了全国平均速度（见表1）。2014年，已有9个城市进入"万亿元GDP俱乐部"，而2010年只有3个[①]。

表1 省会城市和计划单列市主要经济指标的变化（2010~2013年）

年份	2010年	2013年	2010~2013年增长(%)	2010~2013年全国增长(%)
地区生产总值(当年价,亿元)	161299.6	237452.8	47.0	41.7
财政收入(亿元)	17266.8	29251.8	69.1	55.5
货物进出口总额(亿美元)	17415.0	25067.4	43.7	39.8

注：1. 各城市统计数据包括市辖县；
2. 2010年统计数据不包括拉萨市，货物进出口总额中同时还不包括呼和浩特市；
3. 在城市经济增长率计算过程中，为确保可比性，2013年各项汇总数据中去除了拉萨市数据，"货物进出口总额"一项同时还去除了呼和浩特市的数据。
资料来源：《中国统计年鉴（2014）》。

---

① 2014年GDP超过1万亿元的城市为上海、北京、广州、深圳、天津、苏州、重庆、成都和武汉，而在2010年只有上海、北京和广州超过了1万亿元。

其次，产业结构调整步伐明显加快。改革开放后，我国城市经济快速增长的动力，主要来自工业化。尤其是东部沿海城市，通过大规模吸引外商直接投资并积极发展出口加工业而得以快速成长。特别是在2001年我国加入WTO之后，由于国际市场扩大，国内城市（尤其是沿海城市）工业发展迅猛，很快成为世界工厂。然而，突如其来的国际金融危机，使得国际市场大幅度萎缩，我国产品出口也遇到很大阻力，各个城市遂陷入困境。面对经济下行的巨大压力，各个城市由此也开始了艰难的转型发展过程。转型的方向，主要有两条：一是积极培育和发展先进制造业及战略性新兴产业，二是大力发展现代服务业，尤其是生产性服务业。因而，全国主要城市在进入"十二五"以来产业结构调整的步伐加快，第三产业比重快速提升而第二产业（主要是工业）比重则逐步下降（见表2）。

表2 省会城市和计划单列市产业结构（生产总值构成）的变化（2010~2013年）

单位：%

年份	2010年	2013年	2010~2013年增减（百分点）
第一产业比重	3.80	3.58	-0.22
第二产业比重	44.88	43.48	-1.40
第三产业比重	51.32	52.94	+1.62

注：城市统计数据包括市辖县。
资料来源：《中国统计年鉴（2014）》。

我国城市经济结构更细微的调整情况，可以上海为例来做分析。上海作为国际大都市，在21世纪第一个10年里经济结构仍然是以工业为基础的，第二产业增加值一直超过全市GDP的4成，只是进入"十二五"之后才加快了调整步伐，现代服务业得以快速成长。2010~2013年，上海市第三产业增加值占全市GDP比重提升了4.96个百分点（见表3），平均每年提升1.65个百分点，比2001~2010年间的平均速度（年均提升0.54个百分点）快了2倍。在第三产业中，发展最快的是生产性服务业（以金融和信息服务为主）。尤其是信息产业，进入21世纪以来快速成长，并在"十二五"期间发展成为全市的一大支柱产业（见表4）。同时，信息产业构成也发生了重大变化，2013年信息服务业增加值已超过信息产业产值的6成。

表3　上海市生产总值构成的变化（2010～2013年）

单位：%

年份	2010年	2013年	2010～2013年增减(百分点)
第一产业比重	0.67	0.60	-0.07
第二产业比重	42.05	37.16	-4.89
第三产业比重	57.28	62.24	+4.96

资料来源：《上海统计年鉴（2014）》第63页。

表4　上海市信息产业的发展变化（2010～2013年）

指标	2010年	2013年	2010～2013年增减(百分点)
信息产业增加值(亿元)	1672.1	2216.1	32.53(增长%)
信息产业构成:信息产品制造业(%)	41.3	32.8	-8.5
信息产品销售业(%)	3.3	4.6	+1.3
信息服务业(%)	55.4	62.6	+7.2
信息产业增加值占全市GDP比重(%)	9.7	10.3	+0.6

注：本表按当年价格计算。
资料来源：《上海统计年鉴（2014）》第74页。

再次，经济发展质量显著提升。随着转型步伐的加快，城市经济内在质量得以改善。仍以上海为例，2010～2013年，一方面经济效益不断提高（见表5），另一方面经济发展过程中的能源和资源消耗也逐步下降（见表6）。

表5　上海市全员劳动生产率的变化（2010～2013年）

单位：元/人

年份	合计	第一产业	第二产业	第三产业
2010	159300	26664	166557	163512
2011	174897	33600	178391	180905
2012	181831	30803	177501	194904
2013	191776	27217	180712	211835

资料来源：《上海统计年鉴（2014）》第75页。

表6　上海市能源消耗指标的变化（2010~2013年）

单位：吨标准煤/万元，千瓦时/万元

年份	单位生产总值能耗	单位生产总值电耗	单位工业增加值能耗	单位工业增加值电耗
2010	0.712	823.18	0.953	1194.05
2011	0.618	721.53	0.889	1146.70
2012	0.570	678.41	0.849	1089.46
2013	0.545	656.74	0.820	1042.31

注：本表按2010年可比价计算。
资料来源：《上海统计年鉴（2014）》第92页。

总之，在党中央的坚强领导下，由于采取了及时有效的应对措施，我国城市经受住了国际金融危机的考验，并通过这次危机获得了转型发展的动力，转型步伐加快。进入"十二五"以来，我国城市经济基本上延续了21世纪第一个10年良好的发展势头，总体上维持了快速发展的态势。正是城市经济的逆势成长，使得我国城市在世界城市体系中的地位稳步提升，国际影响力显著增强，并开始由被动接受全球化影响向主动参与全球化进程转变。

二　城市经济发展过程中的主要问题

进入"十二五"以来，虽然我国城市经济保持了较快的发展速度，产业结构也得到显著优化，但仍存在着很多问题。

一是经济增长乏力。自国际金融危机爆发以来，许多城市失去了往日的繁荣。虽然在国家政策的刺激下，2010~2012年各大城市的楼市和车市曾出现过火热局面，但好景不长。目前，各个城市的经济基本上处于不温不火的状态，缺乏发展后劲。尤其是珠江三角洲、东北老工业区及中西部地区的许多城市，仍面临着巨大的下行压力。

二是财政收支状况趋紧。在21世纪第一个10年，房地产繁荣，导致很多城市形成了严重的"土地财政"依赖症。进入"十二五"以来，由于国家加大了宏观调控力度，房地产受到抑制，许多城市财政收入骤减。同时，由于民生建设和环保投入力度在逐步加大，财政支出快速增长，很多城市财政收支难以平衡，缺口越来越大。尤其是县级市，大多入不敷出，许多城市需要依靠中央及省级财政转移支付来度日。同时，许多城市为了刺激经济发展，通过政府控制的融资平台大规模地筹集资金用于城市建设，但由于自身的偿债能力很弱，以至于债务风险快速积累，一些城市财政承受着破产的压力。

三是就业压力持续增大。城镇化的持续快速推进，时刻向城市转移着大量的劳动力，再加上每年庞大的大学毕业生群体，使得城市就业市场非常紧张。虽然低端用工领域普遍存在着招工难题，但城市总体上的就业压力还是不断增加的。尤其在当前经济下行压力较大的形势下，中高端就业市场空间狭窄，难度增大。

之所以出现以上困难，原因是多方面的。从总体上说，这是我国城市经济仍没有摆脱粗放发展模式的反映。进入21世纪以来，拉动我国城市经济发展的动力，主要来自中低端制造业的大发展。我国加入世界贸易组织之后，依靠低价格的相对优势，使得国内产品大规模地进入国际市场，促进了纺织、服装、电子配件、机械加工等劳动密集型制造业快速发展壮大，并由此一举造就我国的"世界工厂"地位[1]。而且，在2008年以前，我国一直维持着自改革开放初期以来的低工资、低资源价格、低环保要求等"低成本"市场环境，并由此促成了我国城市粗放的发展模式。然而，进入"十二五"以来，这一"低成本"市场环境正在悄然改变，国际金融危机之后的外部市场也一直低迷不振，需求缩小，致使我国工业产品出口受阻，从而给城市经济的持续发展造成严重困难。

上述三个方面的问题，最核心的是经济增长乏力。只要这一问题解决好了，其他问题就可以迎刃而解（或很容易通过改革等措施得到比较妥善的处理）。那么，如何突破经济增长乏力这一难题呢？答案只有一个，那就是加快转变发展方式，彻底抛弃长期以来靠要素投入驱动经济增长的发展模式，转变为靠创新推动经济发展，促进经济转型升级。自国际金融危机爆发之后，虽然很多城市都意识到转型升级是城市长远可持续发展的唯一出路，也采取了积极的措施来推动这一进程，但总体上成效不大。到目前为止，还没有一个真正的新兴产业上升成为经济发展的支柱，也没有一个城市在新兴产业培育方面取得

---

[1] 张卫华、江源等：《中国工业经济增长动力机制转变及转型升级研究》，《调研世界》2015年第6期，第3~10页。

突破性进展,转型升级的"拐点"尚未到来①。所以,"十三五"期间,我国城市经济转型升级的任务非常沉重。

三 我国经济发展进入新常态

(一)认识新常态

经过改革开放 30 多年来的持续快速发展,尤其是进入 21 世纪后近 10 年的突飞猛进,我国经济总体上已进入一个新的发展阶段——新常态。新常态是对前 30 多年经济高速增长状态的回调与平衡。改革开放后,我国经济之所以能够取得高速增长,主要原因是打开了国际市场,通过发展出口加工业并大规模地向国际市场输出产品(尤其在我国加入 WTO 之后),获得了巨大的利益回报。这一从国际市场上回报得来的利益,促进了国内市场的活跃,进而带动国民经济各行业的快速发展。国民经济的快速发展,又使得人们的收入水平不断提高。收入的增加,进一步推动了城乡市场走向繁荣,市场规模迅速扩大。进入 21 世纪之后,国内市场的扩大主要表现在三个领域:一是房地产大繁荣,在取消福利性分配住房政策之后,我国城市住房市场形成的巨大缺口,为房地产扩张提供了空间;二是小轿车进入城镇居民家庭,促进了汽车工业的快速扩张,使我国很快成为世界上的汽车生产和消费大国;三是与小汽车时代相适应的高速公路、高速铁路等现代化基础设施网络的扩张(也包括前两个领域及制造业的发展),带动了钢铁、水泥、石化等原材料工业的膨胀。这样,国际市场的开拓(以加工制造业为主)及国内市场的扩大(以住房、汽车和高速公路等基础设施为主),就奠定了我国经济持续高速增长的市场基础。然而,在遭受金融危机重创之后,国际市场低迷不振,出口对我国经济的拉动作用减弱。而且,由于我国成为"世界工厂",在国际贸易格局中已占有非常大的份额(2013 年我国进出口总额超过美国跃居世界第一),国际市场空间基本上得到了充分利用,进一步开拓将会遇到非常大的瓶颈制约。这就是说,即使世界

---

① 广东省政府发展研究中心专题调研组:《广东转型升级"拐点"研究》,《广东经济》2015 年第 2 期。

经济走出了低迷状态，恢复到正常的发展水平，我国产品出口也很难再有大的扩张。同时，国内市场上的三大支柱领域——住房、汽车和高速公路等基础设施，也基本上接近或达到饱和状态，再扩大规模同样会遇到很多制约因素。因而，在国内总体上已告别短缺经济时代的背景下，内需重新得到大规模扩张的空间很小，支撑国民经济高速增长的动力不足。再加上生产要素成本快速上升，外需不振，我国经济增长速度有所回落是必然的。

总之，在经过国际金融危机冲击之后，由于国内外发展环境的变化，我国经济增长速度有所放缓是不可避免的。但是，我国仍是一个快速发展中的经济体，在国内经济基本面没有出现大的变动情况下，经济增长速度不可能一直滑下去，而是将逐步稳定在某一合理的区间。从进入21世纪以来我国经济增长速度的演变态势来看，未来一个时期增速将趋向于中高区间：5%~7%。"十三五"时期，增长速度应在7%上下，介于6%~8%之间。

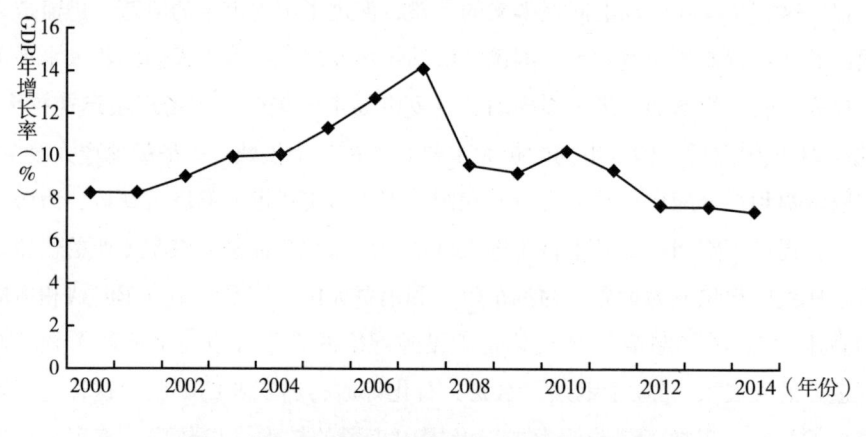

图1 进入21世纪以来我国经济增长速率的变化

（二）新常态下的主要矛盾和任务

经济增速回落到中高区间，是新常态的一个重要标志，但不是本质特征。作为一个发展阶段，新常态最本质的内涵，是建立起集约高效的经济发展模式，经济品质显著提升。

作为一个发展中国家，我国改革开放的根本目的，是加快发展步伐。发展要解决的主要矛盾和问题，是贫穷与落后（这是我国进入近代以来的基本特征）。而贫穷与落后的主要表现，就是商品紧缺，物质匮乏。所以，改革开放后我国的主要任务是快速发展生产力，多制造产品。经过30多年的努力，这一目标目前已初步实现，物质短缺的时代基本上结束了。这正是我国经济发展进入新常态的重要物质基础，也是最基本的阶段特征。

事实上，经过改革开放后30多年的努力，我国主要解决了贫穷这一问题（由于发展很不平衡，贫穷现象在我国实际上并没有完全消除，尤其在中西部农村地区仍大量存在，但从总体上说，尤其在我国城市社会里，贫穷已不再是主要矛盾），而落后的问题只解决了一半（虽然到目前为止我国的生产力水平有了很大提高，与改革开放初已不可同日而语，但我国现在还是一个发展中国家，与发达国家之间仍有很大的差距），任务还没有完成。所以，在新常态这一阶段，主要任务是解决落后这一难题。

当前，我国的落后，主要表现在三个方面：一是在大部分生产行业及领域缺乏自己的核心技术，产业发展常常受制于人；二是全社会总体的现代化装备水平有待提高，尤其是发展不平衡的问题还非常突出，对经济发展的制约作用依然很大；三是科技、教育和思想文化水平仍然偏低，还不能满足现代生产力发展的需要。

所以，在新常态下，我国面临的主要任务仍是发展生产力，但是先进生产力，而不再是一般生产力；仍需要多制造产品，但是先进产品，而不是一般产品。

在新常态下，质量成为制胜的法宝。在物质短缺时代，人们关注的主要是物质产品的多少，而对于其质量则往往不够重视（这正是我国粗放的经济发展模式得以形成的社会环境）。在新常态下，物质产品多少已不成问题，关键是质量。有数量而没有质量，则很难立足于市场（因为仅仅靠数量是没有经济效益的）。同时，人们已不再满足于过去那种不惜资源与环境甚至人的生命代价盲目追求GDP的发展模式了，而是更加讲究综合效益，走集约、精细、高效、绿色的发展道路。所以，在新常态下，品质是第一位的，质量不断提升是常态。

（三）"十三五"时期的中心工作

事实上，新常态刚刚开始，其经济社会基本特征还没有充分展现出来。今后一个时期,尤其是"十三五"期间,正处于新常态演进的关键时期。这一时期的中心工作,主要有两个方面:一是发展,二是转型①。

发展仍是新常态下的中心工作,而且是最根本的工作,其他所有工作都是围绕发展而展开的。所谓发展,就是要保持国家经济持续增长,而且要保证一定的速度。没有速度,发展质量再好,最终也是要走向落后的(欧洲、日本当前就面临着这样的危险)。所以,在新常态下,不是不要速度,而是不唯速度,是要有质量的速度。

同时,在发展的过程中还必须加快转型的步伐。所谓转型,就是要走集约的发展道路,不断提升发展的层次(即向技术和价值链的高端演进)。如果继续沿用传统的发展模式,必然会造成发展难以为继,增速不断下滑且无底线,最终仍难以摆脱落后这一命运。要想使发展可持续,就必须转变发展模式。

所以,"十三五"时期的任务更加沉重,需要解决发展与转型这两大难题,这比其他任何时候都更加艰巨。

四 新常态下城市经济转型升级的基本趋势

(一)新常态下的城市

在新常态下,要想完成好发展与转型这两大任务,就必须发挥好城市的作用。如果说传统的发展可以更多地倚重于农村的话(因为过去农村人口众多,劳动力丰富而廉价),新常态下的发展则必须更多地依靠城市,因为在新常态下发展主要是靠创新来驱动的,而创新要素主要集中在城市里。

在新常态下,更艰难的任务是转型。转型成功与否,事关中国经济的未来。尤其在"十三五"时期,可以说转型是压倒一切的工作。要想完成好这一关键任务,也只有依靠城市。这是因为,转型更需要创新,而且是深入系统的创新,只有城市才能够完成转型这一历史任务。

---

① 发展与转型,本应是全面的,是对经济社会整体而言的,但为了研究简便,本文将其限定在经济领域。

事实上，城市经济同全国经济一样，在"十三五"时期也面临着发展与转型的双重任务。在城镇化进程已经过半的背景下，城市经济不仅是我国经济的主体，同时也是全国经济发展的引擎。全国经济发展和转型成功与否，关键看城市。只要一个个城市的经济转型成功了，全国经济的发展与转型就有了保证。中国经济的转型升级，必须从城市做起。

（二）城市经济转型升级的方向与目标

城市经济转型升级的大方向就是走向高端化，即高技术、高品质、高效率和高效益。

根据我国城市经济发展现状，转型升级的根本目标，就是建立现代产业体系。

所谓现代产业体系，就是指建立在先进生产技术基础之上、能更好地满足现代社会发展需求的产业集合。

产业不是孤立运行的，不是仅仅为了自身的发展而发展，根本目的是服务人类社会。只有能够充分满足人类社会发展需求的产业，才能够得到快速和可持续的发展（否则，就面临着被淘汰的命运）。要想能够更好地满足人类社会发展的需求，就必须不断地提升产业的技术水平（包括劳动力素质尤其是骨干技术人才队伍、生产设备性能、技术工艺、组织管理等方面），创造出性能更优越的产品或服务。只有向社会持续不断地提供性能越来越好的产品或服务，才能够从市场上赢得足额的利益回报，从而推动自身的快速发展。这种技术水平先进、产品或服务性能优越、市场前景广阔（且面向世界）的产业，就是现代产业。否则，就属于传统产业。

现代产业与传统产业在行业门类上没有大的区别，主要差异反映在发展水平上。现代产业最根本的特征，就是其现代性，也就是先进性，代表了当前最高的技术水准。所以，现代产业不是绝对的，也不是固定不变的，而是相对于传统产业而言的，是动态变化着的。今天的现代产业，明天就可能成为传统产业（即意味着落后）。现代产业与传统产业的根本差异，主要表现在技术水平的高低上。所以，只有持续地进行技术创新，推动产业技术水平不断提升，才能够保持产业的现代性，才能够立于不败之地，持续快速地发展。

自新中国成立以来，尤其是改革开放以来 30 多年的持续快速发展，我国城市的经济基础越来越雄厚，产业体系趋于完善。但与发达国家的城市相比，我国城市产业体系的现代性还比较差。除了少数几个城市及部分行业外，绝大多数城市主流的行业仍属于传统产业，与现代产业体系还有很大差距。所以，我国城市转型升级的任务依然很重。

（三）城市经济转型升级的重点领域

现代产业是建立在传统产业基础之上的，与传统产业在门类上基本相同，与其共存于三大产业体系及各细小的行业之中，但在技术层次上位于高端。大体说来，现代产业体系主要由三部分构成，即先进制造业、现代服务业和现代农业。这就是"十三五"时期城市经济转型升级的重点领域。

1. 先进制造业

工业是我国国民经济的基础，也是城市经济的重要支柱。虽然产业结构调整的基本趋势是工业比重逐步下降，但工业作为大部分城市经济基础的地位是不会动摇的。目前，虽然我国大多数城市的工业规模已非常庞大，但发展水平普遍偏低。城市经济转型升级，重在工业。转型升级的方向，就是先进制造业，主要包括高新技术产业如电子信息、生物医药等，战略性新兴产业如新材料、新能源、环保产业等，以及各地经济效益突出的优势产业等。同时，还必须用高新技术和先进技术尤其是信息技术改造提升传统产业，以形成新的优势产业。根据我国经济基础及世界各国特别是新兴市场国家经济发展的需求，国内城市尤其是重化工业城市应重点发展装备制造业，如机电、电子通讯、交通运输装备等，以突出我国的竞争优势①。

2. 现代服务业

随着后工业时代的到来，第三产业快速发展是大趋势，各个城市将逐步转变成为以服务业为主体的经济结构。但是，一般服务业是典型的传统产业，并没有多少技术含量，也很难形成持久的竞争优势。因而，各个城市，尤其是大城市，应重点发展的是现代服务业，包括金融、商务、信息、科技、教育、医

---

① 裴长洪：《中国经济发展趋势与城市经济转型升级》，《江淮论坛》2012 年第 2 期，第 33～36、62 页。

疗、物流等。传统服务业是主要服务于本地的，而现代服务业则主要面向区域以及全国乃至世界。所以，对于一个城市来说，尤其是大城市，经济发展水平主要取决于现代服务业的发展状况①。特别是生产性服务业（主要存在于金融、商务、信息、科技、物流等领域），意义更为重大，因为其可以渗透到生产活动的各个环节，能够影响到产业发展进程。所以，城市间的竞争，重在现代服务业，尤其集中在生产性服务业领域。可以说，谁拥有发达的生产性服务业，谁就掌握了产业发展的主导权。

3. 现代农业

城市的发展离不开农业。虽然农业在城市经济中的比重已经降到非常低的地步，但始终是一个重要组成部分。在现代科学技术的推动下，传统农业已焕发出新的活力，初步孕育出生产水平非常先进的现代农业，如种子、花卉、生态农业、设施农业等。对于城市来说，现代农业主要是都市农业，包括花卉、鲜果、鲜菜、健康食品、休闲农业等。随着城市的持续发展和人们生活水平的不断提高，都市农业的地位还将得到进一步提升。

原则上说，只有落后的技术，没有落后的产业。产业是永恒的（只要社会有需求，该产业就会一直存在下去），而技术却是瞬息万变的。任何一个产业，只要持续地进行技术创新，不断地提升产品性能或服务质量，都可以永远保持其现代性，即使传统产业也可以变成现代产业，如农业等。反之，如果长时间维持原有技术不变，则现代产业也会很快退化成为传统产业，如石油燃料汽车等。所以，现代产业的发展，并没有固定的行业门类，关键看技术进步状况。

（四）城市经济转型升级的主要路径

现代产业主要体现在高技术水平上。所以，城市经济转型升级最根本的路径就是技术创新。根据当今社会科学技术发展现状与趋势，转型升级具体的技术路线主要有三条。

一是智能化。随着信息技术的快速发展，信息和网络开始全面融入经济生

---

① 杨以文、郑江淮等：《走向后工业化：建立以服务业为主的现代产业体系——以长三角为例》，《经济地理》2012 年第 32 卷第 10 期，第 70~76 页。

活。信息的核心是知识,也就是人的智力活动的成果。通过将知识大规模地应用于经济活动,就促进了产业的智能化。智能化反映在多个方面,并主要集中在两个方面:一是生产设备和技术的智能化,尤其是以机器人为代表的人工智能化设备大规模应用到工厂车间,不仅提高了生产效率,也提升了产品质量;二是产品或服务的智能化,主要是在产品中加入了微型计算机(即芯片),使产品具有了分析和判断功能,能够根据不同情况采取相应的工作程序,让人们使用起来更方便、轻松和舒适。如现今的全自动洗衣机,人们只须将要洗的衣物放进去,连接上水电,洗衣机就可以自动完成全部清洗工作,甚至还能够将洗干净的衣服烘干、整形,拿出来就可以穿。这样,由于机器或设备有了思维和判断能力,功能更强大了,也更完善了,不仅可以提升经济活动的质量和效率,还更加宜人。

二是绿色化。绿色化是现代文明的核心要素之一。所谓绿色化,就是将生态环保技术应用到生产活动的各个方面,使生产过程更清洁,能够相容于环境和社会。这就需要彻底抛弃传统的高能源消耗、高污染、严重危害环境及人们身心健康的生产方式,走生态环保的发展道路。绿色化主要体现在三个方面:一是生产过程或提供服务的过程要清洁,尽可能少占用或消耗资源和能源,并使这些资源和能源得到最大价值的利用,同时不(或少)产生污染,不(或轻微)危害环境及人的健康;二是生产出来的产品或提供的服务必须是性能优良的,其在使用、工作或发挥作用的过程中清洁高效,消耗的资源能源少,不产生污染,对人及环境没有危害;三是该产品或服务在寿命结束后可以被回收再利用或无害化处理,不对人及环境产生负面影响。

三是精益化。精益化就是走精密技术路线,使生产或服务过程更严密、精准、集约、高效,产品或服务质量更优良。如果产品或服务仍然以"傻大黑粗"为特征,即使在技术上已经智能化和绿色化,其水平也是有限的。只有产品或服务更精细,性能才会更优良。所以,精益化也是现代产业的基本特征,同时还是城市经济转型升级的重要路径。

五 推动城市经济转型升级的政策建议

"十三五"期间,是我国城市经济转型升级的关键时期。为了加快城市经济转型升级步伐，建议采取以下措施。

第一，以大城市为基础推进集群创新。任何一个城市，创新资源都是有限的。同时，创新是一步步推进的，不可能一步到位。要想使创新取得成效，必须将优势资源集中于一个、两个或少数几个基础较好的产业领域。待在某一领域取得突破后，再围绕着该领域进行配套创新，以尽快形成优势产业。有了优势产业之后，再围绕着该产业进行拓展创新，以培育出新的优势产业，逐步建立现代产业集群。由于各个城市经济基础和发展历程不同，创新资源的数量、质量及构成差异很大。一般来说，大城市创新资源丰富多样，而中小城市则比较贫乏。因而，创新主要是大城市的事儿。对于中小城市而言，创新也是必要的，不能放弃，但必须集中在某一领域或环节，而不可能大面积展开。事实上，只要大城市经济转型成功了，中小城市的经济转型就容易多了。所以，大城市要带头推进技术创新，尤其要加强集群创新，以产生更高的经济效益。

第二，以大企业为龙头深化技术创新。在一个城市内部，创新资源主要集中在少数几家大企业内部（除高校和科研单位之外）。同时，大企业也最有动力去推进技术创新。因而，各个城市应以大企业为龙头推进创新，重点是围绕着各自生产或经营活动中的关键及核心技术深化创新，拿出拳头产品，唱响自己的品牌，逐步增强在市场上的主动权。

第三，以市场机制为动力推进技术创新。创新需要高强度的脑力劳动，对人的精力消耗很大。如果没有足额的利益回报，创新是很难持续下去的。如果没有持续的创新活动，创新也是很难见到成果和效益的。所以，要想走创新推动发展的道路，就必须以市场为基础，建立完善的利益回报机制，以确保创新的可持续性和连续性。

第四，从国家层面上推进核心技术创新。目前，关键和核心技术成为我国各个行业转型升级的瓶颈。而关键和核心技术的形成，难度大，周期长，人力财力消耗多，企业通常不愿意去做。但是，关键和核心技术是战略资源，是决定市场命运的最重要的因素。因而，需要集中全社会的力量去推动关键和核心技术的创新。对于那些战略性、基础性产业，尤其是涉及国家安全的关键部门和行业，国家要从整体上做出安排，深化创新。

第五，加强自主创新。要想使城市经济转型升级成功，只能靠自主创新。我国已经成为世界上第二大经济体，但目前仍然产业层次偏低，主要原因是自

主创新不足。长期以来，我国经济的快速发展，在很大程度上是靠市场换资金和技术来推动的，也就是通过引进国外的企业、资金来投资设厂或合作建厂，扩大生产规模，从而推动了经济发展，并参与到全球化过程中。各个城市也是这样，随着原有的国有企业及集体企业走向衰退，代之而起的是外来投资企业的崛起。这虽然维持了经济活动规模不断扩大，经济实力逐步增强，并满足了政府财政收入和居民就业的需要，但经济发展的自主性较差。其后果，主要有两点：一是经济利益外流，经济发展的可持续性较差（外来企业的最大目的是赚钱，赚到的钱自然要回流到企业总部去，对本地城市或本国来说就是经济利益流失，再发展的动力受损）；二是经济发展不稳定，受市场波动影响大（作为外来企业，自然是有钱赚就上，赚不到钱就撤）。从长远看，更大的不利影响在于，抑制了本地创新要素的成长及创新环境的培育（企业的创新活动主要集中在企业总部所在地，即使外来企业在本地设立了研发中心，也主要是利用而不是培育本地的创新要素和创新环境，而且创新带来的利益同样要回流到企业总部去）。所以，要想走创新驱动发展的道路，必须积极扶持本土企业（包括国有、民营及个体私营企业等）的成长[1]。只有本土企业发展壮大起来了，主导了本地经济发展格局，才有力量到外地或外国去开疆拓土，扩大市场活动空间，从而带来更大的利益回报，并回流到本地，促进本地经济持续发展。所以，城市经济转型升级关键靠创新，而且必须是自主创新，才能使中国制造由OEM（贴牌生产）为主实现向以ODM（自主设计制造）与OBM（自主品牌制造）为主的转变[2]。

---

[1] 詹懿：《中国现代产业体系：症结及其治理》，《财经问题研究》2012年第12期，第31~36页。

[2] 张志元、李兆友：《新常态下我国制造业转型升级的动力机制及战略趋向》，《经济问题探索》2015年第6期，第144~149页。

B.5 信息时代产业融合发展的趋势与特征

武占云　单菁菁　蔡翼飞　苏红键*

摘　要：	在我国迈入服务经济时代和经济发展进入新常态的双重背景下，产业融合发展成为缓解新常态经济下行压力、推动两化深度融合、促进经济结构优化调整的重要途径。本文在界定产业融合发展的概念和内涵的基础上，深入分析了信息时代产业融合发展的特征与趋势，对未来产业融合发展的重点领域和新型业态进行分析与预判，并以北京市为案例探讨了产业融合发展的地区实践，最后提出相关政策建议。
关键词：	信息时代　产业融合　互联网+　业态创新

一　引言

20世纪70年代以来，随着信息技术的快速发展，基于工业生产分工的产业边界开始逐渐模糊，不同产业边界的融合促成了新的产业形态和业态，产业融合也因此成为最具活力的经济增长点，为产业发展注入了活力（郑明高，2011）。进入90年代以来，伴随着政府管制政策的放松，信息通信领域的融合进一步深化，信息通信业内部行业之间的跨媒体、跨产业并购活动频频出现，信息通信服务业与其他产

---

* 武占云，中国社会科学院城市发展与环境研究所副研究员，博士，主要研究方向为城市与区域规划；单菁菁，中国社会科学院城市发展与环境研究所研究员，博士，主要研究方向为城市与区域规划、城市与区域经济、城市与区域管理等；蔡翼飞，中国社会科学院人口与劳动经济研究所助理研究员，博士，主要研究方向为产业经济与劳动经济；苏红键，中国社会科学院城市发展与环境研究所副研究员，博士，主要研究方向为城市与区域经济。

业之间的融合也频繁发生（李美云，2007）。进入21世纪，在经济全球化不断深化的背景下，经济系统能级提升和功能扩张进一步推动产业融合向更高水平演进（胡志平，2013），产业融合逐渐成为现代产业发展的一种新特征和新趋势。

产业融合既涉及产业的内部融合，也涉及跨产业之间的融合，因此，从微观层面来看，产业融合深刻影响着市场结构、市场行为和市场绩效；从宏观层面来看，产业融合通过改变产业结构，从而影响一个地区乃至国家的经济增长方式和效率，产业融合也因此进入政府决策层和有关部门政策制定的研究视野。国家"十二五"规划明确指出"深化专业分工，加快服务产品和服务模式创新，促进生产性服务业与先进制造业融合，推动生产性服务业加速发展"；国家部委先后出台了《关于加快推进信息化与工业化深度融合的若干意见》、《关于深入推进文化金融合作的意见》、《国务院关于推进文化创意和设计服务与相关产业融合发展的若干意见》、《国家旅游局关于促进旅游业与信息化融合发展的若干意见》等政策文件。2015年国务院印发《关于积极推进"互联网"+行动的指导意见》，明确指出"到2025年，'互联网＋'新经济形态初步形成，'互联网＋'成为我国经济社会创新发展的重要驱动力量"，并提出了"互联网＋"创业创新、"互联网＋"协同制造、"互联网＋"电子商务、"互联网＋"智慧能源等11项具体行动。

由此可见，在我国迈入服务经济时代和经济发展进入新常态的双重背景下，产业融合发展成为缓解新常态经济下行压力、推动两化深度融合、促进经济结构优化调整的重要途径。

二 产业融合的概念及类型

（一）产业融合的概念与内涵

国内外大量学者对产业融合的概念、内涵和模式进行了深入研究，大部分学者认为产业融合的实质是产业价值链的重构和资源在更广泛领域整合的过程（Neuwirth，2015；郑明高，2011）。也有学者从不同产业领域研究了跨行业之间的融合模式和新型业态，如产业融合与互联网金融（李克歌等，2015；李二亮，2015），服务业的融合发展（李美云，2007）、旅游业与文化融合（李世兰，2013；赵蕾、余汝艺，2015）、文化与科技产业融合（王朔，2015）、文化与金融产业融合（胡志平，2013；李后成、张胜荣，2014），以及总部经济与服务业的融合发展（刘志彪、张少军，2009）等。产业内部以及不同产业之间的融合不仅促进了有效竞争，重塑了市场结构和产业组织，还催生了大量新业态，导致了新产业的出现和成长。

产业融合是产业格局变动中一种非常重要的方式，本文着重从供给和需求两个方面论述产业融合的内涵及机理。企业或产业的规模大小由两种力量决定：一种力量是分工，使企业有专业化的动力；另一种力量是协同效应、规模经济效应和范围经济效应，使企业有多样化经营的动力。这两种力量始终处在一个博弈的过程中，不论是分工还是多样化经营，最终目的都是给消费者提供更受欢迎、成本更低的产品，从而提高自己的利润。当后一种力量变强，企业会出现跨行业经营的倾向。从个别企业出现有意识的跨业经营等融合行为，到大多数企业之间，或者是具有强大的产业影响力和代表性企业之间发生了各种融合行为，产业融合就发生了。供给和需求两方面的因素同时作用致使第二种力量不断增长。

从供给方面的因素来看，技术进步、规制放松、管理创新等导致不同产业的资产内容和结构更低成本地转化，即降低了资产的专用性，使企业产生了追求经营多样化的内在动力，从而催生了企业跨行业扩大经营范围的现象，也促使了产业融合的发生。因此，从供给因素来看，产业融合是资产专用性的降低，企业生产不同产品或提供不同服务的成本降低，使产业间分工转变为产业内分工的过程和结果。图1清楚地反映了供给触发的产业融合过程。假定有两个产业，两个产业分别对应两种资产体系，但存在某种通用资产将二者联系在一起。起初，两个产业界限比较明显，几乎不存在融合现象。随着关联性因素的变动，比如技术创新，联系两个产业的通用资产对产业的管控增强，两个产业的生产和经营领域开始融合，最终融合为一个产业。

从需求因素来看，如市场的扩大，需求的融合等。当某种产品的需求发生扩张或者消费者对某些产品的需求出现融合的时候，一些企业会扩大生产规模或进行多样化经营以发挥其规模经济和范围经济的优势。此时虽然不同产业之间的资产转化成本没有改变，但是对资产专用的门槛降低了，即面对更高需求的市场环境，产业能包容更多不同的资产体系。

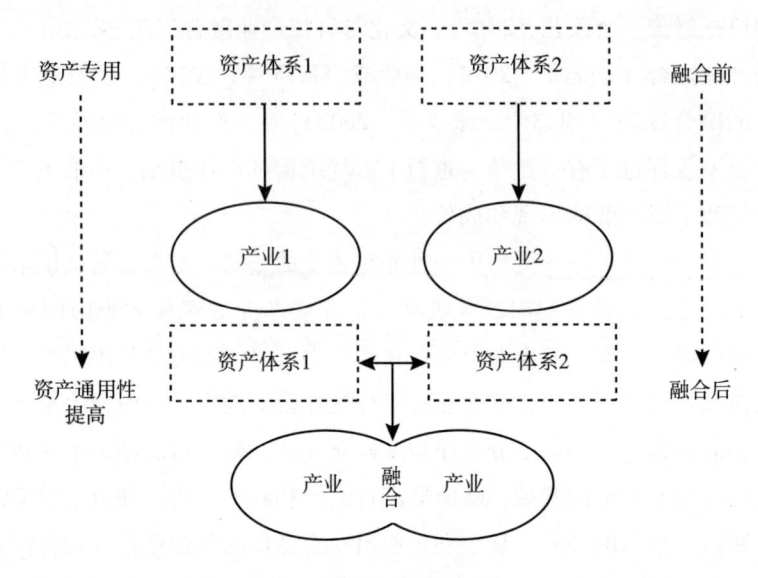

图 1　产业融合内涵示意

综上所述，本文认为产业融合是指由于技术进步、规制放松、管理创新或市场扩张等因素发生变化，使得不同产业之间的资产专用性降低，从而导致传统意义上的产业边界模糊化甚至重新划定的发展过程。

（二）产业融合的类型与模式

从本质上来看，产业融合的过程也即打破原有产业间或者企业间的分工界线，形成新的产业分工链条，之后随之产业组织、市场结构的变化再重新组合形成新的产业间、产业内部或者企业内的分工链条网（Delgado，2014；郑明高，2011）。具体到产业融合过程，则涉及技术融合、市场融合、产品融合、企业融合和制度融合等方面的内容（胡金星，2007）。

（1）技术融合。技术融合是指不同产业拥有相似或相近的生产技术，包括共享相同的知识体系、相似的技术流程，技术融合的发生往往伴随着技术的扩散，产业之间具有相同或相似的技术基础是产业间发生融合的基础前提。

（2）企业融合。企业融合是指市场中的不同企业主体在进行企业并购、业务重组或战略联盟时，逐步向对方领域进行技术、业务或理念的扩散，使得不同市场主体的业务内容、经营模式向同一方面汇合，并伴随着业务创新和业务渗透，某种程度上也表现为企业业务的多元化与趋同化。

（3）产品融合。产品融合是指不同产业的产品通过模块整合或模块替代等设计活动而引起的产业产品或者功能的统一，其结果是带来替代型、互补型或融合型产品的产生。按照有形或无形，产品融合又可分为实体产品融合和服务产品融合。

（4）市场融合。市场融合主要是指消费市场的融合，即不同产业系统所服务的对象（消费者）向同一方面汇合。例如，手机产品的最初功能主要是用于通信或者语音服务，随后又出现了短信业务（或者数据服务），语音业务的服务对象逐步向短信业务转移，语音业务和短信业务两个市场逐渐融合，目前，甚至形成了语音业务、短信业务、视频功能、网络服务等多个市场的融合。

（5）制度融合。制度融合是指产业系统中的多项不同制度向一个新制度方向汇合的过程。制度融合在产业系统中的互动与联系发挥着协调、催化剂的功能。例如，从宏观层次的制度来看，美国政府颁布的《电信改革法》有力促进了通信与广播电视两大系统的开放；从微观层面的制度来看，TCP/IP协议的应用与推广促进了电信、广播电视和计算机等网络的兼容性与互连性。

一般情况下，产业融合以市场融合为导向，通常要经过技术融合、市场融合、产品融合、制度融合的部分或所有阶段，最终才能完成产业融合的全过程，产业融合的细分类型如表1所示。

表1 产业融合的类型

类型	子类型
技术融合	替代性融合、互补性融合
产品融合	替代型融合、互补型融合、结合型融合
业务融合	业务渗透、业务交叉、业务重组、业务创新
市场融合	全面融合、部分融合
企业融合	企业合并、企业重组、企业联盟
行业融合	行业渗透、行业交叉、行业重组、行业联盟
制度融合	管理制度创新、行业标准创新

以融合结果的不同为标准可将产业融合分为渗透型融合、延伸型融合和替代型融合等模式。

表 2 产业融合的模式

模式	表现	案例
渗透型融合	发生在新技术与传统产业之间,新技术及其相关产业向其他产业渗透并与其融合,形成新的产业	电子商务 新媒体 物联网等
延伸型融合	发生在传统产业之间,使两种及以上产业相互融合,互相延伸	金融业混业 文化旅游 休闲农业等
替代型融合	发生在新老技术产业之间,使两个不同产业产品融合,进而产生新产业,并替代原先产业	数字电视 农业高科技化 新能源等

三 国内外产业融合发展的特征与趋势

当前,国内外产业融合呈现出融合向更高层次推进、"信息技术+"融合发展模式凸显、产业的"跨越空间"融合趋势明显、产业与金融资本相互渗透,以及管制放松成为产业融合的重要发展动力等趋势与特征。

(一)"信息技术+"的融合发展模式凸显

在产业融合过程中,当发生技术创新后,也会引起一系列相关的产品创新和业务创新,乃至制度创新。当前,在全球信息化广泛覆盖、深度融合、加速创新、转型发展的环境下,物联网、大数据、云计算、智能制造、4G 网络等新技术和新应用驱动了大量新兴产业蓬勃发展。总体而言,由信息技术带来的产业结构升级和增长方式转变主要表现在以下两个方面。一是利用现代信息技术改造传统制造业,也即制造业领域的信息技术应用仍然是产业融合的重要战场,包括信息化集成应用、数字化产品创新、研发设计、全程监测控制、基于互联网的企业转型等企业的实践,实现了创新性的业务和管理流程。二是信息技术与现代服务业的融合发展,在融合过程中催生出大量新兴产业,形成新的经济增长点,促进产业结构优化(金江军等,2011)。例如,信息技术与商务服务业融合形成了信息服务业;信息技术与金融、商务服务融合形成了互联网金融、互联网广告、电子商务等；传媒行业在信息技术支持下，转型发展为网络媒体、移动媒体、自媒体等多种新媒体（如表3所示）。

表3 "互联网+"主要创新模式及特征

融合类型	内涵特征	创新模式	代表企业
互联网+商务	电子商务：指在基于互联网以电子交易的方式进行产品交易或者提供服务	B2B、B2C、B2G、C2G、C2C、O2O、B2F、P2D、O2P	阿里巴巴、淘宝、拍拍、京东、凡客、亚马逊
互联网+传媒	网络媒体：指借助互联网进行新闻传播、信息发布等传媒活动。既包括传统媒体的数字化，也包括新型媒体	门户网站、视频网站、搜索引擎、社会化媒体、自媒体、网络游戏	新浪网、搜狐网、微博、维基百科、爱奇艺
互联网+广告	互联网广告：指通过网络平台进行广告投放、发布等活动	搜索广告、展示类广告、分类广告、引导广告、电子邮件广告	Chinapex创略中国、Avazu艾维邑动、DoubleClick、明日传媒、广告门
互联网+金融	互联网金融：指依托于大数据、云计算、第三方支持、社交平台、搜索引擎等工具，实现融资、支付等业务	第三方支付、P2P贷款、众筹融资、电商小贷、金融网销、互联网银行	人人贷、天使汇、支付宝、财付通、好易联、快钱、汇付天下、ChinaPay、易宝支付、好贷网、前海微众银行

注："互联网+"的应用领域非常广泛，本文着重分析了"互联网+"现代服务业的几种模式。
资料来源：作者根据相关资料整理。

尤其是随着互联网技术的快速发展，互联网应用和互联网思维不断促进决策方法和商业模式的创新，激发出无限的新型业态。2015年，中国首批民营银行中的深圳前海微众银行试营业，成为我国第一家互联网银行，与传统银行相比，微众银行的最大创新在于依托互联网线上进行银行金融业务交易。互联网银行的模式不仅可以降低金融交易成本、提高金融交易效率及银行业务处理效率，而且进一步提高了金融资源配置的公平性。

（二）产业的"跨越空间"融合趋势明显

信息技术的发展使产业布局，特别是知识密集型的生产性服务业的布局可以突破地域限制，产业融合也不局限于本地产业之间的融合，而是更多地与周

边地区的产业进行互动融合,这是现代产业融合发展的一大趋势。近年来,我国一些大城市的农业电商快速发展,企业在郊区开展种植和养殖,通过网站销售,最后通过城市的配送中心送到客户家中,这样一条比较完整的产业链是典型的"空间融合"模式,把农业、电商、物流和金融融合在一起的同时,也是城市和乡村之间的一种融合。当前,众多拥有品牌和线下渠道优势的农业龙头企业,纷纷向互联网经营模式转型。2015年中央"一号文件"也明确提出要推广现代信息技术、建立农产品信息平台、大力发展智能农业和农村电商等。未来随着互联网技术对农业的渗透,"互联网+农业"将进一步紧密结合,成为推动农业现代化的重要因素。

(三)产业与金融资本渗透加剧

当前,产业部门与金融部门之间的资本结合、相互控股或参股已成为普遍趋势。其中,跨国公司和跨国集团的收购兼并等活动是最具代表性的融合方式,这种融合方式的主要目的就是通过业务并购和资源重组提高企业的核心竞争力,投资银行则是大型集团实现收购、重组、控股等业务的有力手段。投资银行通过资源整合、产业重组,加速培育出新兴产业和新型业态,从而推动世界经济的发展。随着我国市场准入限制的逐步放开,各领域的产融结合快速发展。表4、表5分别对国内外金融资本对产业融合的促进作用典型案例进行了分析。

表4 产融结合国外案例分析

代表行业	代表企业	历史溯源	主要特色
制造业	通用电气	1933年为应对当时的大萧条,开始涉足消费者信贷领域;20世纪60年代,推出自己所生产设备的租赁业务;到70年代末,业务更加多样化;1981年韦尔奇接任CEO后,通过支持企业收购兼并,GE金融实现了飞速发展,金融业务被纳入GE的主营范围	全套解决方案:将更多种类的产品与服务捆绑在一起销售给同一客户,其中最主要的就是提供金融服务; 产业板块对金融业务的支持

续表

代表行业	代表企业	历史溯源	主要特色
零售业	沃尔玛	2005年初,沃尔玛与摩根士丹利旗下的发现金融服务公司,在北美联合推出名为"沃尔玛发现卡"信用卡,其目的是通过1%的折扣回馈,巩固和扩大沃尔玛的客户群,并推动消费信贷业务的同步扩张	通过利用自身客户资源优势,沃尔玛借助金融合作实现的产融结合,不仅推动了零售业务发展,同时也提高了在与其他银行合作中的谈判地位,分食了金融业务的收益,从而形成了良性互动
高科技行业	英特尔	英特尔资本是英特尔于1991年成立的下属投资机构,是目前世界上最大的投资实体之一	英特尔所奉行的是技术与资本的双驱动战略;对于不同业务领域,英特尔资本以成立主题基金的形式进行投资
酒店业	万豪酒店	万豪酒店集团自1993年开始分拆,分拆成万豪国际和万豪服务。1998年又迈出了重要的一步,单独成立了 Crestline Capital 公司,从而使万豪服务于1999年正式变身为房地产投资信托基金性质的公司,其REITs也是美国房地产投资信托基金协会综合指数(NAREIT)中最大的酒店类 REITs	万豪依靠其独特的轻资产模式与资产证券化运作能力,不仅实现了对全球2700多家酒店的控制,而且资产收益率也远高于同行水平。

表5 产融结合国内案例分析

代表行业	代表企业	历史溯源	主要特色
贸易公司	华润集团	1992年,华润集团下属的"华润创业"在港上市,开创了中资企业进军资本市场先河,90年代中后期又先后上市三家企业,开始了借助资本市场壮大企业的发展阶段。2001年,开始了"进军内地,五年再造一个新华润"的战略转型,主要通过大规模并购,较快完成了在房地产、啤酒、零售等产业的内地布局	通过并购实现产业整合,进而使企业成为行业领导者,其金融业务平台——华润金融控股有限公司,所控股的金融机构策略性地参股了证券、保险、基金等公司,金融工具比较完备,其发展定位就是产融结合、融融结合的商业模式
高科技行业	联想	2000年联想分拆IT业务,2001年又重组成立了融科智地,进军商业房地产和住宅房地产领域;同年,联想成立专事风险投资业务的联想投资;2003年成立以股权投资与管理业务为主的弘毅投资	联想控股采用母子公司结构,运用金融手段把战略投资作为集团当前及未来发展的独立产业的重要支撑和推动力

续表

代表行业	代表企业	历史溯源	主要特色
航空业	海南航空	在商业板块，近两年海航大举收购商业零售类公司（包括上海家得利），并大力发展电子商务；在酒店业方面，目前海航酒店在全国20多个城市拥有60余家品牌酒店；在旅游板块，其载体是2007年3月在北京成立的海航旅业；在金融板块，其载体是成立于2007年5月的海航资本控股有限公司	充分利用各种金融工具，主要通过并购方式来推动产业发展。制定了"打造航空主业核心业务平台和核心竞争力，发挥产业链整合与支柱产业协同发展优势"的战略
电子商务	阿里巴巴	2002年推出诚信通；2003年推出支付宝，2010、2011年分别成立浙江小贷公司和重庆小贷公司，提供订单贷款、信用贷款两项服务；2013年，与天弘基金公司合作推出"余额宝"；2014年初中信银行宣布跟阿里巴巴和腾讯公司达成合作，分别与两公司合作推出虚拟信用卡	阿里巴巴以交易平台为基石，以支付宝为支点，以大数据为保障，进军整个电子商务金融的布局开始显现

（四）管制放松成为产业融合发展的重要动力

产业融合使得原本固定的自然垄断产业的边界发生变化，过去被认为具有自然垄断特征的产业，由于技术融合改变了它们的成本函数，扩大了市场规模，其传统的自然垄断条件可能不再具备或至少不完全具备。因此，产业融合必须与融合的规制机构和规制政策相对应。经济性规制的放松为产业融合创造了制度环境，而产业融合又进一步要求规制政策和体制的变革。

纵观规制改革过程，世界各国均以法律为基础进行规制及规制改革，以整个政府规制体制的总体框架为依据，制定较为完善细致的法律法规。例如，近年来，美国出台了包括信息、基础设施、计算机安全、商务实践等在内的一系列政策性文件，有力推动了信息技术领域的产业融合；欧盟则制定了构建新型信息社会的系统政策文件。德国最早建立融合金融规制机构，1961年联邦德国通过了《银行法》，授权建立联邦银行监管局，统一实现对银行业务、证券业务与保险业务的规制。英国在1996年颁布了《金融服务法》，并于1997年成立一个新的融合性机构——金融服务局。2000年日本政府对金融体制也进行了一系列改革,主要内容是放松管制、改革金融规制等。2010年我国启动了第一批电信、广播电视和互联网三网融合试点方案,但我国的三网融合还处于技术融合阶段,需要在市场融合、管理融合、制度融合甚至文化融合方面加快推进。2015年,为适应互联网金融的迅速发展,我国央行会同有关部委制定出台了互联网金融业的"基本法"——《关于促进互联网金融健康发展的指导意见》,积极鼓励互联网金融平台、产品和服务创新。

四 产业融合发展的地区实践——以北京市为例

近年来,我国产业融合的进程日益加快,各地区产业融合的主体领域日益多元化,内容和业态不断推陈出新,行动计划日趋完备。截至2015年,包括国务院、工信部、国家旅游局、上海市、天津市、广东省、杭州市、北京市以及北京市海淀区和东城区等在内的多家政府及职能机构出台了促进产业融合的政策文件及相关行动计划。

2014年,北京市第三产业占GDP比重达到77.9%,尤其是金融服务、信息服务、商务服务和流通服务等产业快速发展,现代制造业和现代服务业的融合发展已经成为北京市产业经济发展的重要特征和趋势。在北京市进入以服务经济为主导的产业结构后,生产性服务业与其他产业的融合发展成为产业结构升级的主要动力。本文以北京市服务业和制造业为例,采用2010年北京市的投入产出表,以直接消耗系数来代表产业间的直接融合度,计算服务业和其他产业的融合情况,计算结果如表6所示。

表6 北京市服务业与各产业间的直接融合度

	第一产业	第二产业	制造业	第三产业
交通运输及仓储业	0.04	1.87	1.26	1.32
邮政业	0.00	0.00	0.00	0.03
信息传输、计算机服务和软件业	0.00	0.05	0.04	0.21
批发和零售业	0.08	2.56	2.29	0.86
住宿和餐饮业	0.00	0.12	0.10	0.34
金融业	0.00	0.27	0.26	0.34
房地产业交通运输及仓储业	0.00	0.10	0.09	0.14

续表

	第一产业	第二产业	制造业	第三产业
租赁和商务服务业	0.00	0.41	0.33	1.08
研究与试验发展业	0.00	0.08	0.07	0.19
综合技术服务业	0.06	0.27	0.20	0.45
水利、环境和公共设施管理业	0.03	0.08	0.06	0.03
居民服务和其他服务业	0.00	0.10	0.09	0.08
教育	0.00	0.05	0.04	0.15
卫生、社会保障和社会福利业	0.00	0.00	0.00	0.01
文化、体育和娱乐业	0.00	0.02	0.01	0.19
公共管理和社会组织	0.03	0.01	0.01	0.25
服务业	0.24	5.97	4.85	5.67

资料来源：根据《北京市投入产出表2010》计算。

如表6所示，信息传输、计算机服务和软件业对制造业的直接融合度不高，其消耗系数仅为0.04，与发达国家相比，制造业与这些行业的融合度或者依赖水平仍然偏低。信息传输、计算机服务和软件业对服务业的融合度为0.21，远远高于其与制造业的融合度，说明信息技术不仅促进了制造业的转型升级，更为重要的是极大促进了服务业领域的业态创新和模式创新。此外，服务业和制造业的融合度较高，融合系数达到4.85，其中，与制造业融合度最高的是批发和零售业，交通运输及仓储业次之，租赁和商务服务业、金融业、综合技术服务业与制造业的融合度也很高。作为各类高端生产要素的载体，现代服务业以中间服务投入与其他产业形成了产业融合，成为产业体系向高端化演进的重要推动力。与发达国家大都市的产业融合相比，北京产业融合尚处于起步阶段，但是融合趋势已经非常明显。为进一步促进产业融合发展，2015年北京市出台了《北京市关于推进文化创意和设计服务与相关产业融合发展行动计划（2015~2020年）》，提出包括制造业、农业、体育、文化等产业的融合发展行动。

2014年，北京六大高端功能区以全市7%的面积、20%的能耗，创造40%以上的地区生产总值，在经济发展进入新常态的背景下，带动北京服务业内部结构保持高端化的演进态势。六大高端功能区也是北京乃至国家最具创新活力的区域，通过其在金融资本、市场渠道、交易展示等方面的优势加速产业创新的市场化进程，推动科技创新成果的转化应用和各种要素、各种产业的融合发展，涌现出多种新业态和新商业模式。如中关村的高科技产业与文化和金融的融合；北京经济技术开发区制造业向研发与商务端产业链的延伸；奥林匹克中心区将体育与科技、旅游、文化相结合；临空经济区航空产业与高新技术产业、现代物流业、会展业的融合；金融街实现金融业内部、金融与文化的融合；北京CBD则主要围绕"商务、金融、文化、科技"四大要素，涌现出电子商务、微金融、互联网金融、供应链金融、数字新媒体、移动媒体、创意消费等多种新型业态和新型商业模式（魏后凯、李国红，2015）。

表7 北京市六大高端产业功能区产业融合态势

地区	融合领域	融合主要内容	典型企业或案例
中关村科技园区	科技、文化和金融的融合	互联网电视产业、网络教育产业和工业创意设计产业三类新型产业	清华科技园、中关村软件园及海淀移动互联新创业孵化器等；大唐电信、数码大方、幻响神州等创意转化为产业的平台
		创业投资、私募股权基金等新兴金融机构和交易所、期货市场等金融要素市场	北京中关村科技创业金融服务集团有限公司、北京海淀科技金融资本控股集团股份有限公司、中国技术交易所、北京软件和信息服务交易所
北京经济技术开发区	制造业向研发与商务端产业链的延伸	打造高科技产品从创意、研发、生产制造到物流配送的平台；成立产学研技术联盟；建立企业创新信息服务数据平台、专利服务平台等检测服务机构	星网工业园为代表的电子信息通信产业；在生物工程与新医药领域，有拜耳医药、悦康药业、第一制药、赛诺—安万特、同仁堂、航卫通用、通用华伦、京精医疗、源德生物等企业
		打造依托金融资本的产业融合的支撑平台；开展中小企业集合票据、信托产品以及产业化股权投资等业务	金融后台服务数据中心，中金数据系统有限公司，中国联通宽带数据中心以及云计算基地
		电子商务等高端服务业对实体经济的引领和辐射作用，产生了电子商务与移动互联网、物联网、云计算的产业融合态势	—

续表

地区	融合领域	融合主要内容	典型企业或案例
奥林匹克中心区	体育与科技、旅游、文化相结合	借助于移动通信服务、信息服务、广播电视服务、电子商务、软件服务现代服务业的发展,实现体育旅游产业、体育文化创意产业发展	—
临空经济区	航空产业与高新技术产业、现代物流业、会展业的融合	正在形成航空产业、高新技术产业、现代物流业、会展业为代表的临空产业集群	国航、东航、南航、海航、深航、中航油、中航材、奥凯航空等航空类企业
金融街	金融业内部、金融与文化的融合	文化创意产业已经成为银行业业务重点拓展和融合的领域	北京市文化创意产业促进中心、中国对外文化集团、中国出版集团、中国动漫集团
CBD	金融、商务、文化与信息技术的融合	围绕"商务、金融、文化、科技"四大要素,涌现出电子商务、微金融、互联网金融、供应链金融、数字新媒体、移动媒体、创意消费等新型业态和新型商业模式	北京青年报(传统新媒体与信息技术融合)、宜信普惠(互联网金融)、北京富基标商流通信息科技有限公司(商务服务业与金融业融合)、北京瀚海博智科技孵化器有限公司(科技孵化)、必帮咖啡(孵化基地)、万达地产(商业地产创新融合)

五 "十三五"展望及政策建议

在我国迈入服务经济和经济发展进入新常态的双重背景下,产业融合发展成为"十三五"时期缓解新常态经济下行压力、推动两化深度融合、促进经济结构优化调整的重要途径,因此应多途径促进产业融合健康发展。为此,本文提出以下建议。

(一)深入推进以"互联网+"为纽带的跨界融合

国外发达国家的信息技术发展比较早,产业融合的层次相对较高。中国的信息技术发展虽然滞后于国外发达国家,但近些年的技术进步异常迅速,尤其是随着互联网技术的快速发展,互联网应用和互联网思维深刻改变和创新传统的决策方法和商业模式，基于互联网的新业态已经成为新的经济增长动力。未来，应积极利用互联网技术，促进"互联网+"模式的创新发展。促进互联网技术与金融业、商业、文化创意、物流业、现代农业、现代制造业的融合发展，积极培育电子商务、互联网金融、网络媒体、互联网广告等新型业态。

（二）发挥跨国公司在产业融合中的主体作用

跨国公司的产生和发展实际上是国际金融资本融合、产业融合的发展史，跨国公司是推动产业融合发展的主要载体（陈柳钦，2007）。城市内聚集的大量跨国公司总部及其分支机构，通过财务结算、投融资管理、市场营销、技术研发以及人力资源管理等总部经济活动带动总部产业及各类相关服务业融合发展，跨国公司已然成为推动产业融合发展最重要的市场主体。基于总部经济发展的全球趋势，未来各地区和城市应积极引进具有全球经济管控、资本运作的总部类型，重点集聚具有实质管理决策协调能力的高能级总部；鼓励总部型企业和有条件的大型企业实施跨行业、跨所有制业务合作，打造跨界融合的产业集团和产业联盟；鼓励区域内本土企业"走出去"，融入全球创新价值链，整合利用海外优质资源，提升企业在国际价值链分工体系中的地位。

（三）加快促进现代服务业内部的融合发展

2014年，我国第三产业增加值占比首次超过第二产业，标志着我国迈入了服务经济时代，不仅服务业与制造业的融合发展日益深入，服务业内部的融合、创新发展趋势也日趋明显，尤其是在市场需求、创新、市场环境与结构、政府管制等外部因素的相互作用下，商务服务业、信息服务业、金融业与文化传媒业等产业上游价值链、中游价值链和下游价值链之间的相互作用和整合，促使价值链各环节之间开始融合，进而引发业务融合、行业融合与产业融合。国家出台的《关于深入推进文化金融合作的意见》、《国务院关于推进文化创意和设计服务与相关产业融合发展的若干意见》等文件均是促进服务业内部融合发展的重要举措。各城市在着力推进产业结构转型升级的背景下，一方面应重点促进"商务+"、"金融+"及"文化+"等融合模式和领域，推动服务业内部的转型升级；二是以现代服务业集聚区为载体，推进内部各类业态、各种服务功能的融合发展；三是结合城市综合体、产业集聚区等建设，促进电子商务、会展、商务咨询等业态与相关服务产业的融合互动发展平台建设。

（四）逐渐完善产业融合发展的政策环境支撑

从动力机制来看，产业融合是市场需求、技术创新、市场环境与结构、政府政策与管制等众多因素共同作用下的动态演进过程。在这一过程中，政府的引导促进和规范限制对产业的融合发展具有重要影响。一方面，政府应制定有针对性的政策措施，对产业融合的健康发展提供指导和支持；另一方面，产业融合过程中的不确定性和风险性要求管制政策保持高度的灵活性，政府应按照产业融合的要求完善管制政策，努力打破部门壁垒，突破传统的条块分割的管制模式，为市场、技术、产品的深度融合创造良好的制度环境，最终推动管制框架的融合。

参考文献

郑明高：《产业融合：产业经济发展的新趋势》，中国经济出版社，2011。

李美云：《服务业的产业融合与发展》，经济科学出版社，2007。

胡志平：《产业融合视角下我国文化金融服务的兴起与创新》，《求索》2015年第5期。

李克歌、高文：《基于产业融合角度对互联网金融的分析》，《金融发展研究》2015年第1期。

李二亮：《互联网金融经济学解析》，《中央财经大学学报》2015年第2期。

李世兰：《文化旅游产业融合发展：动力机制及效应分析》，《合作经济与科技》2013年第9期。

赵蕾、余汝艺：《旅游产业与文化产业融合的动力系统研究》，《安徽农业大学学报（社会科学版）》2015年第1期。

王朔：《互联科技与文化创意产业融合探讨》，《科技传播》2015年第2期。

胡志平：《产业融合视角下我国文化金融服务的兴起与创新》，《求索》2013年第5期。

李后成、张胜荣：《文化金融产业融合的难点及对策分析》，《西部金融》2014年第12期。

刘志彪、张少军：《总部经济、产业升级和区域协调——基于全球价值链的分析》，

《南京大学学报》2009年第6期。

金江军等：《信息化与区域经济发展——推进地方信息化与工业化深度融合》，经济管理出版社，2011。

魏后凯、李国红等：《中国商务中心区发展报告（2014）》，社会科学文献出版社，2015。

陈柳钦：《产业融合的动因及其效应分析》，《西南金融》2007年第4期。

胡金星：《产业融合的内在机制研究》，复旦大学博士论文，2007。

张守营、吕昱江：《产业融合：让三次产业的边界愈趋模糊》，《中国经济导报》2015年7月。

Delgado, M., Porter, ME., Stern, S., Clusters, Convergence, and Economic Performance, *Research Policy*, 2014（43）：1785 – 1799.

Neuwirth, R. J. Global Market Integration and the Creative Economy：The Paradox of Industry Convergence and Regulatory Divergence, *Journal of International Economic Law*, 2015（18）：21 – 50.

B.6
"自贸区"战略对城市经济的影响与启示

钱 洁*

> **摘　要：** 本文在当前中国经济发展"新常态"的背景下，深入分析了中国"自贸区"战略对促进中国城市经济发展、带动中国经济增长的重要意义和主要影响，以及国际自贸区发展对中国实施自贸区战略、加快城市经济发展的启示与借鉴。
>
> **关键词：** 自贸区　城市经济

当前，加快实施自由贸易区战略，已经成为中国新一轮对外开放的重要内容。2007年，中共十七大就已把自由贸易区建设上升为国家战略，提出扩大开放领域，优化开放结构，提高开放质量，完善内外联动、互利共赢、安全高效的开放型经济体系，形成经济全球化条件下参与国际经济合作和竞争新优势。中共十八大明确提出要加快实施自由贸易区战略，2013年7月，国务院常务会议通过《中国（上海）自由贸易试验区总体方案》，十八届三中全会进一步提出要加快实施自由贸易区战略，形成面向全球的高标准自由贸易区网络。随着战略的推广和实施效应的扩散，"自贸区"不但对上海、天津、广东、福建等省市发展带来重大机遇，更将通过城市网络和制度复制，对中国城市经济产生整体促进和推动效应。

专栏1　世界自贸区制度简介以及我国自贸区发展概况

1973年，世界海关组织在其最重要的一部国际海关公约——《关于建立和

---

* 钱洁，上海社会科学院政治经济学博士。

协调海关制度的国际公约》（简称《京都公约》）中将"自由贸易区"（Free Trade Zone，FTZ）定义为：一国的部分领土，在这部分领土内运入的任何货物就进口税及其他各税而言，被认为在关境以外，并免于实施惯常的海关监管制度。实践中，也将此类区域称为"自由经济区"（Free Economic Zone）或"自由区"（Free Zone）。当前，建立自由贸易区，并以此为载体推动实施全球化发展已经成为各国的重要战略，世界上几乎每个国家都设有不同概念表述的自由贸易区及其相应的制度，如美国的对外贸易区制度、欧盟的自由区及自由仓库制度、韩国的保税区制度、俄白哈三国的关境内加工海关制度以及日本的保税地域制度等。

而我国的自贸区建设始于2013年7月4日，国务院常务会议通过《中国（上海）自由贸易试验区总体方案》，提出在上海外高桥保税区、外高桥保税物流园区、洋山保税港区及浦东机场综合保税区4个海关特殊监管区域内建设中国（上海）自由贸易试验区。2015年，在上海自贸区基础上，广东、天津、福建三个自贸区先后成立，标志着我国"自贸区"战略逐步走向深化和成熟。

一 "自贸区"战略对推动中国经济长期增长、促进城市经济健康发展具有重要意义

当前，中国经济呈现"新常态"，即从高速增长转为中高速增长。但是，要维持"新常态"，确保经济中高速增长，就必须加快实现经济结构优化升级，真正实现从要素驱动、投资驱动转向创新驱动。这就要求中国经济必须更加紧密地融入全球产业链分工，逐渐向价值链高端、向微笑曲线两端拓展。为此，中央统筹实施了一系列重大战略举措，如"一带一路"战略，鼓励万众创新、大众创业，发布《中国制造业2025》规划等，而"自贸区"战略正是这系列重大举措中非常引人注目、更是非常关键的一环。而与此同时，中国的城市化发展也随着经济增长放缓和制造业发展减速而出现动力不足，尤其是第三产业发展滞后，使城市经济难以形成新的发展动力，急需通过自贸区战略重新夯筑中国城市经济发展的新动力和新推力。

1. "自贸区"战略是引领中国改革开放新发展、助推中国参与国际经济新秩序重构的重要举措

回顾改革开放30余年历程，从对外开放的角度我们可以发现，中国经济的发展可以大致分为三个阶段。第一阶段始于1978年，中国开启改革开放的大门，逐步从计划经济转向市场经济，通过建立经济特区、价格闯关、国企改革、发展民营经济等重大改革举措，逐步建立起社会主义市场经济体制，开始大量引入外资，推动出口导向型经济的发展。

第二阶段始于2002年，随着中国加入WTO，中国经济开始以商品生产环节入手加速融入全球经济的产业链分工体系。同时，也以开放促改革，加快各个领域的改革力度，逐步奠定了中国大发展、大繁荣的基础，形成了以房地产经济为主的城市经济高速繁荣期。但是，这一阶段中国仍然是以适应、接受国际规则为主，在国际贸易体系中的话语权较低，各种标准、规则、准则的制定权和裁判权都在发达国家手中。

第三阶段始于2013年，就是以自贸区设立为标志，是中国从服务贸易为切入点，主动参与高水准、全覆盖、无例外的国际经济秩序重构，并逐步引领贸易便利化、投资自由化和金融国际化的历史元年。随着世界贸易组织（WTO）新一轮多边贸易谈判——"多哈谈判"①陷入困境，许多国家纷纷直接参与双边或区域性的自由贸易协定谈判，并呈现出全球投资规则谈判代替贸易规则谈判的新特征，规则谈判目标也从关境外向关境内转移，并从关税等问题转移到国内投资准入等规则。其中较为典型的是美国高调推进的TPP（跨太平洋伙伴关系协议）和TIPP（跨大西洋贸易与投资伙伴协议）谈判，并以北美自由贸易区为主体，以"跨大西洋自贸区协议"和"跨太平洋战略经济伙伴关系协定"为两翼开展新一轮的自贸区建设，而这两大谈判都将中国排除在外。为了应对国际贸易发展新形势，着眼于未来中长期发展，中国不得不用高标准的自由贸易区（FTZ）加快推进新一轮改革开放，通过自由贸易试验区，在市场准入、外资国民待遇、业务经营、投资服务等方面营造

---

① 该轮谈判包括了农业、非农产品市场准入、服务贸易、规则谈判、知识产权、争端解决、贸易与发展以及贸易与环境等8个主要议题，但由于参与谈判的成员国分歧较大，使得此轮谈判屡次陷入困境。

高度开放、宽松的投资环境，并以城市经济发展为载体和突破口，推动中国经济新一轮高水平的开放、高标准的改革和高质量的发展。

2. 自贸区战略是进一步推动区域经济联动、加快大型城市群发展和崛起的重要举措

新一轮国际贸易的高标准开放趋势，尤其是以服务贸易和投资为重点的开放格局，相比传统的货物贸易和基于商品生产链的分工，客观上需要更加深入推动货物、服务、资金、人员等各类要素的自由流动，对行政壁垒、法制环境以及相关管理体制机制在一体化、便利化、标准化、国际化等方面有更高要求。因此，中国自贸试验区的试验与探索，天然地需要承担加快重大体制机制改革、率先突破现有区域一体化发展桎梏的重任。从中央赋予各个自贸试验区的任务看，也集中体现了这一点。相关自贸试验区承担的任务均聚焦于对中国中长期发展至关重要、但是长期以来难以有重大突破的区域联动发展难题，如天津承担的京津冀协同发展，广东承担的粤港澳区域合作以及福建承担的闽台经济合作等，都面临着打破重大行政管理体制制约、构建跨区域市场经济联系框架、加快区域市场的深度开放与协作、探索服务贸易自由化和一体化建设等重任。可以说，通过实施"自贸区"战略，这些试点城市就能基于服务业、贸易和投资等产业链新分工形成更为紧密、更加基于市场原则的内生性联结，从以商品物流为载体的联系，深化为更加核心的以人流、资金流和技术流为载体的联系，从而带动区域经济更大发展，推动更大范围的城市群崛起。

不仅如此，在"一带一路"等重大战略实施的背景下，国际产业链分工格局和区域发展格局都将发生重大变化。通过实施"自贸区"战略，加强中国区域经济与世界的直接联动，推动中国区域和城市与国际重要区域和枢纽城市之间形成更加紧密的经济产业联结，才能实现中国城市更加紧密地融入世界城市网络和体系，真正崛起一批具有世界影响力的节点型城市。如广东通过深化与香港、澳门的合作，就能通过港澳自身的联系和网络进一步推动广州、深圳等城市融入世界城市发展网络，并真正成为海上丝绸之路的枢纽，而福建也必须紧紧依靠闽台合作，集中闽台共同的优势和力量才能真正成为21世纪海上丝绸之路的核心区。

表1 中央赋予各个自贸试验区的发展目标和战略定位*

自贸区	发展目标	战略定位
上海	力争建设成为开放度最高的投资贸易便利、货币兑换自由、监管高效便捷、法制环境规范的自由贸易区	肩负着中国在新时期加快政府职能转变、积极探索管理模式创新、促进贸易和投资便利化,为全面深化改革和扩大开放探索新途径、积累新经验的重要使命,是国家战略需要
天津	将自贸试验区建设成为贸易自由、投资便利、高端产业集聚、金融服务完善、法制环境规范、监管高效便捷、辐射带动效应明显的国际一流自由贸易园区,在京津冀协同发展和我国经济转型发展中发挥示范引领作用	京津冀协同发展高水平对外开放平台; 全国改革开放先行区和制度创新试验田; 面向世界的高水平自由贸易园区
广东	营造国际化、市场化、法治化营商环境,构建开放型经济新体制,实现粤港澳深度合作,形成国际经济合作竞争新优势,力争建成符合国际高标准的法制环境规范、投资贸易便利、辐射带动功能突出、监管安全高效的自由贸易园区	粤港澳深度合作示范区; 21世纪海上丝绸之路重要枢纽; 全国新一轮改革开放先行地
福建	力争建成投资贸易便利、金融创新功能突出、服务体系健全、监管高效便捷、法制环境规范的自由贸易园区。创新两岸合作机制,拓展与21世纪海上丝绸之路沿线国家和地区交流合作的深度和广度	改革创新试验田; 深化两岸经济合作的示范区; 21世纪海上丝绸之路核心区; 面向21世纪海上丝绸之路沿线国家和地区开放合作新高地

* 根据上海、天津、广东、福建自贸区总体方案整理。

3. 实施"自贸区"战略是当前加快服务业发展、推动城市经济转型发展、促进城市创新升级的核心手段

从发展历程来看,国际大都市基本都经历了制造业衰退、第三产业迅速扩张、生产性服务业成为经济增长主要推动力的过程。目前,从统计数据来看,纽约、伦敦、东京、香港等主要城市的服务业占比都达到了90%,且都以生产性服务等现代服务业为主(详见表2)。但我国相关城市,除了北京占比相对较高之外,其他城市的第三产业占比均未超过70%,部分城市甚至仍处于50%以下。而形成这一结果的重要原因就在于,中国的城市仍未能形成适合服务业发展的制度环境和政策体系。服务业发展滞后,不但影响制造业为主的第二产业的转型升级,更在一定程度上制约了城市能级的进一步提升和城市经济的国际化发展,阻碍了中国核心城市向后工业化迈进的步伐。基于此,中央推出的"自贸区"战略，就是要聚焦当前中国城市发展金融、贸易、投资等现代服务业普遍面临的体制机制瓶颈（详见表3），为后工业化时代中国城市的第三产业迅速扩张、生产性服务业发展成为经济增长主要推动力奠定制度基础。而所有试点城市和地区，也都把如何加快政府职能转变，加快形成与国际投资、贸易通行规则相衔接的基本制度框架，加快建成贸易自由、投资便利、高端产业集聚、金融服务完善、法制环境规范、监管高效便捷的自贸园区作为重要的政策目标。特别值得关注的是，当前自贸区试点区域绝大部分都是以原来的出口加工区和保税区为主，其推动自贸试验区域从制造业为主的第二产业向以现代服务业为主的第三产业转型的意图尤其明显。同时，中央层面更加强调可复制、可推广，就是试点城市的经验能够成为所有城市发展的标准，通过释放城市发展活力、掀起高质量城市化发展浪潮来构建未来中国经济中高速增长的重要动力。

表2 世界主要城市和中国"自贸区"战略相关城市服务业占比

单位：%

城市	纽约	伦敦	东京	香港	北京	上海	天津	广州	深圳	福州
占比	89.57	90	86.5	93.1	77.9	64.8	49.3	68.6	57.3	46.45

资料来源：美国经济分析局、英国国家统计局、东京都统计局、中国香港特别行政区政府统计处以及北京市、上海市、天津市、广州市、深圳市、福州市2014年统计公报。

表3 世界主要城市服务业发展环境与北京的比较

指标	纽约	伦敦	东京	香港	北京
政府透明度	透明	透明	透明	透明	不够透明
政府管理效率	高	高	较高	较高	不够高
全社会诚信体系	健全	健全	比较健全	健全	不够健全
知识产权保护	完善	完善	比较完善	比较完善	不够完善

资料来源：陆军等：《世界城市研究（兼与北京比较）》，中国社会科学出版社，2011。

二 自贸区战略对中国未来城市经济发展的主要影响

改革与开放是中国迅猛发展的"双引擎"，注重开放与改革的互动性、协同性，也是中国发展的一条基本经验：当开放面对压力的时候，只有改革才能找到突破口，当改革遇到阻力的时候，只有开放才能构筑新动力。因此，中国实施"自贸区"战略，是以开放倒逼改革，以改革推动发展，从而全面提升中国城市的发展能力和治理能力。

1. 自贸区战略是以开放促改革，重点在于推动城市管理体制改革

中国的自贸试验区以扩大开放为首要特征，然而其核心和重点却是以对外开放倒逼、促进国内改革，按照国际惯例和准则，按照国际化、法治化的要求，加快改革国内城市的管理框架和体系。因此，加快政府职能转变是此次自贸区试验的首要使命，其核心就是深化行政管理体制改革，这也就是"负面清单"管理、"事中、事后监管"成为各方关注热点和焦点的重要原因。在既有的中国经济体制中，政府部门通过行政审批对经济的干预程度较深，而且呈现多部门管理、效率低下的特征。在市场发育初期，政府的积极干预能够在培育市场中起积极作用，但当市场逐步成熟时，政府干预过多反而会阻碍市场发展，难以真正实现市场在资源配置中的基础性作用，无法实现"法无禁止皆可为"的基本要求。

但是，深化审批制度改革不是放弃监管或放松监管，而是要实现更高水平、更严标准的科学监管，是要从根本上理顺政府与市场的关系。之所以要以开放倒逼改革，就在于中国改革已经进入"深水区"，对于一个以"强政府"为特征的体制来说，改革缺乏内在动力。而全球化和服务经济的发展要求正是要减少政府干预，正是要实现市场在资源配置中的基础性作用，借助扩大开放水平来推进这一改革就是这样一种科学的战略选择，体现了改革与开放的高度一致性。之前30多年改革开放促进了国内市场化的进程和政府的转型，相对而言，新一轮以自贸区试验为主的开放战略内容更新、要求更高、方向更明、重点更突出。

2. 自贸区战略聚焦制度创新，重点在于优化城市发展的制度环境

以经济特区促进城市经济发展，是之前30多年中国经济发展的重要特征。经济特区之核心在于政策的特殊性与地域的相对隔离性，这意味着"政策洼地"只能出现在特定的区域，即很多优惠政策只能在特区中实现。特殊政策尤其是特殊的税收优惠降低了企业成本和税负，形成了经济特区的发展动力，也奠定了经济特区率先发展的制度基础。

然而，由优惠政策驱动的发展主要是鼓励城市以税收优惠政策促进规模化生产，而当经济整体进入创新驱动发展新阶段时，这类政策就难以发挥作用。这也是中国城市经济在转型升级中遭遇到的关键瓶颈，而要突破这一瓶颈，推动高端生产要素的集聚和高端产业的发展，就需要以制度创新推动各项创新，包括技术创新、产业创新、市场机制创新、金融创新等等，最终形成有利于高端生产要素集聚和高端产业发展的制度环境。如金融改革开放的滞后使中国缺乏有效的资源配置能力，大量创新资源缺乏定价机制，难以产生集聚的内生动力。为此，上海、广东等自贸试验区均把加快金融制度创新作为一大主题，探索金融对贸易、投资以及制造生产的服务和支撑途径。同时，制度创新的另一方面是完善法制，建立与更高水平开放相适应的规则体系，比如，上海自贸区暂停执行涉外三部法律中的相关内容，自贸区管理规定就体现了法制创新。

应该看到，构建完善的制度环境旨在培育功能而不是提供优惠。制度创新就是要以维护现行税制的公平、统一和规范为前提，培育和发展市场功能，从而改变长期以来由政府偏向性政策激励引导发展的模式，使中国城市经济在对外招商和竞争中也能够逐步摒弃传统的特殊优惠政策，转而依靠创造更适宜的经济环境，营造更加国际化和法治化的营商环境。

3. 自贸区战略关键要进一步提升外资利用水平，重点在于重构城市经济发展的投资动力

积极有效利用外国投资是中国过去高速发展的重要因素。但是，随着中国人口红利的消退和新兴经济体的崛起，中国城市获得外商投资的数量、强度和质量都在降低，外资对 GDP 的贡献度也在减少。因此，当前中国以及中国城市面临的一个突出问题就是：在低端制造业外资逐步降低甚至加快转移的大趋势下，如何吸引更高水平、更高质量的外商投资，以深化利用外资附着的技术、管理和人才推动中国经济和城市在后工业化时代继续快速发展。而与此同时，全球投资规则谈判代替贸易规则谈判已经成为主要趋势，投资自由化也逐渐替代货物贸易自由化成为各国发展的重点，这就需要围绕投资便利化和自由化，进一步提升中国的开放水平和开放层次。

从四大试验区的总体实施方案来看，扩大投资领域、形成透明规范的投资服务体系，都表明中国发展自贸区更重要的是要创新投资功能（而不是货物贸易），以培育城市经济新的增长点。第一，加大开放领域，真正体现外商投

资的升级。本次自贸试验区正在逐步探索将金融、保险、租赁、电信、旅行社、人才中介、投资管理、工程设计、娱乐场所、教育培训和医疗服务等一批原未开放部门对外资开放，以扩大开放层次和领域来提升利用外资的水平和质量。第二，逐步取消既有外商投资领域的限制，更加体现投资自由化的准则。如上海自贸试验区暂停或取消了银行业机构和信息通信服务业对投资者的资质要求、股比限制、经营范围限制等准入限制。第三，注重投资的鼓励政策还体现在对人才的股权激励方面。上海自贸区的企业以股份或出资比例等股权形式给予高端人才和紧缺人才奖励时，实行个人所得税分期纳税政策，这将有利于促进企业活力与创新机制的培育。

三 国际自贸区建设经验对中国城市经济发展的启示

在经济全球化浪潮下，在贸易、生产和资本国际化日益加快发展的形势下，有关国家和地区，包括发达和发展中国家和经济体为了促进其经济快速发展，结合跨国公司在全球化中发挥的主力作用努力扩大出口，在具有地理优势的国际港口和交通发达地区建立了各种类型的自由贸易区。这种活动推进了全球自由贸易园区的发展，导致了全球自由贸易区呈现了蓬勃兴旺的发展势头。目前全球约有各种不同类型的自由贸易区1200多个。考察不同国家、不同运作制度下的自贸区发展，可以给中国城市经济进一步发展以积极的启示与借鉴。

1. 承接自贸试验区的城市必须先试先行成为制度创新高地，成为区域发展的引领者

自贸区是一国或地区拓展对外开放广度和深度、提高开放型经济水平、深层次参与国际竞争与合作的重要举措，具有较强的经济集聚效应、开放高地效应和外溢波及效应。从发展实践来看，自贸区注重功能拓展和融合，往往率先呈现货物贸易向服务贸易、离岸贸易、投资经营、金融创新等综合多元功能转变趋势。作为一国或地区的开放高地，除相对优惠的税收、土地政策外，自贸区更重要的是制度创新，实现相对宽松、比较灵活、符合国际惯例的规则和制度，打造以国际通行规则为核心、以符合跨国公司全球化经营为目的的营商环境，使得跨国企业经营环境最优、运营成本最低、经营效率最高，并以此为枢纽和节点，不断向区域和国家扩散和放大制度创新效应。因此，对于承接自贸区试验的四大城市和区域来讲，发展自贸区的首要任务就是必须要成为中国新一轮发展的制度创新高地、先行先试基地、首发改革源泉。

2. 加快自贸区发展必须借鉴和贯彻"三大自由"思想

自贸区具有"境内关外"性质，具有区位优势明显、围网隔离运作、法律制度独特、管理体制特殊四大特征。无论从理论解释上看，还是从各国实践来看，自贸区"境内关外"都集中体现了"三大自由"核心思想。一是货物进出自由，凡法律禁止外的货物进出均畅通无阻，免于海关惯常监管。二是投资自由，不因国别差异而形成行业限制与经营方式限制。三是金融自由，外汇可自由兑换，资金出入与转移自由，资金经营自由，没有国民待遇与非国民待遇之分。"三大自由"使得生产要素流动低成本、高效率，极大地提升了资源配置的有效性和便利性。因此，未来中国自贸区的发展，也必须围绕贸易自由、投资自由和金融自由三大核心，进一步加快改革创新的步伐。

3. 聚焦自贸区具体实施必须关注九大通行原则

自贸区是国际投资和跨国贸易的重要平台，其制度环境在漫长演变过程中逐步聚焦于"8+1"九大领域，主要包括贸易、投资、金融、海关、税收、政府监管、信用、法律等八大基础性领域，以及专业服务业、航运服务业、医疗保健等重点服务业领域。对应这九种制度，自贸区已经基本形成了一些共同遵循的国际通行规则，其中贸易制度对应高度开放、投资准入制度对应宽松平等、金融制度对应自由流动、海关监管制度对应高效便捷、税收制度对应适度合理、政府管理制度对应事中事后、信用制度对应共享透明、法律制度对应完善层级高、重点领域管理制度对应专业开放。目前，欧美等发达国家基本完成了所有领域的谈判，建立起自由化程度较高的投资贸易制度，而发展中国家出于与国际接轨的考虑正逐步推动这些基本制度的建立。基于此，未来自贸区的深入实施，必须紧紧聚焦于这九大基本领域，不断推动实施细则和具体政策的出台，着力构建更为完善和细化的法规和政策体系。

4. 要正确看待自贸区作用，自贸区数量与经济发展程度成反比

从国际自贸区发展趋势上看，经济发达的国家和地区更多依靠本国综合、便利的边境服务软环境促进经济发展，较少设立自贸区。以欧盟为例，过去10年自贸区数量总体上呈不断下降的趋势（详见图1）。2002年欧共体10个

成员国共有22个Ⅰ型自由区①，9个Ⅱ型自由区。而根据2008年出台的《欧共体现代化海关法典》，欧盟Ⅱ型自由区全部取消，Ⅰ型自由区数量不断萎缩。因此，到2013年，欧盟平均每个国家仅有2个Ⅰ型自由区。但是，对于处于经济上升时期的国家或地区，往往需要更多地依靠特殊边境政策促进经济发展。数据显示，2008~2012年间，欧盟新设立的Ⅰ型自由区主要来自经济相对落后的国家，其中最多的国家是波兰和保加利亚，分别设立了7个和6个Ⅰ型自由区。因此，对于未来中国经济增长和城市经济发展而言，并不是自贸区数量越多越好，不能简单地以不断扩大自贸试验区数量来促进城市经济发展、推动中国经济增长。事实上，发展自贸区的最好结果恰恰是将自贸从一地一市推广到全国，并最终降低自贸区数量乃至消除自贸区。

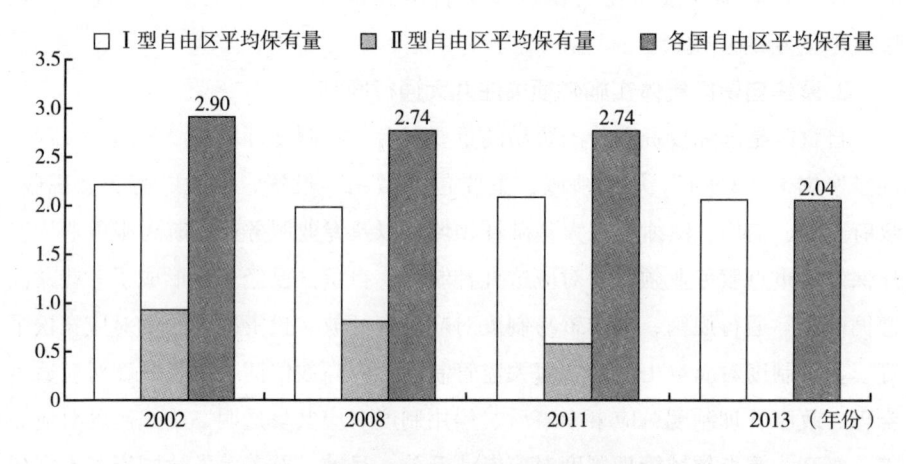

图1　欧盟各国自贸区平均保有量及趋势

资料来源："Free zones in existence and in operation in the Community" 2002, 2008, 2013。

---

① 目前，欧盟的自由贸易区分为两类：Ⅰ型和Ⅱ型两种类型自由区。Ⅰ型自由区采用物理围网管理方式，以围墙或栅栏等实体障碍物加以隔离，进出区货物一般均需加以核查。Ⅱ型自由区采用海关保税仓库管理方式，利用海关核查账册的方式来进行监管，监控较为复杂，货物进出需提出登记申请。大陆法系的国家多设立Ⅰ型自由区，英美法系的国家多设立Ⅱ型自由区。

四 深入实施"自贸区"战略、促进中国城市经济发展的主要举措

"自贸区"战略是未来相当长一段时间内推动中国发展的重要动力源,对于具体承担自贸区试验的城市而言,却面临着时间紧、任务重的困难,面临着既要完成好国家赋予的使命、又要抓住机遇加快自身发展的问题。根据国际上自贸区现行的通行规则和发展的基本经验,我国相关城市可以从以下八个方面入手,进一步加快自贸区效应的落地,加快推动城市经济的深入发展。

一是要以法治保障作为立足之本,加快推动相关立法工作,积极建立起层级较高、层次分明、操作性较强的法律法规体系,为自贸区制度创新、政策探索、模式再造提供坚实的法律保障。

二是要以减少干预作为活力之源,严格管住政府那只"闲不住的手",充分发挥市场机制作用,市场的事最终让市场来决定,逐步建立宽松自由的贸易投资管理制度。

三是要以有效监管作为守护之盾,通过"制度+科技"双重支柱,围绕信息透明共享、机构高效精简、机制科学合理的目标,建设高标准综合性的监管体系。

四是要以企业自主自律作为高效运行之核,充分尊重、相信企业的诚信、自治能力,充分发挥企业自主自律的市场主体作用,逐步形成一个完全自由化、自治化的制度创新特区。

五是自贸试验区建设应侧重将"首发优势"转成"先发优势"。"首发效应"并不等于"先发效应",自贸区试验城市必须尽快完成这两种效应的转化工作。评价自贸试验区是否形成了先发优势的标准有两个:第一,是否形成了自贸试验区在制度方面(尤其是服务经济制度环境)的领先优势,并基本形成投资者对自贸试验区所在城市的认可和依赖。第二,是否转化成为城市竞争力优势,自贸试验区所在城市的国际形象和国际地位得到切实提升。

六是围绕自贸区加快完善社会功能。为自贸区内的企业提供快捷优质的公共服务,打造极具吸引力的软环境,吸引各种要素进入,为国内外高端人才提供极具吸引力的医院和学校以及相应的国际化公共服务等。

七是积极发挥自贸区的桥接和溢出效应。在城市内部，要充分发挥自贸区的桥接作用，对区内区外可连通的产业（如金融等），在风险可控的前提下力争向全市扩展。在城市群层面，要积极发挥自贸区的溢出效应，借助自贸区改革开放的产业辐射作用和竞争压力，积极实现与周边地区以产业关联或功能互补的形式实现产业协同发展，同时积极促进自贸区服务功能向周边辐射，实现联动发展。

八是进一步加快自贸区经验的复制与推广。立足于可复制、可推广，要加快将各个自贸试验区的积极成果采用设立法律、凝练成为全国性政策等方法，积极向全国扩散自贸区的制度红利，使更多城市能够尽早获得更多发展动力。

参考文献

张幼文：《自贸区试验与开放型经济体制建设》，《学术月刊》2014年第1期。

上海市人民政府发展研究中心：《中国（上海）自由贸易试验区基本管理制度框架的国际经验借鉴与若干思考建议》（内部报告）2013年8月。

周振华：《伦敦、纽约、东京经济转型的经验及其借鉴》，《科学发展》2011年第10期。

王江、魏晓欣：《北京与其他世界城市高端服务业发展的比较研究》，《经济体制改革》2014年第3期。

周伟：《世界城市产业发展规律探析》，《商业时代》2012年第28期。

夏斌：《对上海自贸区的认识与建议》，《全球化》2013年第11期。

陆军等：《世界城市研究（兼与北京比较）》，中国社会科学出版社，2011。

社 会 篇
Social Reports

B.7
社会治理与社会组织建设

李国庆*

摘　要： "十二五"期间是中国从以经济建设为中心向以社会建设为中心转型的标志性时期。2011~2013年间的社会管理创新阶段，在加强政府社会管理能力的同时，社区组织被定位为群众自主参与社会管理的新载体，政府与社区社会组织双重管理体制得以重塑，社会管理格局变革显著。2014~2015年间的社会治理阶段重在深化社会组织管理制度改革，多元主体共同参与的"社会治理"理念得以确立。"十三五"期间城市社会建设的总体目标是要树立社会本位理念和"生活中心主义"原理，在公共服务中实现社会治理，建立立足于本城市特点的社会治理结构。进一步推进城市公共资源的治理能力现代化；社区网格平台充分发挥服务功能；进一步推进社

---

* 李国庆，社会学博士，中国社会科学院城市发展与环境研究所研究员、城市政策与城市文化研究中心理事长、中美富布莱特学者。研究领域为城市社会学、环境社会学、日本社会论。

会组织发展，业主委员会成长为物业自治主体；城市安全管理体制日趋科学严密、贴近生活。

关键词： 社会治理格局　服务型政府　社区网格平台　社会组织共治　业主自治　城市安全管理

"十二五"期间中国的城市化率继续快速提升：2011年末中国城市化率为51.27%，城镇人口总数达6.9亿，中国城镇人口首次超过农村人口；2014年底中国城镇化率达到54.77%，城镇常住人口7.5亿人，其中流动人口为2.53亿人，占城市人口总数的34%以上。伴随着人口城市化率的稳步上升，流动人口的管理政策由属地原则转变为流入地原则，城市人口与城市体制的相互关系发生变化，城市社会管理格局从传统的单位制、街居制向多元主体共治的新型管理体制转变。城市管理体制的变化是中国从城市化社会迈向城市型社会带来的内在要求。中国正处于从以经济建设为中心向以社会建设为中心转型的关键时期，社会建设、文化建设、生态建设与经济建设一道成为改革创新的核心内容，城市社会管理体制、社区组织体制、社会组织体系、业主自主治理体系、城市安全管理体制等五大体系将不断与城市社会的结构变迁相适应，并推进城市社会治理能力的提升。

一　社会管理的概念演变与社会治理的概念形成

第十二个五年计划时期对于城市社会治理具有十分重要的意义。1978年底召开的十一届三中全会确立了以经济建设为中心，把党的工作重点转移到社会主义现代化建设上来的方针；30多年后的"十二五"建设时期，全社会对社会建设提出了更高的要求，社会发展相对经济发展获得了更加重要的地位，是从以经济建设为中心向以社会建设为中心发展转型的标志性时期。

（一）2011年到2013年可以称为"社会管理创新"时期

虽然政府工作报告沿用社会管理一词，但是概念内涵却被赋予了重大新意。"社会管理创新"概念最早出现在 2010 年召开的十七届五中全会决议中，2011 年第十一届全国人大四次会议批准的《国民经济与社会发展第十二个五年规划纲要》第九篇"标本兼治，加强和创新社会管理"对这一概念做了详细论述和实施部署，以社会管理与公共服务体系建设为核心的社会建设获得了全社会前所未有的高度重视，长期以来优先经济发展的局面得以改观，社会建设上升到与经济建设同等重要的位置。

2011 年是"十二五"计划的第一年，"创新社会管理"概念首次出现在政府工作报告中，具体表述是进一步加强政府的社会管理能力，与此同时组织和动员广大群众在法律的框架内自主参与社会管理，积极发挥社会组织的作用，健全和完善社会管理的制度格局，从而发出了社会管理体制改革的信号。如何加强和创新社会管理？第一，社会管理要创新管理体制，建立一个多元主体共同参与机制和共同治理机制。2011 年政府工作报告强调以城乡社区为新的载体，从居民生活的实际需求出发，整合人口、就业、社保、民政、卫生、文化等社会管理职能，实现政府管理与群众自治之间的协调互动，城市社区在社会管理中的主体地位得以确立。第二，要求创新协调机制和表达机制，深化和改革人民调解、行政调解、司法调解以及信访工作，赋予人民更多的社情民意表达途径。第三，提高全社会危机管理和抗风险能力，为此需要改革和创新风险管理机制，建立突发事件应急体制，最终健全社会公共安全体系。2011 年政府工作报告首次提出的"创新社会管理"成为政府改革社会管理体制的开端。

在 2012 年政府工作报告的社会建设部分，特别强调要进一步强化社会矛盾化解、公正廉洁执法、创新社会管理。在社会管理方面，政策亮点是重点强调社会组织体系的改革创新。社会管理的三个主体是政府、社区自治组织和社会组织，改革创新的方向一是要强化政府的公共服务能力和社会管理能力；二是以社区为平台，不断培育和提高基层群众的自主治理能力；三是在社会管理与公共服务过程中更加重视和引导社会组织发挥积极作用。三个主体之间的作用相互联动：第一，政府要积极转变职能，把主要精力放在统筹规划、科学决策和资源分配上，不再承担具体的社会服务提供事务，改为向符合标准的社会组织招标购买社会服务。第二，基层群众性组织尤其是社区组织在政府与居民之间起着承上启下的作用，一方面积极与政府组织协调配合，发挥行政管理的基层组织作用；另一方面联系社区居民，代表群众意愿，组织群众参与，推进

社会事务自主治理。第三，积极培育多元社会组织，社会组织志愿者具有社会工作的专业资质，在社会最需要的领域提供相关服务，政府向其购买社会服务，并通过优惠的税收政策推动其不断发展。政府、社区群众自治组织与社会组织多方参与、共同治理，形成社会事务合作治理的新格局。2011年5月，中共中央政治局会议专门通过了《中共中央国务院关于加强社会创新管理的意见》，重点是要加强基层社会管理与公共服务，改善社会管理的制度格局，完善党和政府主导的群众利益维护机制，加强流动人口和特殊人群服务管理，加强非公有制经济组织、社会服务组织管理，加强安全体系建设，营造良好的社会环境。

2012年政府工作报告的社会管理创新部分，除了强调社会组织创新之外，还指出两个社会体系的创新，一是推进公共安全体系的改革创新，二是推进广大群众的利益表达机制的创新，加强和改进信访工作，健全群众利益诉求表达机制等。

在2013年的政府工作报告中，创新社会管理的政策亮点是更加明确地提出了改革社会组织管理体制，引导社会组织健康有序发展，明确社会组织体制的改革任务。报告提出要改进政府提供公共服务方式，加强基层社会管理和服务体系建设，保障人民群众依法直接行使民主权利，管理基层公共事务和公益事业，完善村民自治、城市居民自治制度。

（二）2014~2015年是推进社会治理时期

"社会治理"是在2014年政府工作报告中正式提出的新概念。2013年党的十八届三中全会做出的《关于全面深化改革若干重大问题的决定》中，第一次在"创新社会治理体制"部分对社会治理进行了系统阐述，提出了国家治理体系和治理能力现代化的目标，明确了多元主体依法共同参与社会治理的新思路，社会治理成为自上而下普遍使用的新概念，各个地方开始探索各具特色的社会治理模式。

2014年政府工作报告对社会治理的主要内容做了进一步阐述。社会治理创新一是注重运用法治手段，实行多元主体共同治理。二是改革城乡社区管理体制，建立村务、居务公开制度和民主管理制度。三是改革社会组织管理制度，让社会组织在公共服务和社会治理中发挥更加积极的作用。四是加强应急管理，提高公共安全和防灾救灾减灾能力。五是改革创新公共安全体系，改革信访工作制度，加强行政复议工作，及时就地化解各类社会矛盾。

2015年政府工作报告提出的创新社会治理、促进和谐稳定部分的重点任务是进一步深化社会组织管理制度改革，实现行业协会、商会与行政机关脱钩，启动行业协会商会类、科技类、公益慈善类和城乡社区服务类四类社会组织直接登记制度，取消民间社会组织登记管理中不必要的审批环节，下放权限。重点支持社会组织参与专业社会工作和志愿服务，优先发展社区和居家养老事业。与此同时改革信访工作制度，法律援助范围从低保群体扩大到整个低收入群体。

从城市的角度看，尤其需要提及的是"以人为本"的新型城镇化战略得以确立。2013年11月召开的十八届三中全会提出要完善城镇化健康发展体制机制，坚持走中国特色新型城镇化道路。2014年4月，国务院发布《国家新型城镇化规划（2014～2020年）》，作为国家的城市发展新战略。新型城镇化的"新"意味着不同于以往的单纯追求城市人口规模与区域空间规模扩张、经济增长指标的发展模式，而是站在过去的发展基础上，开创新型发展范式。新型城镇化意味着推进以人为核心的城镇化，在社会管理方面体现在大力推进城市管理体制创新，积极发展非营利组织和社会企业，改革社会管理机制，创建城市安全与风险管理体系，创建多元主体共同合作的社会治理新格局。

新型城镇化规划中加强和创新城市社会治理的思路与国家层面社会建设中的社会治理理念相辅相成、互为一体。"社会治理"概念取代了沿用了数十年之久的"社会管理"成为社会治理的新方略，标志着社会建设思路的范式转换，成为城市社会建设的新目标。

二 "十二五"期间城市社会管理的成就与问题

2011年3月14日，第十一届全国人民代表大会第四次会议批准的《国民经济和社会发展第十二个五年规划纲要》提出了进一步加强社会建设、建立健全基本公共服务体系的新任务、新目标。与社会治理相关的目标包括：第一，完善法律法规和政策，健全基层管理和服务体系，推进社会管理的法治化。第二，提高城乡社区自治和服务功能，形成社会管理与公共服务的合力。

第三，推进社会组织的改革创新，大力发展社会组织，形成社会公共事务的共治格局。第四，建立与公共安全形势变化相适应的新型公共安全体系。

从2011年到2015的"十二五"计划期间，上述社会治理与利益调解、矛盾化解的目标均取得了显著进展，主要表现在以下四个方面。

（一）社会管理体制的改革创新

从总体发展趋势看，"十二五"是中国从以经济发展为核心向以社会发展为核心转变的新时期。在"十二五"之前，经济建设一直占据改革开放的核心地位，社会管理与公共服务处于从属地位。从1978年到2011年，中国的改革开放已经走过了32年的辉煌发展历程，以"十二五"为转折点，中国的基本国情发生了根本性变化，进入了新的发展阶段。随着城市化的快速发展，中国的城市人口比例超过50%，城市常住人口总数超过7.5亿。中国城市社会结构正在发生深刻变化，从社会管理到社会治理，表明我国社会的运行规则发生了范式转换。首先是城市单位体制转型。单位体制的变革始于1993年的国有企业改革，目标是建立社会主义市场经济体制。国有企业改革带来了"国退民进"，保留下来的国有企业也由"国营"转变为"国有"，所有权与经营权分离，企业成为法人，政府不再依靠行政手段直接经营企业，市场机制从主导性地位逐渐走向决定性地位。以往城市人的大多数生活在单位体制内，今天留在公有制单位的人员已经成为少数，多数人脱离了单位体制，社会身份从"单位人"转变为"社会人"，单位体制不再覆盖城市生活者的大多数。社会人带来的人流、资金流、物流、信息流和意识流，在中国工业化、城镇化、市场化、信息化、国际化的背景下，既为中国社会提供了新的活力、动力，也带来种种矛盾、不协调、失范、失衡等问题①。

城市公共资源的配置结构明显转变。长期以来，城市政府是一个全能的管理型政府，而且是一元化的管理主体，发挥着社会管理的主导作用，承担着城市经济管理、社会管理和政治管理的多元职能，管制有余而服务意识不足，"强政府、弱社会"是社会管理的基本特征。随着城市人从单位体制向基于市

---

① 郑必坚：《在"全国深化社会体制改革研讨会暨加强社会建设创新社会治理（广东）年会"上的讲话》，《南方日报》2013年11月25日。

场机制的体制外分流，体制外人群已占绝大多数，单位组织不再是社会管理的有效依托，社区成为后单位体制下国家与社会的新结合点，社会资源也随之从单位体制转移到城市公共空间。

推进国家和城市治理能力现代化的核心是建立新型的政府与市场、社会的相互关系，核心是建立市场化的社会资源配置结构。任何一个主体已经不能应对城市人口异质性增强所带来的复杂问题，面对职业、社会归属高度分化的社会，只有多元主体共同参与，政府联合社会力量和公众力量，才能建立起合理的公共事务治理结构。新型社会管理的主体是多元的，包括政府、社会组织和公众团体。社会管理体制创新的核心内容是重新调整多元主体之间的相互关系，尤其是政府与社会及公众之间的相互关系。政府应该从全能政府转变为有限政府，通过市场机制将公共服务功能让渡给社会组织，这也是社会组织和公众团体得以发展和广泛参与社会治理的前提条件。正是由于政府清楚地认识到了社会治理的重要性，确立社会治理的新理念，因而"十二五"期间出台了一系列建立政府新型公共服务职能、培育社会治理主体、拓宽社会治理空间的政策，新的社会治理格局逐步形成。

（二）强化城市基层组织，建立新型城市社区体系

城市社区组织作用的强化、社区组织结构与功能的转变是城市社会组织最显著的变化。带动城市基层组织转变的主要背景首先是单位职能的转变，其次是城市人口结构的变化。社区的变化是伴随着90年代经济体制转变发生的，城市中的单位组织从多元功能组织回归到主体功能组织，政治功能和社会管理功能被分离出来。政府在社区重建了基层社会组织，扩大了社区规模，原来由单位承担的社会管理功能转移到社区，社区获得了更多的资源配置，社区内的单位组织成为社区成员，单位的社会资源向社区开放，极大地充实了社区居委会的组织活动能力。

"十二五"期间，社区的组织形式取得了新的发展，突破了原有的"两级政府、三级管理、四级模式"。两级政府指市区两级政府，拥有管理权限和财政权限，三级管理指市区和街道三级管理组织，四级模式指市区街居四级组织。城市人口规模的扩大和管理手段的数据化，产生了进一步细化社区、将社区的基本数据数字化的需求。"十二五"期间，社区的变化首先表现在网格化

社会服务管理体系得以普遍建立。网格化是以社区为单位,将社区的行政范围划分为一个个更小的"网格",把这些网格作为政府管理基层社会的基本单元。具体做法是依托统一的网格化管理平台,把城市辖区按照一定的标准划分为单元网格,按照单元网格收集网格内的基本数据。互联网数据包括辖区内的人员信息、地址信息、行政服务、治安信息等要素,具体信息包括小区楼栋、房屋楼牌、单位门店、人口信息、居民职业、民政救济、计划生育、劳动保障、综治信访、志愿者服务、特殊人群、治安信息和消防安全等信息。社区网格化管理的基本流程是信息收集、问题发现、任务处理和结果反馈,相关信息被用于建立统计分析平台、考核评比平台、地理信息平台,显著提升了社区管理与服务能力。

目前,社区网格化管理已经形成了唐山市路南区"三全七化"网格模式、河南漯河"一格四员"运作模式、宁夏石嘴山大武口区"4+6"运作模式、山西长治"三位一体"管理模式以及舟山模式。网格化管理最初目的是政府加强对流动人口的管理,网格化管理细化了社区组织,能够准确把握社区内的每一户居民的基本信息。依据网格单位,一些社区开始推进契约式管理。契约式管理原本是企业管理的基本方法,指平等主体之间为了达到某种目的,在追求各自利益的基础上签订的一种协议,即契约或者合同。这种企业管理方法正在被引入社区管理。区与街道、街道与社区之间层层签订管理契约,明确各方责任,把依法管理和居民自治组织管理有机结合起来,采取对流动人口定位、定时、定则的"三定"管理措施,实现流动人口的自我管理、自我服务和自我约束,推进流动人口聚集地管理的精细化和规范化。

网格管理平台实质上是"互联网+"社区治理新模式,是将科技手段运用于社区治理,提升了城市的智慧管理水平。然而智慧城市并非城市建设的目的,而是解决城市问题的手段与途径。"互联网+"有力地催生了社会治理新变革,社区治理将借助互联网技术转型升级。与此同时,这一管理体系同样能够为社区提供居民的基本信息,用于社区居民的社会服务。互联网具有"互联网+社会治理"以及"互联网+社会服务"的双重职能,更加有效地整合社区公共服务资源,为居民提供个性化、精细化的公共服务,从而提高社会服务的能力与效率。

（三）鼓励社区社会组织与社会企业的发展

"十二五"期间，传统的社会组织管理体制实现了重大转变。

第一，登记体制的重大突破。长期以来，中国对社会组织实行双重管理，设立社会组织需要得到业务主管部门的批准，同时需要登记管理机关审批。2011年以后，民政部取消了业务主管部门审批的环节，改由登记管理机关统一直接登记。登记管理体制的变革反映出政府对社会组织态度的转变，即政府改变了对社会组织全面负责的管理思维，审批部门统一、标准统一，社会组织获得了更多的自主权。

第二，建立了"培育发展与监管并重"的新型管理机制。废除社会组织双重管理机制并不意味着政府放松了监督管理，相反，政府对社会组织的自我管理的责任更加重大，民政部门的设置审查和业务监管更加严格。政府与社会组织的关系定位为监管，包括设立监管、过程监管和行为监管。政府对社会组织设立了登记与监管两个平台，建立了抓重要放一般、分类分级管理的新机制。

第三，逐步建立扶持社会组织发展的市场机制。社会组织管理体制转变的目标是更好发挥市场在资源配置中的决定性作用，由政府直接提供公共服务转为政府购买社会服务。此外，整个社会对社会组织所提供的服务需求快速增长，经济、慈善、民非和社区获得了优先发展的社会空间。2014年12月，财政部、民政部和国家工商管理总局联合印发了《政府购买服务管理办法（暂行）》。政府购买公共服务的对象必须是具有公共服务资质的社会组织，购买服务的主体包括行政机关、具有行政管理职能的事业单位、党的机关、纳入行政编制管理且经费由财政负担的群团组织等四种类型；承接政府购买服务的主体则为社会组织，公益二类或转为企业的事业单位，依法登记的企业、机构等社会力量。以社区服务为例，政府正在建立招标购买服务的新机制。例如四川省成都市在公共文化中列入了社区歌舞指导项目，直接给予具有专业技能的社会团体补贴，由专业的文艺团体指导社区的文化活动。这一做法不仅实现了政府的职能转变，显著提升了社区活动的服务质量，同时也为文艺社会团体提供了新的发展空间。20世纪80年代改革开放初期，我国仅有几百家社会组织。截至2011年底，全国共有社会组织46.2万个，比上年增加3.7%；2012年底上升到49.9万个，比上年增加8.0%；2013年底，这一数字又进一步提升到54.7万家，比上年增长9.6%。2013年底，社会组织共吸纳社会各类人员就业636.6万人，比上年增加3.8%。其中，社会团体为28.9万个，基金会3549个，民办非企业单位25.5万个。

第四，将市场机制引入公益事业，鼓励社会企业发展。社会企业的发展是"十二五"期间出现的新现象，中国的非营利组织中出现了向社会企业转型的新动向，它不会取代公益性民间组织，但是其比例将会不断上升。社会企业本身是按照企业规则运转的社会组织，以商业化的方式来实现其所追求的社会目标。但是社会企业与商业性企业有所不同，就是商业性企业首先追求的是商业利润，虽然它们也追求社会公益性，但公益性是其次的。社会企业则是同时追求企业利润和社会公益性，企业目标处于企业与非营利组织之间。另外，社会企业承担的业务与社会性、公益性相联系，尤其是与政府推进的公益事业相联系，有可能通过政府采购获得财政资助，因而不同于一般商业性企业。

在社会企业的发展过程中，政府更多地使用市场经济手段向社会组织购买公共服务是一个重要推进因素。20世纪80年代以后，随着项目融资的发展，公私合作模式（PPP）在欧洲出现并日趋流行。主要做法是政府与私营商签订长期协议，授权私营商建设、运营、管理公共基础设施，代替政府向公众提供公共服务。为了探索公共项目的投融资新模式，中国财政部相关机构起草了《政府与社会资本合作模式（PPP）操作指南》，推广运用政府和社会资本合作模式，政府授予社会组织特许经营权，通过引入市场竞争和激励约束机制，拓宽公共产品或服务的供应市场。

（四）制定城市物业管理条例，提高业主自主治理能力

业主自治是城市社区社会治理体系的重要组成部分，要搞好城市社区的社会治理，业主大会及其执行机构业主委员会的健康发展、业主自主治理意识与治理能力的提高至关重要。业主是房屋等物业的所有权人，业主委员会是拥有产权的业主自愿组织起来的纯民间组织，代表业主的共同利益，自我管理共有财产。住房商品化以前，中国城市社区的典型形态是单位社区，单位管理工作区和生活区，邻里关系是业缘关系的延伸。1998年中国开始实施住房自有化改革，商品房社区大面积建成交付，形成了商品房小区。商品房小区迅速成为

中国最主要的社区形式，业主这一城市中新的利益群体随之诞生，业主委员会这一新型自治组织也开始建立。

中国业委会的发展一直面临着诸多困境。第一，业主委员会没有获得法人地位，政府部门对业主委员会的成立态度极为谨慎，只有20%的小区成立了业委会。第二，中国缺乏商品房小区的管理制度和有关法规。第三，中国的业主尚未形成共有思想。从所有论看，"共同占有权"是与业主自治权密切相关的核心概念。小区内有大量物业共用部分，即业主户内专有部分以外、由小区业主共同所有的建筑物和配套设施设备，需要制定规约，建立"共同占有权"规则。

"十二五"期间，业主委员会面临的困境正在逐步得到改善。首先，以地方城市为单位推出了多项促进业主自我治理的新政，在对以往物业管理认真加以回顾的基础上制定和实施《物业管理条例》，要求物业小区必须成立业主委员会，将过去由政府部门严格掌控的物业专项维修资金的审核权还给业主委员会。其中济南市、杭州市、泸州市和广州市的物业管理条例影响较大。

新的城市物业管理条例要求居住小区尽快成立业主委员会。为了推进业主大会的成立，杭州市物业管理条例规定：当物业管理区域内房屋出售并交付使用的建筑面积达到建筑物总面积百分之六十以上时，或当首套房屋出售并交付使用已满两年，且房屋出售并交付使用的建筑面积达到建筑物总面积百分之三十时，建设单位应当在两个月内向所在地街道办事处报送筹备首次业主大会会议所需的资料；街道办事处在收到建设单位或者百分之五以上业主提出筹备业主大会书面申请后，要在两个月内指导业主成立业主大会筹备组。这一规定为业主委员会的成立提出了明确标准，促进了业主委员会的成立比例提升。此外，杭州市还进一步明确了业主大会、业主委员会、物业管理公司、房管部分和政府部门相互监督、共同管理的专项资金使用程序和规则，业主权益得到了法律保障，业主明确了自有财产的管理权限，物业自主管理逐步走上了有法可依的道路。

三 城市社会治理中的主要问题与"十三五"展望

"十二五"期间中国的社会管理开创了崭新局面，政府统一的社会管理与公共服务职能开始分解，由各级城市政府、社区组织、社会组织、业主自治组

织等多元主体共同合作的社会治理体制正在形成。政府管理体制、社区治理体制、社会组织体系、业主自主治理领域以及城市安全管理体系五大领域正在发生新变化，社会治理理念正在全社会各个领域得以确立，改革创新效果显著。

从以人为本、自由平等、充满活力的社会治理目标来看，社会建设还面临着极其复杂的问题与挑战，"十三五"期间依然需要大力推进。主要问题表现在，第一，城市政府在简政放权、放管结合过程中，应立足于本城市的可持续发展，建立与社会各界的公众咨询渠道，制定突出当地特点、符合当地发展需求的社会治理制度。第二，目前的网格社区管理平台以社区社会秩序管理为主，网格管理平台所具有的公共服务潜功能尚未充分发掘出来，需要转变思路，使之成为为社区居民生活服务的有效手段。第三，社会组织发展依然滞后于经济社会发展的需要，主要表现是社会组织和政府的信任与合作程度低，且缺乏社会认同；社会组织内部管理不规范、专业化人才缺乏以及自律机制不健全，且数量少、资金不足。第四，业主委员会的发展出现停滞状态，主要原因是政府对业主委员会的发展存有疑虑，对业主委员会自主治理的积极作用认识不清，且缺乏正常的培训指导机制。第五，城市安全管理机制停留于制度层面，没有深入落实到居民的日常生活层面，各类社会主体的利益表达和诉求没有正常渠道，自然风险与社会风险管理制度亟待完善。

"十三五"期间社会治理发展的基本思路是要树立城市的"生活中心主义"原理，在公共服务中实现社会治理，建立立足于本城市特点的社会治理结构，进一步深化简政放权、建立公共资源配置的市场机制，推进城市公共资源的治理能力现代化；进一步推进社会管理体制改革创新，合理放宽政府管理权限，提高社会和公众的自主治理能力，增强社会活力；充分用活社区网格所具有的公共服务功能，为社区居民提供公共服务，搭建社区服务信息平台和居民自治平台；创造更加宽松的社会组织和社会企业发展环境，使之成为社会事务共治的主体力量；把业主委员会作为社会治理的重要力量，实现业主委员会的全面普及；大力普及城市安全理念，提高城市风险管理能力，创造平安的城市生活环境。

（一）社会治理体制创新的根本目标是提高居民的生活满意度

进一步放宽政府的社会管制范围，由管制型政府向服务型政府转变。社会治理的根本任务是解决社会生活中的利益冲突与矛盾，因此需要树立"社会本位"和"生活服务本位"的社会治理理念，把公共资源作为社会治理的主要对象和抓手。城市居民的工作与生活需求得以满足是城市公共事务治理的核心，政府创造更加宽松的发展空间，提供专业人才培养服务，提高平均每万人拥有的社会组织数量，把民间组织培育成专业化、市场化、以公共服务提供为核心使命的公共治理的重要主体。

（二）社区网格平台应推进社区服务水平的提升

把社区作为城市政府管理社会的基本单位是东亚国家特有的传统，而在日本的町内会和韩国的班常会地缘组织趋于松散甚至濒于解体的今天，中国的社区地缘组织得到了空前的强化。社区具有对外功能和对内功能，对外是政府维护城市社会治安、管理城市风险、调处社会矛盾的最基层单位，对内则是提供公共服务、满足城市居民日常生活需求的基础社会。在社会学意义上，社区首先是日常生活空间，属于基础社会类型，它可以被用作社会管理的单位，但是日常生活需要的满足是其最为基本的功能，生活原理应当成为社区最为基本的原理。

网格化是将互联网运用到社区治理的新技术，是解决城市所面临的实际问题的手段，虚拟的网上社区是为现实的网下社区提供综合服务的平台。智慧城市建设包括制度设计、治理结构、科学规划和安全预警，充分整合城市各种资源，改变城市运作方式，从政府单独的管控转变为社会各界协商治理。社区网格平台在发挥社会治安管理功能的同时，应更积极地发挥在卫生医疗、交通通信、文化教育等领域的公共服务作用，为流动人口和常住人口提供社会保障、社会保险、社会救助、就业培训以及灾害预防等公共服务。充分利用网格化技术平台促进居民之间的相互交往，提高居民的相互认同感，培育社区公共文化，提高居民的自主治理能力，重建社区熟人社会。

（三）社会组织和社会企业发展环境进一步规范化

我国目前的社会组织数量远远低于发达国家的平均水平，社会组织体系欠缺，整体结构不合理，专业化程度不足，在社会治理中所发挥的作用十分有限。究其原因，主要是社会组织资源的制度化程度低、组织治理能力与服务能力不足,对社会组织的职业评价不完善,政府与社会组织仍处于分权过程,社会组织资金来源严重不足等。

"十三五"期间,要大力推进社会组织政社分开,社会组织在职能、机构、人员、资产、财务、办公场所等方面独立于行政主管部门,提高社会组织的专业技能水平和社会地位,增强政府与社会组织的交流与互动。政府制定向社会组织转移职能目录以及政府向社会组织购买服务目录,简化政府的服务职能,将更多的社会公共服务职能转移到社会组织。

社会企业是承担社会公益事业的重要力量,社会企业按照企业规则运转、承担社会公益职责,遵循市场经济规律。"十三五"期间应出台相应鼓励政策,为社会企业的发展创造良好环境,在社会公益事业项目建设和管理过程中,充分引进当地以及外来的社会企业,以企业经营模式推进公益事业的发展,探索公共项目投融资的新模式、新途径,使之在城市社会事业发展中发挥出更大的作用。

(四)业主组织得以普遍建立,自治能力不断提高

目前全国业主委员会成立比例在20%左右,且各地之间差异明显,比例最高的上海已经达到80%,而中西部地区仅为5%。"十三五"期间,需要加大业主委员会的建设力度,普遍提高业主委员会的成立比例,尤其是要提高中西部地区业主委员会的成立比例,在扩大数量的基础上提高治理质量,把业主委员会培育成为城市共有财产的共同治理主体,使广大业主能够真正享受自我管理住房物权的权利。要实现这一目标,一是需要加强业主的治理意识,摆脱对公权力的过度依赖心理;二是政府需要改变对业主维权导致权利与利益格局变化的担忧,把业主私人领域的事务交还给业主治理,使公共事务的治理更加符合各个住房小区的实际需求。

(五)城市安全体制建设更加生活化和实用化

随着城市人口增加、人的异质性增强以及城市建设规模的扩大,城市的经济安全、社会安全以及自然环境安全成为城市治理等重要课题。但是由于过快的城市化发展,城市安全体制建设还处于初级阶段。"十三五"期间亟须制定"城市安全法",建立城市自然灾害和社会灾害对策的目标、应急机制、预警

机制、协调机制和评价体系，建立地震与城市火灾避难体系、居民避难体系、防灾信息体系以及突发公共事件应对机制。在城市的安全能力建设方面，社区承担着最为基础的作用，政府需要以法律形式，以社区为单位对城市风险的历史与现状加以研究，制定本社区的防灾计划，并转变为每一个居民的防灾意识、防灾技能与防灾行为，提高危机管理与抗风险能力。

在"十三五"期间，中国城市社会治理将在"十二五"期间开创的社会管理创新和社会治理方略的基础上迈出新的步伐，社会治理更加贴近生活，在取得城市发展和经济发展的同时，实现社会治理的实质发展，使新型城镇化发展更加科学，更加生活化，最终实现社会和谐、充满活力的目标。

参考文献

各年度《政府工作报告》，人民出版社，2011~2015。

周红云主编《社会管理创新》，中央编译出版社，2013。

北京市东城区总体发展规划编制工作领导小组办公室：《北京市东城区总体发展规划（2011~2030）》，2011。

黄晓勇主编《中国民间组织报告（2013年）》，社会科学文献出版社，2013。

连玉明主编《中国社会管理创新报告No.2——社会改革与城市创新》，社会科学文献出版社，2013。

连玉明主编《中国社会管理创新报告No.3——治理体系与治理能力现代化》，社会科学文献出版社，2014。

B.8
养老保险制度的中国化：
制度设计与改革思路

卢海元*

摘　要： "十二五"时期，我国养老保险制度改革取得了巨大成就，基本实现了养老保险制度的全覆盖，形成了职工养老保险和城乡居民养老保险两大基本制度平台。本文结合新型城镇化的大背景，在回顾、总结已有成就的基础上，探讨了"两个制度平台"的融合、选择与定型，分析了养老保险制度改革的必要性及存在的问题，指出"十三五"时期，我国养老保险制度必须进一步进行革命性变革。做好改革创新的顶层设计，按"双向推进"、"小并轨"、"大并轨"思路，全面建成全国统一、城乡统一的基础养老金与个人账户相结合的中国特色新型养老保险制度，完成养老保险制度的中国化与定型，进一步完善城镇化机制，为新型城镇化和全面建成小康社会提供坚实的制度保障。

关 键 词： 中国特色新型养老保险制度　两大制度平台　城镇化机制

"十二五"时期，我国城镇化率成功跨越了50%的"门槛"，预计"十二五"末期将超过56%，"十三五"末期可能达到甚至超过65%，我国将成为高度城镇化国家。为了适应城镇化的快速推进，我国养老保险制度正在进行革

---

* 卢海元，社会学博士，人力资源和社会保障部农村社会保险司副司长，武汉大学社会保障研究中心特聘教授，主要从事社会保障理论和政策研究。

命性变革。"十二五"时期，我国养老保险制度改革取得的最大成就是基本实现了制度的全覆盖，建立了中国特色的城镇职工基本养老保险制度和城乡居民基本养老保险制度，形成了"两个制度平台"，在养老保险制度中国化上取得了突破性进展。"十三五"时期，我国养老保险制度应按照中央全面深化改革的总体部署和新型城镇化的要求，以大视角审视和评价"两个制度平台"，做好改革创新的顶层设计，全面建成全国统一、城乡统一的中国特色新型养老保险制度，完成养老保险制度的中国化与定型，为推进新型城镇化和全面建成小康社会提供坚实的制度保障。

一 推行城乡居民基本养老保险制度的意义与成就

（一）城乡居民基本养老保险工作取得的成就

2014年以来，按照中央全面深化改革的总体部署，城乡居民基本养老保险工作取得了突破性进展。

首先，城乡居民基本养老保险制度率先实现了定型，制度名称、政策标准、经办服务和信息系统实现了"四统一"。

其次，职工和居民两大基本养老保险制度的衔接通道初步建立。《城乡养老保险制度衔接暂行办法》实施后，已有25个省份开始办理衔接业务。实施仅半年，就有15.54万人办理了衔接手续，社保制度在适应流动性方面迈出新步伐。

再次，首次统一提高全国城乡居民基础养老金最低标准。2014年7月起，全国基础养老金最低标准由每人每月55元提高至70元，目前，全国城乡居民基础养老金平均超过100元。全国有27个省份2552个县的基础养老金在这一最低标准之上，其中11个省份达到100元以上。

最后，政策创新取得新进展。2014年国务院8号文件10个方面的政策创新在各地实践中逐步落实，特别是多缴多补、长缴多得的激励机制初显成效。第一，2014年人均缴费水平同比增加25元，达216元，其中300元档次缴费人员占比提升了6.3个百分点。第二，领取待遇人员中有个人账户的占比24.2%，同比增长一倍多。第三，选择较高档次缴费的人员，养老金水平明显高于选择较低档次的人员。

（二）推行城乡居民基本养老保险制度的意义

自2009年新农保试点以来，城乡居民保险制度建设经历了"建立新农保—建立城镇居民养老保险制度—建立统一的城乡居民基本养老保险制度"的三阶段跨越和发展。回顾、总结和审视6年的工作及成效，实施城乡居民基本养老保险制度的意义如下。

1. 建立了世界上规模最大的老年保障计划

2014年底，我国城乡居民养老保险参保人数达50107万人，成为当今世界上规模最大的单一养老金计划。我国城乡居民养老保险在短短6年时间内完成如此庞大的计划，在国际社会保障发展史上都相当少见，充分体现了我国这一制度的综合优势。

2. 为应对人口老龄化高峰提前做好准备

1999年我国步入老龄化社会，而且老年人口占比每年以0.37个百分点高速度增长，预计到2030年前后进入老龄化高峰期。我国在老龄化初期未雨绸缪，全面建立了城乡居民基本养老保险制度，及时填补了老年保障体系的空白，为迎接老龄化高峰的严峻挑战打下了坚实的制度基础。

3. 构建了覆盖全民的养老保险体系

自新中国成立至21世纪初，我国养老保险制度主要在城镇职工群体实行。2000年后，随着新农保、城居保制度的建立和统一，我国城乡居民养老保险和职工养老保险两大基本制度平台逐步发展，参保人员增加到8.42亿人，实现了适龄人口的80%覆盖，老年人的全覆盖，全民覆盖的制度体系架构基本形成。其最突出的特点是"三到"：一是服务网络延伸到村。乡镇、街道普遍建立了社会保障事务所，大多数社区和行政村配备专兼职协调员，使亿万城乡居民足不出社区（村）就能办理养老保障事务，政府公共服务的可及性大大提升。二是社会保障卡发放到人。4.7亿城乡居民持有社会保障卡，占全国已发卡量的66%。其中130个地市实现个人缴费应用，146个地市实现领取养老金应用，为城乡居民享有更加方便快捷的社保服务提供了有力支撑。三是宣传发动深入到户。针对城乡居民的特点，不断创新接地气、重实效的宣传方式，制作推出公益广告、宣传漫画、问答手册等一系列宣传品，建立全国城乡居保工作微信群，及时发布最新动态，交流工作经验，不断提高群众对社会保障制度的知晓率和认同感。

4. 体制机制和政策安排基本实现中国化

城乡居民基本养老保险制度中国化最突出的特点：一是建立个人、集体、政府三方共同筹资和责任分明的机制；二是根据城乡和区域收入差异设定弹性化的个人缴费和基础养老金档次；三是促进基础养老金与个人账户养老金相结合，实现权利与义务对等、公平与激励共赢；四是在新农保、城居保分别试点基础上整合统一制度，在统筹城乡方面先行一步，做出表率。这些都为构建中国特色新型社会保障体系积累了经验。

5. 实现养老保险道路、制度和理论的中国化

养老保险制度的中国化集中体现了城乡居民基本养老保险制度在道路、制度和理论的中国特色，并实现了道路、制度和理论的自信与独立。

一是成功走出了"双向推进"的养老保险制度建设之路。新中国成立60多年来，我国养老保险制度从无到有、从计划到市场、从职工到居民、从城市到农村，从单项突破到整体推进，覆盖范围不断扩大，待遇水平稳步提高，基金实力持续增强，管理服务逐步规范，基本养老保险制度和政策经历了不断改革、发展和完善的过程。改革开放以来，城乡居民基本养老保险和城镇职工基本养老保险两个制度平台逐步形成，全国范围内覆盖城乡的养老保险制度体系基本构建，2015年参保人数预计达3.8亿，其中，8000多万人领取养老金，人均月养老金超过2200多元。从新农保和城镇居民养老保险全覆盖的实践看，我国走的是一条先农村居民后城镇居民，先老少边穷地区后发达地区的独特道路。2014年2月，新型农村社会养老保险、城镇居民社会养老保险两项制度合并实施，全国统一的城乡居民基本养老保险制度由此建立。农村先行、农村包围城市的新型养老保险制度建设道路凸显中国特色。

二是实现了养老保险制度和理论的中国化。我国按照"保基本、全覆盖、有弹性、能转移、可持续"的理念，建立了个人账户与基础养老金相结合的新型养老保险制度，制度的中国特色日益明显。传统的养老保险制度可概括为"小保障"理论，强调权利和义务对等。中国特色新型养老保险制度可概括为中国化的"大保障"理论，强调的不仅是大国社会保障的独特道路，而且是基于公共财政的道路，更公平，更普惠，并与中国特色社会主义相适应。社会主义自觉追求公平正义的属性，决定了我国城乡居民基本养老保险制度必须以

"大保障"理论为指导,因此创建中国化的"大保障"理论也就成为实践的必然结果。

二 "两个制度平台"的融合与制度定型

城乡居民基本养老保险制度率先定型后,我国养老保险制度建设与改革进入了新阶段。在新型城镇化的大背景下,"两个制度平台"的融合、选择与定型,不仅需要从工作和制度层面来研判,也需要从宪法、党章等更高层面深入思考。

(一)城乡居民基本养老保险政策、工作和制度层面的改革

1. 政策层面的改革

目前,我国城乡居民基本养老保险的筹资规模总体较小,制度创建初期的资金结构仍然较为明显:2012~2014年,城乡居保基金总收入中财政补助和个人缴费的比重分别为61%和32%、64.5%和30%、65%和29%。为改变财政补助占大头、个人缴费占小头的状况,需要继续用好用足已有激励措施,引导城乡居民早缴费、选高档、多积累,提高个人账户养老金;同时要加快研究结余基金投资运营办法,努力实现基金的保值增值。

2. 工作层面的改革

机关事业单位养老保险改革工作完成后,1.5亿游离于基本养老保险之外的群体主要是农民工和农村居民。短时间内,他们不可能全部参加职工基本养老保险,因此要通过实施全民参保登记计划,鼓励、引导有条件的城乡居民积极就业,并参加职工基本养老保险,以得到更好保障。

3. 制度层面的改革

2014年我国60周岁以上人口比例已达15.5%,预测2020年将达19.3%,2050年将达38.6%。2012年实现制度全覆盖以来,领取待遇人数每年增加约600万人,基金支出年均增长13.85%。随着人口预期寿命增加,老年人领取养老金的年限也相应增长,且伴随待遇水平的不断提高,支出金额相应扩大。为确保制度的可持续运行,需要重点采取以下三项措施:一是在坚持城乡居保自愿参保的前提下,增强缴费激励和约束机制,完善相应的制度安排,避免逆

向选择和中断缴费。二是根据经济发展和各方面承受能力，科学确定城乡居民保基本目标、居民基础养老金水平，进而分享社会经济发展成果。三是合理调整城乡居保领取待遇年龄。

（二）城镇职工基本养老保险制度改革的必要性

改革开放以来，我国职工基本养老保险制度建设成绩斐然，与此同时也面临一些问题，主要表现在以下几方面。

1. 制度的不公平性突出

一是制度间的不公平。基础养老金全国范围、城乡地区的不统一，使得养老金因城乡、区域、身份、职业和收入不同而差异巨大，社会公平正义的基础亟待夯实。二是制度内的不公平。缴费与待遇挂钩的计发办法决定了缴费高的群体领取的养老金也更多，部分地区甚至出现退休职工领取的养老金高于在职职工收入的现象。三是对低收入群体的不公平。低收入群体因缺乏缴费能力，最终可能被迫退保、断保。四是对流动群体的不公平。社会统筹账户基金只转移12%，8%可能被留在缴费地和工作地。由于流动人口多来自不发达地区，该地区的社会统筹基金转移并不充分，却要承担最终的养老责任。

2. 制度的不可持续性明显

一是养老保险的支出压力越来越大，大量实业资本外逃，缴费率难以降低，将中国养老保险制度瞬间推向危机，继而引发债务危机、金融危机，甚至经济危机，阻碍中国经济健康可持续发展。二是现行缴费与待遇挂钩的计发办法会加大政府承担的养老金责任，且个人账户积累额除以139的计发办法设计，也会进一步加剧制度的不可持续。三是养老金计发办法过于复杂，参保人缺乏必要的透明度和知情权，影响参保人对制度的信任，导致断保率居高不下并保持上升势头。在部分地区，已经出现城乡居民参保人数下降，城镇职工养老保险参保人数没有增加甚至下降的现象。

3. 不适应国家治理体系和治理能力现代化的要求

一是中央和地方养老保险的财权和事权不清晰，政府和个人的社会保险责任不明确，政府承担的社会保险责任缺乏明确边界；二是社会保险费由社会保险经办机构和税务部门分别征收，与建立统一、规范、高效的社会保险治理体系和提高治理能力存在一定矛盾；三是管理难规范，导致未老先懒情绪滋生，对政策公平性、制度效率性和基金持续性提出进一步挑战。如果不进行革命性变革，无论是体外输血，还是自身造血，现有的养老金制度均无法从根本上解决"银发贫困"问题。

4. 不适应经济发展模式转换的新形势

一是中国经济发展模式已开始转型，养老保险制度也应进行适应性改革，增强制度弹性，改革和调整养老保险制度的筹资方式，以适应资金来源、税收来源和收入来源可能发生的巨大而深刻的变化。二是薄弱的经济基础决定了农民工参保难，中断参保现象时有发生，如果制度不改变，实现农民工的全员参保、持续参保仍需经历漫长岁月。实现人人享有社会保障的政策目标，唯一正确、可行的方法就是改革养老保险制度，建立可保基本的基础养老金制度，化解低收入和不稳定群体的城镇化风险，帮助其长期稳定就业，实现参保，为经济社会发展的良性循环提供完善的制度保障。

5. 制度尚未实现中国化、现代化

由于历史和认知的局限性，思维高度和大局观不够，我国在养老保险制度建设中存在道路迷茫、理论缺失和制度摇摆现象，尚未真正实现中国化和现代化，深层原因如下。

一是寻找适应中国特色社会主义道路正确方向的自觉性不够。制度建设不仅没有始终坚守公平普惠的核心价值观，而且成为加剧不公平的政策性工具。养老保险制度中与收入关联的一系列体制机制设计，不仅偏离了公平正义、共享经济社会发展成果等社会主义的基本取向，而且其实际运行结果使得最需要保障的低收入和收入不稳定群体始终得不到应有的基本保障，加剧了群体不公平。

二是制度模式定位不准，改革取向不明。无论从理论、实践还是从历史看，社会统筹与个人账户相结合的制度模式从来也永远不可能实现，我们应该坚持的是基础养老金与个人账户相结合的制度模式。2005年以来，养老金待遇"十一连调"已经从根本上改变了养老保险制度的计发办法、精算平衡原则、制度模式和运行的体制机制，同时也使替代率等概念和传统的社会保险理论失去了实践基础，社会统筹与个人账户相结合的制度模式、理论和实践已基本失效。事实上，"十一连调"已经以渐进的方式率先建立了全国统一的基础养老金制度。从筹资看，社会统筹已经演变为一种筹资方式，而不是制度模式，也从来不是制度模式。这种筹资方式更接近税收，实行费改税将是大势所趋。从发放看，职工的养老金大部分来源于财政投入而不是单位或个人缴费，说明养老金已经具有明显的普惠性质。从待遇调整机制看，主要依据财政收入状况确定待遇，属于典型的收入约束型，而不是需求约束型的制度模式。

三是保基本与多缴多得的制度设计存在内在逻辑矛盾。社会统筹的内在逻辑是更公平地筹集确保制度可持续的社会保险资金。在公平普惠等理念的影响下，社会统筹已演变为以保基本为目的的基础养老金。个人账户的内在逻辑是为积累更多的社会保险基金而建立多缴多得的缴费激励机制。现行的多缴多得缴费激励机制主要采用提高缴费基数和标准，及提高养老金发放标准两种方法，其激励资金或源于企业的国有资产，或源于国家的公共财政资金，此做法不仅已经或正在伤害参保人的权益、国有资产和公共财政，而且已经或正在破坏社会公平与正义，并在更深层次上破坏人们对养老保险制度的信任和信心，更可怕的是引发"道德风险"，致使地方政府和中央政府利益受损。

保基本的基础养老金以社会主义的公平为价值取向，多缴多得的缴费激励机制以资本主义的公平为价值取向，二者存在内在的逻辑矛盾。因此，如果不对制度进行革命性变革，不改变激励机制，那么二者的矛盾会越来越大，理论越来越混乱、实践中的矛盾越来越多、道路越来越受到质疑。显然，这样的制度不是要不要改的问题，而是如何进行革命性变革。

四是缺乏中国化的理论支撑。20多年来，我国没有严格意义上的中国化的养老保险理论，政策制度基本是围绕扩覆盖面、保发放进行，理论处于引进消化阶段，缺乏对中国实践的指导意义。首先，新的实践缺乏新的理论创新与总结，没有从最深层次的逻辑上厘清制度设计中存在的偏差和错误。通过"十一连调"建立具有基础养老金功能的制度的做法是正确的，但是由于没有及时进行理论总结和创新，将其总结为坚持社会统筹与个人账户相结合的制度模式是错误的，正确的说法应该是中国特色的基础养老金与个人账户相结合的新型养老保险制度。因此，如果没有正确的理论总结和理论指导，改革就难以走出困局，就可能越改越错。其次，没有合理定位政府的有限责任和市场的决定性作用，没有厘清政府的有限责任与公平正义的关系。必须加快政府在社保等方面的职责回归，承担养老保险的有限责任，最重要的途径就是以基础养老金的方式承担"保基本"的责任，并把选择保障水平的自由和权利还给老百姓，发挥市场在个人账户建立过程中的决定性作用，而不是秉持计划经济思维，将个人账户的建立也由政府主导。因此，完善个人账户的改革，核心是实施"去计划性"。再次，养老保险制度的核心价值观尚未形成。人们对制度并轨、制度公平、制度可转移、制度可持续的期望和期待，增强了中国特色新型养老保险制度的核心价值观构建的迫切性和重要性。又次，存在理论脱离实际现象。西方的社会保险理论往往脱离了中国实际，缺乏大国应有的差异化管理理念，缺乏制度应有的弹性和适应性，因此，应从西方社会保险教科书的概念中跳出来谈社会保险，用中国化的"保基本"概念和原则来替代，只有这样理论、政策、制度才会更明确、更具体、更可行。最后，理论基本丧失了服务实践的能力。养老金持续上调未必会带来保障水平的相应提高，养老金替代率持续下降并突破国际上公认的贫困线，既可能会影响政府的公信力和政府的形象，又难以维护参保人的权益。因此，类似养老金替代率这样的核心概念也需要与时俱进。

五是改革目标定位不准。养老保险制度是国家治理的重要基础和重要支柱，是实现国家治理体系和治理能力现代化的重要途径，对优化社会保障资源配置、维护市场统一、促进社会公平和国家长治久安具有重要意义。中国养老保险制度改革的总目标是：要在中国共产党的领导下实现国家治理体系和治理能力现代化，相应的题中应有之义是养老保险制度改革也应该以社会保险治理体系和治理能力现代化为目标，实现制度模式、经办管理、信息化建设的全国统一和城乡统一，与时俱进地实现制度的中国化、现代化。

六是养老保险亟待进行以参保人为中心的革命。从参保人地位变迁的角度看，过去30年养老保险制度进行了三次革命：第一次发生在单位保障向社会保障跨越的过程中，实现了养老保险的社会化，基本完成了"单位人"向"社会人"的转变。第二次发生在PC互联网信息技术的推动下，实现了手工经办向信息化经办的转变，主要特征是以政府为中心主导参保人的缴费和待遇。第三次革命诞生在移动互联网和云计算迅猛发展的背景下，养老保险制度实现了"互联互通"，实现了缴费、查询、认证、投资、发放、保值增值一站式服务与养老保险制度的弹性化。换言之，第三次革命将实现以政府为中心过渡到以参保人为中心，参保人成为养老保险的参与者甚至主导者，并推动整个流程的革命性变革。

在基础养老金实现全国统一、城乡统一的理想状态下，每个参保人都可以开设自己的个人账户，自由选择自己认同的缴费和待遇标准，自由确定自己的缴费和领取养老金的时间及金额。参保人利用移动互联网，搭建自己的社交网络和强关系，使得参保人的个人账户得以自主连接，这样每一个参保人就构成了社保缴费、投资、领取养老金的最小细胞和原点。借助社交网络，每个参保人都能够了解自己朋友的个人账户，分享他们确定养老保险缴费、投资和养老金待遇的经验。"互联互通"让参保人成为养老保险制度的主体或中心，并实现了参保人的跨时间、跨空间实时连接。10多亿参保人互联互通的养老保险制度，必将重塑参保人未来的生活，推动第三次养老保险制度革命的加快发展和完成。

三 双向推进养老保险制度转型与定型的构想

（一）制度顶层设计的指导思想

养老保险制度顶层设计与改革，要坚持人民利益至上，将确保人人公平享有基本养老保险作为制度的基石，夯实制度的社会基础和群众基础，全力推进养老保险理论和制度的中国化和现代化，按"双向推进"的思路，全面建成基础养老金与个人账户相结合的中国特色新型养老保险制度，推进养老保险制度建设道路、理论和制度的独立和中国化。要把握好养老保险制度供需平衡，发挥市场在社会保障资源配置中的决定性作用，保持制度的弹性，实现社会保障资源的精准配置，确保制度的可持续。要构建中国特色的"大保障"理论，充分发挥基础养老金在养老保险中的"定心锚"作用，确立中国特色新型养老保险制度"保基本、全覆盖、有弹性、能转移、可持续"的核心价值观。

（二）"双向推进"的改革思路

我国基本养老保险制度"双向推进"的改革思路：一是确立基础养老金与个人账户相结合的制度模式，实施职工基本养老保险制度的转型，推进城乡居民基本养老保险制度的并轨；二是实施机关事业单位养老保险制度的市场化改革，推进职工基本养老保险制度的转型和并轨。

（三）建立基础养老金的思路

将中央和地方基础养老金列入财政预算，中央基础养老金按照城镇职工基本养老保险"十一连调"的标准①，建立职工基本养老保险制度的中央基础养老金制度，明确中央政府的责任，推进城镇职工基本养老保险向基础养老金与个人账户相结合的中国特色新型养老保险制度模式转型。地方基础养老金根据"保基本"的要求，在中央基础养老金的基础上确定，保持制度的适应性和弹性。改革现行养老金待遇指数化确定方式，按"保基本"的要求确定基础养老金标准，推进养老保险制度由供给约束型向需求约束型转型，完成养老保险制度的中国化和现代化。

（四）完善个人账户的思路

做大、做强、做实个人账户，对个人账户实行延迟征税政策和市场化、多元化投资。个人账户不再与缴费年限、养老金待遇挂钩，实行完全积累，让市场发挥决定性作用，确保制度的全覆盖。个人账户不再列入财政预算。可以采取向个人账户发行特别国债的方式，在确保安全的前提下，提高个人账户的收益。适时推进养老保险费改税，建立社会保险税。建立与社会保险税相适应的管理体制机制和信息系统。按照"保基本"的标准和要求，适当降低中央基础养老金待遇调整的幅度、减缓调整的步伐，将资金主要用于做实个人账户。在适当时机将高龄老年津贴和社会救助中的老年救助资金整合到基本养老保险制度的转移支付中，尽快改变养老保障体系太分散和凌乱的格局。

在解决制度的不可持续问题上。一是建立全国统一、城乡统一的基础养老金制度模式，推进城乡居民基本养老保险制度与职工基本养老保险制度的并轨。二是逐步统一城乡居民和职工的基础养老金标准，尽快将城乡居民的基础养老金提高到高于最低生活保障标准的20%，用5~10年逐步与职工基础养老金标准并轨。三是在实现高度城镇化后，尽快实现基础养老金标准的全国统一和城乡统一。四是尽快建立以缴费或者缴税能力和申请待遇资格为前提的差异化补助和基础养老普惠制度。

---

① 近11年提高养老金累计的标准，约1600元。

参考文献

黄华波:《全民参保登记计划,社保全覆盖的战略性基础工程》,《中国社会保障》2015年第3期。

李红岚、郭婕、赵巍巍:《建立城乡居民养老金调整机制的构想》,《中国社会保障》2014年第12期。

刘同昌:《人口老龄化背景下建立城乡一体的养老保险制度的探索》,《山东社会科学》2008年第1期。

卢海元:《制度的并轨与定型:养老保险制度中国化进入崭新阶段》,《社会保障研究》2014年第3期。

孙佳欣:《城镇化进程中的社会保障制度探究》,《山东社会科学》2013年第5期。

郑秉文、孙永勇:《对中国城镇职工基本养老保险现状的反思——半数省份收不抵支的本质、成因与对策》,《上海大学学报》(社会科学版)2012年第3期。

郑功成:《尽快推进城镇职工基本养老保险全国统筹》,《经济纵横》2010年第9期。

郑功成:《全面建成覆盖城乡居民的社会保障体系——展望"十三五"时期的中国社会保障》,《中国社会保障》2015年第1期。

B.9
中国城镇住房保障体系的建设与发展*

董昕**

摘　要：	本文在回顾中国城镇住房保障体系发展历程的基础上，总结了"十二五"时期中国城镇住房保障体系建设的成就，分析了现存的主要问题，展望了"十三五"时期中国城镇住房保障体系的发展定位、建设重点和变化趋势。最后，针对中国城镇住房保障体系现存的主要问题，提出了相应的政策建议。
关键词：	城镇住房保障体系　"十二五"时期　"十三五"时期

一　中国城镇住房保障体系的发展历程

中国城镇住房保障体系的发展历程，可以大致分为三个阶段，即以公房为主的城镇住房保障阶段（1949~1998年），以经济适用住房为主的城镇住房保障阶段（1998~2007年），以廉租房、公租房和棚改房为重点的城镇住房保障阶段（2007年至今）。

（一）以公房为主的城镇住房保障阶段（1949~1998年）

新中国成立后，逐步建立起高度集中的计划经济体制；在计划经济体制

---

* 本文系国家社会科学基金项目"建立多元化保障性住房供应体系研究"（编号：12CGL093）的阶段性研究成果。
** 董昕，经济学博士，管理学博士后，中国城市发展与环境研究所助理研究员，主要研究方向为房地产经济。

下,中国城镇实行的是住房福利分配制度,城镇居民住房问题的解决主要依靠的是分配而来的公房。所谓"公房",就是由政府或单位统一筹集资金、统一进行建设、统一进行分配的公有住房。公房被作为一种福利,无偿分配给城镇居民,公房的使用者仅需支付极低的租金。在相当长的一段时间内,住房福利分配制度下的公房为中国的城镇居民提供了最基本的住房保障。当时的住房保障范围几乎涵盖所有城镇居民,但是保障水平很低,住房条件普遍较差,即使这样,还有不少人未能分配到公房居住,住房困难的现象较为普遍。

随着改革开放,计划经济体制开始向社会主义市场经济体制转变,住房福利分配制度也开始变革。1988年,国务院发布了《在全国城镇分期分批推行住房制度改革实施方案》的通知,其核心内容是"提租补贴",即:从改革公房低租金制度着手,积极组织公有住房出售,将住房实物分配逐步改变为货币分配;公房租金提高后,需要相应给住公房职工发住房券(补贴)。"提租补贴"的政策中还体现了要区别对待不同收入水平家庭的导向,如"对少数因为提高房租而增加支出较多的和生活困难户,可视其家庭人均收入和住房面积的不同情况,对新增加的租金实行一定时期内减、免、补助的政策";"出售新、旧住房的标准价和各项优惠措施,不适用于年收入一万以上的住户",当年"万元户"是家庭富裕的重要标志。虽然,政策已经有了对低收入家庭的倾斜,但面向中低收入家庭的城镇住房保障体系尚未从住房体系中相对独立出来。

在此阶段,城镇绝大部分城镇居民依靠公房的福利分配解决住房问题,住房条件普遍较差,可以说,这一阶段中国城镇住房保障的突出特点是大范围、低水平、靠公房。虽然已经开始"提租补贴"等市场化的探索,但是城镇住房保障以公房为主的情况尚未改变。

(二)以经济适用住房为主的城镇住房保障阶段(1998~2007年)

为了推进城镇住房制度改革、加快城镇住房商品化和社会化进程,1995年国务院办公厅转发国务院住房制度改革领导小组《国家安居工程实施方案》,提出实施国家安居工程要为推进城镇住房制度改革提供政策示范,要以政府扶持、单位支持、个人负担为原则,以大中城市为重点,有计划、有步骤地推进；同时，明确"国家安居工程住房直接以成本价向中低收入家庭出售，并优先出售给无房户、危房户和住房困难户，在同等条件下优先出售给离退休职工、教师中的住房困难户，不售给高收入家庭"。可以说，国家安居工程是中国面向城镇中低收入家庭提供住房保障的一种尝试，是现行城镇保障性安居工程的雏形，而以低价面向低收入家庭出售的国家安居工程住房也是经济适用住房的雏形。但是，真正进入以经济适用住房为主的城镇住房保障阶段是从1998年开始的。

在此阶段，中国的房地产市场逐步建立，中国的住房供应体系逐渐进入了高度商品化的阶段，政府住房保障在一定程度上处于缺位的状态。中国的城镇住房保障体系尚未真正建立起来。这一阶段中国城镇住房保障的突出特点是小范围，住房保障方式侧重于低价售房，城镇住房保障以经济适用住房为主。

（三）以廉租房、公租房和棚改房为重点的城镇住房保障阶段（2007年至今）

中国住房市场化改革20多年以来，住房制度改革不断得以深化，城镇住宅建设得到了持续的快速发展，总体上说中国城镇居民的住房条件实现了较大幅度的改善。但是，在中国城镇住房价格快速、大幅上涨的背景下，城镇中低收入群体的住房困难不断凸显，对于加强城镇住房保障的需求与呼声日渐强烈。2007年，国务院发布了《关于解决城市低收入家庭住房困难的若干意见》，要求"把解决城市低收入家庭住房困难作为维护群众利益的重要工作和住房制度改革的重要内容，作为政府公共服务的一项重要职责"，同时提出要"加快建立健全以廉租住房制度为重点、多渠道解决城市低收入家庭住房困难的政策体系"。

2010年，国家住房和城乡建设部等六部委发布的《关于做好住房保障规划编制工作的通知》中，强调住房保障的基本原则之一是突出重点，"要统筹考虑改善危旧住房群众的居住条件和解决新增家庭的住房困难，加快各类棚户区改造，积极发展公共租赁住房"。2012年，国务院《关于印发国家基本公共服务体系"十二五"规划的通知》中，对于城镇基本住房保障服务也仅提及廉租住房、公共租赁住房和棚户区改造，并未提及经济适用房和限价房。经济适用住房已经不再是中国城镇住房保障体系建设的重点。

2013年，住房和城乡建设部、财政部、国家发展改革委印发《关于公共租赁住房和廉租住房并轨运行的通知》，2014年，住房和城乡建设部再发《关于并轨后公共租赁住房有关运行管理工作的意见》，明确"并轨后公共租赁住房的保障对象，包括原廉租住房保障对象和原公共租赁住房保障对象，即符合规定条件的城镇低收入住房困难家庭、中等偏下收入住房困难家庭，及符合规定条件的新就业无房职工、稳定就业的外来务工人员"。目前，公共租赁住房和廉租住房的并轨运行工作正在继续，廉租房、公租房仍然同时存在。

由上可见，现阶段中国城镇住房保障的重点是：发展廉租住房和公共租赁住房，推进棚户区住房改造。这一阶段，城镇住房保障明显加强，住房范围比上一阶段有所扩大，住房保障层次更为丰富，住房保障方式更为多样。而且，与以往不同的是，城镇住房保障体系的保障范围不再仅局限于具有本地户籍的城镇居民，开始将外来务工群体纳入城镇住房保障体系。

二 "十二五"时期中国城镇住房保障体系的建设成就与问题

（一）"十二五"时期中国城镇住房保障体系建设的成就

1. 结构类型：住房保障体系的框架基本形成，住房保障制度初步建立

"十二五"时期，中国城镇住房保障体系的框架基本形成，住房保障制度初步建立。现阶段，中国城镇住房保障体系由多种保障性住房和住房租赁补贴构成，保障性住房又可分为租赁型保障性住房和出售型保障性住房。具体情况如下。

（1）租赁型保障性住房

中国城镇住房保障体系中的租赁型保障性住房，包括廉租住房和公共租赁住房，目前，两者正处于并轨运行的状态。廉租住房，面向城镇低收入住房困难家庭配租，租金远低于市场水平，由公共财政投资建设，建筑面积控制在50平方米以内。公共租赁住房，面向城镇的中等偏下收入住房困难家庭、新就业无房职工以及在城镇稳定就业的外来务工人员出租，租金略低于市场水平，由公共财政投资或企业和其他机构投资建设，建筑面积以40平方米左右的小户型为主。

（2）出售型保障性住房

中国城镇住房保障体系中的出售型保障性住房，具体包括经济适用住房、限价商品住房、棚户区改造住房等安置性住房。经济适用住房，面向城镇中住房困难的中低收入家庭配售，出售价格大幅低于市场水平，由政府减免土地出让金及相关税收，主要由企业投资建设，建筑面积控制在60平方米以内。限价商品住房，面向城镇中低收入群体中支付能力较强且住房困难的家庭，出售价格高于经济适用住房但低于市场水平，主要由企业投资建设，在住房价格较高的城市实行，建筑面积一般在90平方米以内。棚户区改造安置住房，面向符合安置条件的棚户区居民，由政府补助、企业出资建设，个人也承担一部分住房改善费用。出售型保障性住房一般都有上市交易的限制以及上市交易的收益调节办法。

（3）住房货币补贴

除了实物形式的保障性住房，中国城镇住房保障体系构成中还有住房货币补贴，主要是指向城镇部分住房困难的低收入家庭发放住房租赁补贴，以支持其通过市场途径租赁住房。

"十二五"期间，出台了一系列关于住房保障的政策，住房保障制度得以初步建立。"十二五"期间发布的住房保障政策主要包括：国务院办公厅《关于保障性安居工程建设和管理的指导意见》，国务院《关于印发国家基本公共服务体系"十二五"规划的通知》，国务院《关于加快棚户区改造工作的意见》，国务院办公厅《关于进一步加强棚户区改造工作的通知》，住房和城乡建设部、国家发展改革委、财政部等七部委《关于鼓励民间资本参与保障性安居工程建设有关问题的通知》，住房和城乡建设部、财政部、国家发展改革委印发《关于公共租赁住房和廉租住房并轨运行的通知》，财政部、住房和城乡建设部《关于印发城镇保障性安居工程财政资金绩效评价暂行办法的通知》等。

2. 建设总量：保障性住房大规模建设，总量达"十一五"时期的两倍以上

"十二五"时期，中国的保障性住房大规模建设。2011~2014年，全国新开工建设城镇保障性安居工程住房累计达3230万套、基本建成城镇保障性安居工程住房累计2088万套；2015年，全国计划新开工建设保障性安居工程

700万套，基本建成480万套①（详见表1）。根据历史惯例，2015年的保障性安居工程也将全面完成。由此估计，"十二五"期间中国新开工建设城镇保障性安居工程住房将不低于3930万套、基本建成的城镇保障性安居工程住房将不低于2568万套。2011年10月25日，第十一届全国人民代表大会常务委员会第二十三次会议上，住房和城乡建设部部长姜伟新所做的《国务院关于城镇保障性住房建设和管理工作情况的报告》中提到："'十一五'期间，全国开工建设各类保障性住房和棚户区改造住房1630万套，基本建成1100万套"。与"十一五"相比，"十二五"期间新开工和基本建成的城镇保障性安居工程住房均为"十一五"期间的两倍以上。

2014年12月召开的全国住房城乡建设工作会议还提出，2015年要启动"独立工矿区及国有林区、垦区棚户区改造的攻坚战"，"努力实现在2015年基本完成林区、垦区棚户区改造任务"。如果进展顺利，"十二五"期间中国林区和垦区的棚户区改造工作将基本完成。

表1　全国保障性安居工程住房建设情况（2011~2015年）

单位：万套

年份	2011年	2012年	2013年	2014年	2015年（计划）
新开工建设城镇保障性安居工程住房	1043	781	666	740	700
基本建成城镇保障性安居工程住房	432	601	544	511	480

资料来源：2011~2014年《国民经济和社会发展统计公报》；2015年数据来自2014年12月召开的全国住房城乡建设工作会议。

3. 保障方式与标准：实物保障方式为主，国家相关标准得以确立

住房保障方式可以分为供给方补贴和需求方补贴两大类，其中，供给方补贴，又称"补砖头"，即对住房的供给方给予财政补贴，使供给方以低于市场正常水平的价格向中低收入家庭出售或出租住房；需求方补贴，又称"补人头"，即对住房的需求方给予货币或住房券等形式的财政补贴，使作为需求方的中低收入家庭的住房支付能力提高，从而解决其住房问题。

---

① 资料来源：2014年12月召开的全国住房城乡建设工作会议，http://gs.people.com.cn/cpc/n/2014/1222/c345040-23298612.html。

在中国，供给方补贴体现为廉租住房、公共租赁住房、经济适用住房、限价商品住房等实物形式的保障性住房，需求方补贴体现为货币形式的住房补贴。2011年10月《国务院关于城镇保障性住房建设和管理工作情况的报告》提到：到2010年底，全国累计用实物方式解决了近2200万户城镇低收入和部分中等偏下收入家庭的住房困难，还有近400万户城镇低收入住房困难家庭享受廉租住房租赁补贴。由此可见，在我国的住房保障方式中，实物方式的保障性住房无疑占据着主体地位。虽然目前尚缺乏具体的统计数据，但是鉴于"十二五"时期各类保障性住房的大规模建设，可以判断出"十二五"时期实物方式的保障性住房仍是中国住房保障的主要方式。

"十二五"期间，各类住房保障方式的国家标准得以确立。2012年，国务院《关于印发国家基本公共服务体系"十二五"规划的通知》，将住房保障作为保障基本民生需求的公共服务之一，与教育、就业、社会保障、医疗卫生、计划生育、文化体育等一同纳入国家基本公共服务范围，并明确提出基本住房保障服务的国家基本标准。例如，以城镇低收入住房困难家庭为服务对象的廉租住房，享有实物配租的，人均住房建筑面积13平方米左右，等等。

4. 覆盖面：全国保障性住房覆盖面约为20%，已达到"十二五"末的目标

2011年10月《国务院关于城镇保障性住房建设和管理工作情况的报告》提到："到'十二五'末，全国保障性住房覆盖面达到20%左右，力争使城镇低收入和部分中等偏下收入家庭住房困难问题得到基本解决，新就业职工住房困难问题得到有效缓解，外来务工人员居住条件得到改善。"报告中还提到：到2010年底，全国累计用实物方式解决了近2200万户城镇低收入和部分中等偏下收入家庭的住房困难，实物住房保障受益户数占城镇家庭总户数的比例达到9.4%。可以说，"十一五"末全国保障性住房覆盖面约为9.4%。

截至2014年末，全国城镇常住人口为74916万人，按城镇家庭户均人口2.85人计算，全国约有城镇家庭26286万户。2011~2014年全国新开工建设城镇保障性安居工程住房总量为3230万套，再加上到2010年底全国已经累计以实物方式解决了近2200万户城镇中低收入家庭的住房困难，不完全统计总共已经解决了约5430万户城镇中低收入家庭的住房困难。由此计算，截至

2014年末,仅考虑实物住房保障方式,全国城镇住房保障的受益户数占城镇家庭总户数的比例约为20.7%,已经达到了"十二五"末全国保障性住房覆盖面达到20%左右的目标。

(二)中国城镇住房保障体系建设现存的主要问题

1. 住房保障制度设计与法规建设不足

就国际经验而言,制定较为全面的法律体系是住房问题得以解决的重要保障。但是,中国的住房保障制度建设总体上说是在探索中前行,尚处于初步建立的阶段,缺乏基本法律保障。作为住房保障制度基础之一的《住房保障法》虽于2008年11月被列入十一届全国人大常委会的立法规划,但目前仍未出台。住房城乡建设部起草《城镇住房保障条例(送审稿)》,报请国务院审议,2014年3月,国务院法制办公室将修改后的《城镇住房保障条例(征求意见稿)》向社会各界公开征求意见,目前也还未得以正式出台。中国现行的住房保障政策大多数是通过各级政府的"意见"、"通知"等规范性文件形式加以发布,约束力有所欠缺,未能从法律的高度规定和保障公民住房的基本权利。这都说明中国城镇住房保障体系建设现存的主要问题之一,就是制度设计与法规建设有所不足。

2. 住房保障的资金来源与土地供给不稳

中国城镇住房保障体系建设的制度设计与法规建设有所不足,直接导致了另一个城镇住房保障体系中存在的问题——住房保障的资金来源与土地供给不稳定。一方面。住房保障的资金来源不稳定,主要表现在:在中央财政或地方财政预算中,没有稳定的支出计划用于保障性住房的建设,保障性住房建设资金投入往往以短期计划的形式出现,存在着较大的不确定性;从《国家基本公共服务体系"十二五"规划》中可以看出,在现行住房保障体系中,基本住房保障服务支出的主要责任方是地方政府,包括市、县政府和省级政府,中央政府承担的是资金补助的职责,而部分地方政府在落实住房保障资金方面存在一定的困难,尤其是对于财政力量较弱的中西部地区来说筹措资金的压力更大。另一方面,保障性住房的土地供给难以持续。国务院《关于解决城市低收入家庭住房困难的若干意见》要求"廉租住房、经济适用住房和中低价位、中小套型普通商品住房建设用地的年度供应量不得低于居住用地供应总量的

70%"。从目前的实际操作情况看,中低价位、中小套型普通商品住房即限价房。也就是说,保障性住房所用土地占新增居住用地供应总量的70%。这种要求与以市场作为资源配置主要方式是存在矛盾的,是难以一直持续下去的。而且,征地拆迁的难度不断提高也给保障性住房用地的提供增加了不确定性。

3. 保障性住房的规划与建设质量不高

一些地方的保障性住房建设讲求速度和数量,对建设质量的要求不高、把关不严,导致部分保障性住房的规划与建设存在质量问题。一是规划区位不合理,一些地方出于土地供给便利、资金压力小等原因,将保障性住房选址在偏远区位,交通不便或交通成本过高,周边生活配套设施缺乏,致使部分保障性住房建好后却实际空置闲置。二是户型设计不合理,有的保障性住房仅仅满足了套型面积的要求,但内部空间结构设计不合理,影响了正常的使用功能。三是建筑质量较差,有些保障性住房出于压低成本等原因,采用较差甚至是不合格的建筑材料,施工、监理、验收等建筑过程要求不严,导致部分保障性住房的建筑质量较差。

4. 保障性住房的分配与管理问题不少

随着中国保障性住房的大规模建设完成,保障性住房分配与运营管理方面的问题将更为突出。保障性住房的分配与管理问题主要体现在:一是资格审核难,目前居民家庭和个人的住房、收入及金融资产等基础信息不足,使对住房保障对象的资格核定存在一定难度,一些地方出现了骗租、骗购的情况;二是动态调整难,一些已经使用保障性住房的家庭,其收入增加后不再满足享有住房保障的条件,但仍然不退出保障性住房,缺乏法律规范等原因使得保障性住房的循环使用很难;三是管理维护难,不少保障性住房出售后,物业费等维修管理费用收缴难度大,致使管理维护资金不足,管理维护工作难以正常开展;等等。

5. 住房保障方式过于偏重"补砖头"

《国家基本公共服务体系"十二五"规划》中提到:增加廉租住房不低于400万套,增加公共租赁住房不低于1000万套,改造棚户区居民住房不低于1000万户,同时,新增发放租赁补贴不低于150万户。可见,实物形式的保障性住房在中国城镇住房保障体系中的地位远远高于货币形式的住房补贴,可以说中国的住房保障以"补砖头"的供给方补贴为主,辅之以"补人头"的需求方补贴。然而，经过房地产业近二十年的快速发展，中国城镇住房供不应求的局面从总体上已经扭转，不再需要大量的供给方补贴，而更为需要"补人头"的需求方补贴。

三 "十三五"时期中国城镇住房保障体系的发展展望与政策建议

（一）"十三五"时期中国城镇住房保障体系的发展展望

1. 定位：保障性住房建设是民生工程，也是拉动经济增长的重要途径

中国经济正面临着复杂的国际国内形势，"经济发展、结构调整、民生改善"是2015年4月30日中共中央政治局会议分析研究当前经济形势和经济工作所确定的宏观调控基调。中国正处于经济结构转型期，旧的增长模式难以为继，新的经济增长动力尚在形成之中。保障性住房建设一方面可以改善民生，另一方面又可以拉动经济增长，2014年12月召开的全国住房城乡建设工作会议就明确提到"继续大规模推进棚户区改造，不仅是重大的民生工程，也是拉动经济增长的重要途径"。因此，保障性住房建设将被作为"十三五"时期的政府工作重点。

2. 建设重点：棚户区改造和公共租赁住房是住房保障体系的建设重点

首先，棚户区改造是"十三五"时期住房保障体系建设的重中之重。棚户区改造可以明显集中改善棚户区居民的居住条件，还可以兼顾城市土地整理、完善配套设施建设、提升城市环境与功能布局等，带动作用较大，又可以大规模推进。2014年底召开的全国住房城乡建设工作会议提出，2015年要启动"独立工矿区及国有林区、垦区棚户区改造的攻坚战"，"努力实现在2015年基本完成林区、垦区棚户区改造任务"，"在2017年基本完成独立工矿区棚户区改造任务"。其次，公共租赁住房的建设与管理是"十三五"时期住房保障体系建设的另一重点。在新型城镇化背景下，更加强调将农民工等外来人口纳入城镇住房保障体系，公共租赁住房正是面向外来务工人员的住房保障类型。因此，公共租赁住房的建设和管理也将在"十三五"时期得到重视和加强。

3. 保障方式：由"补砖头"为主向"补砖头"、"补人头"并举转变

1998年中国城镇人均住房建筑面积为18.7平方米，到2012年底城镇人均住房建筑面积已经增加到32.9平方米。2010~2014年，全国新开工建设的城镇保障性安居工程住房累计达3820万套，全国基本建成的城镇保障性安居工程住房累计达2458万套。中国城镇住房总量供给不足的情况已经转变，需求方补贴的住房保障方式将发挥更大的作用，"补人头"的重要性进一步增加。2014年底召开的全国住房城乡建设工作会议也明确提出，"各地在根据需求集中新建公租房的同时，要充分发挥市场的积极作用，即通过市场提供房源，政府补贴租金，实现'补砖头'、'补人头'并举，提高住房保障效率"。因此，可以预期"十三五"期间的住房保障方式将由"补砖头"为主向"补砖头"、"补人头"并举转变。

（二）关于中国城镇住房保障体系发展的政策建议

1. 推进住房保障制度和法规建设

首先，明确住房保障体系在住房体系中的地位和作用是完善住房保障制度的前提。要充分发挥市场机制在住房资源配置方面的基础作用，合理确定保障与市场的边界，明确政府定位，制定住房保障体系建设的长期规划，有步骤、分层次地推进中低收入家庭住房问题的解决。其次，将住房保障制度以法律的形式加以固定，以避免住房保障政策的多变性、随意性。加快推进《住房保障法》、《城镇住房保障条例》等相关住房保障法规的出台。再次，住房保障制度和法规建设全面覆盖保障性住房的建设、分配、管理各个环节及住房货币补贴的发放，以保证住房保障体系的公平有效运行。

2. 稳定住房保障的资金来源和土地供给

稳定住房保障资金来源的主要措施包括：在建立我国住房保障长期规划的基础上，制定长期有序的投资计划；理顺中央政府和地方政府，借鉴国际经验，结合中国实际，由中央政府承担更多的住房保障财政支出责任；进一步拓展住房保障的资金来源，落实细化公积金、政府土地出让收入等用于住房保障。土地供给方面，要使保障性住房用地的供给具有可持续性，根据住房保障的长期规划以及当时当地的住房市场供求情况，制定长期和短期的土地供给计划并落实执行。

3. 提高保障性住房的规划与建设质量

在保障性住房的规划选址环节，综合考虑居住、出行、就学、就医等实际问题，尽量把保障性住房的位置安排在交通较为便利、生活配套设施较为齐全的区位。在保障性住房的建筑设计环节，严格设计方案的审批，征求潜在使用者的意见，完善住房内部空间结构设计，提高使用功能。在保障性住房的建设施工环节，加强质量监管，推行参建单位负责人和项目负责人的责任终身制，推广住户验收制度。

4. 完善保障性住房的分配与管理机制

首先是严格审核住房保障的准入条件，力求保障性住房分配的公平公正。整合相关部门信息资料，加快完善民政、公安、税务、工商、银行等部门的信息共享机制，进一步解决管理中信息碎片化、分割化等问题，全面掌握住房保障申请人的收入和资产情况。其次是加强法律法规建设，规范保障性住房的使用和管理。制定保障性住房后续管理的政策法规，明确保障性住房管理内容、管理部门和管理费用来源等；探索保障房小区居民自我管理、自我服务模式，减少管理费用，缓解运营资金压力。再次是对申请家庭的收入与资产情况进行动态跟踪，完善保障性住房的腾退机制，从而实现实物性住房保障的动态调整与循环使用。

参考文献

董昕：《中国政府住房保障范围的变迁与现状研究》，《当代财经》2011年第5期。

魏后凯、李景国：《中国房地产发展报告 No. 12（2015）》，社会科学文献出版社，2015。

生态环境篇

Ecological Environment Reports

B.10
城市生态环境保护的现状、问题与建议

李宇军*

摘　要：	"十二五"期间,全国城市生态环境质量整体有所改善,但是仍不能满足公众对高质量环境的要求。本文在分析城市生态环境保护面临挑战的基础上,提出了"十三五"期间改善城市生态环境状况的对策建议。
关键词：	城市环境保护　污染控制　环境风险

"十二五"期间,国家采取多种措施、多种手段,加大环境污染治理力度,主要污染物排放总量逐年降低,城市空气质量、水环境质量均有所

---

* 李宇军,中国社会科学院城市发展与环境研究所环境经济与管理研究室副研究员,主要研究领域为环境规划与管理、环境政策、固体废物管理、生态城市。

提高，重金属、持久性有机和危险废物等污染防治渐显成效，城镇环保设施建设与管理水平有较大提升，城市生态环境得到一定的改善。但是，由于我国环境治理历史欠账多，环境问题错综复杂，以及公众对环境质量需求的不断提高，我国城市生态环境保护工作仍有许多方面亟待改进和提升。

一 "十二五"期间城市环境状况

（一）城市空气质量形势严峻

2010~2012年，按照《环境空气质量标准》（GB3095-1996）规定的二氧化硫、二氧化氮、可吸入颗粒物等3项指标对城市空气质量进行评价，城市空气质量达标率[①]从2010年的82.8%提升到2012年的91.4%。

从2011年开始，全国各地雾霾污染呈现逐年加重趋势。2012年2月29日，环保部发布了《环境空气质量标准》（GB3095-2012），增加了对"细颗粒物（$PM_{2.5}$）[②]、臭氧（O_3）和一氧化碳（CO）"等3项指标的控制，2016年1月1日，该标准在全国全面实施，并在重点区域推行不同地区分步实施[③]。

按新空气质量标准评价，城市空气质量达标率极低。2013年74个城市根据《环境空气质量标准》（GB3095-2012）对空气质量进行了监测与评价，结果显示：空气质量达标[④]的城市只占4.1%，只有拉萨、海口和舟山3个城市

---

① 达标率：达到《环境空气质量标准》（GB3095-1996）二级标准的城市百分比。
② $PM_{2.5}$是指大气中直径小于或等于2.5微米的颗粒物，也称为可入肺颗粒物。它的直径还不到人的头发丝粗细的1/20。虽然$PM_{2.5}$只是地球大气成分中含量很少的组分，但它对空气质量和能见度等有重要的影响。与较粗的大气颗粒物相比，$PM_{2.5}$粒径小，富含大量的有毒、有害物质且在大气中的停留时间长、输送距离远，因而对人体健康和大气环境质量的影响更大。
③ 《关于实施〈环境空气质量标准〉（GB3095-2012）的通知》，2012年，环保部网站。主要内容：2012年，京津冀、长三角、珠三角等重点区域以及直辖市和省会城市；2013年，113个环境保护重点城市和国家环保模范城市；2015年，所有地级以上城市；2016年1月1日，全国实施新标准。主要是对二氧化硫（SO_2）、二氧化氮（NO_2）、可吸入颗粒物（PM_{10}）、细颗粒物（$PM_{2.5}$）、臭氧（O_3）和一氧化碳（CO）等6项指标开展监测。
④ 空气质量达标是指空气质量好于国家二级标准。

达标，其他71个城市不同程度超标，超标城市比例高达95.9%，74个城市主要是省会城市、计划单列市以及京津冀、长三角、珠三角等重点区域城市[①]；2014年161个城市中的16个城市空气质量达标，达标率仅占9.9%，达标的16个城市包括：三亚、北海、湛江、福州、舟山、海口、深圳、昆明、泉州、珠海、汕尾、云浮、曲靖、惠州、玉溪和拉萨，145个城市的空气质量超标，超标率占90.1%。[②] 虽然，2014年达标城市比例有所提高，但绝大部分城市空气质量不达标。

2013~2014年，大气污染三大重点控制区域共有47个重点城市，三大区域之间比较发现，珠三角区域城市各项指标达标比例较高，空气质量较好，长三角次之，而京津冀地区城市各项指标达标率都较低。京津冀和长三角区域首要污染物均为$PM_{2.5}$，其次为PM_{10}和O_3，珠三角首要污染物为O_3，其次$PM_{2.5}$和NO_2。在2013年，京津冀13个城市可吸入颗粒物和细颗粒物两项指标均未达标，2014年，13个城市的可吸入颗粒物未达标，细颗粒物只有张家口一个城市达标（见表1）。北京、天津和石家庄三个城市细颗粒物浓度跟标准相比较，存在较大的差距（见表2）。相对而言，京津冀区域各城市大气污染防治任务更加艰巨。

表1 三大重点区域城市空气质量达标情况汇总表

		京津冀	长三角	珠三角
城市数量（座）		13	25	9
指标名称	年度	达标城市数量（座）		
二氧化硫（SO_2）	2014年	7	25	9
	2013年	7	25	9
二氧化氮（NO_2）	2014年	3	14	6
	2013年	3	10	5
可吸入颗粒物（PM_{10}）	2014年	0	3	8
	2013年	0	2	5
细颗粒物（$PM_{2.5}$）	2014年	1	1	3
	2013年	0	1	0

---

① 环境保护部：《2013年中国环境状况公报》，2014年6月，环保部网站。
② 环境保护部：《2014年中国环境状况公报》，2015年6月，环保部网站。

续表

指标名称	年度	京津冀	长三角	珠三角
城市数量(座)		13	25	9
		达标城市数量(座)		
臭氧(O_3)	2014年	5	15	5
	2013年	8	21	4
一氧化碳(CO)	2014年	10	25	9
	2013年	6	25	9
空气质量主要问题	2014年	$PM_{2.5}$是首要污染物,其次为PM_{10}和O_3	$PM_{2.5}$是首要污染物,其次为PM_{10}和O_3	O_3是首要污染物,其次为$PM_{2.5}$和NO_2

数据来源：环保部《2013年中国环境状况公报》，2014年6月，环保部网站；环保部《2014年中国环境状况公报》，2015年6月，环保部网站。

表2　2014年北京、上海、广州等城市空气中$PM_{2.5}$浓度统计

单位：微克/立方米

城市	北京	天津	石家庄	上海	南京	杭州	广州	深圳
$PM_{2.5}$年均浓度	85.9	83	124	52	74	65	49	34
同比下降(%)	4.00	13.50	19.50	16.10	5.10	7.10	7.50	15.00
年均浓度			一级标准值:35		二级标准值:75			

数据来源：环保部《2014年中国环境状况公报》，2015年6月，环保部网站。

（二）城市水环境质量状况

2014年，我国十大流域①水质总体为轻度污染，水质保持稳定。与"十一五"末相比，饮用水源地水质进行监测的城市数量增加，饮用水水质的达标率大幅增加。地下水水质监测点位786个，但是，地下水水质达标率比2010年下降了4.3%，水质状况令人担忧。

1. 城市地表水饮用水水质大幅提高

2014年，对全国329个地级及以上城市集中式饮用水水源地水质监测数据分析显示，全年取水总量为332.55亿吨。其中，达标取水量为319.89亿

---

① 十大流域包括长江、黄河、珠江、松花江、淮河、海河、辽河、浙闽片河流、西北诸河和西南诸河。

吨,达标率为96.2%,与"十一五"末相比,地表水水源水质达标率提高了近20个百分点。地表水水源地主要超标指标为总磷、锰和铁。

2. 城市地下水水质情况极差

2014年,202个城市开展了地下水水质监测,监测点共有4896个,水质为优良-良好-较好级的监测点只占38.5%,61.5%监测点的水质为较差-极差级。其中,水质为优良级的监测点比例为10.8%,良好级的监测点比例为25.9%,较好级的监测点比例为1.8%,较差级的监测点比例为45.4%,极差级的监测点比例为16.1%。主要超标指标为总硬度、溶解性总固体、铁、锰、亚硝酸盐氮、硝酸盐氮、氨氮、氟化物、硫酸盐等,也出现个别监测点砷、铅、六价铬、镉等重(类)金属超标的现象。"十一五"末,182个城市对地下水水质开展了监测,监测点位共有4110个。水质为优良-良好-较好级的监测点只占42.8%,57.2%监测点的水质为较差-极差级。其中,水质为优良级的监测点418个,占10.2%;水质良好级的1135个,占27.6%;水质为较好级的206个,占5.0%;水质为较差级的、极差级的监测点分别为1662个、689个,各占40.4%和16.8%。

与"十一五"末对比,城市地下水水质未发生根本性的转变,绝大多数的监测点位水质仍处于较差级和极差级水平,亟待改善。

(三)声环境质量相对稳定

2014年,依据《声环境质量标准》(GB3096-2008)①,对327个城市的监测数据进行评价,结果显示:区域声环境质量为一级的城市仅占1.8%,二

---

① 在《声环境质量标准》(GB3096-2008)中,按区域的使用功能特点和环境质量要求,声环境功能区分为以下五种类型:0类声环境功能区:指康复疗养区等特别需要安静的区域;1类声环境功能区:指以居民住宅、医疗卫生、文化教育、科研设计、行政办公为主要功能,需要保持安静的区域;2类声环境功能区:指以商业金融、集市贸易为主要功能,或者居住、商业、工业混杂,需要维护住宅安静的区域;3类声环境功能区:指以工业生产、仓储物流为主要功能,需要防止工业噪声对周围环境产生严重影响的区域;4类声环境功能区:指交通干线两侧一定距离之内,需要防止交通噪声对周围环境产生严重影响的区域,包括4a类和4b类两种类型;4a类为高速公路、一级公路、二级公路、城市快速路、城市主干路、城市次干路、城市轨道交通(地面段)、内河航道两侧区域;4b类为铁路干线两侧区域。

级的城市占71.6%,三级的城市占26.3%,四级的城市占0.3%,没有五级城市。城市功能区声环境昼间好于夜间。但均未实现全部达标。2014年,296个监测城市,昼间监测点次达标率平均为91.3%,夜间监测点次达标率平均为71.8%。道路交通两侧区域夜间监测点次达标率为49.4%,铁路干线两侧区域夜间监测点次达标率为35.3%。与2010年相比,城市区域声环境质量总体相对稳定,并有所改善。

(四)辐射环境质量稳定

2014年,公众照射的电磁辐射水平[1]低于《电磁辐射防护规定》(GB8702-88)[2]中的限值。电磁辐射设施周围环境电磁辐射水平无明显变化。监测的移动通信基站天线周围环境敏感点的电磁辐射水平低于电磁辐射防护规定的公众照射导出限值,监测的各输电线和变电站周围环境敏感点工频电场强度和磁感应强度均低于有关规定的居民区工频电场评价标准和公众全天候辐射时的工频限值。[3]

(五)生态环境建设成效显著

截至2014年底,全国共建立各种类型、不同级别的自然保护区2729个,总面积14699万公顷。其中陆域面积14243万公顷,占全国陆地面积的14.84%。自然保护区的建设与保护为全国生态环境质量的整体改善起到了重要的推进作用。2014年城市建成区绿化覆盖率约达到40%,绿化覆盖面积为190.75万公顷,与2013年相比,增加了9.55万公顷。建成区绿地率为36.3%,城市人均公园绿地面积为12.64平方米,比2013年增加了0.38平方米。[4] 截至2014年9月,有75个城市被命名为国家森林城市。

2014年,环保部会同财政部通过卫星遥感、环境监测、无人机、统计调

---

[1] 环境电磁辐射水平是指"环境电磁综合场强"有关公众照射参考导出限值。
[2] 《电磁环境控制限值》(GB 8702-2014)具有强制执行的效力,自2015年1月1日起在全国实施。自本标准实施之日起,《电磁辐射防护规定》(GB8702-88)和《环境电磁波卫生标准》(GB9175-88)废止。
[3] 环境保护部:《2014年中国环境状况公报》,2015年6月5日,环保部网站。
[4] 全国绿化委员会办公室:《2014年中国国土绿化状况公报》,《中国绿色时报》2015年3月12日。

查、现场核查等多种技术手段,对国家重点生态功能区512个县域生态环境状况进行了监测、评价,结果显示:生态环境"脆弱"的县域有61个,占11.9%;157个处于"一般"状态,占30.7%,大部分集中在水源涵养功能区;294个处于"良好"状态,占57.4%,主要分布在水源涵养和生物多样性维护类型区。对492个县域生态环境质量动态评估发现:有69个生态环境质量趋向"变好",占14.0%;有68个区域"变差",占13.8%。[①]

(六)土壤环境状况不容乐观

2014年,环保部、国土部联合发布的《全国土壤污染调查公报》显示,部分地区土壤污染较重,全国土壤总超标率达到16.1%,农业和工矿业等生产经营活动是导致土壤污染的主要原因。土壤污染类型主要是无机型污染,有82.8%的监测点位超标,其次是有机型污染,极少数地区呈现复合型污染。

总体分析,我国土壤污染与经济发展强度相关,无论是在长江三角洲、珠江三角洲,还是在东北老工业基地,土壤污染问题都较为突出。南方地区的土壤污染重于北方地区,南、中南地区土壤重金属污染严重,其中,从西北到东南、从东北到西南方向,铅、砷、汞和镉等4种重金属污染分布呈现逐渐升高的态势。[②]

二 城市污染控制成效与进展

与"十一五"末相比,2011~2014年,环境保护投资逐年提高,基础设施水平和管理水平有了较快的提升,主要污染物排放量大幅减少。

(一)城镇环保基础设施能力逐年提高

"十二五"期间,全社会环保投入金额逐年提高,环保投资主要来自包括政府、金融机构、企业和社会的投资。2011年,环保投入为6026亿元,2012

---

① 环境保护部:《2014年中国环境状况公报》,2015年6月5日,环保部网站。
② 环境保护部、国土部:《全国土壤污染调查公报》,2014年4月17日,环保部网站。

年为8253亿元，2013年全国污染治理投资总额9037.2亿元，其中中央政府2011年、2012年和2013年对节能环保投资的投入分别为2641亿元、2963亿元和3383亿元，年均增长超过了12%。

2013年环保投入比"十一五"末期的6654.2亿元增加2383亿元，环境污染治理投资占GDP的比重为1.59%，但是该比例低于2010年1.67%的占比水平。其中：工业污染治理项目投资额为849.7亿元，"三同时"项目环保投资额为2964.5亿元，城市环境基础设施建设投资额为5223.0亿元，城镇基础设施投资占较大比例。

城镇污水处理能力显著提高。截至2014年底，全国设市城市污水处理厂达1797座，日污水处理能力为1.31亿立方米，比2011年的1.14亿立方米提高0.17亿立方米。城市污水处理率达到90.2%，比2011年的82.6%提高了7.6个百分点。

垃圾无害化处理能力增强。2014年，全国设市城市生活垃圾清运量为1.79亿吨，比2010年垃圾清运量1.6亿吨增加0.19亿吨，生活垃圾无害化处理量达到1.62亿吨，无害化处理率达到了90.3%，比2010年的72.4%提高了17.9个百分点。每日无害化处理能力为52.9万吨，同比增加3.7万吨，无害化处理率上升1个百分点。其中，卫生填埋处理量为1.05亿吨，占65%；焚烧处理量为0.53亿吨，占33%；其他处理方式占2%。生活垃圾焚烧处理设施无害化处理能力达到了18.5吨/日，同比上升2.8个百分点。[1]

（二）主要污染物排放量下降

截至2014年底，主要依据《"十二五"节能减排综合性工作方案》、《国家环境保护"十二五"规划》和《节能减排"十二五"规划》的要求，加大环保投入，持续调整产业结构，综合运用法律、行政、经济和宣传等多种方式促进污染减排，全国主要污染物排放量呈现逐年下降趋势，效果显著。2014年，新增城镇污水日处理能力1070万吨、城镇污水再生水日利用能力285万吨；73个生活垃圾填埋场新增渗滤液处理设施；830个造纸、印染等重点项目实施废水深度治理及回用工程；14475家畜禽规模化养殖场完善废弃物处理和

---

[1] 国家统计局：《国民经济和社会发展统计公报（2014年）》，国家统计局网站。

资源化利用设施。1.3亿千瓦现役煤电机组脱硫设施实施增容改造，1.4亿千瓦现役煤电机组拆除脱硫设施烟气旁路；3.6万平方米钢铁烧结机新增烟气脱硫设施；石油炼制行业26套4005万吨催化裂化装置新建脱硫设施；各地煤改气工程新增用气量25亿立方米，替代原煤520万吨，减少二氧化硫排放量4.8万吨。新增脱硝机组2.6亿千瓦，约占水泥熟料产能的83%，即6.5亿吨新型干法生产线新建了脱硝设施，还有约3.1万吨/日生产规模的平板玻璃生产线新建脱硝设施。

2014年，全国废水中化学需氧量排放总量为2294.6万吨，比2011年的2499.9万吨减少了205.3万吨；氨氮排放总量为238.5万吨，比2011年的260.4万吨减少了21.9万吨。

2014年，全国废气中二氧化硫排放总量为1974.4万吨，与2011年的2217.9万吨相比降低了243.5万吨；氮氧化物排放总量为2078.0万吨，与2011年的2404.3万吨相比降低了326.3万吨。

2014年，全国工业固体废物产生量为325620.0万吨，比2011年的325140.6万吨增加480万吨，综合利用率为62.13%，比2011年60.5%提高了1.63个百分点。

（三）水资源利用率大幅提高

2013年，国务院印发《实行最严格水资源管理制度考核办法》，31个省、自治区和直辖市全部建立了行政首长负责制。不断强化取水许可管理、入河排污口监管，深入推进节水型社会建设，水利部启动了46个全国水生态文明城市建设试点。[①]

2014年，全年总用水量6220亿立方米，比2011年的6080亿立方米增加140亿立方米。2014年万元国内生产总值用水量112立方米，比2011年139立方米下降了27立方米；万元工业增加值用水量64立方米，比2011年的82立方米下降了18立方米；人均用水量456立方米，比2011年的452立方米增加了4立方米。

---

① 水利部：《2013年中国水资源公报》，中国发展门户网。

（四）重金属污染治理初见成效

2011年2月18日国务院批复了《重金属污染综合防治"十二五"规划》。《规划》提出："到2015年，重点区域铅、汞、铬、镉和类金属砷等重金属污染物的排放，比2007年削减15%；非重点区域的重点重金属污染排放量不超过2007年的水平。"

截至2013年底，铅、汞、镉、铬和类金属砷等五种污染物排放总量与2007年排放水平相比下降了10.5的百分点。共计淘汰涉重金属企业4000余家，其中淘汰铜冶炼产能204万吨、制革产能2580万标张、铅冶炼产能296万吨、铅蓄电池产能5800万千伏安时和锌冶炼产能85万吨。[1]

虽然，全国在重金属污染控制方面取得了较大的进展，但从土壤污染状况公报的数据看，土壤污染状况仍然不容乐观。重金属污染治理是一个非常漫长的系统工程，需要持续重视推进。

（五）$PM_{2.5}$污染程度有所降低

2013年9月，国务院发布了《大气污染防治行动计划》[2]，简称"国十条"，以及《大气污染防治行动计划实施情况考核办法（试行）》。有关方面先后出台了《大气污染防治成品油质量升级行动计划》、《石化行业挥发性有机物综合整治方案》等19项配套政策措施，中央财政2014年先后安排专项资金100亿元，支持各地开展大气污染防治。

淘汰落后产能，减少污染物排放。2014年，淘汰钢铁产能3110万吨、平板玻璃产能3760万重量箱、水泥产能8100万吨，淘汰燃煤小锅炉5.5万台，淘汰黄标车及老旧车超过600万辆。

区域协作，共创"APEC蓝"。为保障APEC会议期间空气质量良好，京津冀及周边区域协同合力合作，空气质量4天为优、7天为良，各项污染物平均浓度均达到近5年同期最低水平，出现了"APEC蓝"。

---

[1] 环保部：《地方对重金属污染治理投入不足 湖南等四省排放量不降反升》，2014年12月17日，新华网。

[2] 国务院：《大气污染防治行动计划》，2013年9月13日，《中国环境报》第1版。

通过综合手段，促进空气质量改善。2014 年，74 个城市细颗粒物（$PM_{2.5}$）年均浓度为 64 微克/立方米，同比下降 11.1%，城市空气中细微颗粒物的浓度都有不同程度的降低。

三 城市生态环境保护面临的挑战

我国城镇化率已经超过 50%，城市人口逐年增长，城市资源、生态环境所承受的压力会越来越大。近几年，我国加大环境保护资金投入，综合运用多种手段推进城市生态环境改善，并取得了一定成效。但是，应该看到，城市生态环境整体状况仍处于中等偏下的水平，城市空气质量、水环境、声环境和土壤环境状况等与公众的需求还有很大差距，均亟待提升，城市生态环境保护面临着巨大的挑战。

（一）城市环境质量有待改善

2014 年，161 个城市中只有 16 个城市空气质量达标，达标率仅占 9.9%；城市饮用水水源地合格率为 96.2%，没有做到 100% 合格；与"十一五"末对比，城市地下水水质未发生根本性的转变，绝大多数的监测点位水质仍处于较差级和极差级水平；296 个声环境监测城市，昼间监测点次达标率平均为 91.3%，夜间监测点次达标率平均为 71.8%。以上数据显示，环境质量亟待改善提升，特别是空气质量。

（二）城市垃圾排放量逐年增长

从数据分析可以看出，大气污染物和水污染物排放量均有大幅降低，只有工业固体废物产生量是逐年增加，虽然综合利用率在提高，但仍有近四成的固体废物未得到有效利用，只能堆存，对环境造成威胁。城市生活垃圾排放量也是逐年增加，2014 年生活垃圾清运量为 1.79 亿吨，比 2010 年增加 0.19 亿吨，虽然城市垃圾无害化处理率逐年增长，但仍然低于垃圾排放量的增长速度，约有一成多的垃圾未得到有效处理，严重威胁公众身体健康，未来许多城市垃圾填埋场即将服务期满关闭，可能面临垃圾无处可去、垃圾围城等问题。

(三)重金属污染控制形势严峻

近年来,有色冶炼、聚氯乙烯和铅蓄电池等行业产量大幅增加,导致部分重金属污染物排放量有所增加。同时,部分地区在前期对重金属污染管理相对宽松,为"十二五"重金属污染控制目标的按期完成,加大了控制难度;部分重点重金属污染企业监测达标率仍然较低;部分城市还有一些重点治理项目进度滞后。重金属污染控制亟待加速推进。

(四)机动车污染控制有待加强

城市机动车污染对空气质量的贡献率占比较高。近几年,各城市在黄标车和老旧车淘汰方面工作力度加大,2014年完成淘汰黄标车和老旧车600万辆,但黄标车和老旧车使用量还很大。全国按计划全面供应国Ⅳ车用汽柴油,北京、天津、上海、江苏、广东、陕西等地率先供应国Ⅴ车用汽柴油,但整体油品质量仍然有待改进。

(五)城市环境风险意识亟待提高

"十二五"期间,我国突发环境事件①呈现上升趋势,2010年突发环境事件共发生420起,2013年上升到712起。2015年8月12日,位于天津滨海新区的瑞海国际物流有限公司的危险品仓库发生爆炸,此次因化学品引发的爆炸强度、破坏力极大,影响范围广,受害企业和人口多,对区域生态环境、经济发展和社会稳定都造成了极大的影响。目前,虽然具体爆炸原因仍在调查中,但是对危险化学品管理不善则是不争的事实。值得各城市警醒的是,城市环境风险高发期正在逼近,必须引起有关部门足够的重视。

四 "十三五"改善城市生态环境的对策建议

城市生态环境问题的产生是多层面、多种污染共同作用的综合结果,因

---

① 突发环境事件是指突然发生,造成或者可能造成重大人员伤亡、重大财产损失和对全国或者某一地区的经济社会稳定、政治安定构成重大威胁和损害,有重大社会影响的涉及公共安全的环境事件。

此，应通过综合防治等措施，转变产业结构，改善城市生态环境。生态城市是人类理想的城市模式，因此，我国城市需要逐步向生态化转型，实现环境、经济和社会协调发展，进入良性循环，整体改善城市人文居住环境，提高公众生活质量。

（一）拓宽融资渠道，推进第三方治污

2013年全社会环境污染治理投资共计9037.2亿元，比2010年的6654.2亿元增加了2383亿元，环境污染治理投资占GDP的比重为1.59%，与"十一五"末的1.67%相比，没有提高，反而有所下降。在日本、美国、英国和德国等发达国家，环保投入占比均超过GDP的2.5%。

政府投资是环保投资的主力。我国环境污染治理的历史欠账多，环境问题非常复杂，污染治理难度逐年加大。"十二五"期间，由于地方治污资金不能够按时到位，一些污染治理项目未按期建成，治污能力大打折扣。因此，政府在加大环保投入的同时，应该鼓励更多的社会资本，进入环境污染治理中，积极推进第三方污染治理。

（二）严控机动车污染

2013年，全国机动车氮氧化物排放量达到640.6万吨，比2011年增加排放2.4万吨；机动车烟（粉）尘排放量总计59.4万吨，比2011年减少2.6万吨。随着汽车保有量的增长（大城市限购，但大部分中小城市不限购），机动车污染物排放总体会呈现上升趋势，因此，必须严格控制机动车污染。

持续推进黄标车和老旧车淘汰工作；加强新生产机动车环保达标监管，特别是以三大重点区域20个城市为重点；全面提高全国汽柴油油品的质量；依法严厉打击非法制售假劣油品行为。增加环保汽车研发投入，提高电动汽车的性能，降低电动车的销售价格，鼓励公众购买电动车，增加公共充电桩设施建设。

（三）垃圾管理从末端转向全过程

我国城市生活垃圾排放量逐年增长的趋势没有改变，虽然垃圾无害化处理设施建设力度每年都在增加，但仍不能实现垃圾处理的无害化需求。究其原

因，我国垃圾管理模式需要变革，应从末端管理向全过程管理模式转变。垃圾管理不仅需要设定垃圾无害化处理率目标，还应该增加对垃圾排放量的总量控制目标。从各地的垃圾管理经验看，推行全过程垃圾管理模式，垃圾量将会出现下降。例如中国台湾，由于厨余垃圾减量效果显著，原来建设好的部分厨余垃圾处理设施处于闲置状态。因此，应该加大前端垃圾减量的投入，配合后端适度规模的垃圾处理设施建设。

（四）深入推进重金属污染控制

落实《重金属污染综合防治"十二五"规划》中的各项重点工程，完成减排任务；严把行业准入关，淘汰落后生产工艺和生产产能；加大企业排污监管力度，依法对未建污染治理设施或污染治理设施不能正常运行的企业进行整治；加大重金属治理资金的投入。

（五）加强城市环境风险管理

随着经济的发展，城市运行中所面临的各种环境风险将处于上升趋势，因此，各城市应该着手制定环境风险管理规划以及应急管理实施方案，控制环境风险，力图将环境风险发生概率、环境损失降到最低。

（六）推进城市生态文明建设

生态城市是生态文明建设在城市发展中的具体表现形式，通过治理环境污染、节约资源能源，实现资源能源效率的提高，发展绿色产业，建立循环经济体系，探索构建良好的生态文明制度体系，实现环境、经济和社会的协调发展，推进生态城市建设，改善公共环境质量，绿化城市经济，提升全社会的生活质量。

B.11
低碳试点省市工作评估与对策建议

史巍娜　庄贵阳*

摘　要： 推进低碳发展试点示范，是积极探索符合我国国情的低碳发展路径、转变经济发展方式的有效途径，也是应对气候变化工作的重要抓手。自2010年7月，我国先后确定了42个低碳试点省市，截至目前，低碳试点工作已启动近五年，低碳试点省市积累了行之有效的经验和做法，但也存在一些问题。本文首先从我国低碳试点工作的内涵、标准、存在的问题等方面全面评估"十二五"期间低碳试点省市的工作进展；其次，对照其试点实施方案，对试点工作目标任务完成情况进行评估，总结低碳试点的成效与经验；最后，提出了"十三五"期间试点省市低碳发展的政策建议。

关键词： 低碳试点　评估

中国政府高度重视应对气候变化工作，发展低碳经济、建设生态文明，是全面落实科学发展观、加快转变经济发展方式的重要举措，是坚持发展与保护相统一。在国家战略和顶层设计层面，从碳强度下降目标设定到碳排放总量控制再到峰值的总量目标设定，从生态文明建设到低碳宏观战略研究，从低碳试点示范到产业低碳转型，中国为开展低碳发展提供了有力的政策保障。自2010年7月，我国先后确定了6个低碳试点省区，36个低碳试点城市，低碳

---

* 史巍娜，中国社会科学院研究生院博士生；庄贵阳，中国社会科学院城市与环境发展研究所研究员。本文为中国社会科学院城市发展与环境研究所创新工程项目成果，并得到世界自然基金会（WWF）的资助。

试点基本在全国全面铺开。作为低碳试点工作的主体,各试点省市在制定本地区"十二五"规划时全面考虑应对气候变化和低碳发展。可以说,我国低碳试点工作全面开展的五年也就是"十二五"时期的五年,各试点省市按照中央部署和试点方案要求,立足自身实际,坚持先行先试,取得了较为显著的成效。因此,在"十二五"末这样一个时间节点上,基于第三方视角,对低碳试点工作进行总结评估具有重要意义。

本文一方面在顶层设计层面,全面评估"十二五"期间低碳试点省市工作进展,国家应对气候变化和转变经济增长方式以及推进新型城镇化工作的作用,进一步明确我国低碳试点工作的内涵、标准、目标和政策建议;另一方面针对参与低碳试点工作的两批共42个试点省区和城市,对照其试点实施方案,对试点工作目标任务完成情况进行评估,总结低碳发展成效与经验,尤其是低碳发展配套政策制定、低碳产业体系建设、排放数据统计和管理体系建设、低碳绿色生活方式和消费模式推广等方面;最后,提出"十三五"期间试点省市低碳发展的政策建议。

一 "十二五"期间低碳试点省市的工作进展及取得的成效

自低碳试点工作开展以来,参与试点省市积极创新低碳发展体制机制,探索不同层次的低碳发展实践形式,取得了积极进展和明显成效,从整体上带动和促进了全国范围的绿色低碳发展。碳排放控制取得初步成效,部分试点省市较好地完成了碳强度下降目标;初步探索了一批具有特色的低碳发展模式,较好地实现了控制排放与促进经济社会发展的"双赢";建立低碳发展的保障体系和领导机制,完善了社会经济发展评价考核体系,将试点主要目标和重点任务纳入干部绩效考核体系;对低碳发展的认知不断提高,完善了低碳管理体系;国际合作水平也有较大幅度提升①。本文基于第三方视角,从低碳试点的内涵、标准、实施情况、存在问题进行评估,并提出下一步低碳试点省市开展工作的相关建议。

---

① 解振华:《探索低碳试点实践加快发展方式转变》,《中国改革报》,2014年4月14日。

（一）制定并完善低碳发展规划

低碳发展规划作为一种战略性、前瞻性、导向性的公共政策，在政府管理中具有十分重要的引领地位。制定低碳发展规划，要将应对气候变化的行动计划与发展规划结合在一起，以降低碳排放为主线，确定生产生活方式调整路径，实现经济发展和降低碳排放的统筹协调。总的来说，一是低碳发展规划应符合本地区经济发展需要，通过编制碳排放清单，明确地区碳排放的结构及存在的主要问题，选择合适的低碳减排目标，编制低碳发展方案，实施低碳发展规划，监测评估低碳发展规划的实施进程。二是低碳发展规划应与本地区国民经济和社会发展五年规划、城市总体规划、土地利用规划中涉及的相关内容统一，并落实到一个共同的空间规划平台上，各规划的其他内容按相关专业要求各自补充完成，形成"多规合一"。三是制定重点行业和部门的低碳专项规划，提出目标、重点、推进路径和保障措施。

全部试点省和试点城市都完成了《低碳发展规划》或《应对气候变化规划》，规划中明确了低碳发展的指导思想、基本原则、主要目标、重点任务及保障措施等，并进一步细化了《试点工作实施方案》。与此同时，部分试点省市还制定了交通、建筑、节约能源、发展清洁能源和可再生能源、循环经济等方面的专项规划。

（二）探索建立低碳发展机制体制等配套体系

1. 设立跨部门统筹协调机制

为了全面协调统筹低碳试点工作，各省市均制定了较为明确的组织机构，设立各省市低碳城市建设领导小组和办公室，由分管低碳的省市领导任组长，市直各相关部门同志为成员，定岗定责、统筹协调、分工有序推进试点工作的开展，并审议有关重要事项。如，乌鲁木齐成立了由市政府领导小组及各区（县）政府主要领导和市30个政府部门主要领导为成员的低碳城市建设工作领导小组；辽宁、湖北、陕西、广东成立了专门的应对气候变化处，形成由政府、科研机构、行业协会、非政府组织等构成的多部门联动的低碳响应机制；北京、天津、广东成立了专门的应对气候变化或低碳发展机构，如低碳发展专家委员会、低碳发展促进会，广东还成立了全国首个省级低碳发展联盟；广元成立了低碳发展局；深圳成立了碳交易监管办公室。

2. 探索促进低碳发展市场化机制

创新低碳发展机制，要在更好地发挥政府作用的同时，发挥市场在资源配置中的决定性作用，包括开展碳排放权交易试点，国家排污权有偿使用和交易，实施"负面清单"制度，推行合同能源管理，探索绿色金融工具，实施绿色信贷等。目前，全国已有7个碳交易试点，截至2014年4月底，深圳、上海、北京、天津、广东、湖北已正式上线交易。"十一五"期间，江苏、浙江、天津、湖北、湖南、内蒙古、山西、重庆、陕西、河南、河北等11个省（自治区、直辖市）被列为国家排污权有偿使用和交易试点省市。广东省佛山市推出环保"负面清单"，加强对重点污染行业及高耗能高污染等传统行业的监管。广元市鼓励和支持大型能源企业、能源设备制造企业、大型高耗能单位发挥自身技术和管理优势，组建节能服务公司。苏州市节能低碳产业协会与施耐德电气公司合作，开展企业节能改造项目的咨询服务。

（三）加大产业结构调整，初步建立低碳产业体系

1. 大力发展战略性新兴产业，推进传统产业低碳化

低碳试点省市提出了明确的低碳产业体系构建方案，包括发展领域、实现路径、实现产值等，推进产业结构调整，淘汰电力、钢铁、化工、水泥、印染等行业的落后产能，大力发展循环经济，实现传统产业低碳化。开展万家企业节能低碳行动，基本形成了长效的节能机制，大幅提升了能源使用效率，显著提升了节能管理水平。如，辽宁发展以新能源、节能环保、电动汽车、新材料、新医药、信息产业等为核心的战略性新兴产业，加快发展产业集群，实现产业低碳转型；温州积极培育低碳新兴产业，网络经济、旅游休闲、现代物流、通用航空、文化创意、生命健康，大力发展风电整机和配套装备、LED、智能电网等。南昌构建以低碳排放为特征的新兴产业体系；杭州出台了《杭州市新能源产业发展规划（2010~2015年）》，明确了新能源产业的发展方向；贵阳、辽宁、南昌设立了高技术产业发展专项资金，鼓励发展高技术产业；重庆规划建设两江新区、万州发展低碳产业园区。加快发展服务业，不断提高服务业在国民经济中的比重，辽宁、山西、云南、湖北、天津、保定、南昌、厦门提出了第三产业的定量发展目标，采取多种措施鼓

励发展服务业。

2. 优化能源结构，推进低碳技术产业化

中国低碳能源的发展主要包括可再生能源和核能，提高化石能源的转化效率，以及发展碳捕获和封存技术，发展智能电网等；调整能源结构，设定新能源和可再生能源的比重增长目标，积极发展非化石能源和清洁能源，推进节能技术开发应用、提高能源综合利用效率。如，广元构建了清洁能源利用体系，加快水电、太阳能、生物质能、地热等清洁能源的综合利用；晋城加快煤层气开发利用，积极扶持风能、太阳能、生物质能发展，大力发展低碳能源；武汉以光伏、生物质能等为重点，促进新能源产业规模化发展，提高传统能源清洁化利用水平，到2015年，新能源占1%，新能源产业产值达到550亿元，实现在2010年的基础上年均增长31.48%，光伏发电装机规模达到200兆瓦，生物质发电规模达到80兆瓦[①]。

（四）探索建立温室气体数据统计、核算和管理体系

一是试点省市均已开始编制温室气体排放清单。大多数城市只编制了2010年的清单，少数城市编制了2005～2010年、2010～2013年的清单。2014年3月，浙江启动了省—市—县三级清单常态编制工作，要求11个地级市以及每个地级市的一个区县试点在2014年年底之前完成2010～2013年的清单编制，2015年起各地级市以及下辖的90个区县都需要编制清单。此外，杭州、温州和宁波还出台了相应的工作实施方案，提出2014年年底之前完成2005～2013年的市级清单报告，2015年起清单编制形成常态化[②]。

二是部分试点城市设定了碳排放峰值的目标。通过碳排放峰值目标的设定，倒逼经济发展方式、产业结构和能源使用结构的转变，绘制低碳发展的路

---

① 王亚柯、娄伟：《低碳产业支撑体系构建路径浅议——以武汉市发展低碳产业为例》，《华中科技大学学报》2010年第4期。
② 温州市人民政府：《温州市温室气体清单编制工作实施方案》，2013，http：//www.wenzhou.gov.cn/art/2013/5/7/art_ 4741_ 8981.html；宁波市人民政府：《宁波市温室气体排放清单编制工作实施方案》，2013，http：//gtog.ningbo.gov.cn/art/2013/11/13/art_ 20712_ 1044859.html；江山市人民政府：《江山市温室气体清单编制工作方案》，2014，http：//www.czjs.gov.cn/xxgk/rmzf/zfwj/201404/t20140430_ 106823.htm。

线图。

三是完善了温室气体排放清单及统计核算体系。各试点省市均提前完成了编制2005年温室气体排放清单的工作，部分试点省市通过设立专项资金，开展统计核算体系能力建设培训工作。多数试点的地级城市也积极编制本地温室气体排放清单。试点省市探索了市区级温室气体清单编制，部分已初步实现区县碳排放指标，强化了考核和评价机制[1]。镇江建立了城市碳排放核算与管理平台，该平台反映了地区碳排放总量、能源种类碳排放量、废弃物碳排放量、工业生产过程碳排放量、碳汇量等相关情况，为城市低碳发展决策提供直接依据。

（五）建立低碳考核和评估机制

试点省市应细化实施方案的重点工作任务，明确责任分工，逐级考核，纳入地方年度目标责任考核体系，将试点工作进度及完成情况与单位考核分值挂钩，奖优罚劣，并将考核结果予以公布。大部分低碳试点省市调整了对人员任用、晋升和对低碳项目的考核方式，提高了低碳绩效考核的比重。宁波建立了完善的低碳评估考核机制，采取"半年点评，年终考核"的形式，逐级考核，并公布考核结果；延安详细分解低碳试点工作内容和标准要求，逐步将其纳入全市目标责任考核体系，季度评比、年度考核，将试点工作进度及完成情况与单位考核分值挂钩，奖优罚劣，保证试点工作效果；景德镇规定各有关责任部门、示范单位及重点工程建设单位，要根据实施方案的分工和要求，每半年向市低碳试点办报送一次推进低碳城市试点有关工作的进展情况，及时反映存在的问题，提出相关建议。

（六）树立低碳消费和低碳生活理念

部分试点省市通过开展低碳社区试点，将低碳理念融入社区规划和建设的多个方面，同时也融入居民的生活中，探索有效控制城乡社区碳排放水平的途径，对于实现我国控制温室气体排放行动目标、推进生态文明和"美丽中国"建设发挥了重要作用。同时，试点省市也围绕低碳产品推广应用做出了许多有

---

[1] 国家发展改革委：《推进低碳发展试点示范》，《再生资源与循环经济》2014年第2期。

益尝试。一些省市政府在办公楼建造、办公用品及照明产品采购方面进行了尝试，如节能降耗的改造和推广。同时，各省市政府还通过补贴、惠民等措施，为推广节能产品的全社会应用做出努力。为了加强节能减排降碳、应对气候变化舆论宣传，试点省市开展一系列的宣传教育活动，通过营造氛围倡导低碳生活、通过学校教育奠定良好基础、通过开展活动普及低碳知识、通过上门服务推广低碳理念等形式多样的活动，寓教于乐的形式，受到了社会各界的热烈响应。

二 低碳试点省市工作存在的问题

（一）对低碳发展的认识不足

一是对低碳发展的认识存在误区。低碳发展并非一味地降低二氧化碳排放，而是要通过新的经济发展模式，在减碳的同时提高效益或竞争力，促进经济社会可持续发展。一些低碳试点省市无视自身条件、产业基础、比较优势和发展环境，片面追求高技术、高附加值的新兴产业，强行抛弃传统产业，这种忽视产业发展规律的做法，势必会对产业转型升级带来危害。

二是地方政府更加关注资金或政策支持。从试点工作组织申请情况看，地方政府积极申报参与低碳试点的内在动力之一，就是对于相关资金和政策的诉求。尽管在开展低碳试点工作的相关通知中，并未明确对试点省市给予任何优惠政策或者专项资金，但是低碳试点仍吸引了许多地方政府的关注。事实上，国家发展改革委也的确尝试争取给试点地区一定的配套资金支持，但可能更多的还是要靠地方政府的激励政策[①]。

（二）低碳发展规划缺乏亮点

试点省市低碳发展模式差异性不明显。当前的低碳省市在试点实践中，从各地编制的低碳试点实施方案或低碳发展规划来看，并没有考虑自身特色、区

---

① 《第二批国家低碳试点申报 20 多个城市将获批》，《21 世纪经济报道》，2012 年 9 月 4 日，http：//www.21cbh.com/HTML/2012－9－4/5NNjUxXzUxMzE5NA.html。

位优势等,尤其是不顾自身的经济条件,求全求大,面面俱到,都是从产业结构升级、能源结构调整、绿色建筑、低碳交通、生态碳汇等方面着手展开,实施途径大都是在试点省市内继续划分更小的试点市、试点园区等①,不同省市的特点和差异体现得不明显,缺少亮点。

低碳工程和项目是城市低碳发展的基础和支撑,但也容易变成为低碳而低碳的形象工程。如遍布全国的"太阳城"、低碳大厦、低碳园区等,这些项目兴建伊始,受到了广泛的关注,然而从项目运行一段时间后收到的成效看来,往往是耗费了数倍的碳,最后竟成了打着低碳名号的地标建筑和形象工程②。

(三)低碳目标的确立不尽合理

经过对有关试点省市实施方案的分析发现,关于2015年单位GDP碳排放目标,大部分试点省和城市设定的目标在国家2010年下降目标的17%~20%之间;2020年单位GDP碳排放与2005年下降目标45%接近,近期和中长期目标略高于全国水平。这表明,试点省市对于转变经济发展方式、实现低碳发展的信心不足,实现路径不够清晰。

省市	2015年目标 (单位GDP二氧化碳排放降低率)	2020年目标 (单位GDP二氧化碳排放降低率)
湖北省	较2010年下降17%	
杭州市	较2010年下降20%左右	较2005年下降50%
青岛市	较2010年下降20%	较2010年下降38%
济源市	较2010年下降19%	较2010年下降26%左右
天津市	较2010年下降19%	较2005年下降45%
广元市	较2010年下降21.28%左右	较2005年下降53.2%左右

---

① 《国家低碳试点城市三年考:负责官员称没啥亮点》,《第一财经日报》,2014年1月8日,http://finance.sina.com.cn/china/20140108/015317874961.shtml。
② 《中国低碳城市发展:未上马,已脱缰》,《中国青年报》,2010年12月1日,http://zqb.cyol.com/content/2010-12/01/content_3454386.htm。

续表

省市	2015年目标 （单位GDP二氧化碳排放降低率）	2020年目标 （单位GDP二氧化碳排放降低率）
晋城市	较2010年下降17%	较2005年下降57%
苏州市	较2005年下降约37%	
深圳市	较2005年下降30%以上	较2005年下降45%以上
遵义市	较2010年下降22%以上	较2005年下降55%以上
陕西省	较2010年降低17%	较2005年降低45%左右
宁波市	较2010年下降20%以上	较2005年下降50%以上

（四）低碳发展的重点工作进展不理想

一是温室气体清单编制质量仍需改进。由于数据统计体系不完善，数据基础薄弱，部门间协调不畅、清单编制相关专业人员不足以及资金支持缺乏持续性等原因，一些清单编制所需的活动水平数据和信息无法获得，使得清单的编制质量难以保证。而清单本身的不完善，包括信息滞后时间过长、内容较为局限等，又导致清单在管理工作中的应用非常有限。

二是结构调整未能取得突破。比如，一些能源大省，其产业发展必然依托资源优势，只能在此基础之上，通过淘汰落后产能、精细化、规模化等手段来进行产业结构升级，结构调整短期内难以取得明显成效。

三是低碳发展政策和管理体系不力。国家层面一直未能提出专门针对低碳试点省市的统一的衡量标准，资金支持未落到实处，缺少一个实权单位来牵头推进和落实，并实施有效的考核奖惩措施。低碳试点管理体制存在障碍，体现在低碳涉及产业、能源、生态保护、建筑、交通等领域，领导小组统筹协调各部门的难度较大。

四是市场及投融资机制不完善。目前从国内试点省市低碳发展的进展看，更多的是表现在政府一家的积极参与，而与低碳发展相关的市场机制还有待于进一步的建立健全。低碳投融资还存在不少问题，主要表现为政策引导力度和刺激机制欠佳、中介市场不完善、金融机构投融资力度不足、碳金融业务缺乏创新、直接投融资渠道不畅等。

三 "十三五"推进中国低碳试点工作的政策建议

(一)主动适应新常态,积极推进试点工作加速前行

一是紧抓环境保护新常态,进一步提高低碳认识,制定更先进的低碳发展目标。2015年是全面落实依法治国方略的开局之年,也是新《环境保护法》的"实施年",作为低碳发展的"先驱者",低碳试点省市应以身作则,增强紧迫感,对低碳发展有更加严格要求,制定高于一般城市水平的年度低碳发展规划和目标,尤其是发展水平较高的北上广深等地区,能够向更高水平的低碳发展目标前进,争取尽快实现峰值,进一步发挥引领和示范效应。

二是主动适应经济中高速发展新常态,在探索低碳发展模式上下功夫。中国经济将进入以绿色低碳发展为主要特征的新常态,这是未来相当长一段时间的发展趋势。低碳试点城市要意识到低碳城市建设是长期系统工程,涉及产业结构、交通体系、社会消费、能源结构、碳汇、制度等诸多要素,不是相互照搬、一哄而上就能取得成效,低碳试点城市应当结合区域自身特点,发挥自身优势,在实践中不断探索和修正低碳发展路径,形成具有自身特色的低碳发展模式。

三是紧抓"一带一路"对外全面合作新常态,把对外产能合作与城市低碳发展实现路径相结合。"一带一路"沿线许多国家亟须工业化和资金支持,这为中国产能过剩的化解和工业能力的持续发展提供出路。低碳试点省市应积极参与"一带一路"合作,充分化解过剩产能,促进经济结构调整,实现经济和低碳双重发展目标。

(二)借力而为,发挥雾霾治理与城市低碳发展的协同效应

一是紧密结合国家雾霾治理方略,进一步驱动低碳发展。2013年9月,国务院出台了《大气污染防治行动计划》(简称"大气十条"),从10个方面提出了35项具体措施,这些措施与低碳发展的要求不谋而合,可以说雾霾治理成为中国低碳发展进程中的重要契机和全新驱动。

二是跟上国家雾霾治理的快车道，发挥雾霾治理措施在城市低碳发展中的积极作用。雾霾治理一方面需要深入推进工业、交通运输、建筑等领域的节能减排，通过产业结构调整和升级，有效降低污染物排放；另一方面要加快调整能源结构，发展清洁能源和可再生能源。这些都与低碳发展的实现路径相一致，都能达到低碳的效果。相当一部分低碳试点城市饱受雾霾困扰，这些城市应将雾霾治理和低碳发展相结合，共同发力，在治理雾霾的同时实现减碳效应。

（三）以全面深化改革为机遇，凝聚各方力量共促低碳发展

一是采用公私合作模式（PPP），发挥政府种子基金的撬动作用。发展水平相对较低的低碳试点省市，在资金、技术等方面面临诸多困难，政府应充分发挥种子基金作用，示范、引导、撬动社会资金和技术投向低碳发展领域，推动低碳发展产业化和市场化。

二是引入多方市场主体，建立碳交易市场体系。碳排放权交易是在排放限额的基础上进行的市场化减排手段。低碳试点省市可根据自身实际，从高耗能高排放单位入手，建立碳排放权交易体系，逐步引入更多的市场主体，包括金融机构、机构投资者、个人投资者等，推动碳金融产品创新，提高社会各方的参与度。

三是顺应能源改革趋势，健全能源低碳化机制。能源体制改革不仅仅要打破市场垄断，而且要从能源市场基本制度、竞争结构、运行机制、管理与监管体制等多个方面共同推进。低碳试点省市需顺应和抓住能源改革趋势，健全能源低碳化机制，改进能源产品定价机制，大力发展清洁能源和可再生能源等低碳无碳能源，促进能源消费结构逐步趋向低碳化。

（四）完善体制机制，为低碳发展提供制度保障

一是制定低碳发展的标准，强化碳减排目标责任考核。推进低碳发展必须依靠制度，其中最重要的是标准和考核两个方面。一方面要尽快制定针对不同类型城市的低碳发展指标体系，对低碳发展的成效能够进行客观的评价，另一方面，要把碳排放等低碳发展主要指标纳入经济社会发展评价体系，尤其是对于低碳试点省市，应当尽快制定更为科学全面的目标分解与考核制度，并向社

会公布考核结果,加强考核结果应用。

二是综合运用多种手段,创新政府低碳管理工具。在低碳试点工作中,政府应发挥主导作用,通过建立更高层次的协调机构,加强对低碳发展工作的指导,运用行政、法律、经济和技术等手段,建立促使企业和个人主动减碳的政策环境,引导低碳化生产和消费,促进低碳技术的开发和应用等。

(五)开展能力建设,强化低碳发展技术支撑

一是通过信息化手段,提高数据获取和运用能力。试点省市应率先改进和完善气候变化统计体系,在统计、经信、发改、交通、住建、环保、农林等相关部门之间建立协调机制,采用信息化技术,通过在线监测系统和信息平台建设等,增强数据监测、收集、统计和分析能力,提高温室气体清单的编制水平,为区域排放决策提供数据支持,为碳减排统计、监测和考核工作提供支撑。

二是加强低碳人才培育,提高从业人员能力和素质。对于发展水平相对较低的试点省市,应着力解决低碳发展中的人才短缺问题,一方面,通过鼓励高校开设相关专业,科研机构或企业开展低碳项目合作,集聚、培养和引进低碳科技人才;另一方面,制定低碳人才培养计划,分阶段、分批次对公务人员、事业单位工作人员、企业管理人员以及咨询机构技术人员进行培训,鼓励中介机构积极开展社会培训活动等。

(六)促进公众参与,加强低碳文化建设

一是提高低碳省市建设中公众参与的程度。试点省市应建立重点碳排放企业信息平台,强化公众的社会监督,进一步提高透明度;同时,加强公众低碳宣传教育,倡导低碳消费模式,树立低碳生活理念,使低碳生活成为公众的自觉行动,提高公众参与能力。

二是通过典型示范引导公众参与低碳行动。试点城市可以学校(社区)为载体,发挥学校和教师的表率作用,以点带面,全面提升,同时,建立政府引导示范机制,建设低碳节约型政府,发挥政府表率引领作用,指导公众参与低碳城市建设。

（七）推动国际交流与合作，分享低碳发展最佳实践

一是打造城市低碳发展品牌，进一步提高国际化水平。摸清和抓住城市低碳发展的特征与优势，构建具有国际竞争力的低碳城市；同时，提高城市本身的国际化水平，积极开展国际交流与合作，促进低碳发展理念和技术的推广应用，为城市低碳发展奠定基础。

二是搭建国际合作平台，聚集国际资源，分享最佳实践。建立低碳发展国际合作对话机制和平台，广泛开展高水平、高规格的低碳技术合作与交流，推动相关技术转让和商业化，借鉴国际经验，分享低碳发展最佳实践。

建设管理篇

Construction Management Reports

B.12
中国智慧城市建设面临问题及对策

丛晓男　刘治彦　王轶*

摘　要： 本文认为我国智慧城市建设虽与国际同步推进，但观念普及与建设机制相较于国外先进国家仍显落后。采用先行先试、示范带动的试点方式，有利于探索适合于我国的智慧城市建设模式，缩小与国外先进国家的差距。本文剖析了当前我国智慧城市建设中存在的八个主要问题，并从建设推动模式、扩展应用体系、强化研发和产业支撑、整合试点项目等角度探讨了提升智慧城市建设水平的思路。

关键词： 智慧城市　问题　对策

---

* 丛晓男，管理学博士，中国社会科学院城市发展与环境研究所助理研究员，研究方向为城市系统模拟、城市经济；刘治彦，经济学博士，中国社会科学院城市发展与环境研究所研究员、中国社会科学院城市信息集成与动态模拟实验室主任、博士生导师，研究方向为城市区域经济、生态经济、城市系统模拟，本文通讯作者；王轶，管理学硕士，研究方向为空间信息技术创新管理。

一 智慧城市概念的由来

自2008年IBM公司率先提出"智慧地球"（Smart Earth）这一概念以来，智慧国土、智慧海洋、智慧城市、智慧旅游等新概念也应运而生，其中尤其以智慧城市概念的扩张最为迅猛。智慧城市（Smart City）是运用移动互联网、云计算、物联网、大数据分析等信息技术，提升城市规划、建设、管理和服务智慧化的新理念和新模式。因此，智慧城市是未来城市发展的高级形态，体现在城市各组成部分及整体运行都建立在"智慧"基础之上，如城市产业智慧化、城市生活便捷化、城市基础设施智能化、城市环境绿色化，以及城市运行管理高效化等。智慧城市概念提出，恰好迎合了破解当前城市发展所面临一系列难题的需求。随着全球城镇化的快速推进和城市规模的急剧扩张，各国城市发展均不同程度面临产业发展、人口聚集、交通拥堵、资源短缺、环境恶化、管理低效等方面压力，智慧城市的技术与理念有助于解决上述"城市病"，因此，很快成为城市科学研究领域的热点，更被城市管理者视为解决"城市病"的主要潜在路径和未来高级的城市形态。

实际上，在IBM提出"智慧地球"概念之前，世界上已有很多国家或城市基于新一代信息技术提出了各自的城市信息化发展战略，主要典型的行动计划如表1所示。欧盟委员会提出新发展战略i2010（即欧洲信息社会2010），并确定了该战略基本的政策导向，鼓励发展开放、竞争的数字经济，强调信息通信技术（ICT）是提高包容度和生活品质的推动力。该战略提出欧盟信息社会和媒体发展政策的三个优先领域，即建设"统一欧洲信息空间"，加强ICT研究的创新和投资，建立高度包容的欧洲信息社会[1]。1990年代以后，日本逐步确立了IT立国的战略，2001年制定并实施"e–Japan战略"，有效促进了互联网和通信技术的高速发展，2009年又制定了新的中长期信息技术发展计划即"i–Japan战略2015"，使之作为《e–Japan战略》的后续，推动日本实现以人为本的数字应用时代，并以数字创新能力带动整个社会新价值的创新和

---

[1] 工信部信息化司：《i2010——欧洲信息社会：促进经济增长和就业》（摘译），2009年4月14日，http://www.miit.gov.cn/n11293472/n11293832/n12843986/12853534.html。

变革①。可见，国际上一些较发达经济体在2000年以后均已意识到发展信息产业、强化信息技术应用的巨大意义，智慧地球和智慧城市概念的提出将这些重要战略进一步强化和提升，并快速普及。随着移动互联网、物联网、云计算、大数据等技术的涌现和发展，智慧城市建设成为可能，建设"智慧城市"已经成为抢占国际制高点的必然趋势。毫无疑问，智慧城市已经超越了城市数字化、城市信息化的发展阶段，正式开启城市系统网络化阶段，并逐步迈入城市智能化、城市智慧化的高级阶段。

表1 智慧城市建设国际典型案例

城市	行动计划	提出时间
马来西亚	多媒体超级走廊 MSC	1995
欧盟	eEurope 计划	2002
	i2010 计划	2005
新加坡	iN2015 计划	2006
阿联酋马斯达尔市	零碳城市	2006
日本	e – Japan 战略	2001
	i – Japan 战略 2015	2009
韩国首尔 & 松岛	"IT839"行动计划	2004
	U – Korea 及 U – City 战略	2009
美国旧金山、纽约	IBM"智慧地球"	2009

二 中国智慧城市建设进展

（一）理念已被广泛接受

"智慧城市"概念一经提出，便被我国学界广泛接受。我国学术界最早关注智慧城市约始于21世纪初期，实际上早在2005年与2006年，我国就有2篇文章提及"智慧城市"概念，到2014年，已有3294篇文章以"智

---

① 于凤霞：《2014. i – Japan 战略 2015》，《中国信息化》2014年第13期。

慧城市"作为研究主题,年均增长128%。与学术界对智慧城市问题的关注相一致,普通民众对智慧城市的关注度也日益高涨,以百度指数为例,2012年前,智慧城市的搜索热度很低,但自2012年起,其搜索热度迅速飙升,周搜索次数有达1800次以上,反映了社会大众对智慧城市建设的极大关注。

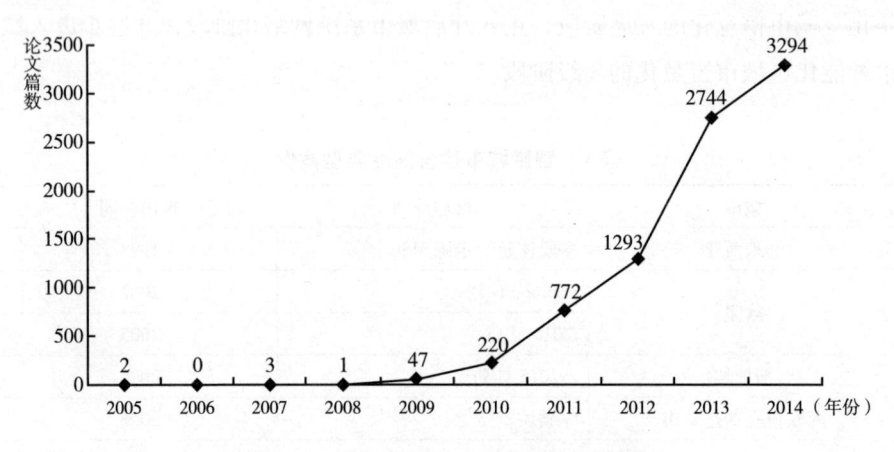

图1 以"智慧城市"为主题的论文数量

数据来源:中国知网搜索得到,查询时间为2015年8月2日。

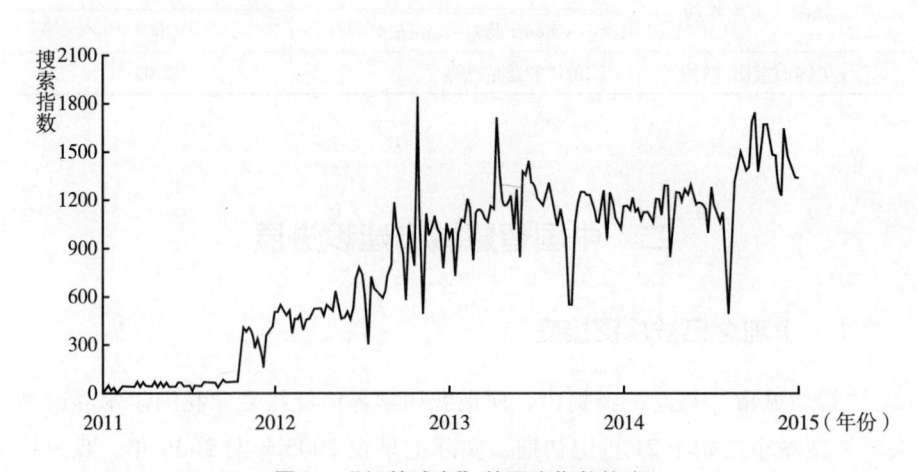

图2 "智慧城市"的百度指数热度

数据来源:百度指数查询,查询时间为2015年8月6日。

近年来，智慧城市概念的快速普及与我国城镇化推进背景具有密切关系。从城镇化建设和"城市病"治理的现实来看，我国对城市信息化建设的需求和倚重更为明显。2011年，中国城镇人口首次超过农村人口，标志着中国城镇化进程取得重要进展，中国正式进入城市时代。2014年，中国城镇化率达到54.77%，中国的城镇化率远未达到合意城镇化率水平，城镇化水平仍然存在很大的推进空间。我国城镇化进程的加快、城市系统的不断扩张，引发了一系列的城市难题，"城市病"现象日益严重。这些极端问题的出现，表明了城市人口、资源、环境和发展出现了严重的不协调，而如何采用移动互联网、物联网、大数据等新兴技术实现城市PRED协调、提升城市管理和服务能力，成为我国城市科学领域最引人瞩目的热点。2014年发布的《国家新型城镇化规划（2014~2020年）》明确要求推动智慧城市建设，"统筹城市发展的物质资源、信息资源和智力资源利用，推动物联网、云计算、大数据等新一代信息技术创新应用，实现与城市经济社会发展深度融合，促进城市规划管理信息化、基础设施智能化、公共服务便捷化、产业发展现代化、社会治理精细化。"①

（二）试点工作扎实推进

我国各级政府对智慧城市建设极为重视，积极探索智慧城市建设模式，并结合当前新兴技术开展了若干智慧城市建设项目。采用先行先试、示范带动的模式探索智慧城市建设，有利于提升城市服务、城市管理和城市营销的水平。

2012年10月初，科技部办公厅和国家标准委员会办公室联合下发《关于开展智慧城市试点示范工作的通知》（国科办高〔2013〕52号），开展智慧城市技术和标准试点，并公布了20个试点城市，实施期限为2013~2015年。试点旨在加强我国自主创新科技成果在智慧城市建设中的推广应用，科学引导全国各地探索智慧城市建设，重点推动云计算、物联网、移动互联网、大数据、地理信息技术、信息安全等新一代技术和创新成果在智慧城市建设中的应用，

---

① 中华人民共和国中央人民政府：《国家新型城镇化规划（2014~2020年）》，2014年3月16日，http://www.gov.cn/gongbao/content/2014/content_2644805.htm

探索智慧城市技术标准体系。

2012年12月5日，住房和城乡建设部正式发布了《关于开展国家智慧城市试点工作的通知》（建办科〔2012〕42号），并印发《国家智慧城市试点暂行管理办法》和《国家智慧城市（区、镇）试点指标体系（试行）》两个文件，开始试点智慧城市申报。2013年1月29日，住建部公布第一批国家智慧城市试点名单，共包含90个城市（区、县、镇），2013年8月1日，公布第二批试点城市（区、县、镇）103个，2015年4月，公布第三批国家智慧城市试点名单，确定了84个城市（区、县、镇）为国家智慧城市新增试点，河北省石家庄市、正定县等13个城市（区、县）为扩大范围试点，以及41个专项试点，截至目前由住建部公布的国家智慧城市试点已达290个。

2012年12月8日，国家测绘地理信息局发布《关于开展智慧城市时空信息云平台建设试点工作的通知》（国测国发〔2012〕122号），决定组织开展智慧城市时空信息云平台建设试点工作，以此推进智慧城市时空信息云平台建设、加快实现测绘地理信息事业创新驱动、为智慧城市建设提供可靠保障。该计划自2013年开始将每年挑选约10个城市作为建设试点，试点项目建设周期为2~3年，试点城市居民将获得智能家居、路网监控、智能医院、食品药品管理等方面的便捷服务。

2013年9月12日，工业与信息化部确定北京市等18个省级地方和北京海淀等59个市（县、区）为首批"基于云计算的电子政务公共平台建设和应用试点示范地区"，鼓励试点区域在现有的信息化基础上构建集中、统一的区域性电子政务云平台，以此支撑各部门政务应用，杜绝平台重复建设和资金浪费，促进部门间、区域间的信息共享与互联互通，强化电子政务系统的信息安保能力，促进电子政务向集约、高效、安全和服务的方向发展。

2013年12月31日，工业与信息化部正式公布了首批国家信息消费试点市（县、区）名单，北京市等68个城市进入试点范围，工信部建立"国家信息消费试点城市综合服务平台"，为试点工作提供政策信息和产业动态。首批试点为期两年，在综合考虑城市级别等基础上，原则上各省份选择2~3个作为候选试点城市。该项目的侧重点包括宽带建设和分时长期演进（TD－LTE）

等信息基础设施、创新智能信息产品、整合政府公共服务云平台、拓展完善中小企业电子商务服务平台、培育新型信息消费示范项目、引导信息消费体验等。

2014年6月12日，国家发展和改革委员会发布《关于同意深圳市等80个城市建设信息惠民国家试点城市的通知》（发改高技〔2014〕1274号），将深圳市等80个城市列入信息惠民国家试点城市范围，此举目的在于加快提升信息公共服务水平和均等普惠程度，强化政府各业务部门的互联互通、信息共享和业务协同，探索通过信息化手段优化公共资源配置、创新管理和服务的新机制、新模式，并为全面推动信息惠民工程积累宝贵经验。

2014年9月26日，工信部与国家发改委联合发布了《2014年度"宽带中国"示范城市（城市群）名单》（公告2014年第61号），39个城市（城市群）进入2014年度"宽带中国"示范城市（城市群），此举旨在加快推动城市宽带发展，促进我国城镇化和信息化同步发展与融合，推动经济转型，培育信息消费。

表2 2012~2015年国家智慧城市相关试点情况

试点年份	主导部门	试点名称	试点数量（个）
2012年	住建部	国家智慧城市试点（第一批）	90
	科技部和国家标准委	智慧城市技术和标准试点	20
	国家旅游局	国家智慧旅游试点城市（第一批）	18
	国家旅游局	国家智慧旅游试点城市（第二批）	15
2013年	住建部	国家智慧城市试点（第二批）	103个新增试点,9个扩大试点
	工信部	国家信息消费试点市（县、区）（第一批）	68
	国家测绘地理信息局	智慧城市时空信息云平台试点（第一批）	10
	工信部	基于云计算的电子政务公共平台试点示范	18个省级地方59个市（县、区）

续表

试点年份	主导部门	试点名称	试点数量(个)
2014年	住建部	国家智慧城市试点（第三批）	84个新增试点,13个扩大试点,41个专项试点
	工信部	国家信息消费试点市（县、区）（第二批）	36
	国家测绘地理信息局	智慧城市时空信息云平台试点（第二批）	10
	国家发改委	信息惠民国家试点城市	80
	工信部与国家发改委	宽带中国示范城市（城市群）	39
2015年	国家卫生计生委	国家人口健康信息互联互通标准化成熟度测评试点	—
	工信部	互联网与工业融合创新试点企业	100个企业
	工信部	智能制造示范项目	46个项目
	合计	10类试点	859个（含672个区域性试点）

上述智慧城市相关试点工作具有如下特点。第一，从试点城市的数量来看，试点工作范围不可谓不大，截至2015年8月，我国开展的智慧城市相关试点项目达10大类、672个区域性试点（省、市、区、县、镇），部分城市同时入选多个试点范围，通过示范带动、重点引领的方式较有力地推动了我国智慧城市的建设。第二，从城市规模和等级来看，试点覆盖了不同层级的城镇，例如，住建部国家智慧城市第一批试点中包含37个地级市、50个区（县）、3个镇，第二批试点中包括市区级83个、县镇级20个，对于探索不同等级城市的信息化建设、根据城市自身特征构建智慧应用平台具有积极意义。第三，资金投放规模巨大。以国家测绘地理信息局推动的"智慧城市时空信息云平台试点"工作为例，每个试点项目经费总投入不少于3600万元，并由国家测绘地理信息局、技术支持单位、试点城市共同投入；在2012~2015年，国家开发银行与住建部合作投向智慧城市建设的资金约800亿元，并根据已签订的合作协议稳步推进项目遴选、调查、放款等工作，而住建部国家智慧城市前两批试点共涉及重点项目近2600个，投资总额超万亿元。这些资金投入为我国智慧城市建设提供了重要资金保障。第四，覆盖领域较多，切入视角多样化。例如，"智慧城市技术和标准试点"重点从物联网、移动互联等新兴技术角度切

入,重点在于先进技术的落地应用和技术体系的标准化探索,"智慧城市时空信息云平台试点"则主要从空间信息服务和地理信息技术角度切入,实现时空信息云平台开发和应用,"国家信息消费试点城市"和"信息惠民国家试点城市"侧重培育新型消费业态,提升城市信息消费能力,重点打造信息技术和信息服务的消费市场,"宽带中国示范城市"则从信息化基础设施的建设为切入点,推动宽带等信息化基础设施的扩展和应用,"国家人口健康信息互联互通标准化成熟度测评试点提升"则以人口健康和医疗机构的信息互联互通标准化为突破口。第五,多主体参与的试点模式。各试点项目均强调多方共同参与的重要性,融合了地方政府、行业协会、企业、社区等主体,力求建立多主体协同参与的智慧城市建设机制,例如,住建部推动的国家智慧城市第三批试点中,特设了41个专项试点,涵盖城市公共信息平台及典型应用、城市网格化管理服务、智慧社区、智慧园区、地下管线安全、建筑节能与能源管理、智慧水务、智慧工地、产业要素聚集9个类别,每个专项都包含示范单位和示范地,较好地吸引了大批技术型企业参与其中。

(三)相关政策法规出台

国家高度重视智慧城市建设。2014年,经国务院批准国家发改委发布了《关于促进智慧城市健康发展的指导意见》(发改高技〔2014〕1770号)(以下简称《意见》)。《意见》从指导思想、基本原则和主要目标,顶层设计,信息资源开发共享,新技术新业态,网络信息安全管理和能力建设,完善组织管理和制度建设等六大方面,系统地阐述了智慧城市建设面临的主要问题。对智慧城市建设的方向、内容和制度设计均具有重要指导意义。

《意见》提出的32字方针,明确了我国智慧城市建设的指导原则。"以人为本,务实推进"明确了智慧城市建设要以解决民生问题为导向,扎实开展,不可虚张声势,盲目跟风。"因地制宜,科学有序"则是根据各地发展水平、特色和主要需求,逐步推进。在一个城市之间差异较大的国家,进行智慧城市建设,不能一哄而起,一个模式推进,要根据各城市特点,选择不同类型城市急迫解决的问题,进行试点建设,为在全国铺开积累经验。"市场为主,协同创新"则是要求智慧城市建设要以市场需求为导向,多部门、多学科开展智慧城市技术集成创新。"可管可控,确保安全"要求智慧城市建设必须从管理角度考虑系统安全、信息安全，达到及时监控和有效管理。

《意见》主要有三大亮点：一是明确了智慧城市的内涵，即：运用新一代信息技术，促进城市智慧化是智慧城市的核心要义。可形象比喻为，智慧城市就是给城市装上了神经系统，使其具有感知、反应与调控能力，促进城市可持续发展。二是确立了智慧城市建设的五大重点领域：人居环境、基础设施、公共服务、现代产业体系、城市管理，基本覆盖了城市发展各个方面。三是指出了智慧城市建设的关键问题，即促进公共信息平台和应用体系建设，以及确保网络与信息安全。

三 中国智慧城市发展面临问题

当前我国智慧城市建设存在项目盲目上马、技术标准缺失、项目盈利模式不清晰、概念泡沫膨胀等问题，正如《意见》指出："近年来，我国智慧城市建设暴露出缺乏顶层设计和统筹规划、体制机制创新滞后、网络安全隐患和风险突出等问题，一些地方出现思路不清、盲目建设的苗头，亟待加强引导。"造成当前智慧城市建设问题的根源在于国家对智慧城市建设引导与管理滞后，《意见》出台会起到一定指导作用。具体来看，我国智慧城市建设存在的主要问题如下。

（一）缺乏顶层设计

智慧城市建设是一项复杂的系统性工作，脱胎于城市信息化和数字城市，以移动互联、物联网、云计算、大数据分析等为核心技术。信息技术的快速升级和变革，一方面为智慧城市的发展带来了新的技术手段，另一方面也增大了智慧城市建设的风险与更新成本。在这种形势下，需要对智慧城市的建设进行科学规划，对各方主体的需求特点、数据在不同系统间的共享机制、现有信息化资源的利用方式、未来系统升级的接口等予以识别和设计。如若不然，极有可能造成既有信息化资源的浪费，严重时将导致智慧城市平台无法适应新的需求，在新技术的冲击下很容易被淘汰。当前，我国各级政府对智慧城市顶层设计的重视程度显然不够，各类城市规划中很少涉及智慧城市相关内容，遑论独立的智慧城市发展规划。此外，还必须指出，在已有的若干智慧城市规划当中,其架构设计多为物理架构或技术架构,而非应用层次的架构,一味重视智慧城市的技术架构,容易导致技术体系脱离居民、企业和政府的实际需求。

实现智慧城市建设的核心在于对城市系统的物质、能量与信息进行有机整合,使城市系统成为城市有机体。传统城市与智慧城市的区别在于缺乏"神经系统"和"思考决策能力"。因此,智慧城市建设关键在于给传统城市配备信息系统,同时要建立统一信息平台,对信息进行系统整合和有机分析,并对城市有机体进行有效调控。从这个角度来说,智慧城市建设离不开三个方面:一是硬件设施的信息化改造;二是统一信息平台建立;三是城市系统软件开发与应用。目前我国智慧城市建设基本处于局部和部门硬件设施信息化阶段,个别领域实现三方面融合,城市整体达到智慧城市水平还需要持续不断的努力。

(二)智慧城市理论体系依旧薄弱

不可否认,智慧城市代表了未来城市形态,但迄今为止,智慧城市研究更多停留在理念解读、非体系化的技术应用等层次上,智慧城市理论体系仍未成熟。智慧城市相关概念是由IBM等全球IT巨头提出的,其目的在于挽救因全球经济危机带来的信息产业衰退,为IT产业提供新的增长引擎。从这一角度讲,智慧城市是IT巨头提出的产业发展战略性构想,而IBM等企业将成为这一构想的最大受益方。智慧城市的提出到今天不过七年时间,其本身仍然不是一个成熟的科学概念,并缺乏完整的理论与技术体系。在这种情况下,地方政府成为这种"创新性概念"的主要推手,整体上缺乏对智慧城市的深层认识,而是简单地套用其概念,有的城市开发了用于品牌建设的APP系统,就将其称之为智慧城市建设,此类花瓶工程、面子工程不一而足。

(三)智慧城市概念泡沫化风险加剧

我国城镇化的快速推进和城市规模的急剧扩张,导致了"城市病"爆发,在传统城市管理手段失灵的背景下,地方政府迫切需要找到"城市病"治理的突破口,智慧城市由于其先进的技术体系及其所描绘的城市发展愿景,一经提出迅速引起地方政府的高度关注，并将其视为根治"城市病"的一剂良药。截止到2014年9月，我国已有400余个不同等级的城市以各种渠道宣布建设智慧城市，覆盖全国东、中、西部地区①。在这种态势下，智慧城市概念被迅速"符号化"和"泡沫化"，各类城市无视自身发展基础和资源特色，将智慧城市简单理解为"数字城市"、"城市信息化"，盲目上马智慧城市项目，为信息化资源严重浪费、信息平台闲置空转埋下了极大隐患。

（四）智慧城市项目盈利模式不清晰

智慧城市建设庞大而复杂，资金需求量巨大，需要包括政府、企业和市民家庭等多元主体共同参与，传统的单纯依赖政府自建、自营的智慧城市建设模式远不能满足资金需求，引入市场机制、由企业和融资机构筹资已是必然趋势。2014年9月23日，财政部发布《关于推广运用政府和社会资本合作模式有关问题的通知》（财金〔2014〕76号），指出要尽快构建有利于促进政府和社会资本合作模式（PPP）发展的制度体系，从而为利用PPP模式解决智慧城市建设融资难问题提供了思路。但是，从目前来看，PPP模式在智慧城市建设中很难称得上成功，其根本原因在于智慧城市项目的盈利模式不清晰；主要表现为智慧城市项目缺少明确的收益时间、收益标准和商业模式，同时风险也较大。盈利模式的缺失严重打击智慧城市开发商和运营商的参与积极性，不利于构建多主体共同参与的智慧城市建设策略。

（五）过度强调标准化的智慧城市建设

智慧城市发展为人所诟病的一点是相关标准的缺失，但是智慧城市本身很难说是否存在一个统一的标准。由于不同城市在规模等级、资源特色、信息化基础等方面存在很大的差异，这种个性化的需求很难用一个所谓的标准进行统一。《意见》要求到2020年，建成一批特色鲜明的智慧城市，"特色鲜明"就是针对不同类型的城市形成不同特点的智慧城市解决方案，如北京、上海等特大城市的智慧城市建设应重点解决"城市病"、城市安全以及便民化问题；中小城市应重点解决城市产业现代化问题等。生态资源较弱、

---

① 李维、童克难：《深化改革助力智慧城市建设》，《中国环境报》2015年3月16日。

环境容量较小的城市应特别重视通过信息化手段对生态环境数据进行监控与预警，而历史文化资源禀赋较好的城市则特别关注文物保护，倾向于向市民和游客提供虚拟体验服务以减少对文物本身的伤害。不同的个性化需求，很难存在一个一致的标准。因此，智慧城市建设需要在个性化与标准化之间找到平衡。

（六）各自为战、难于整合

近年来，中国许多城市纷纷上马智慧城市建设项目。以城市智慧旅游项目为例，各城市旅游管理部门、景区纷纷开发了大量的手机APP，几乎每城一套。不可否认的是，这些客户端程序为游客提供了一定的旅游服务功能，但就其实际应用效果，无论是下载量还是点击量而言，都很难称得上成功。相较于微信、Html5网站等轻量级应用而言，APP是"重型"手机应用程序，用户不可能为每一个城市安装一个APP。显然，消费者需要的是一个统一的旅游服务平台，而不是零散的几个景区或城市的旅游APP。经验证明，以区域为基本单元来构建和推行智慧旅游平台，难以产生规模效益，一个成功的智慧旅游平台，必须要进行跨区域整合。

（七）统一的基础数据库建设难度较大

数据是智慧城市建设的宝贵资源，其中最为基础的数据包括各类自然资源、社会经济、基础设施、空间信息数据和政策类数据。长期以来，我国对城市基础数据的收集、建库和使用都不够重视，企业和从业者难以获得有效的数据以用于智慧城市开发和营销决策，部分数据机构不顾数据采集和利用的公益性，对数据依然采取垄断和控制，整体来看各类数据仍分散在各部门中，难于整合到统一的数据信息平台，实现共享使用，严重影响了我国城市信息化推进和智慧城市建设。随着大型电商和搜索类企业的快速发展，包含交易数据、搜索数据、社交数据等累积量不断增大，目前已处于即将大规模商业化运营的阶段，以百度、阿里巴巴、腾讯为首的互联网企业快速提升大数据分析能力，并逐步形成了百度司南等一系列实用性较高的大数据商业平台，有力地推动了我国大数据服务行业的发展。更加值得关注的是，2015年我国首家大数据交易所——贵阳大数据交易所建立并实现首批数据交易，成为我国数据服务商业化

进程中的一个重要里程碑。与此同时,尚有大量宝贵数据沉睡于各级政府部门、图书馆、学校的纸质文件或封闭服务器中,亟待开发利用。值得注意的是,目前已有不少政府部门意识到数据建设和数据服务的重要性,并推出了相应的数据共享机制和数据共享平台,例如,2014年国家旅游局推进了"国家智慧旅游公共服务平台"建设,通过旅游公共服务热线网络与12301号码,将旅游公共信息的采集、处理、发布,以及产业监管信息的采集、景区客流承载量核算和预警发布等功能统一集成到互联网平台,同时,通过对实时业务和互联网平台采集的各类数据进行整理和挖掘,为提升游客信息获取质量、支撑国家旅游产业决策提供数据支持。

(八)重建设、轻运营

不少城市上马的智慧城市建设项目,使用效果仍有提升空间。造成这种结果的原因,除了项目建设的区域化影响了产品的普及外,对智慧城市发展"重建设、轻运营"的思维也难辞其咎。在这一思维的左右下,城市管理者只顾智慧城市平台的开发和建设,而很少关注平台的维护与运营,从而导致智慧城市平台成为一种"高技术"的象征工程。而实际上,智慧城市平台的构建只是智慧城市工程的开始,如果没有有效的运营管理,平台的大规模普及和应用,将成为空中楼阁。

概括来说,智慧城市建设涉及三大问题亟待解决,一是智慧城市建设的法治建设问题。如智慧城市建设中的信息采集与个人隐私保护问题、信息整合平台建设与部门利益界定问题,信息安全、责任主体与信息资源开发使用问题等,这些问题都亟待通过立法予以解决。二是智慧城市建设的装备制造业发展问题。智慧城市建设离不开相应硬件支撑,必须抓紧建立统一的国家标准、规范体系,出台相应优惠政策,以信息化与工业化融合为突破口,促进智慧城市装备制造业发展。三是智慧城市建设的相关资源整合问题。首先必须建立统一的信息整合平台,信息分散、相互保密将无法建设智慧城市。其次国家应支持人文社会科学、工程技术和自然科学紧密配合,组建国家智慧城市建设同盟,进行联合攻关,避免单打独奏,整合多学科和跨部门智慧资源,促进政产研学(社会组织)一体化协作,促进我国智慧城市健康快速发展。

四 我国智慧城市健康发展策略

2015年是全面完成"十二五"规划的收官之年,也是"十三五"规划的构想之年。随着智慧城市理念的进一步普及,地方政府愈加重视智慧城市建设,可以料想,在"互联网+"思维的引导下,将会有更多的城市将智慧城市建设作为"十三五"规划的重要任务,在这种形势下,如果不能清醒认识到智慧城市建设存在的误区,及时总结试点中的经验和教训,必将严重影响我国智慧城市的发展。我们认为,要高效、稳固推进"十三五"期间我国智慧城市建设,应对如下工作给予关注。

(一)构建高效的智慧城市建设推动模式

一是坚持顶层规划,规划先行。要根据技术变革方向和实际需求准确把握未来5~10年的智慧城市发展的前沿方向,制定高标准的智慧城市建设规划,全面统筹建设各领域的智慧项目,按计划、有重点、分层次地协调推进,避免局部静态式、零敲碎打式、单体项目推动式、盲目重复式等缺乏全面统筹的建设方式,从规划角度解决信息化基础设施共享、数据资源共享、信息孤岛连通等问题。

二是加强组织领导与部门沟通,完善组织体系建设。形成智慧城市建设的统一领导,强化其统筹、管理、协调、监督等职能,城市各职能部门应构建、完善信息化工作机构,明确机构职责和任务分解,完善各业务部门间的协作机制,促成电子政务系统连通与数据共享。凸显信息化行业协会的重要地位,通过协会加强与其他城市、企业、市民的有效沟通,及时发掘市民信息化需求和相关企业服务能力,与国内智慧城市、大数据相关行业协会建立友好关系。在城市信息化行业协会基础上,推动成立智慧城市专家咨询委员会,探索和试验政府首席信息官制度,确保智慧城市行动计划全面落实。

三是坚持构建多元主体协同参与的智慧城市建设推动模式。要坚持"政府规划、公众参与、企业落实、需求导向、市场运作"的智慧城市建设分工原则,充分发挥市场在资源配置中的决定性作用,探索成本低、实效好、收益高的发展模式,形成包括政府、协会、企业、用户等多元主体共同参与的智慧城市建设推动模式。政府集中精力做好四点工作：第一，做好智慧城市顶层设计，全面统筹智慧城市建设；第二，加快信息化基础设施和信息交换共享平台的建设，通过政府的引导作用，推动集约化建设，打破部门对信息资源的行政垄断，加快信息资源的有效整合与共享交换，推动非保密数据的公开与共享；第三，营造良好创新创业环境，强化相关协会在政府与企业之间的沟通桥梁作用，鼓励传统企业与互联网融合发展，推动传统企业转型升级，促进城市传统企业信息消费；第四，构建包含广大市民、外来人口共同参与的智慧城市治理模式，吸纳群众对智慧城市的反馈意见，构建以人为本的智慧城市体系。

四是坚持"重点突破，示范带动"的建设思维。抓住国家赋予智慧城市试点的关键机遇，在科学规划的前提下，找准突破口，先行先试，着力推进智慧园区、智慧楼宇、智慧城管、智慧旅游、智慧社区等重点应用领域的智慧化建设，通过示范、试点项目带动智慧城市建设工作的整体推进。

五是加快出台《智慧城市建设促进法》，通过制度安排确立智慧城市建设相关责任与权力，促进资源整合和确保信息安全。

（二）基于"互联网＋"思维丰富智慧城市应用体系

"互联网＋"思维体现了信息化条件下对城市存量资源的再开发和再利用，因而对已有社会、经济的管理模式、经营模式和操作模式提出了新的要求，也提供了新的发展机遇。"互联网＋"背景下的智慧城市建设，需要进一步丰富智慧城市的应用体系。首先，需要加强信息化与产业的深度融合，充分发挥科技创新作用，促进传统产业转型升级，支撑区域经济发展。其次，智慧城市建设应当与城市管理、城市服务和城市营销紧密结合起来，使之成为上述领域的有力工具。应全面提升智慧城市管理体系、智慧公共安全监管体系、智慧社会管理体系、智慧社会保障与社会公共服务体系和电子政务的应用，并有效辨别上述应用中需求主体、切实把握用户需求，以用户需求、市场需求为导向，除基础性、经济外部性较强的项目外，致力于构建"有人买单"、"能够盈利"的智慧城市建设模式，发挥开发和运营企业在智慧城市建设中的积极作用，从根本上解决智慧城市建设融资与成本回收问题。再次，应基于"互联网＋"思维，拓展智慧城市服务渠道和空间范围，强化城市群间的信息资源共享机制，并与国家区域发展格局调整战略相一致，推动区域发展格局的升级。以"智慧北京"建设为例,除满足了本地政府、企业和居民的信息化需求外,还需要满足域外尤其是京津冀地区的需求,随着北京人口和产业疏解压力的增大,必须站在京津冀协同发展的高度,高效盘活北京存量优质公共服务资源,利用信息化平台突破空间约束、扩展服务范围,加快区域公共资源均等化过程,促进产业与人口疏解。

(三)发展智慧城市装备制造与软件研发

智慧城市装备制造是指智慧城市建设过程中所需的高端制造装备,例如大型服务器、高敏度传感器、高分辨率监视探头、触摸屏客户端、电子闸机等,大力发展智慧城市装备制造和相关软件研发产业,能够为智慧城市建设提供坚实的技术保障。需要将移动互联网、物联网、云计算、大数据分析等最新技术融入智慧城市装备制造业,强化基础研发与技术研发能力,缩短理论成果到产业化开发和应用的时间间隔,在全国范围内谋划若干大型智慧城市装备研发和制造业基地,促进相关产业形成空间集聚,强化企业间、区域间智慧城市技术溢出。必须指出的是,智慧城市的快速发展模糊了智慧城市建设与智慧城市装备制造业、信息产业之间的界限,必须对其进行甄别。建设智慧城市并不意味着一定要发展智慧城市装备制造和相关软件产业,避免不顾城市自身发展基础和研发能力,一哄而上搞智慧城市装备产业的做法。

(四)智慧城市试点的进一步整合

目前各大部委从不同技术角度或需求角度,积极推进智慧城市试点工作开展,涉及城市数量众多、技术类型多样、资金投入规模巨大,但同时存在试点工作较为分散、缺乏统一规划、考核年限较短的情况。鉴于智慧城市建设的复杂性,各部委间应加强合作、统一规划,进一步整合试点工程,提升智慧城市试点工作效率,避免重复建设和资金浪费。

参考文献

李扬、潘家华、魏后凯、刘治彦主编《智慧城市论坛 No.1》,社会科学文献出版社,

2014。

程大章主编《智慧城市顶层设计导论》,科学出版社,2012。

沈健、唐建荣等:《智慧城市》,人民邮电出版社,2012。

潘家华、魏后凯主编《中国城市发展报告 No. 7》,科学文献出版社,2014。

王辉、吴越、章建强:《智慧城市》,清华大学出版社,2010。

仇保兴编著《中国智慧城市发展研究报告(2012~2013年度)》,中国建筑工业出版社,2013。

B.13
城市安全与应急管理体系建设

李红玉 梁尚鹏*

摘　要：	文章对"十二五"期间中国城市突发公共事件、中国城市安全和应急管理体系建设进行了回顾和分析，指出了目前中国城市安全和应急管理体系中存在的经济安全事件应急管理缺失、实践与理念严重脱节、应急管理法律体系建设滞后、社会参与的有效性有待进一步提升、应急管理体制缺乏横向联系等问题。结合中国城市现状，借鉴纽约、东京、伦敦三个城市的应急管理体系建设经验，文章提出了"十三五"期间中国城市安全和应急管理体系建设的思路与重点，即管理体制向综合化、多元化转变，管理机制向全过程转变，管理技术向精细化、智慧化转变，管理法制向"立法先行"转变。
关键词：	城市安全　应急管理　"十三五"时期

　　改革开放以来，中国城市经济社会迅猛发展，城镇化水平和经济发展水平不断提高，用几十年的时间完成了西方主要国家几百年的城镇化发展历程，城镇化率从1978年的17.92%增加到2014年的54.77%，平均每年增加1个百分点，每年都有千万人口进入城市，目前中国290个地级及以上城市中有133个城市的人口数量超过百万，人口、资源与环境之间日益突出的矛盾给城市带来了巨大的管理压力。1978年以来，中国城市经济发展速度保持了较高水平，

---

* 李红玉，中国社会科学院城市发展与环境研究所副研究员，主要研究方向为城市与区域规划。梁尚鹏，中国社会科学院城市发展系硕士生，主要研究方向为城市经济。

经济体制转型不断深化,人民生活水平不断提高,2003年中国城市人均GDP首次超过1000美元,按照国际经验,中国城市开始进入社会黄金发展期和风险高发期,给城市安全带来了很多挑战。自2003年"非典"疫情以来,中国城市灾害的突发性、复杂性、严重性、多样性等特点越来越突出,人口拥挤、交通堵塞、雾霾等城市病明显增多。在今后较长的一段时期内,中国城市将处于经济和社会体制转型的深化期,人们的经济、社会、文化、体育等活动将不断增多,科技水平和现代化程度将不断提高,城市突发灾害的风险越来越不容忽视。因此,要高度重视城市安全与应急管理体系建设,有效提升城市在事前、事中、事后处理城市突发灾害的能力。2015年是中国"十二五"的收官之年,也是"十三五"的先导年,有必要对中国城市"十二五"期间城市安全与应急体系建设进行梳理,并对"十三五"的发展思路与重点进行展望。

一 "十二五"中国城市安全与应急管理体系建设回顾

2003年"非典"疫情以后,中国城市全面加强了城市安全与应急管理体系建设。2005年国务院颁布《国家突发事件总体应急预案》,将突发公共事件分为自然灾害事件、事故灾难事件、公共卫生事件和社会安全事件等四类,并按照其性质和严重程度等因素,依次分为Ⅰ级(特别重大)、Ⅱ级(重大)、Ⅲ级(较大)和Ⅳ级(一般)等四级。随着近几年中国城市突发公共事件的频发,中国城市安全与应急管理体系建设不断在实践中发展,目前已形成了以"一案三制"为核心的应急管理体系。本部分内容将在对"十二五"期间中国城市突发公共事件及城市安全与应急管理体系建设进行回顾和评价的基础上,探究中国城市目前城市安全与应急管理体系存在的问题。

(一)城市突发公共事件回顾与分析

1. 自然灾害事件

"十二五"期间(2011年到2015年5月),中国城市自然灾害频发,比较严重的自然灾害有2011年南方低温雨雪冰冻灾害、2011年云南盈江5.8级地震、2012年甘肃岷县特大冰雹山洪泥石流灾害、2012年云南彝良5.7级和5.6级地震、2013年四川芦山"4·20"7.0级强烈地震、2013年甘肃岷县漳县

"7·22" 6.6级地震、2014年云南鲁甸6.5级地震等。"十二五"期间共造成13.7亿人次受灾，死亡6021人，农作物受灾面积11367.57万公顷，房屋倒塌319.3万间，房屋不同程度受损8845.5万间，直接经济损失1.67万亿元。分年度来看（如表1所示），受灾人次、死亡人数、农作物受灾面积、直接经济损失、房屋受损等指标在不同年份之间有较大差距，不具有趋势性规律，这与自然灾害的突发性与不可控性是相关的，指标的大小与当年是否发生严重的自然灾害有直接关系。"十二五"期间，自然灾害造成的房屋倒塌数量呈逐年下降趋势，这与中国城市近年来开展的房屋修缮、提高房屋抗震级别等工作直接相关。

表1 2010年~2015年5月中国城市自然灾害受损情况

项目	受灾人次	死亡人数	房屋倒塌	房屋受损	直接经济损失
单位	（亿人次）	（人）	（万间）	（万间）	（亿元）
2010	4.3	—	273.3	670.1	5339.9
2011	4.3	1126	93.5	331.1	3096.4
2012	2.9	1338	90.6	427.9	4185.5
2013	3.9	1851	87.5	770.3	5808.4
2014	2.4	1583	45.0	354.2	3373.8
2015	0.2	123	2.7	29.3	216.7

注：2015年的数据为1月份到5月份的汇总数据。
数据来源：《全国自然灾害损失情况》（2010~2014年）、《2015年5月份全国自然灾害基本情况》。

2. 事故灾难事件

如表2所示，"十一五"期间，中国城市事故灾难总数为3075起，其中造成30人以上死亡的Ⅰ级（特别重大）事件为31起，"十二五"期间（2011年到2015年5月），中国城市事故灾难总数为2158起，其中造成30人以上死亡的Ⅰ级（特别重大）事件为16起。"十二五"期间事故灾难总数比"十一五"期间减少了29.82%，Ⅰ级（特别重大）事件总数比"十一五"期间减少了48.39%。由于中国城市事故灾难事件中交通事故及煤矿生产安全事故占较大比例，"十二五"期间中国城市事故灾难数量大幅减少的部分原因是"十二五"期间中国城市在煤矿安全生产、关闭违规小煤矿方面的工作取得了较大进展，以及中国城市不断加强交通安全意识宣传、加大交通管理违规处罚等。

表2 "十一五"期间与"十二五"期间事故灾难数量对比

单位：起

	事故灾难	
	总数	其中Ⅰ级
"十一五"	3075	31
"十二五"	2158	16

数据来源：根据国家安监局事故查询系统的相关数据整理，2015年的数据截止到2015年5月。

3. 公共卫生事件

"十二五"期间中国城市法定传染病发病病例共计2949.89万例，死亡人数共计7.26万人，平均发病率为每10万人497.82人，平均死亡率为每10万人1.23人。分年度来看（如表3所示）2010~2014年中国城市法定传染病发病病例和发病率呈现总体上升趋势，死亡人数和死亡率呈现先上升后下降的趋势。发病病例和发病率总体上升的部分原因是中国城市城镇化快速发展过程中出现的较为严重的空气污染、水污染、食品安全等问题，以及近年来中国城市对内对外交流日益频繁，输入型的传染病例增多，以及传染病例扩散速度的加快。死亡人数和死亡率呈现先上升后下降的趋势，部分是由于新型传染病毒在初期造成了较大数量人群的死亡，但随着中国城市传染病相关医学和医疗水平的快速发展，新型传染病毒的疫情得到快速控制，传染病例治愈的可能性大大增加。

表3 近年公共卫生事件情况

	发病病例（万例）	死亡人数（万人）	发病率（人/每10万）	死亡率（人/每10万）
2010	641.00	1.53	480.24	1.14
2011	632.01	1.59	471.33	1.18
2012	695.15	1.73	515.94	1.29
2013	641.64	1.66	473.87	1.23
2014	718.44	1.66	530.15	1.23
2015	262.65	0.62	—	—

数据来源：《全国法定传染病疫情情况》（2010~2014年度），2015年的数据为2015年1~5月相关数据的汇总。

（二）城市安全与应急管理体系建设回顾

中国城市历来高度重视城市安全与应急管理体系建设，"十二五"期间，中国城市在进一步深入探讨"非典"疫情以来各类重大突发事件经验教训的基础上，不断全面加强应急城市安全和应急管理工作，重点加强了"一案三制"（应急预案、应急体制、应急机制、应急法制）的建设，信息手段不断加强，社会公众参与度不断提高，公共安全体系不断健全，危机和风险的应对能力不断提高，应急体系建设取得较大进展。

1. 应急预案体系初步完善

"十二五"期间中国城市已基本形成了较为完善的6层次应急预案体系，包括突发公共事件总体应急预案、地方应急预案、专项应急预案、企事业单位应急预案、大型会展和文化体育等重大活动应急预案。自2005年《国家突发公共事件总体应急预案》颁布以来，截至2015年5月，中国城市各级各类应急预案已达550多万件，基本达到了"横向到边、纵向到底"的覆盖，并在此基础上开展了大量的培训和演练。

2. 应急管理体制不断健全

"十二五"期间中国城市基本建立了在政府统一领导下，各部门、突发事件属地和社会公众共同参与、分级分类处理的应急管理体制。从中央到地方，在中央政府的统一领导下，省级政府、90%以上的地级市政府和80%以上的县级政府均成立了应急管理领导组织机构及其办公室。截至目前，中国城市应急管理体制（如图1所示）已形成了"信息集中与整合＋减灾救灾体系＋安监体系＋疾控体系＋维稳体系＋多元体系"的总体格局。

3. 应急管理机制进一步科学化

在管理理念上，"十二五"期间，中国城市应急管理机制更加重视"事前、事中、事后"相结合的管理理念，强调预防与准备、预警与监测、救援与处置、善后与恢复的有机结合。在具体操作实践上，"十二五"期间，中国不断对各级城市突发事件指挥机构和协调联动机制进行完善，建立了东北四省区域、环渤海区域、黄河中游区域、泛珠海区域、中南五省区域、苏鲁豫皖四省区域、中部六省区域等区域联动应急合作机制。在"十二五"期间，社会组织参与应急管理趋向有序，例如在2013年芦山地震中，考虑到历史经验，

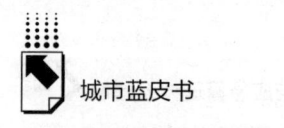

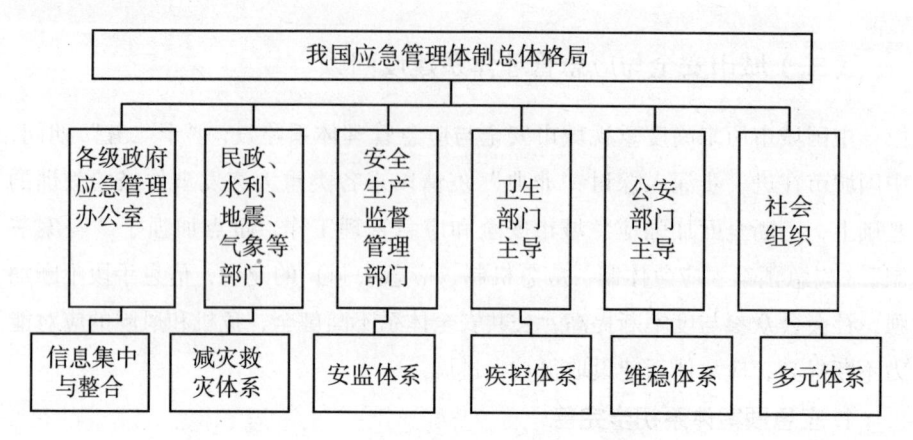

```
                    我国应急管理体制总体格局
    ┌──────┬──────┬──────┬──────┬──────┬──────┐
 各级政府   民政、  安全    卫生    公安    社会
 应急管理   水利、  生产    部门    部门    组织
  办公室   地震、  监督    主导    主导
          气象等  管理
          部门    部门
    │      │      │      │      │      │
 信息集中  减灾救  安监体系 疾控体系 维稳体系 多元体系
 与整合   灾体系
```

图1　中国城市应急管理体制总体格局

对普通志愿者参与救援进行了限制，社会组织参与数量减少，但参与能力大大提高，出现了中国扶贫基金会、壹基金、中国青少年发展基金会等对接组织，此外，在救灾中腾讯、百度、新浪等IT公司开展了广泛的合作与数据共享，提供应急寻人服务，以微博、微信等社交媒体为代表的网络社会公众参与特征明显，社会组织参与应急管理趋向有序化。

4. 应急管理法制建设不断加强

根据以往突发事件的实践经验和形势发展需要，"十二五"期间，中国城市对多项应急预案和法律进行了修订，使应急管理的政策体系更加符合现实需求。经过2008年汶川地震和2010年玉树地震的实践检验，2012年国务院对《国家地震应急预案》进行了修订。2008年"三鹿奶粉事件"之后，国务院于2011年对《国家食品安全事故应急预案》进行了修订，全国人大常委会于2015年对《食品安全法》进行了修订，更加符合当前突发事件应急管理的规律。为应对频发的生产安全事故，进一步加强安全生产工作，保障经济社会持续健康发展，全国人大常委会于2014年对《安全生产法》进行了修订。

二　中国城市安全与应急管理体系存在的问题

1. 经济安全事件应急管理缺失

随着中国城市经济全球化、市场化的不断发展，石油危机、金融危机、游资冲击、股灾等经济安全事件对中国城市经济社会发展造成的影响越来越严重。2008年国际金融危机时，全球经济低迷，中国城市三驾马车之一的出口遭遇寒冬，深圳、温州等城市多数企业倒闭，严重影响中国城市经济发展。2015年6月15日到26日的9个交易日里，中国A股市场上证指数下跌了1000多点，投资者遭遇巨大损失，严重影响了投资者对中国城市经济改革的信心。此类经济安全事件虽然属于社会安全类突发事件，但中国城市尚未构建起相应的应急管理制度，也未实质上将经济安全事件纳入应急管理体系。

2. 实践与理念存在脱节问题

中国城市虽然在理念上重视"事前、事中、事后"相结合，强调预防与准备、预警与监测、救援与处置、善后与恢复的有机统一，但在实践中重视"救援和处置"的现象突出。重视救援和处置环节，可以使突发紧急事件得到迅速控制，但事件平息之后，也就削弱了事前"预防与准备、预警与监测"、事后"善后与恢复"的紧迫性。这样的现象会阻碍事前处置和事后处置水平的发展，事前处置水平的落后，特别是专业化应急装备和监测信息准备不足，将严重阻碍事中应急处置水平的提升，导致中国城市应急管理水平的整体下降。

3. 应急管理体制缺乏横向联系

中国城市应急管理体制条块特征明显，条块之间缺乏协调联动，已有的综合应急管理机构协调能力不足，不同的部门和地区之间以及军地之间缺乏资源共享和密切合作。救灾体系、安监体系、疾控体系、维稳体系以及社会参与之间缺乏信息共享和联动，容易造成过度管理或管理不到位等问题。

4. 社会参与的有效性有待进一步提升

在突发事件应急管理中，中国城市社会参与度较高，但均各自为战，缺乏合作，存在一定的盲目性。以2013年"芦山地震"为例，政府部门、社会组织、私人企业形成了各自的组织网络，这三类网络之间缺乏联系，未形成有效合作，社会组织和私人企业的自组织形式未有效纳入政府应急管理体系中。

5. 应急管理法律体系建设滞后

中国城市在突发事件应急管理的过程中，考虑到立法时间较长而又亟须应急管理，所以采取了"预案先行"的思路。这一思路对突发事件应急管理短期见效，但在长期则造成了"立法滞后"的问题。国家层面应急法律与预案的时滞约为2年，省、市层面应急法律与预案的时滞为4~6年。此外，在立法方面，中国城市目前采取的"一事一法"的立法模式也在制度上导致了资源整合和协调联动的不足。

三 国外城市安全与应急管理体系建设经验借鉴

（一）美国纽约

美国在应急管理体系建设方面起步较早，19世纪70年代，当美国面临应急管理体系专业化分类和部门之间协调不足的问题时，美国州长联合会提出由政府部门统一协调各级行政机关和社会团体组织，建立综合应急管理模式，对各类突发事件进行统一调度和综合管理，并在此基础上进一步提出建立一个综合管理突发事件的组织机构。经过多年的实践和研究，美国不断对应急管理体系进行完善，组建了联邦应急管理局，统筹全国各个行政机构的应急职能和资源，对各州的防灾减灾项目进行统一管理，进一步形成了全过程管理突发事件的综合应急管理体系。

美国纽约市的应急体制和机制是依据综合管理体系的原则建立的。应急体制方面，应急管理办公室是纽约市应急管理体系的最高指挥机构，其下设多个职责的科室。健康和医疗科负责对影响市民生命安全的各种突发事件进行充分准备，人道服务科负责与其他部门和NGO合作为受害者提供人道主义服务，恢复和控制科负责与其他机构合作尽量避免突发事件造成的损害和突发事件事后恢复。此外，纽约危机管理办公室还管辖由警察局和消防局等有关人员组成的城市搜索和救援队伍。应急机制方面，纽约应急管理办公室主要负责突发事件监控、处置、与公众进行信息沟通等三个方面的工作。其中突发事件监控方面，突发事件监控中心为纽约应急管理办公室的信息枢纽，监控中心的主要职责是通过广播和计算机信息网络等渠道监控突发事件相关信息，并将这些信息迅速传达给市、州、联邦等各级政府的相关机构、NGO以及医院等医疗机构。突发事件处置方面，应急管理办公室是总负责机构，当突发事件影响较小时，应急管理办公室的决策者和执行者对突发事件进行评估，并负责调动资源加以应对。当突发事件影响较大时，将启动应急管理中心，市政府官员以及州、联邦和私营机构的相关人员通过发达的通信设施和突发事件指挥控制系统在应急管理中心负责突发事件的处置工作。与公众进行信息沟通方面，应急管理办公室一方面在事前对市民进行教育，帮助市民做好应对可能出现的突发事件的准备，使其能有效应对，减少损失，另一方面，在事中向市民传播、公开相关信息，以避免造成信息不对称引起非理性恐慌。此外在发生突发事件时，应急管理办公室承担与其他机构沟通的职责，以确保各个机构进行沟通时的信息口径一致。应急管理办公室会采取多样化的手段与公众进行信息沟通，包括网络信息系统、散发宣传册、张贴海报等。对纽约应急管理体系进行总结，可以发现其具有强调应急准备和公众参与、应急指挥权归属地方政府、重视各阶段的信息公开管理、与公众进行信息沟通、重视应急指挥设施建设和信息化技术应用等特点。

（二）日本东京

日本的应急管理体系分为中央、都道府县和市町村三级，没有发生灾害时，各级政府通过召开防灾会议来布置处理突发事件时的有关事项，在发生灾害时，通过成立相应的灾害对策本部来处理。日本各级政府的防灾会议负有综合协调联络的责任，而指挥决策的核心机构是不同层级的对策本部。

日本东京市建立了一个整个政府统一行动的一元化管理体系，从自卫队、消防、警视等部门抽调人员成立综合防灾部。综合防灾部由信息收集整理部门和决策执行部门构成，信息收集整理部门负责信息收集、分析和研判，决策执行部门主要负责突发事件发生时的指挥协调。在综合防灾部之上，设立应急管理总监一职，综合防灾部直接辅助应急管理总监开展情报信息统一管理、突发事件应对处置、强化周边区域协调联动等工作。东京市的应急管理机制分日常状态和应急状态两种，日常状态时，综合防灾部主要通过收集、分析信息来发现可能发生的灾害，并与相关部门一起合作，制定事前应急措施，各抽调人员与抽调单位加强联系；应急状态时，综合防灾部快速收集事件综合信息，制定相应方案，向应急管理总监提供决策支持。东京市政府对恐怖袭击等特定事件采取集中办公方式，自卫队、警察和消防人员被直接调动到政府集中办公，以便使各有关部门之间的协调更加便捷和高效。此外，东京市还高度重视建设区域合作机制，分别与周边7个城市签订了互助协定，同时与社会团体签订了34个合作协定，确保了应急资源的有效整合。总结东京市的应急管理模式，可以发现其具有强调加强日常准备、直接抽调相关工作人员到综合防灾部统一办公以加强协调能力、不同机构之间日常管理与应急管理责任明确、注重突发事件信息收集分析和研判、特定事件集中办公、重视区域协调机制等特点。

（三）英国伦敦

伦敦应急管理体系建设起步较早，经过多年的发展，目前已形成全球领先的网格状、立体化应急指挥协调体系。

应急体制方面，伦敦形成了国家、地方、地区三个层面的应急管理模式。国家层面上，英国政府中专门设有伦敦应急事务大臣的职位。伦敦应急事务大臣属内阁成员，其主要承担监督伦敦重大突发事件的准备和应急处置工作的责任。地方层面上，伦敦应急体制的主体部分由伦敦政府办公室、应急小组、应急论坛、市长办公室和大伦敦议会等六个部门构成，其中伦敦政府办公室接受伦敦应急事务大臣的领导，并直接主管伦敦应急小组，应急论坛主要负责监督伦敦应急小组，大伦敦议会和市长办公室负责协调伦敦应急小组开展工作，并负责援助地区层面的应急组织。地区层面上，伦敦所有的33个区政府均有相对独立的承担应急职能的应急处置体系，伦敦应急服务联合会、消防应急规划署和地方卫生署等3个部门是其主要组成部分。应急管理机制方面，伦敦市应急管理的核心机构是1973年成立的伦敦应急服务联络小组。伦敦应急服务联络小组的主要成员有英国交通警察署、伦敦市警察局、伦敦消防总队、伦敦急救中心、城市治安服务部等部门。应急服务联络小组每3个月召开一次例会，对突发事件的有关问题进行讨论，以便在突发事件发生时，各部门能做出快速有效的反应并密切配合。总结伦敦应急管理的模式，可以发现其具有围绕应急管理这一中心任务各部门职责明确清晰、反应快速准确、不同部门之间相互协调、实行分级管理、注重属地救济、避免条块分割等特点。

四 "十三五"加强城市安全与应急管理体系建设的思路与重点

根据以上对中国城市"十二五"期间城市安全和应急管理体系建设的回顾与分析、问题的发现以及对国外典型城市安全和应急管理体系建设经验的借鉴,"十三五"期间,中国城市安全和应急管理体系建设将遵循以下发展趋势,即管理体制向综合化、多元化转变,管理机制向全过程转变,管理法制向"立法先行"转变,管理技术向精细化、智慧化转变。

(一)管理体制向综合化、多元化转变

中国城市安全和应急管理体系条块特征明显,各分灾种应急管理体系之间缺乏横向协调联动,此外,中国城市社会参与"自组织性"特征明显,社会参与的有序性不足,这些将导致在应急管理实践中信息共享不充分,影响资源的有效利用及应急管理的效率。从美国纽约、日本东京、英国伦敦的经验来看,三个城市均形成了由一个综合化的正式机构统领各相关应急管理机构的综合化管理体系,综合化管理体系中各相关机构密切合作,信息共享,面对突发事件,反应速度快,应急处置效率高。此外,三个城市均比较重视与公众的信息沟通和与社会团体的合作,确保应急管理中资源的有效整合。结合中国城市现状及国外先进发展经验,"十三五"期间,中国城市安全和应急管理体系将向综合化、多元化转变。

构建中央、省、市、县四级应急管理办公室,统领与应急管理相关的安监、疾控、减灾、维稳等体系,加强分灾种体系之间的协调与合作,加强与周边区域的互联互动,确保突发事件发生时反应及时,信息共享充分,资源利用得当,应急处理高效。

遵循"政府主导、社会参与"的基本原则,构建评价激励机制和广泛有序的社会公众参与机制,构建政府、NGO、企业三者之间协同合作的社会参与机制,增强社会整体的应急管理能力。全民参与可采取预防教育、成立应急管理自治组织、参与编制应急管理规划和预案、提高社区应急管理建设能力等形式。此外,根据现代信息科技组织开放化、网络化等的要

求，对传统封闭的行政管理体制进行改革，建立公平、公开、公正、透明的公共管理新体制，有条件的城市尤其要努力加大国际应急管理资源的开发和利用，加强与国际主要组织和媒体的合作与交流，建立一个与世界各国之间展开多方合作的应急管理国际互动平台。在此基础上，通过建立一种新型的应急管理结构，使基于信任和互惠的公众对应急管理进行跨部门、跨地区、跨领域的合作。

（二）管理机制向全过程转变

中国城市安全和应急管理体系存在"重处置、轻预防"的问题，突发事件发生时，中国城市应急管理体系可以有效地快速控制事态发展，但无法通过结构性或非结构性措施来对突发事件进行预防减灾。从理论上讲，投资预防的收益要高于投资处置，在美国应急管理经验中，有"在预防上投入1美分，在处置上节省1美元"的论断。美国纽约、日本东京、英国伦敦的城市安全和应急管理体系中均把事前预防视为一项重要工作并给予高度重视。结合中国城市现状及国外先进发展经验，"十三五"期间，中国城市安全和应急管理体系将向全过程转变。

借助科学的力量，使预防与处置之间的关系得到正确处理。转变以往救灾为主和动用全部资源应急处置的应急处理观念，更加注重减灾为主，想方设法做好预防和准备工作，实现预防为主，防置结合。加强预防与准备、预警与监测的力量，并加入减缓环节，对潜在的恐怖主义威胁和部分可预防的突发事件进行预防，通过有效措施使不可预防的突发事件的影响得到限制。应急管理指挥机构应专门设有信息统管部门，负责大量信息的收集、整理和战略研判，分析突发事件发生的可能性，并及时做好预警及与大众之间的信息沟通，除信息统管部门外，还应设有决策执行部门，负责应急管理事前准备及应急处置，及时跟踪最新的应急准备和处置设施和信息化技术应用，不断提高突发事件减灾水平和应急处置效率。例如在地震灾害中，要加强地震预测技术水平建设，提高地震预测准确率，并对地震易发地区的市民房屋进行抗震检测，对不符合标准的房屋进行改造或废弃，提高市民地震安全意识，提升地震生存安全技能等。

（三）管理法制向"立法先行"转变

中国城市安全和应急管理法制体系中存在"立法滞后、预案先行"的问题，这一方面使大量专项预案逐渐简化成了互相之间缺乏协同效应的部门预案，另一方面造成了应急预案超前立法实践而发展，使应急预案的体制、机制创新缺乏立法实践基础而难于有效应用，且造成了应急预案体系结构的混乱，其功能的发挥受到限制。随着中国城市依法治国国策的不断深化，"十三五"期间中国城市安全和应急管理法制建设将向"立法先行"转变。

加强城市安全与应急管理法制建设，完善相关法律制度。严格执行《突发事件应对法》、新《安全生产法》及有关防灾减灾的法律法规，在系统梳理各地各部门以往经验教训的基础上，加快对应急管理责权主体、管理规则、运行程序、保障措施和补偿办法等做出可行的制度安排，使应急管理工作的责任、权利和规则明确化和清晰化，保障应急管理工作有效开展。修订完善应急法律法规和预案体系，切实提高其针对性、实用性和可操作性。

（四）管理技术向精细化、智慧化转变

在城市安全和应急管理过程中，突发事件的信息收集和处理能力直接制约着应急管理的及时性和有效性。随着中国城市突发事件复杂性、多样性、严重性的不断增强，为尽量减少突发事件造成的经济社会损失，"十三五"期间有必要对中国城市安全和应急管理技术进行升级改造，使其向精细化、智慧化转变。

借助统一规范的数字化城市网络平台，按照合适的标准，将全国各个城市区域划分为若干个城市网格单元，将时间、地点、人物、事件等网格信息资源和GIS进行整合，用于突发事件事前预警和监测、事中信息及时处理和事后恢复。通过借助网格化城市管理平台，提高对城市应急管理问题以及处理的能力，通过加强对城市单元格部件和事件的巡查，主动发现，及时处理，变被动应对为主动发现和解决问题。采用现代信息技术和网格化手段，实现管理对象、流程和绩效评估的可视化和数字化，使应急管理活动更加精细化和高效。借助网格化城市管理平台，构建一套科学规范的统一管理标准和流程，实现"事前、事中、事后"三个环节的闭环管理，提高管理的规范化和科学化。

城市信息化发展和数字城市的高级阶段是智慧化，城市安全和应急管理技术的智慧化是其主要发展趋势。通过对现代信息技术、网络平台、移动设备、信息共享平台等方面的广泛应用，构建社会广泛参与机制，运用大数据理论对城市交通、社会服务、经济增长以及市民行为的连续数据流进行分析，准确预报交通状况、电力使用情况、街道犯罪和传染病传播情况等，并对正在发生的突发事件进行态势研判，以便更加快速准确地处理突发事件。

参考文献

钟开斌：《国家应急管理体系建设战略转变：以制度建设为中心》，《经济体制改革》2006年第5期。

谢俊、张小明：《政府与社会协力合作提升公共安全治理能力》，《中国行政管理》2015年第5期。

张海波、童星：《中国应急管理结构变化及其理论概化》，《中国社会科学》2015年第3期。

B.14
中国特大城市治理:"十二五"
回顾与"十三五"发展思路

宋迎昌*

> 摘　要: 按照新的划分标准,中国有八座特大城市,分别是上海、北京、深圳、重庆、天津、南京、广州和沈阳。特大城市具有行政等级高、经济实力强、外来人口聚集多、民用汽车保有量多、人均道路面积少、房价收入比高、优质教育医疗资源聚集、能耗集中等八大特征。特大城市发展中存在的共性问题是人口过度聚集、交通拥堵、房价高企、资源环境约束强等。未来中国特大城市治理,一要编制科学的治理方案,二要构筑完善要素聚集的"过滤网",三要做好过渡期政策安排,四要着力解决特大城市治理的外部问题。
>
> 关键词: 特大城市　发展特征　治理思路

一 "十二五"期间中国的特大城市及其发展特征

(一)特大城市的概念及其划分标准

1. 特大城市的概念

特大城市,从字面上理解,是指规模特别巨大的城市,其显著特征是,经

---

* 宋迎昌,中国社会科学院城市发展与环境研究所所长助理、研究员,主要研究方向为城市与区域治理。

济和人口聚集规模大，建成区占地面积多，创新能力强，在所在国家和地区经济社会发展中扮演着十分重要的角色。

2. 特大城市的划分标准

按照国务院《关于调整城市规模划分标准的通知》（国发〔2014〕51号文件），新的城市规模划分标准以城区常住人口为统计口径，其中城区常住人口500万以上1000万以下的城市为特大城市；城区常住人口1000万以上的城市为超大城市。这里所说的城区是指在市辖区和不设区的市、区、市政府驻地的实际建设连接到的居民委员会所辖区域和其他区域；常住人口包括居住在本乡镇街道，且户口在本乡镇街道或户口待定的人；居住在本乡镇街道，且离开户口登记地所在的乡镇街道半年以上的人；户口在本乡镇街道，且外出不满半年或在境外工作学习的人。

本文所研究的特大城市，涵盖上述标准划分的特大城市和超大城市。

（二）中国的特大城市

按照上述划分标准，依据《中国城市建设统计年鉴（2012）》和《中国城市建设统计年鉴（2013）》的相关数据，纳入本文研究视野的特大城市有上海、北京、深圳、重庆、天津、南京、广州、沈阳八座。具体如下。

表1 本文研究涉及的中国特大城市名单

单位：万人

序号	城市名称	2012年城区人口	2013年城区人口
1	上海	2380.43	2415.15
2	北京	1783.70	1825.10
3	深圳	1054.74	1062.89
4	重庆	900.53	885.05
5	天津	596.87	608.15
6	南京	537.27	567.11
7	广州	533.88	539.29
8	沈阳	515.74	518.28

数据来源：《中国城市建设统计年鉴（2012）》、《中国城市建设统计年鉴（2013）》。

（三）特大城市的发展特征

特大城市规模体量大，聚集能力强。其发展动力既有经济聚集因素，也有行政推动因素。其发展特征可以概括为以下几个方面。

1. 行政等级高

八座特大城市中,中央直辖市4个,副省级城市4个。较高的行政等级强化了这些城市的资源掌控能力和经济与人口的聚集能力。

表2　八座特大城市的行政等级

序号	城市名称	行政等级	序号	城市名称	行政等级
1	上海	中央直辖市	5	天津	中央直辖市
2	北京	中央直辖市	6	南京	副省级城市
3	深圳	副省级城市	7	广州	副省级城市
4	重庆	中央直辖市	8	沈阳	副省级城市

2. 经济实力强

2014年,八座特大城市的地区生产总值合计12.40万亿元,占同年全国地区生产总值63.64万亿元的19.5%。八座特大城市的人均地区生产总值,除重庆外,普遍高于全国平均水平（4.65万元/人）1倍以上（沈阳接近1倍）,深圳甚至高于2倍以上。

表3　2014年八座特大城市的地区生产总值

城市名称	地区生产总值（亿元）	人均地区生产总值（万元/人）
上海	23560.94	9.73
北京	21330.80	10.00
深圳	16001.98	14.95
重庆	14265.40	4.79
天津	15722.47	10.37
南京	8820.75	10.75
广州	16706.87	12.77
沈阳	7589.00	9.19

资料来源：2015年沈阳市政府工作报告,其余7个城市来源于2014年各自的国民经济与社会发展统计公报。

3. 外来人口聚集多

2014年,八座特大城市的外来常住人口合计有3920.37万,占同年全国流动人口总量2.45亿人①的16%。除重庆、沈阳外，外来常住人口占比普遍较高，最高的深圳达69.2%，最低的南京达21%。外来常住人口的大规模聚集构成特大城市的显著特征。

表4 2014年八座特大城市的外来人口聚集情况

单位：万人，%

城市名称	常住人口	外来常住人口	外来常住人口占比
上海	2425.68	996.42	41.1
北京	2151.60	818.70	38.1
深圳	1077.89	745.68	69.2
重庆	2991.40	146.28	4.9
天津	1516.81	476.18	31.4
南京	821.61	172.89	21.0
广州	1308.05	465.63	35.6
沈阳	825.70	98.59	11.9

资料来源：2014年上海、北京、深圳、天津、南京、广州六座特大城市的国民经济与社会发展统计公报，2014年重庆市1%人口抽样调查主要数据公报，沈阳市2014年统计月报数据。

4. 民用汽车保有量多

2014年，八座特大城市的民用汽车保有量合计2391.69万辆，占同年全国民用汽车保有量15447万辆的15.5%。按照人均保有量计算，全国平均水平是9人/辆，除上海外，其余7座特大城市的人均民用汽车保有量都远远高于全国平均水平。

表5 八座特大城市的民用汽车保有量

城市名称	民用汽车保有量(万辆)	平均水平(人/辆)
上海	255.19	10
北京	532.40	4
深圳	311.15	3
重庆	441.07	7

---

① 2014年全国流动人口总量达2.45亿特大城市人口聚集加强，中国新闻网（http://www.chinanews.com）。

续表

城市名称	民用汽车保有量(万辆)	平均水平(人/辆)
天津	284.89	5
南京	172.19	5
广州	269.50	5
沈阳	125.30	7

注：表中沈阳为2013年数据，其余为2014年数据。
资料来源：各城市相关年份国民经济与社会发展统计公报。

5. 人均道路面积少

除南京和天津外，其余6座特大城市的人均道路面积都低于全国城市的平均水平，特别是，上海不到全国平均水平的1/3，北京略多于1/2，广州不到70%。

表6　八座特大城市的人均道路面积

单位：平方米

城市名称	2012年人均道路面积	2013年人均道路面积
上海	4.08	4.11
北京	7.57	7.61
深圳	10.08	10.82
重庆	10.67	11.23
天津	17.88	18.74
南京	20.14	21.38
广州	9.99	9.64
沈阳	11.63	13.55
全国城市平均	14.39	14.87

资料来源：《中国城市建设统计年鉴（2012）》、《中国城市建设统计年鉴（2013）》。

6. 房价收入比高

按照国际经验，房价收入比6~7是合理区间。八座特大城市，除重庆和沈阳处于合理区间外，其余6座特大城市明显偏离合理区间。房价收入比过高成为特大城市的显著特征。

表7 2013年八座特大城市的房价收入比

城市名称	2013年房价收入比	房价收入比判断	城市名称	2013年房价收入比	房价收入比判断
上海	12.1	过高	天津	8.4	偏高
北京	14.5	过高	南京	9.1	偏高
深圳	17.2	过高	广州	10.9	过高
重庆	6.8	合理	沈阳	6.8	合理

资料来源:《全国35个大中城市房价收入比排行》,上海易居房地产研究院,2014年5月28日。

7. 优质教育医疗资源聚集

八座特大城市聚集了众多的985高校和211高校,其中聚集985高校20所,占全国985高校39所的51%;聚集211高校56所,占全国211高校118所的47%。

表8 八座特大城市分布的985和211高校名单

城市名称	985高校名单	211高校名单
上海	上海交大、同济大学、复旦大学、华东师范大学(4)	上海交大、同济大学、复旦大学、华东师范大学、上海外国语大学、上海大学、东华大学、华东理工大学、上海财经大学、解放军第二军医大学(10)
北京	清华大学、北京大学、中国人民大学、北京理工大学、北京航空航天大学、北京师范大学、中国农业大学、中央民族大学(8)	清华大学、北京大学、中国人民大学、北京理工大学、北京航空航天大学、北京师范大学、中国农业大学、中央民族大学、北京交通大学、北京工业大学、北京科技大学、北京化工大学、北京邮电大学、北京林业大学、中国传媒大学、对外经济贸易大学、中央音乐学院、北京中医药大学、北京外国语大学、中国地质大学(北京)、中国石油大学(北京)、中国矿业大学(北京)、中国政法大学、中央财经大学、华北电力大学、北京体育大学(26)
深圳	无	无
重庆	重庆大学(1)	重庆大学、西南大学(2)
天津	天津大学、南开大学(2)	天津大学、南开大学、天津医科大学、河北工业大学(4)

续表

城市名称	985高校名单	211高校名单
南京	南京大学、东南大学(2)	南京大学、东南大学、河海大学、南京师范大学、南京理工大学、南京农业大学、南京航空航天大学、中国药科大学(8)
广州	华南理工大学、中山大学(2)	华南理工大学、中山大学、暨南大学、华南师范大学(4)
沈阳	东北大学(1)	东北大学、辽宁大学(2)
八座特大城市合计(所)	20	56
全国总量(所)	39	118

资料来源：中国教育在线（http://www.eol.cn/）。

八座特大城市聚集了众多的三甲医院。全国共有三甲医院769家，其中分布在八座特大城市的有194家，占比25%。

表9 八座特大城市分布的全国三甲医院数量

城市名称	三甲医院数量(家)	城市名称	三甲医院数量(家)
上海	地方医院(28家)+部队医院(6家)	天津	地方医院(21家)+部队医院(3家)
北京	地方医院(35家)+部队医院(12家)	南京	地方医院(12家)+部队医院(3家)
深圳	地方医院(6家)	广州	地方医院(22家)+部队医院(5家)
重庆	地方医院(18家)+部队医院(5家)	沈阳	地方医院(15家)+部队医院(3家)

注：三级甲等医院（简称"三甲医院"）是依照中国现行《医院分级管理办法》等的规定而划分的最高等级医院，全国共769家，其中地方医院672家，部队医院97家。

8. 能耗集中

2013年八座特大城市的全社会用电量6068亿千瓦时，占同年全国全社会用电总量53223亿千瓦时的11.4%。2014年，该数据为6289亿千瓦时，占全国比例保持不变。按常住人口平均，2013年八座特大城市的人均全社会用电量为4904千瓦时，全国平均水平是3913千瓦时；2014年八座特大城市的该项数据是4794千瓦时，全国平均水平是4038千瓦时。八座特大城市用电总量占比高，人均用电量大，是全国重要的能耗中心。

表10 八座特大城市的全社会用电量

单位：亿千瓦时

城市名称	2013年全社会用电量	2014年全社会用电量
上海	1411	1369
北京	913	937
深圳	730	789
重庆	813	867
天津	774	794
南京	427	471
广州	711	766
沈阳	289	296
八座特大城市合计	6068	6289
全国总量	53223	55233

资料来源：各城市相关年份国民经济与社会发展统计公报。

二 中国特大城市治理需要探讨的问题

中国特大城市发展中存在的共性问题是：人口过度聚集、交通拥堵、房价高企、资源环境约束强等。这些问题的产生，从宏观层面来看，是城市发展规模（包括人口规模、经济规模、空间规模）超过资源环境承载能力、基础设施支撑能力和基本公共服务供给能力；从微观层面来看，则是"规模收益递增"的经济因素和政府行政配置资源的体制因素二者叠加，产生了强大的吸引力，不断蚕食外围地区的资源和发展要素，形成了天文学意义上的"黑洞效应"。特大城市的治理，不能回避这些问题。当前，在特大城市的治理方面，存在一些似是而非的问题需要探讨。

（一）特大城市问题具有长期性还是阶段性

特大城市问题因聚集而产生。从微观视角来看，聚集的经济动力是"规模收益递增"。当聚集达到一定规模后，会出现"外部性问题"，聚集的成本会上升，会出现"规模收益递减"现象。因此，聚集的经济动力不是永恒的，它具有阶段性。从中观视角来看，我国已进入城镇化的下半程，城镇化速度下降已成为事实,单纯的向心聚集正在转变为聚集与扩散相结合,次级中心城市正在崛起,待开发地区发展速度加快,特大城市的聚集动力正在减弱,特大城市问题有望缓减。就此而言,特大城市问题不会长期存在。

特大城市的聚集,还存在非经济因素,即行政动力。中国是一个政府干预经济能力极强的国家,政府主导下的行政配置资源的现象十分普遍。中国是一个城市有行政等级的国家,城市的行政等级越高,城市主要领导的行政级别也越高,话语权也越大,掌控资源的能力也越强,依靠行政配置资源的能力也越强,特大城市在这方面占尽优势。依靠行政聚集资源会干扰"规模收益递减"出现的时间节点,使特大城市问题更趋严重,更趋复杂。作为"干扰项",行政聚集资源会扰乱特大城市问题所具备的阶段性规律。行政聚集资源是有成本的,这个成本会通过税收的形式由纳税人承担。解决这个问题,需要体制机制改革,难度很大。但行政推动终究要服从经济规律,特大城市问题,从长期来看,不可能相伴终身,具有明显的阶段性。

(二)特大城市问题归因于聚集还是空间结构不合理

特大城市问题,产生于聚集,但聚集不是"祸根"。只要"规模收益递增",聚集就符合经济规律,就具有客观必然性。与"规模收益递增"阶段相对应的是,特大城市往往形成了"单中心"的空间结构。进入"规模收益递减"阶段,特大城市就会迸发出离心扩散的力量,与此相对应,特大城市应该形成"多中心"的空间结构,在周边地区大力发展次级中心城市或者新城。遗憾的是,中国许多特大城市,对这个规律认识不到位,错失了调整空间结构的绝佳时期,导致"城市病"集中爆发,长期折磨。所以,特大城市问题,起因于聚集,但应归因于空间结构不合理。破解特大城市问题,不能简单采取控制、限制、打压或者驱散"聚集要素"的办法,而应该引导"聚集要素",趋向合理的空间结构。

(三)资源环境承载力是否为特大城市发展的底线

所谓资源环境承载力,是指在一定时期和一定区域范围内,在维持区域资源结构符合可持续发展需要、区域环境功能仍具有维持其稳态效应能力的条件下,区域资源环境系统所能承受人类各种社会经济活动的能力。从科学意义上说，的确存在资源环境承载力的概念，而且通过科学的研究方法可以测算出来。但在现实中，由于科学技术进步和人类生产生活方式变化，资源环境承载力又呈现"易变"的特点。如果设定条件发生变化，资源环境承载力也会随之发生变化。正因为如此，一些人质疑资源环境承载力是否客观存在？测算资源环境承载力是否为伪命题？事实上，聚集的基本动因是经济因素，而不是资源环境承载力。那些资源环境承载力很高的地区，如果不能产生"规模收益递增"，就不会出现"聚集"。相反，那些资源环境承载力已到极限的地区，如果能够产生"规模收益递增"，仍然会继续"聚集"。只不过，资源环境承载力作为一种"成本因素"，已经包含在"规模收益"考虑之中。所以，以资源环境承载力为依据，制定特大城市的发展规划和政策，在理论上是站不住脚的，在实践中也是有害的。资源环境承载力不应该成为特大城市发展的底线。

（四）短时期内是否可以解决特大城市问题

解决特大城市问题，需要考虑以下几方面因素：一是引起聚集的"经济动因"是否已经发生"逆转"，也就是说，"规模收益递增"是否已经转变为"规模收益递减"。如果出现这种现象，说明聚集的动力正在弱化，解决特大城市问题的曙光正在来临。现实中，中国的八座特大城市，除了"退二进三"引起的制造业外迁外，还没有出现企业主动大规模外迁、依靠市场因素发展起次级中心城市或者新城的案例。目前的新城多数是政府规划和建设的，还没有得到企业的积极响应，缺乏产业支撑是通病。可见，从"规模收益递增"到"规模收益递减"的拐点还没有到来。二是行政因素对聚集与扩散的干扰是否已经剔除？聚集与扩散，本来应该属于经济范畴，由企业和个人根据市场信号做出决策。但行政因素干扰，导致市场信号失灵，使"规模收益递增"和"规模收益递减"增加了政策变量，本来应该扩散出去的扩散不出去，本来应该聚集的聚集不进来，解决特大城市问题更加复杂化。减少行政因素干扰，还市场配置资源的决定性作用，既需要更新执政理念，更需要大刀阔斧式地改革不合理的制度和决策机制，这些都不是短期内可以解决的。三是人口大规模向特大城市聚集的趋势是否已经发生逆转？谈论这个问题必须考虑两方面因素：第一是大规模聚集的人口来源。一些学者研究表明，中国人口数量峰值将出现在2025年，其后人口总量将下降，这意味着十年后人口大规模聚集的势头将减弱。第二是区域差距是否已经缩小到人口不愿意跨地区流动的水平。众所周知，中国存在巨大的区域发展差距，不仅仅体现在人们的收入水平上，还体现在教育、医疗、文化等基本公共服务上，短时期内缩小这些差距有很大的难度。综上分析，短期内解决特大城市问题是不切实际的幻想。未来二三十年内，特大城市问题仍将是困扰各级政府的难点问题。解决特大城市问题，是一项长期任务。

三 "十三五"中国特大城市的治理思路

特大城市的治理重点无非是经济效率提升、产业结构优化、市场经济秩序维护、社会公平正义彰显、空间秩序保障、生态红线控制等。这些重点看似杂乱无章，实则相互关联，相互制约，是一个有机体。选择好治理的路径至关重要。一是妥善处理政府与市场的关系。按照成熟的市场经济运行经验，政府的职能是维护市场经济秩序，企业是市场经济的主体。但在中国，政府对经济的干预程度远远超过市场经济本身的要求，导致特大城市的聚集与扩散功能失调，特大城市本身具备的"过滤网"千疮百孔。转变政府职能，收缩政府干预的战线，让市场发挥资源配置的决定性作用，是特大城市治理首先应该解决的问题。二是明确治理的主体。政府是重要的治理主体，但不是唯一的治理主体。特大城市治理任务繁重，单一的政府治理模式难免力不从心，企业和非政府组织都可以成为政府治理的合作伙伴。三是制定科学的治理方案。各个特大城市的发展条件和发展问题不同，发展定位和发展思路不同，治理方案理应体现自身特色。为此，要制定科学的城市发展战略规划，并以此为基础优化治理方案。

（一）编制科学的治理方案

特大城市治理，不同于一般意义上的国家治理，也不同于一般意义上的区域治理。特大城市治理具有复杂性，需要编制科学的治理方案予以应对。

第一，要坚持底线思维。特大城市治理事务千头万绪，什么都由政府出面解决，难免力不从心。要有所为，有所不为。凡是可以交由市场解决的，坚决交给市场办；市场解决不了的，由政府兜底。让政府从复杂的具体事务中解脱出来，集中精力搞好公共服务，维护好特大城市发展的底线。

第二，要坚持战略导向。特大城市要做好功能定位，制定自己的发展战略规划。并以此为依据，编制科学的治理方案，确保治理方案的战略性、前瞻性和全局性。

第三，要坚持系统治理。特大城市本身是一个复杂的巨系统，各子系统之间相互衔接、相互制约，编制治理方案，要梳理各子系统之间的相互关系及其相互影响，并评估其可能产生的风险，做好应对预案。

第四，要坚持问题导向。编制治理方案前，要对特大城市进行体检，系统梳理其发展中存在的各种问题，并根据轻重缓急的原则对问题进行归类。在此基础上，编制治理方案。

第五，要坚持依法治理。特大城市治理，不能"有权就任性"，而要建立在法治的基础上。要逐步强化地方立法的主动性和主体性，推动地方特色治理。

第六，要坚持过程治理。编制治理方案，不可能一案定终身。要对治理方案实施过程进行跟踪调查和评估，及时修正治理方案的失误。

（二）构筑完善要素聚集的"过滤网"

在完善的市场经济条件下，要素向特大城市聚集受到一张看不见的"过滤网"引导。当要素聚集效益大于聚集成本时，要素向特大城市聚集具有合理性；反之，当要素聚集效益小于聚集成本时，要素就不会向特大城市聚集，甚至会从特大城市流出。这是基本经济规律在发挥作用。这种状态应该是特大城市治理追求的理想状态。

现实中，中国的要素市场化程度远远不够。特大城市聚集的三大要素，土地、资本、劳动力，都没有完全市场化。比如，政府垄断土地一级市场，土地不能自由买卖，城乡土地市场分割；银行业垄断现象普遍存在，缺乏充分竞争，利率没有完全市场化，资金使用成本没有完全体现出来；劳动力就业市场竞争不充分，还存在身份歧视、性别歧视和待遇歧视。同时，许多特大城市还存在过度福利化倾向。比如，北京前几年采取极度优惠的公交和地铁票价，虽然得到了上班族的热烈欢迎，但没有体现出公交出行的市场成本，客观上起到了引致人口进一步聚集的冲动；同样，近些年北京大规模兴建保障房，先后推出过经济适用房、廉租房、限价房、公租房、共有产权房等具有福利性质的保障住房，虽然得到了住房困难群众的热盼，体现了政府关心民生的责任，但客观上也起到了降低人口大规模聚集的成本，对疏散人口产生了不利的影响。以上现象导致要素向特大城市聚集的成本与收益核算信号失真，直接影响是"过滤网"功能失调。

修复"过滤网"功能，首先要求政府坚定不移地走市场化取向的改革之路，大胆向市场放权，转变政府职能，提高公共服务能力，让市场发挥资源配置的决定性作用。同时，也要权衡过度福利化政策的利弊得失，在看到一部分人群获得福利的同时，也要看到另一部分人群的福利损失。其次要有计划、有步骤、有重点地推进要素市场化改革的进程。打破城乡二元土地结构市场，让经营性农村集体建设用地直接入市，并提供公平透明交易的平台。大力推进利率市场化，完善国有商业银行治理结构，逐步实现银行业界的充分竞争。统一城乡劳动力市场，扩大劳动合同用工覆盖面，消除身份性别歧视，实现同工同酬。同时，加强政府在要素市场化改革进程中的监管职责。

（三）做好过渡期政策安排

完善市场机制，不是一朝一夕可以完成的。由社会主义计划经济体制过渡到社会主义市场经济体制，需要一个漫长的过渡期。在过渡期，政府对特大城市治理进行适度的行政干预是必要的，但要掌握好度。干预过度，会破坏市场运行机制，造成特大城市功能紊乱；干预不足，无助于解决即时问题。在实际操作中，应妥善安排好过渡期政策。

一是对人口规模进行调控。八座特大城市的城区常住人口规模仍然在不断膨胀，给城市基础设施和基本公共服务的供给带来了严重压力。鉴于其特殊性，非户籍人口的市民化难度很大，采取广州、上海、深圳等城市实行的积分落户制是一个有效办法，关键是根据各市市情设计好指标体系及其分值，公开透明操作，确保公平。另外，北京提出的"以业控人、以房管人、以证管人"的经验值得肯定。搞好产业准入名录、搬迁扩散低端产业、对房屋租赁市场进行监管、对新售商品房进行限购等举措对控制人口规模有一定的积极作用。

二是对空间结构进行优化。八座特大城市所表现出来的"城市病"，与空间结构不合理有很大关系。优化空间结构，政府可以大有作为。构建多中心的空间结构被认为是解决"城市病"的有效办法。许多特大城市,通过规划提出要在中心城区周边兴建若干新城。遗憾的是,许多新城由于基础设施与基本公共服务不配套,产业发展滞后,成为吸纳低收入人群的"睡城"。这种现象说明,政府的干预力度不到位,政府应尽的职责没有尽到。新城建设需要政府更多的付出,在基础设施和基本公共服务配套方面加大投入,在产业发展方面加以引导和扶持,推动产城一体、职住平衡,而不要将着眼点仅仅放在卖地卖房上。

三是对机动车数量进行控制。特大城市人多、车多、路少,如果对机动车数量不加控制,车路矛盾会更加突出。在特大城市,国家现有政策不足以抑制机动车数量的快速增长。实行机动车数量控制的地方政策是十分必要的。目前,北京实行车牌摇号制,上海实行车牌拍卖制,广州实行二者的结合。摇号制表面看公平,并且将机动车数量增长限制在可控范围,但牺牲了效率。比如,长期一直坚持拍卖制的上海,2014年民用汽车保有量只有255.19万辆,只及北京的48%,效果十分明显,值得其他特大城市学习借鉴。同时,也可以考虑在特大城市划定拥堵区,征收拥堵费,以此来调节机动车的使用。

(四)着力解决特大城市治理的外部问题

特大城市治理面临着许多外部问题,这些问题是特大城市自身难以解决的。这些问题不解决,特大城市存在的"病症"就难以康复。

一是区域经济均衡发展问题。中国地域辽阔,人口众多,各地经济发展水平差异较大。人口由欠发达地区流向特大城市是客观经济规律。只要区域经济差距存在,这种现象就不可避免。实施区域经济均衡发展政策是政府义不容辞的职责,为此要拿出援助欠发达地区经济发展的一揽子政策,坚决摒弃按行政等级配置资源的传统做法,给欠发达地区更多的经济发展机会。

二是教育、医疗等基本公共服务的均等化问题。特大城市不仅在经济发展方面占尽优势,在教育、医疗等基本公共服务方面优势更大,这些因素更加强化了特大城市的吸引力。教育、医疗等基本公共服务的均等化是不可回避的问题。将特大城市的优质教育、医疗资源向外疏散似乎是解决均等化的可行之路,实则不然,优质教育、医疗资源迁离了特大城市,离开了特大城市的发展软环境,质量会显著下降。通过降低质量来实现均等化不是我们应该追求的。

政府要加大投入力度，支持欠发达地区的教育、医疗事业发展。同时，要积极构建特大城市援助欠发达地区教育、医疗事业发展的机制，逐步缩小教育、医疗等基本公共服务的地区差距。

三是各地的特色发展问题。发展，并不意味着各地要具备相同的发展水准，走相同的发展道路。只要能够满足居民的幸福感，就都是发展。中国各地发展条件千差万别，居民对幸福感的理解也各不相同，应该允许各地存在不同的发展模式，走不同的发展道路，追求不同的发展目标。为此，要增强各地的发展自主权，允许各地特色发展，差异化发展，以此来弱化特大城市的向心力和聚集力。

B.15
城市地下综合管廊：国际经验与中国推进建设的关键问题

邓军 陈洪波*

摘 要： 完善城市地下综合管廊是解决"拉链路"和"蜘蛛网"的根本手段，是完善我国地下管网基础设施薄弱"短板"的关键举措，也是生态文明建设和新型城镇化的重要抓手。我国地下综合管廊已面临第三代迅猛发展的重大时机，国家审时度势出台了支持性政策法规和规范规程，有必要借鉴欧洲、日本等国际先进经验，解决好地下综合管廊建设与管理的关键问题，全面推进地下综合管廊建设，大力促使地下综合管廊规范化、现代化、普及化。

关键词： 城市地下综合管廊 国际经验 综合效益 政策 关键问题

一 引言

城市发展到一定规模，各种"城市病"竞相出现，而市政基础设施建设领域是"城市病"的高发领域。随着民生需求不断扩大，市政管线配备标准越来越高，道路上敷设的市政管线种类越来越多，规格和数量越来越大，有限的地下空间不能满足传统"平铺式"的管线敷设方式。同时，我国处于快速城市化和大规模城市更新改造两维度同步阶段，市政设施需求不断变化，其建

---

* 邓军，深圳市蕾奥城市规划设计咨询有限公司总工程师、高级工程师、博士；陈洪波，中国社会科学院城市发展与环境研究所副研究员、博士。

设难以一次到位，导致道路反复开挖的"马路拉链"现象日渐频繁，而老旧城区主要道路"蜘蛛网"不良景观仍然突出。此外，地下管网敷设无序、管理多头现象突出，由混乱的地下管网所引发的断水、断电、断网、爆燃、城市内涝等公共事故频发，所引起的财产损失越来越大，尤其是对城市交通干扰所引起的间接损失越来越高，给城市人民生活带来极大不便，也间接损害了政府和城市的形象。2013年青岛输油管道爆燃和2014年兰州苯污染事件背后都暴露出地下管网混乱的现状。

雨果说："下水道是城市的良心。"地下管网状况反映了城市领导者的责任心，也是城市持续竞争力的重要表征。李克强总理高度重视地下管网等城市基础设施建设，强调指出，地下管网等基础设施是城市的"里子"，目前仍很薄弱，要着力补上地下管网等城市基础设施"短板"，满足不断扩大的民生之需，这是新型城镇化的应有之义，也是稳增长的有力支撑[①]。从发达国家的经验来看，地下综合管廊是解决地下管线混乱的根本所在。为此，国务院要求加快推进地下综合管廊建设，统筹各类市政管线规划、建设和管理。这不仅可以解决反复开挖路面、架空线网密集、管线事故频发等问题，还可以保障城市安全、美化城市景观、促进城市集约高效和转型发展，有利于提高城市综合承载能力和城镇化发展质量，有利于增加公共产品有效投资、拉动社会资本投入、打造经济发展新动力。

二 地下综合管廊：国际经验与中国现状

（一）地下综合管廊的定义

地下综合管廊，日本称"共同沟"，我国台湾又称"共同管道"，是指在城市道路、厂区等地下建造的一个隧道空间，将电力、通信、燃气、给水、热力、排水等市政公用管线集中敷设在同一个构筑物内，并通过设置专门的投料口、通风口、检修口和监测系统保证其正常运营，实施市政公用管线的"统

---

① 《专家解读推进城市地下综合管廊建设〈指导意见〉》，http://www.gov.cn/zhengce/2015-08/12/content_2911736.htm，最后访问时间2015-08-12 16:50。

一规划、统一建设、统一管理",以做到城市道路地下空间的综合开发利用和市政公用管线的集约化建设与管理,避免城市道路产生"拉链路"①。

(二)国际经验

发达国家的地下综合管廊至今已经有一百多年,随着社会经济和科学技术的发展,其综合管廊系统也日臻完善,规模愈渐扩大。从时间维度来看,欧洲在19世纪初已有地下综合管廊出现,20世纪开始较大规模建设,同期日本也开始建设地下综合管廊。现代化综合管廊从建设发展模式来看,可以概括为欧洲模式、亚洲模式和北美模式等。

1. 欧洲经验

欧洲城市地下综合管廊起步早,规模宏大,纳入管线种类多,早期以结合排水道的半圆形断面为主。1833年,法国巴黎政府为解决塞纳河污染严重、霍乱肆虐状况,开始建设整个城市的地下排水系统,同步结合地下综合管廊以解决地下管线的敷设空间并提高城市环境质量。巴黎是世界上第一个建设地下综合管廊系统的城市,入廊管线有给水、压缩空气管、通信、交通信号等管线。经过百年发展,巴黎及近郊的地下综合管廊总里程已达2100公里,建设规模位居世界城市之首②。

随着巴黎地下综合管廊的成功实践,欧洲其他国家的重要城市也开始相继建设地下综合管廊系统,包括:英国的伦敦,德国的汉堡,俄罗斯的莫斯科、彼得格勒、基辅,西班牙的马德里、巴塞罗那,瑞典的斯德哥尔摩,挪威的奥斯陆等,经过几十年甚至上百年的探索发展,这些城市都建成了较为成熟和完善的地下综合管廊系统。

英国伦敦的第一条地下综合管廊始建于1861年,呈半圆形,纳入给水、电力、通信、燃气和污水管。迄今,伦敦市已经建设有22条设施完善的地下综合管廊。西班牙的首都马德里于20世纪中期开始建设地下综合管廊系统,解决了"马路拉链"和路面坍塌造成的交通干扰等问题,提高了市政管线以

---

① 王恒栋、薛伟辰:《综合管廊工程理论与实践》,中国建筑工业出版社,2013。
② 孙云章:《城市地下管线综合管廊项目建设中的决策支持研究》,上海交通大学硕士毕业论文,2008。

及市政道路的使用寿命，经济与技术效益显著。俄罗斯的莫斯科至今建设有130公里的地下综合管廊，其内可纳入除燃气管以外的各种管线，并且大部分综合管廊采用预制拼装结构，分单仓和双仓两种。芬兰则将地下综合管廊深埋于地下20米的岩层中，既保障防御安全又保护环境，由于基岩坚固，机械化施工程度高，综合投资比直埋敷设节省约30%。

在不断探索完善先进管廊技术的同时，欧洲还配套发展了较为完善的地下综合管廊管理体制。诸如法国、英国等政府财力雄厚的欧洲国家，其城市地下综合管廊被列为政府提供的公共产品，其建设费用由政府承担。综合管廊建成以后，则采用出租的方式将廊位提供给各管线使用单位，从而实现投资的部分回收，每一年的出租价格则由市议会讨论并表决确定，价格会根据实际情况逐年调整。同时，欧洲国家出台了强制入廊的法律法规，明确规定设有地下综合管廊的路段，相关管线必须入廊，不得采用传统直埋敷设方式。

2. 日本与新加坡经验

亚洲地区地下综合管廊建设以日本为代表，以规划先行、法规完善和技术先进为特征。早在1926年，日本的千代田就开始兴建地下综合管廊，1958年东京也开始建设地下综合管廊。日比谷、麻布和青山地下综合管廊是东京市最重要的地下管廊系统，采用盾构法施工，建于地表以下30多米处，全长约1550米，直径约7.5米。日本十分重视配套法律法规的建设，1963年制定了《关于建设共同沟的特别措施法》，从法律层面规定了日本相关部门需在交通量大及未来可能拥堵的主要干道地下建设"共同沟"。日本的东京、大阪、名古屋、横滨、福冈等近80个城市已经修建了总长度超过2000公里的地下综合管廊，这对日本满足民生需求和提高城市综合承载力发挥着重要作用[①]。

日本城市地下综合管廊的建设管理是以政府为主体。日本将地下综合管廊作为道路的附属工程，由政府出资建设，管理则交由交通运输省下属的专职部门。建设费用方面，中央政府承担国道地下综合管廊的建设费用；地方政府承担地方道路地下综合管廊的建设费用，也可申请中央政府的无

---

① 《地下综合管廊系统提升日本城市综合功能》，http：//news.xinhuanet.com/world/2015 - 08/07/c_ 1116181044.htm，最后访问时间2015 - 08 - 07 14：08。

息贷款。后期运营管理方面，由道路管理者与管线单位共同运营和维护，即综合管廊公用设施的日常运营维护由道路管理者（或者道路管理者与管线单位组成的联合体）负责，管廊内的各种管线维护则由各管线单位自行负责。

亚洲的新加坡也十分重视城市地下综合管廊的建设。20世纪90年代，新加坡在滨海湾建设地下综合管廊，埋深约3米，全长约3.9公里，集中纳入了供水、通信、电力和垃圾收集系统。该管廊成为保障滨海湾建设世界级商业和金融中心的"生命线"，也体现了新加坡在市政建设方面一贯的"先规划后建设、先地下后地上"、"需求未到、基础设施先行"的先进理念。管理方面实行严格的规划许可制度，规划制定与实施由市区重建局负责，规划方案的通过需要经过专业团队提出规划草案、广泛征求意见、国会审议、公开发布四个程序，方案经国会通过具有法律效力，规划能够较好地执行。

3. 北美经验

以美国地下综合管廊建设为代表，多用于特殊的目的或位置，由于城市用地特征，其建设规模远比欧洲要小。1970年，美国在White Plains市中心建设综合管廊，除燃气管外，几乎所有管线均纳入综合管廊内。阿拉斯加的Fairbanks和Nome建设的综合管廊系统，是为防止给水和污水管线冰冻。纽约市从束河下穿越的Consolidated Edison Tunnel长约1554米，高约67米，收容有345kV输配电力、电信、污水和给水干线。

（三）我国城市地下综合管廊建设现状

台湾地区的地下综合管廊（在台湾称为"共同管道"）建设借鉴了日本等先进地区经验，以立法保障，结合新建道路、新区开发、城市更新、轨道交通、地下铁路优先推动地下综合管廊建设，成果丰硕。1980年台湾地区开始研究评估综合管廊建设方案，2000年公布实施"共同管道法"，2001年颁布施行细则及建设综合管廊经费分摊办法和工程设计标准，并授权当地政府制订综合管廊的维护办法，至今全台地下综合管廊总长超过300公里。

除台湾地区外，我国内地城市地下综合管廊建设时间较晚，目前仅有北京、上海、广州、深圳、沈阳、苏州等少数大城市建成零星地下综合管廊并投入使用,据相关统计资料,全国建设里程约 800 公里①。按照地下综合管廊的建设水平和发展历程,我国内地的地下综合管廊可分为三代。

第一代地下综合管廊建于 20 世纪 90 年代前,以试验摸索为特征,设施较为简单。北京市于 1958 年在天安门广场敷设了第一条地下综合管廊,长度约 1076 米,1977 年为配合毛主席纪念堂的施工建设,又增加敷设了长 500 米的综合管廊。山西大同也于 1979 年开始在部分新建交叉口敷设综合管廊。改革开放后,我国开始借鉴国外先进经验,引入综合管廊技术,上海宝钢学习日本先进理念,建设了数十公里长的工业生产专用综合管廊系统。湖北十堰市探索了适应地形特征的结合排水、通信、电力管线的简易缆沟。第一代地下综合管廊主要出于引进探索,用于零星特殊工程,尚未在城市市政建设中予以普及。

第二代地下综合管廊建于 20 世纪末 21 世纪初,以初具现代化安全保障和信息化管理为特征,开始注重规模效应。1994 年,上海建设了总长约 11 公里的浦东新区张杨路综合管廊,成为内地第一条规模最大的综合管廊,入廊管线有给水、电力、通信、燃气等四种,管廊埋设于人行道下,呈矩形断面,配置了安全附属设施系统和中央计算机管理系统。上海还建成了总长约 6 公里的嘉定区安亭新镇综合管廊。2006 年,北京中关村西区建成了内地第二条现代化的综合管廊,干线管廊长 2 公里,支线管廊长 1 公里,入廊管线有给水、电力、通信、供冷、热力、燃气等。深圳在大梅沙-沙田坳采用矿山法建设了总长约 2.7 公里的综合管廊,纳入电力、通信、给水、天然气等管道,同时采用舱中设置盖板沟的方式将燃气管与其他管线隔离。广州大学城沿中环路中央绿化带布设地下综合管廊,总长约 10 公里,入廊管线有给水、电力、通信、集中供冷和有线电视等 5 种,并且预留部分管孔备用。总之,第二代地下综合管廊系统在规划建设中逐步得到重视,开始注重规模效应,更加关注安全保障措施,引入了先进的信息化管理系统并预留城市未来发展的弹性需求。

第三代地下综合管廊建于"十二五"计划以后,以百年工程为目标,以规范化、现代化、功能复合化、规模化建设为特征。以珠海横琴新区综合管廊

---

① 《综合管廊》,http://baike.baidu.com/link?url=1LSz5nVSV5lalE9fGN ZuhRMLtsoIozHg AOYTvB2ygCfjS - vf53U8vVUfe5rSTd59Q_ TY93iU38ZA7rEs 0d1EzK。

为代表，总投资近22亿人民币，总长约33.4公里，是目前内地建成的总里程最长、设施最完善的城市地下综合管廊，横琴新区综合管廊纳入了冷凝水、电力、通信、中水、供冷、供热及垃圾真空等管线，配备了完善的消防、通风、监控等附属设施和智能化的控制中心等配套设施。国务院办公厅印发的《关于推进城市地下综合管廊建设的指导意见》指出，我国要全面推动地下综合管廊建设，到2020年，建成一批具有国际先进水平的地下综合管廊并投入运营，使反复开挖地面的"马路拉链"问题明显改善，逐步消除主要街道"蜘蛛网式"架空线，城市地面景观明显好转[1]。

三 地下综合管廊建设的综合效益

与传统的直埋管道相比，地下综合管廊虽然初期造价较高，但是从城市长远发展来看，具有明显的经济、环境和社会效益，可持续发展性强。其优势主要体现在以下几个方面。

1. 对城市交通基本无影响

传统的管线直埋敷设方式由于缺乏统筹以及管线更新或扩容等原因，需要反复开挖城市道路，对城市交通造成较大影响。以台北市为例，在2009～2012年3年间，开挖次数最多的道路竟然被开挖达188次之多[2]，对交通造成了很大影响。采用综合管廊敷设方式，在补充、更新、扩容管线时不必反复开挖城市道路，极大避免"拉链路"出现的次数，减少挖掘道路对交通和居民出行造成的影响和干扰，维护了道路的交通安全，保持了路容的完整和美观。

2. 全生命周期成本较低

虽然一次性投资比传统直埋敷设方式高很多，但是考虑到可以大大减少道路开挖次数，延长道路使用年限和各类管道的服务年限，节约市政管材更新费用，大幅度减小给水管漏损率等，综合管廊的全生命周期成本其实低于

---

[1] 《国务院办公厅关于推进城市地下综合管廊建设的指导意见》，http://www.mof.gov.cn/zhengwuxinxi/zhengcefabu/201508/t20150810_1412196.htm。

[2] 东森新闻云：《北市最常挖路第一名"迪化街一段"3年挖188次》，http://www.ettoday.net/news/20120821/90168.htm，最后访问时间2012-8-21 01:28。

传统直埋敷设方式。关欣以中关村西区综合管廊为例对综合管廊与传统管线敷设方式的经济性进行了对比①，结果显示，在 50 年的计算周期内，虽然综合管廊的直接工程费造价比传统直埋方式高出将近一倍，但是在考虑了各种外部费用因素条件下，综合管廊在全生命周期中的综合成本要低于传统管线敷设方式。

3. 集约利用空间

传统管道埋设方式对地下空间的占用比较大，而采用综合管廊敷设市政管线可以提高道路空间利用效率，节约城市空间，释放出的空间能产生更大效益，而且可以为城市发展预留适当弹性。珠海横琴新区因建设地下综合管廊而节约的高压走廊等占用土地，产生的直接经济效益超过 80 亿元人民币。

4. 增强城市安全

综合管廊内市政管线的维修、保养和管理比较便利，提高了城市"生命线工程"的安全性和用户使用的稳定性。设计合理的综合管廊结构能抵御冲击荷载作用，保护管廊内的市政管线免受损坏，提高城市基础设施的安全性和城市防灾能力②。

5. 美化城市景观

采用综合管廊可以减少道路上的杆柱及各种管线的检查井、室，避免"蜘蛛网"现象，减少对城市天际线的破坏，增加景观绿化空间，有利于提升城市环境质量，提高居民的生活品质。

6. 经济增长的新动力

除了相对于传统管线埋设方式具有明显优势外，在现阶段的宏观经济形势下，推行综合管廊的建设对拉动经济增长具有积极意义。

现阶段我国经济增速正逐年下降，从 2010 年的 10.6% 下降至 2014 年的 7.4%，2015 年上半年的同比增速为 7.0%。作为传统的三驾马车，出口、消费、投资增速均出现下降。为了稳增长，2015 年 7 月 30 日，中央政治局召开

---

① 关欣：《综合管廊与传统管线铺设的经济比较——以中关村西区综合管廊为例》，《建设经济》2009 年第 8 期，第 42~45 页。
② 杨新乾：《共同管道工程》，詹氏书局，1998。

会议，为我国下半年的宏观经济政策定下了三大基调。在货币政策传导不利的情况下，就需要进一步发挥财政政策的作用①。之前欠账太多的城市市政基础设施领域自然而然成为政府财政主要投资的方向，而综合管廊全面建设计划就是其中一个重要的组成部分。

根据首批10个地下综合管廊试点城市的规划，未来3年将合计建设地下管廊389公里，管廊部分总投资351亿元。以试点城市湖北省十堰市3年示范期地下综合管廊投资35亿元，配套道路桥梁约15亿元的数据简单推算，推广至全国333个地级市，年均投资额可达5566亿元。2015年7月31日，住建部副部长陆克华在国务院政策例行吹风会上透露，我国城市新区、各类园区、成片开发区域的新建道路需要同步建设综合管廊。目前这类道路每年新建约1.5万公里，一般主干路和重要次干路需要配建地下综合管廊，以每公里造价1.2亿元估算，城市地下综合管廊每年投资规模将达到10000亿元。此外，还会间接拉动机械设备等关联产业，并带动就业。

由此可见，推动综合管廊建设，不仅可以逐步消除"马路拉链"和"空中蜘蛛网"等问题，也有利于用好地下空间资源，提高城市综合承载能力，满足民生之需；更可以带动有效投资、增加公共产品供给，提升新型城镇化发展质量，打造经济发展新动力。

四 国家相关政策及实施步骤

（一）相关政策及解读

国务院高度重视城市地下综合管廊建设，2013年以来先后发布了一系列关于基础设施与地下综合管廊建设管理的指导政策，并部署开展了地下综合管廊建设试点工作。相关政策包括②如下。

---

① 郭濂、祝宝良、程培松等：《中国经济2015年中分析：把握好稳增长与防风险平衡点》，《上海证券报》2015年8月7日。
② 《独家：城市地下综合管廊建设对钢材需求的影响目前国内仅北京、上海、深圳、青岛、苏州、沈阳等少数几个城市拥有零星地下管廊项目》，http://www.water8848.com/news/201508/14/35519.html。

时间	事件	主要内容
2013年9月	国务院发布《关于加强城市基础设施建设的意见》	用三年左右时间,在全国36个大中城市全面启动地下综合管廊试点工程;中小城市因地制宜建设一批综合管廊项目。新建道路、城市新区和各类园区地下管网应按照综合管廊模式进行开发建设。
2014年6月	国务院办公厅发布《加强城市地下管线建设管理的指导意见》	2015年底前,完成城市地下管线普查,建设综合管理信息系统,编制完成地下管线综合规划;力争用5年时间,完成城市地下老旧管网改造,用10年左右时间,建设较为完善的城市地下管线体系。
2015年1月	财政部、住建部联合下发《关于开展中央财政支持地下综合管廊试点工作的通知》和《关于组织申报2015年地下综合管廊试点城市的通知》	中央财政对地下综合管廊试点城市给予专项资金补助:直辖市每年5亿元,省会城市每年4亿元,其他城市每年3亿元。
2015年4月	发改委印发《城市地下综合管廊建设专项债券发行指引》	鼓励各类企业发行企业债券、项目收益债券、可续期债券等专项债券,募集资金用于城市地下综合管廊建设。
2015年4月	财政部公布2015年地下综合管廊试点城市	包头、沈阳、哈尔滨、苏州、厦门、十堰、长沙、海口、六盘水、白银等10城市入围,计划未来3年将合计建设地下管廊389公里,总投资351亿元。
2015年5月	住建部发布《城市综合管廊工程技术规范》(GB50838-2015)国家标准,6月1日起实施	与2012年的规范相比,增加了雨水、污水、燃气和热力管道敷设的技术规定等。
2015年5月	住建部发布《城市地下综合管廊工程规划编制指引》	指导各地科学合理地规划综合管廊建设区域及布局,要求管廊工程规划期限应与城市总体规划期限一致。
2015年6月	住建部标准定额司等单位编制完成《城市综合管廊工程投资估算指标》	给出了城市综合管廊工程前期编制投资估算,根据该估算,管廊主体根据断面面积和舱数不同,每公里投资从0.5亿到3.6亿不等。
2015年7月	国务院常务会议部署推进城市地下综合管廊建设	确定要求地方政府编制地下综合管廊建设专项计划,在年度建设中优先安排;对已建管廊区域,所有管线必须入廊。
2015年8月	国务院发文《国务院办公厅关于推进城市地下综合管廊建设的指导意见》	提出到2020年建设一批具有国际先进水平的地下综合管廊并投入运营,改善城市地面景观。

国家领导高度重视地下综合管廊的建设，李克强总理在2015年7月28日主持召开的国务院常务会议上，强调"要从中国国情出发，借鉴国际先进经验，在城市建造用于集中敷设电力、通信、广电、给排水、热力、燃气等市政管线的地下综合管廊，作为国家重点支持的民生工程"。至此，改善"地下工程"的"里子工程"被官方提上改革日程。

地下综合管廊建设已成为政府完善城市基础设施建设、推进生态文明建设和新型城镇化建设的主要抓手。不断提高城市道路配建地下综合管廊的比例，全面推动现代化、标准化、智能化的地下综合管廊建设，将彻底改变"马路拉链"问题，提高管线安全水平和防灾抗灾能力，消除主要街道蜘蛛网式架空线，美化城市景观，保证城市健康、可持续发展。

（二）推进步骤

国务院在颁布一系列政策指导意见的基础上，采用先行先试、榜样示范的方式，发挥中央资金"四两拨千斤"的作用，首先开展全国地下综合管廊试点城市工作，用经济手段调动、引导各地方政府开展地下综合管廊建设。2015年，财政部会同住建部通过公平公开的竞争性评审，确定10个首批地下综合管廊试点城市。10个试点城市计划3年内建设389公里（今年开工190公里），总投资351亿元，其中中央财政投入102亿元，地方政府投入56亿元，拉动社会投资约193亿元。住建部表示我国将全面启动地下综合管廊建设，这一工程有望写入"十三五"规划。

今后，中央财政将继续通过现有渠道统筹安排资金予以支持。在此推动下，地方各级人民政府也将进一步加大地下综合管廊建设资金投入，省级人民政府以加强地下综合管廊建设资金统筹为主，城市人民政府将优先安排地下综合管廊项目，纳入地方一般预算，地下综合管廊建设将全面推广。同时，为加大债券融资支持城市地下综合管廊建设的力度，国家发展改革委于2015年上半年印发了《城市地下综合管廊建设专项债券发行指引》，从审核程序、审核政策、债券期限、配套政策、增信方式及品种创新等方面，为各类企业发行地下综合管廊建设专项债券提供了政策支持，从而将地下综合管廊建设列入专项金融债券支持范围内予以长期投资，保证了地下综合管廊建设多渠道投融资模式的规范化。

(三)第一批试点城市简况

首批10个试点城市包括包头、沈阳、哈尔滨、苏州、厦门、十堰、长沙、海口、六盘水、白银。从区位来看,10个试点城市基本涵盖了我国内地华北、东北、华东、中南、西北、西南地区的代表城市;从城市特征来看,包括了综合性城市、山地城市、旅游城市、工业城市等多种类型,这为地下综合管廊在全国普及推广提供了多样性的示范样板。

第一批试点城市中有的城市已经先期开展了地下综合建设工作,具有良好的工作基础、丰富的建设经验和先进的发展理念。十堰、沈阳等城市已经完成了建成区管网的全面普查,建立了地下管线信息综合管理系统,编制了相应的管廊专项规划,提出了PPP建设模式。十堰市还颁布了一系列地下管线管理办法,并且已经组建成立了十堰市城建档案和地下管线管理处,专门负责地下管线管廊的行业管理,出台了《城市地下管线强制入廊管理办法》,符合条件的15家管线权属单位均已签订了入廊协议。厦门市出台了关于加快地下综合管廊试点项目建设的实施意见,鼓励各管线单位入股参与综合管廊的建设、运营。海口市已经完成了2015~2016两年示范项目建设工程任务的土地征用、规划审批、立项可研等前期工作。

目前来看,地下综合管廊试点城市建设正稳步快速推进。10个试点城市都建立了以市领导为首的领导小组,中央政府财政支持和地方政府配套资金均已到位,综合管廊前期立项、工可和专项规划基本完成,不少试点城市还完成了勘察设计工作,明确了PPP建设运营模式的社会资本合作方。

五 城市地下综合管廊建设需重点关注的问题

国家全面推进城市地下综合管廊建设,鼓励试点城市采用PPP模式建设运营,期望形成可复制、可推广、可借鉴的经验。但我国幅员辽阔,各个城市具体情况差异很大,城市地下综合管廊建设应注意因地制宜,因时制宜,避免千篇一律,千城同面,笔者建议应重点关注以下方面。

(一)深入领会中央精神,树立大局观念

坚持把综合管廊试点作为城市生态文明建设的重要手段。应树立大局观

念，放远、放宽眼界，克服急功近利思想，充分认识地下综合管廊长期的综合效益和城市"地下生命线"的重要作用，把地下综合管廊建设作为城市建设模式转型和城市生态建设的重要手段，作为提高城市综合承载力和内在品质的重要抓手，无缝纳入城市发展规划、城市空间布局优化、产业绿色转型、市政基础设施完善、城市立体绿化和水土保持、污染治理和减排、城市智慧化管理等城市生态文明建设领域和新型城镇化建设过程。

坚持把因地制宜建设综合管廊作为新型城镇化的重要途径。深入分析各个城市的自然地理条件、地质特点和降雨规律，城区水环境保护、水土保持和植被绿化要求等，细致规划，统筹建设，做到一廊一方案，一廊一对策。因地制宜，优化管线总体布局，干线管廊布置应形成网络骨架，并预留扩展接口，科学制定管线入廊计划。

（二）领导高位推动，强化组织保障

成立领导小组，建立部门协调联动机制，强力推进城市地下综合管廊建设。要建立主要领导和分管领导负责制，明确职责范围，确保地下综合管廊建设的各项工作都能落实到责任单位，落实到岗到人。建立相关部门和企业领导联席会议制度，定期或不定期地就管廊建设工作进行磋商，加强部门之间、部门与企业之间的综合协调。

健全考核评价体系，严格绩效考评问责。建立相关考核管理办法，明确考核对象。考核内容包括管廊建设的工作进度、管理制度的执行、项目资金投入和配套资金的使用等，制定以年度工作目标任务、年度资金投入、质量措施执行、政策落实等为核心的考核指标。以考核内容和考核指标为基础，结合当年工作实际实施考核，采用量化的方法对考核指标完成情况进行考核评分。

（三）完善配套政策，优化制度环境

规范程序，严格审批制度。规范地下管线新建、改建、扩建的审批手续，建立严格的审批制度，明确地下管线建设单位需向住建部门申报年度建设计划，按程序审批后方能施工，对未取得建设工程规划许可的地下管线工程，住建部门不得办理施工许可。住建部门要加强地下管线及设施的专项规划的执行和落实工作，严格违法的稽查和处置，对违反法规的行为采取罚款、责令停

工、降低或吊销资质、行政处罚以及追究法律责任等系列处罚措施进行处罚。

强化执法，推进强制入廊。加强地下管线管理措施的监督与执法，所有管线单位必须严格按照规划的路由敷设，不得随意使用路由，新建道路（含人行道和绿化地）一定年限内严格控制开挖，因重大项目建设需要开挖的需经过审批。对于地下综合管廊覆盖区域的地下各类管线，除特殊行业及国家规定不能进入综合管廊的管线外，必须在综合管廊内进行敷设。如不纳入综合管廊而采取自行敷设的方式，规划、建设主管部门一律不予审批。

明确收费，建立分摊机制。制定城市地下管廊综合管理费用收费标准核算，合理制定入廊租赁，以及日常运营费用，与发改、物价等相关部门研究出台地下综合管廊入廊、运营费用收费标准，建立城市地下综合管廊的成本分摊机制。

（四）创新投融资模式，拓宽融资渠道

加大财政资金投入，确保资金落实到位。城市地方财政要根据建设规模安排财政资金，纳入一般预算，积极争取省级财政配套资金和中央财政资金支持。制定"运营单位资金管理"的专门账户，对财政拨付和管廊管线单位缴纳的运营管理费用应由维护管理单位进行专户管理。

建立契约保障机制，为 PPP 实施保驾护航。设置合理的回报机制，创新 PPP 模式，吸引社会资本参与地下综合管廊的建设。充分发挥市场机制和作用，按照"风险由最适宜的一方来承担"的原则，合理分配项目风险；制定切实可行的方案，减少政府不必要的财政负担。严格按照政府采购法和招标投标法的相关规定组织开展采购，规范采购程序，确保程序公开、过程透明。充分利用市场竞争机制，降低项目运作成本。

创新运营补贴机制，提高财政资金使用效率。综合管廊是半公益性项目，除运营单位收取入廊租金和年度运营维护费用外，还有部分资金缺口需要政府进行补贴。为了提高财政资金使用效率，创新机制，对地下综合管廊可行性缺口，安排一定比例财政资金实施"以奖代补"，制定分级奖励标准和管理办法，建立动态的以奖代补机制，充分调动运营单位主观能动性，促使管理措施和运营维护机制得到有效落实。

出台优惠措施，保障项目实施。发改、规划、建设、环保、国土、财政、

税务等相关部门要建立高效顺畅的运行协调机制，对地下综合管廊项目开辟绿色通道。对于地下综合管廊建设中的规费、服务费酌情给予减免。对地下综合管廊项目上缴的增值税、所得税等税收及排污费等，可用于对项目的补贴。采取措施支持企业采取引进战略合作伙伴、引入风险投资机构、吸收民间资本、发行信托产品等方式，多渠道、多形式、多途径筹措管廊项目建设资金。

（五）强化技术保障，提升建设水平

规划引领，推进统筹建设。坚持先规划、后建设，先地下、后地上，科学编制城市地下管线综合规划、综合管廊专项规划，结合城市发展计划，合理安排建设时序。对新建、改建和扩建城市道路和新区建设，应当建设管线和管廊的，需同步配套建设管线和管廊。对已建设管线和管廊的道路，在规划期内原则上不得再进行管线和管廊建设。已建设管廊的城市，除有特殊情况外，规划部门按照专项规划的要求，不再批准管线单位挖掘道路建设管线。

提升标准，加强质量保障。在执行国家地下管廊建设标准基础上，结合各地城市实际情况，总结经验，出台地方标准或导则，在综合管廊总体设计、主体设计、结构设计、附属工程设计、管道（线）技术设计等方面严格按照规范执行，加大对施工方法及技术、质量安全、管廊标识、管廊验收与移交、维护与运行管理等方面的监督落实，保障"百年工程"建设目标。

（六）加强能力建设，健全运维体系

制定应急预案。强化管廊建设单位和运营单位应急能力建设，制定地下综合管廊建设应急预案、管理应急预案，并制定相应的交通疏导、噪音控制、渣土清运，以及告示和宣传等措施；制定完善的应急组织管理指挥系统、协调应对自如的相互支持系统、充分备灾的保障供应体系、体现综合救援的应急队伍等。

建立运维体系。组建综合管廊投资运营管理公司，完善维护管理的内容、措施及流程制度建设。主要包括综合管廊的巡查与维护制度、管廊管线的日常检查和维护制度、综合管廊附属系统的维护管理制度等。

（七）加强宣传，广泛动员

地下综合管廊的建设和运维在我国是新生事物，涉及部门和单位众多，与

民生工程密切相关，也是社会和城市经济发展的必然需求，但受传统观念和管理体制的制约，管廊的建设和推广依然障碍重重，阻力巨大。因此，宣传教育工作尤为重要，地方政府和主管部门要加大宣传力度，制订宣传计划，通过电视台、政府网站、报纸等媒体宣传地下综合管廊的必要性、带来的社会和经济效益，对工程施工带来的交通和出行影响进行动态通告，争取市民的理解和配合。实行听证会制度，明确管线入廊的区域、范围、责任等事项，充分征求沿线市民意见，争取社会各界的广泛支持、参与和监督。

案 例 篇

Cases Reports

B.16
嘉峪关市创新社会治理的探索与实践

嘉峪关市创新社会治理研究课题组*

> **摘 要:** 作为全国社会管理创新综合试点城市和典型培育城市之一,近年来嘉峪关市积极推进社会治理体制机制创新,在社会治理体系和治理能力现代化方面进行了有益探索,积累了一些经验。嘉峪关经验的核心是按照"大治理"理念,构建"一条主线、三项改革、四大治理"的社会治理基本框架,基本实现了社会治理的良性互动。"一条主线"就是"民生为本、夯实基础、城乡一体、创新载体、多元共治、促进和谐";"三项改革"就是从精简行政层级、规范运行机制、拓展服务功能三个方面推进改革;"四大治理"就是从源头、综合、系统、依法治理四个方面构建社会治理体系。嘉峪关的探索与实践表明,创新社会治理必须坚持以民生为本为核心,以

---

* 课题组组长:郑亚军;副组长:魏后凯、王尊;成员:焦多宏、雷丽、成昊、丁一、温煦坤。

强化基层为基础，以健全机制为保障，以依法治理为根本，以信息平台为载体。

关键词： 社会治理　嘉峪关市　民生为本　多元共治

嘉峪关市位于甘肃省河西走廊中部，因企设市，因关得名，是我国不设市辖区的地级市之一。总面积2935平方公里，总人口30万人，城镇化率93.4%。2014年地区生产总值243.1亿元，人均10.2万元；地区性财政收入50.9亿元，其中市级财政收入15.8亿元；城镇居民人均可支配收入26894元，农民人均纯收入13809元，人均主要经济指标多年位居甘肃省前列。作为典型的资源型工矿城市，嘉峪关市城市大、农村小，工业强、农业弱，以社会化大生产为主要特征的城市经济与以小农生产为特点的农村经济并存。为有效破解城乡二元结构、创新社会管理模式、加快小康社会建设进程，早在2003年1月，嘉峪关市就在甘肃率先做出了加快城乡一体化建设的决定。2009年12月被确定为甘肃首批统筹城乡发展综合配套改革3个试点城市之一，2010年10月被确定为全国社会管理创新35个综合试点城市之一，2012年1月又被确定为全国社会管理创新9个典型培育城市之一。三年来，嘉峪关市坚持解放思想、与时俱进，高起点谋划、高标准定位、高质量推进，在积极探索和不断实践中，打造出具有嘉峪关市特色的社会治理新途径。

一　构建"134"基本框架，筑牢社会治理结构根基

嘉峪关市牢固树立民生为本的发展理念，从高处着眼、细处着手、实处着力，加强顶层设计，深化改革创新，搭建服务平台，拓展服务功能，构建"一条主线、三项改革、四大治理"的社会治理基本框架，积极探索社会治理的新样板。

（一）围绕"一条主线"，统筹顶层设计

紧密结合本地经济发展实际，牢牢把握"坚持民生为本、夯实治理基础、

推进城乡一体、创新服务载体、引导多元共治、促进社会和谐"这条主线，通过反复酝酿、深入调研、广泛征求意见，于 2012 年先后制定出台了"一纲要四意见"。

"一纲要"指《嘉峪关市加强和创新社会管理"十二五"规划纲要》，该纲要确定了社会管理创新的三大主要任务：一是通过实施城乡户籍一元化、社会管理扁平化、"平安和谐细胞"工程三大工程，实现城乡社会管理服务网络全覆盖。二是建设社会管理服务中心、城乡一体化服务中心、社会矛盾大调解中心三大服务平台，切实提升社会管理服务水平。三是健全流动人口、特殊人群、"两新组织"服务管理、社会治安管控、群众权益维护和居家养老服务六项机制，构建现代社会管理服务体系。

《关于进一步加强社区建设工作的意见》明确了"精简管理层级、优化整合资源、实行区域化管理、加强党的基层组织"的改革思路、管理体制、运行机制、职能设置的具体方案，是建市以来规模最大的一次行政管理体制改革。《关于加强和创新社会管理深入推进城乡一体化建设的实施意见》明确了建立健全城乡一体的社会管理体制机制，努力推进城乡规划、基础设施、产业布局、公共服务、社会管理"五个一体化"，实现城乡户籍一元化、公共服务均等化、社会管理信息化、社会保障同城化的目标任务。《关于在全市深入开展"平安和谐细胞"工程创建活动的实施意见》明确了整合各行业、各领域力量，强化社会和谐稳定的基层基础，推动平安和谐幸福城市建设的目标、任务和举措。《关于社会管理创新网格化管理服务工作实施意见》明确了网格划分与分级管理的运行机制，对网格内制度建立、职责划分、信息采集和重点人群管控等问题进行了规范。

（二）实施"三项改革"，健全基础平台

紧紧围绕创新社会治理的基本框架和总体思路，坚持把源头治理和综合治理作为提升社会治理能力的关键环节，着力从精简行政层级、规范运行机制、拓展服务功能三个方面推进改革。

1. 精简行政层级

全市原有城区公署、郊区公署 2 个市政府行政派出机构，7 个街道办事处、3 个建制镇、69 个居民委员会、17 个村民委员会。针对社会治理结构

"行政层级多、权责不清、基础薄弱、服务缺失"等问题,围绕"优化整合资源,实行网格管理,做实做强社区"的思路,把精简行政层级作为完善社会治理结构的切入点,以"建立新型标准化城乡社区"为目标,撤销原城区公署、郊区公署,通过优化区划布局,整合成立了3个县级行政派出机构(雄关区、长城区、镜铁区);撤销全市街道办事处,按照"1万人左右,15分钟办事服务圈"的标准,将原来的69个社区整合为30个标准化社区(科级建制),同时,对17个行政村进行社区化管理,变原来"市—区—街道—社区"四级管理为"市—区—社区"三级管理体制。

行政管理扁平化改革以来,将标准化社区建设纳入年度政府惠民实事,每年按计划稳步推进城乡社区服务中心的建设工作。截至2015年5月底,全市累计投资1.2亿元,建成城乡标准化社区服务中心27个,其中城区社区服务中心18个(建筑面积标准为1500平方米)、农村社区服务中心9个(建筑面积标准为800平方米)。剩余社区服务中心计划于2016年12月前全部建成。

2. 规范运行机制

针对过去综合治理中存在"行政职权交叉、治理资源分散"等问题,按照"大联动、大协调、大服务"的理念,逐步建立健全具有集中协调指挥和高效联动功能的综合性治理平台。三年来累计投资2.1亿元,建成了社会治理服务、城乡一体化服务、社会矛盾大调解、居家养老服务、流动人口服务管理、社会信用体系服务管理、阳光康复7个联动协调中心,有力推动了全市公共服务、应急指挥、矛盾化解、民生保障、居家养老、诚信体系、流动人口和特群人员教育管理等方面工作的高效联动治理。各中心在受理群众诉求、回应群众关切中,发挥着综合协调和桥梁纽带的作用,既联动协调政府相关职能部门解决群众诉求,又统筹联系城乡社区及时办理日常工作,使广大市民的各项权利得到有效保障、民生服务更加便利、矛盾纠纷得到及时化解,民意反映渠道得到极大畅通,群众满意度与幸福指数不断提升。

3. 拓展服务功能

随着经济社会快速发展,社会结构快速转型,社区日益成为社会成员的集聚点、社会需求的交汇点、社会治理的着力点和党在基层执政的支撑点。针对源头治理中存在"基层管理薄弱、社会服务缺失"等问题,坚持把社区治理作为创新社会治理的基础工程和重要突破口,确定了"一委一会一中心"

（"一委"即社区党委；"一会"即社区居委会或村委会；"一中心"即社区服务中心）的社区组织运行模式，将原有的街道干部分流到新整合的社区工作，每个社区服务中心配备25名工作人员，工资待遇和工作经费纳入财政预算。

在社区职能设置上，按照"拓展服务领域、丰富服务内容、强化服务功能"的原则，把街道原有的行政管理职能划到三区和相关市直部门，将与群众利益密切相关的26个职能部门的78项社会服务职能下沉到社区。为有效克服新型社区"机关化"倾向，建立健全了"网格化管理、组团式服务"的社区治理结构，把服务管理力量全部向一线倾斜，并按照"一委一会一中心"的社区组织运行架构明确了各自的工作职责。社区党委主要执行和宣传党的路线方针政策，讨论决定本社区建设、服务、管理中的重要问题，领导社区全面建设；社区居委会或村委会主要建立健全社区事务决策听证、监督评议等制度，培育积极向上的社区文化，组织社区治安群防群治，维护社区团结稳定；社区服务中心是政府各部门向社区延伸的综合服务平台，主要抓好便民利民、扶贫帮困、社会保障、就业创业等相关政策落实，承担基本公共服务职能。

在拓展服务功能方面，坚持以"社区建设标准化、推进一线工作法、打造幸福和谐大社区"为目标，在各社区服务中心设立了便民服务大厅、日间照料中心、老年活动室、青少年第二课堂、健身室、音乐舞蹈室、绿色网吧、图书阅览室、书画室、居民议事厅、道德讲堂、党建活动室、心理咨询室、警务室、农超对接便民店、爱心超市等便民服务场所，居民不出15分钟便可获取各种便民服务，新型标准化社区真正成为居民办事解难的中心、文化娱乐的场所、协商共治的平台、幸福生活的家园。

（三）坚持"四大治理"，转变治理方式

坚持问题导向，加大投入力度，进行全民动员，引导多元共治，从源头治理、综合治理、系统治理、依法治理四个方面着力构建社会治理体系，转变社会治理方式，积极探索形成党委领导、政府负责、社会协同、公众参与、法治保障的新型社会治理体制机制。

1. 前移工作重心，筑牢源头治理防线

按照"规模适度、无缝覆盖、动态调整"的原则，以细胞化分类、网格化管理、社会化服务为方向，以提升管理效能和服务质量为核心，充分运用信

息化手段，有效整合公共服务资源，健全基层综合服务管理平台，努力提升基层社会治理的科学化水平。

（1）细胞化分类。坚持以"小细胞覆盖全领域"为抓手，成立了市、区和创建单位三级组织机构，制定创建标准和考核办法，在家庭、社区、校园、医院、企业、商店、机关、公交、景区、餐饮业等十个领域开展了各具特色的"平安和谐细胞"工程创建活动，形成十大平安和谐建设标准和体系，通过每一个社会细胞的平安和谐带动全社会的平安和谐，实现平安建设体系化、规范化。通过最大限度地将社会各方面因素纳入"平安和谐细胞"工程创建活动中，一个"自下而上、从小到大、层层创建、逐级推动、自我完善"的平安建设脉络逐渐形成，平安建设人人参与、和谐社会人人共享的创建格局初步显现。

（2）网格化管理。以"小网格支撑全体系"为抓手，在行政区划框架下推进城乡社区的"网格化治理"模式。以管辖地域为对象，以社区为网、居民小区为格，将全市划分为47个大网格和297小网格。通过建立健全网格事项"发现、处置、上报、交办、办结、回访"的运行机制，实现分级管理、梯次互动。通过发动群众开展群防群治，加强网格治安防控。加强信息化支撑，通过科学设定每个服务管理事项的流程、时限和办理要求，实行全程"痕迹化"管理，实现任务交办与跟踪督办、考核评价同步推进，确保及时办理群众诉求，不断提升政府公共服务能力和管理水平。

（3）社会化服务。以"零距离服务全社区"为目标，积极探索科学有效的利益协调、诉求表达、矛盾调处和权益保障机制，建立健全了首问负责制、AB岗工作制、便民服务规范等20余项制度。全市各社区紧紧围绕打造"十五分钟便民服务圈"和"人文书香型"新社区的目标，依托社区便民服务大厅，将党务、双拥、民政、社保、残联、计生、老龄、综治、就业、咨询代办等民生服务项目，结合各自实际和居民需求，科学安排"一站式"服务窗口，将重点工作流程在大厅进行公开公示，专项工作流程以"一卡通"的形式向居民发放，工作进度和结果及时进行通报，以便于居民"事前知晓程序、事中知晓进度、事后知晓结果"。坚持开展"走千家、上万户、交朋友，结对子、解难题、暖民心"等各具特色的"零距离"服务活动，并依托网络平台建立了居民QQ群、手机微信专用邮箱、微博客等信息服务圈，从服务内容、办事流程、跟踪反馈、居民满意调查等方面进行创新，以社区居民的满意度、幸福感作为评判服务质量的唯一标准。

2. 搭建有效载体，创新综合治理机制

围绕"强化道德约束，规范社会行为，调节利益关系，协调社会关系，解决社会问题"的总体要求，深入开展全国文明城市创建活动，实施利民惠民政策，提升民生保障水平，创新联动长效机制，维护社会和谐稳定。

（1）深入开展文明创建活动。为全面提升城市文明程度和市民道德素质，坚持把创建"全国文明城市"作为培育塑造社会价值导向、弘扬传统优秀文化、提升人文道德素质的有效载体。自2011年获得"全国文明城市提名资格"以来，通过举全市之力实施"三大工程"，在全国城市文明程度的综合指数测评排位由第51名提高到2014年的第27位。

一是实施社会价值塑造工程。把培育践行社会主义核心价值观作为永恒主题和聚魂工程，广泛深入开展以"梦想雄关、好人雄关、书香雄关、激情雄关、创意雄关、民俗雄关、古韵雄关、印象雄关、魅力雄关、幸福雄关"为内容的内涵时代化、载体大众化、活动常态化的"十美雄关"系列主题活动；大力培育和总结提炼出"艰苦奋斗、开拓创新、开放包容、敢为人先"的嘉峪关精神；加大公益广告刊播力度，在全市公共场所设置2000多个生动形象的核心价值观宣传牌，使培育和践行核心价值观变得生动活泼、喜闻乐见、寓教于乐，让广大人民群众在耳濡目染中接受熏陶，在点滴积累中逐渐养成。

二是实施文化书香浸润工程。充分发挥先进文化在社会治理中的引领风尚、教育人民、推动发展的作用。累计投资4.15亿元，先后建成嘉峪关大剧院、图书馆、城市博物馆，改造升级文化活动中心、文化馆、少儿图书馆，为全市52个社区文化活动场所、各乡镇文化站和乡村舞台、农家书屋配置了标准化文化共享设备。大力培育发展各具特色的广场文化、社区文化、校园文化、企业文化、乡村文化、军营文化。策划创办了《雄关大舞台，有梦你就来》文化惠民活动，每逢周六在雄关广场演出，把舞台让给群众、欢乐送给群众，形成了"周周有活动、月月有演出、人人都参与"的良好氛围。截至2015年5月底共演出83场，参演节目750个，参演人数4500余人，观众50万人次，被百姓亲切地称为家门口的"星光大道"。

三是实施文明素质提升工程。在全市各行各业普遍实施文明服务、文明经营、文明出行、文明就餐、文明旅游和文明用语"六项活动",引导大家做文明市民、建文明单位、创文明城市。定期开展五好文明家庭、五星级文明户、最美家庭、道德模范和雄关好人评选表彰活动,充分发挥先进典型的示范引领作用。按照机关、企业、学校、社区、村镇和新市民6个类别,在全市建立了121家道德讲堂,并从道德模范、身边好人、美德少年中选聘道德讲堂主讲人,以身边典型教育身边人,激励广大市民大力弘扬助人为乐、诚实守信、敬业奉献、孝老爱亲等传统美德,共同营造崇德向善、明德惟馨的社会氛围。

(2)积极实施利民惠民政策。坚持财政投入持续向民生领域倾斜,三年来80%以上的财政收入均投入民生领域,通过不断筑牢民生保障底线、夯实社会治理基础、提升百姓幸福指数,让广大市民在参与社会治理中享受更多的发展成果。

一是加快推进基本公共服务均等化。累计投资6.4亿元,实施了学前教育推进、农村学校建设、标准化操场、校舍安全改造"四大教育工程"25个基本项目,消除中小学危房3.8万平方米,新建和维修加固校舍16.5万平方米。计划累计投资4.3亿元,先后建成和启动了市精神卫生中心、突发公共卫生与卫生应急指挥调度中心、第一人民医院迁建、中医医院综合楼等12个基本项目,城乡社区卫生服务中心、乡镇卫生院、定点村卫生室实现全覆盖。累计投资8000余万元,收购民营企业93辆公交车,新购68辆环保清洁能源公交车,全面实现公交公营,实行了60岁以上老人、残疾人免费乘坐公交车政策。

二是努力提高城乡居民基本保障水平。建立健全城乡居民最低生活保障制度,在甘肃省率先实现城乡一体化居民最低保障标准,并建立起城乡低保保障标准和补助水平自然增长机制,三年来四次提高了城乡最低生活保障、农村五保老人和城市三无人员供养标准,均高于甘肃省平均水平。稳步提高社会保险待遇水平,社会养老、基本医疗保险补助标准均高于甘肃省平均水平。累计投资9.17亿元,新建各类保障性住房8356套;累计投资2.57亿元,完成和在建棚户区改造4713套。

(3)健全维稳应急防控机制。严格落实维稳工作责任制和责任查究制度,切实维护社会和谐稳定大局。一是建立健全维稳长效机制,先后建立信息工作、研判工作、风险评估、矛盾化解、群众工作、稳控工作6项机制,出台

《社会稳定风险评估实施办法》、《社会稳定风险评估考核实施办法》、《社会稳定风险评估责任追究办法》等一系列制度。二是全面做好反恐应急预防,按照"屯警街面、动态巡逻"的要求,及时开展人员密集场所安保巡逻。建立了以公安特警和武警部队专业反恐力量为主体,以消防、医疗、卫生、通信、市政等为支援的反恐应急处置力量,通过每季度的反恐应急演练,提升反恐应急处置能力。三是全面加强防控体系建设,建立完善网格化防控体系,切实加强对重点时段、重点地段、重点区域的巡逻和管控,积极协调相关职能部门,进一步加大食品药品、道路交通和校园安全管理。大力推进技防建设,累计投入 8000 万元建成"平安嘉峪关"城市监控系统,对城市主要道路、公共复杂场所等实行不间断全天候监控,在所有的出租车和旅游大巴上安装 GPS 定位报警系统,完成全市 90% 以上居民小区的封闭式改造,使整个社会面安全可控,社会治安大局持续向好。

3. 引导多元参与,完善系统治理结构

按照构建"小政府、大社会"治理新格局的基本思路,坚持以"加强基层党建、夯实执政基础"为统领,以政府依法"善治"、居民有序"自治"、多元协同"共治"为方向,积极引导党政社群多元主体共同参与社会治理,逐步实现政府治理、社会自我调节、居民自治的良性互动。

(1) 加强基层党建。顺应基层社区治理的新形势、新变化,构建以"社区党委为核心、党支部为基础、党小组为延伸、全体党员为主体"的党建工作新格局,通过优化组织设置,扩大组织覆盖,创新活动方式,激活基层组织,使社区党组织在服务群众、凝聚人心、促进和谐中发挥更大作用。

一是实行"大党委制"。将社区党委设置为区域建制党委,将非公经济组织和社会组织党组织、流动党员纳入社区党委管理范围,选聘辖区内有一定影响力的驻社区单位党组织负责人兼任社区党委副书记或委员,通过完善社区党建组织体系、领导机制和工作机制,构建以社区党委为核心,辖区单位党组织、居民党员和群众共同参与的新型大党建模式。

二是延伸党建"触角"。从新体制下的社区工作特点出发,通过建立市场、楼宇、商圈、协会和群众组织与支部融合等方式,将社区的基层党建工作向居民小区、非公企业、个体工商户和流动人口延伸。并依据便于开展活动、便于激活基层党组织"细胞"的原则,推行"大支部、小党组"的网格化运行模式,将支部建在楼宇间、网格中、便民点;按照兴趣爱好、集中楼栋、志愿服务、从业性质、原单位同事等,灵活组建便民服务型、楼宇楼院型、单位组织型、综合治理型等"功能型"党小组。目前全市47个社区党委累计设立党支部175个,党小组698个,社区党建工作基本渗透到了社区各个不同领域。

三是激活组织"细胞"。完善党员到居住地社区报到制度和党员志愿者服务制度,通过积极开展党员认党员、党员认组织、组织认党员的"三认"活动,让党员与党员、党员与组织熟悉、联系、凝聚起来。并对社区居民党员、离退休党员、下岗解除劳务合同党员、复转军人党员以及未就业的毕业学生党员进行分类教育管理,组织引导他们积极参与社区建设、发挥先锋模范作用,形成了"有党员的地方就有党组织、有党组织的地方就有党员发挥作用"的基层党建新机制。

(2)引导多元共治。针对社区行政化特点明显,社区居委会存在虚化、边缘化现象,除社区目前重点服务的老弱病残困特殊人群以外,社区居民缺乏归属感、参与社区自治的积极性不高等问题,全市各社区结合实际大胆探索、创新机制、积极引导,想方设法从"政府大包大揽"向"多元协同共治"转变。有的通过成立社区居民学校,开设剪纸摄影、书法绘画、舞蹈声乐、家政服务等特长班来凝聚人心,并推选责任心强、有奉献精神的居民为队长,组织带领大家参与各具特色的志愿者服务和自治活动,培育居民的社区归属感。有的通过与辖区单位、社会组织相互协调、共驻共建,积极推行"一站式服务、上门服务、全程服务、跟踪服务"等多种形式的人文关怀活动,来提升居民对社区的认同感、归属感和参与意识。全市各社区积极搭建社区协商民主平台,充分调动居民议事会、业主委员会的自治积极性,对居民高度关注的慰问救助、好人评选、治安联防、基础设施维护等热点、难点问题采取"公开议事、民主决策、共同协商"的办法解决,初步形成了社区事务大家议、大家评、大家定的民主自治新格局。

(3)培育社会组织。创新社会组织管理体制改革,对除涉及政治、法律、宗教、境外的社会组织实行直接登记;放宽准入条件,降低社会团体会员注册数量、注册资金和非公募基金会注册基金;对非公募基金会和异地商会依法直接受理登记申请,对社区社会组织实行备案管理制度。截至2015年5月底,登记注册的社会组织231家,比2012年底增长75.6%。积极推动政府向社会组织购买服务和职能转变,将适合由社会组织提供的公共服务,逐步由社会组织承担。

4. 增强法治理念,提高依法治理水平

通过"加强法治保障,运用法治思维和法治方式化解社会矛盾",坚持从"贴近群众、健全法律服务终端,围绕中心、提升执法能力水平,创新形式、关注特群人员管控"三个方面入手,着力加强基层法治建设。

(1)健全法律服务终端。自2013年12月起,在甘肃省率先开展了"律师进社区"活动。市财政每年投资42.6万元,通过政府购买法律服务的方式,聘请社会律师进驻全市30个社区和3个镇,采取每周集中一天时间坐班、全天24小时电话接询、随需求上门服务等多种方式相结合,为社区、镇村各类组织和群众提供法律宣传、法律援助、纠纷调解、接待涉法涉诉信访等法律服务。截至2015年5月底,活动共接待群众3220人次,解答法律咨询1397件,举办法制讲座和宣传130余场,覆盖群众2万余人次。"律师进社区"平台的搭建,明显提高了社区工作人员和社区居民的法律意识,基本形成了"律师承担社会责任、体现自身价值有平台,社区工作人员依法办事、化解纠纷有顾问,社区群众表达诉求、维护权益有渠道"的互利多赢格局。

(2)提升社会执法能力。一是坚决维护法律权威。运用执法巡视、执法检查、案件督办、案件协调、案件评查等监督方式,建立完善了干警执法档案。深入开展"规范执行行为"专项活动,集中对2007年以来的5430件执行案件进行了核实、补录、纠错。坚持每年对群众反映强烈、引起涉法涉诉信访的重点案件进行评查,对正在看守所、社区矫正场所服刑的"三类罪犯"进行深入细致地审查,切实纠正超越法律的特权行为和违法行为。

二是依法处理涉法涉诉信访问题。围绕涉法涉诉信访事项分离、导入、办理、终结等问题,规范受理范围,明确受理条件,完善办案程序。全面推行"民生审判工作机制",探索多元化纠纷调解,切实提高办案质量,全面提高执法公信力,努力从源头上预防和减少信访问题的发生。建立化解涉法涉诉信访问题长效机制,全面清理涉法涉诉信访案件,切实做到合理诉求解决、诉求无理教育、生活困难救助、行为违法处理"四到位",三年来累计处理涉法涉诉信访案件453件。

三是深入开展轻微刑事案件快速办理试点工作。全市政法部门通过定期不定期召开协调会、联席会、通报会、案件讨论会,加强交流与协作,及时通报案件办理情况,达到了信息互通、资源共享、畅通快速办理通道的目的。同时,从2014年开始在充分保障犯罪嫌疑人、被告人和被害人权利的基础上,进一步简化文书制作、流转程序和审批环节等,依法简化办案流程,努力做到轻刑快办,累计办理轻微刑事案件124件,有效节约了司法资源。

(3)加强特群人员治理。创新形式、突出重点,积极协调推动吸毒人员、艾滋病人等各类特殊人群服务管理工作,加强动态监测和预警。2013年12月,针对全市社区矫正人员、安置帮教对象两类特殊人群服务管理的社会公益性、综合性教育矫治康复中心——阳光康复中心(社区矫正监管中心)启动运行,建立健全了教育矫治基地;依托过渡性救济和安置基地建设,及时协调解决两类特殊人群生活工作困难;借助甘肃"智慧司法"信息化管理平台,以3G手机为载体,对矫正人员实行区域监管、信息交互、警示告知等。截至2015年5月底,共举办社区矫正人员教育培训班65期,培训学员2437人次;及时为刑释"三无"人员解决临时性食宿安置问题,帮助刑满释放人员申请落实临时救助、住房救助和医疗救助,对生活困难、父母离异的服刑人员未成年子女进行帮扶救助。

二 建立"大治理"中枢平台,实现社会治理良性互动

嘉峪关市创新社会治理试点工作在三年的探索实践中,按照"大治理"理念,逐步建立健全了集信息资源共享、应急联动指挥、城市综合管理、社会公共服务为一体的五大数字化服务中枢平台,基本实现了社会治理的良性互动。

(一)建立"大协调"机制,实现高效规范联动治理

市社会治理服务中心于2012年5月启动运行,采用信息技术和网络化手段,打造了集"应急指挥、公共管理、社会服务"三大职能为一体的联动协调治理系统。将110、119、122"三台合一",担负突发公共事件的预警管理、处置指挥和事件评估等重要职能,实现对各应急联动单位的调度指挥和精细化

业务绩效考核，确保应急处置高效有序；通过整合各职能部门的管理资源，构筑符合城市综合管理需求的信息应用体系，集中基层各类管理力量（包括无线巡防力量、网格化城管力量、社会管理综合治理力量、应急救援队伍力量等），实现规范化公共管理；通过建立"12345"民生服务热线，为市民开通政务咨询、建议投诉、居家养老、家政服务、水电维修等民生服务的"大关联"通道。秉承高效、快捷、便民的服务宗旨，社会治理中心多举措提升联动处置公众诉求能力水平，努力把"12345"民生服务热线真正打造成全天候服务群众的"一线通"，沟通政府与市民的"连心桥"，缓解社会矛盾的"减压阀"，反映社情民意的"晴雨表"，促进政务工作的"监督岗"，使热线平台逐步成为政府倾听群众心声的窗口、密切党群关系的纽带。三年来，公众诉求数量逐年大幅递增，2013年比2012年递增38.8%，2014年比2013年递增161%；诉求事件累计转办率97.8%，办结率96.8%，群众满意率98.8%。

（二）创新"大统筹"结构，建立城乡均等服务平台

2011年9月，出台了《深化户籍制度改革推进城乡一体化建设的实施意见》，建立了城乡统一的户籍管理制度，对仍在农村从事农业劳动的户籍人口，在继续拥有土地承包经营权、享受国家各项惠农补贴政策的同时，其余各方面均与城市人口享受同等待遇，标志着"户籍一元化、服务均等化、保障同城化、管理数字化"的城乡一体化发展目标基本实现。城乡收入差距由2002年的2.16∶1缩小为2014年的1.95∶1，为甘肃省最低，远远低于2014年全国2.75∶1和甘肃省3.63∶1的平均水平。2012年5月，城乡一体化服务中心启动运行，承担全面落实城乡一元化户籍管理和协调落实城乡一体化各项配套民生保障政策的工作职能。

2014年5月，启动流动人口管理体制改革，制定出台了《关于加强和改进流动人口服务管理工作方案》，在城乡一体化服务中心加挂流动人口服务管理中心牌子，整合全市流动人口协管员力量，统筹全市流动人口服务管理工作，深入推进"以房管人、以业管人、以社区管人"的流动人口和特殊人群服务治理模式，变"多头管理、数出多门、重管理轻服务"的状况为"集中管理、数据统一，寓管理于服务中"及"一站式"均等化服务。截至2015年5月底，中心累计接待服务群众4.13万人次，接受咨询2.21万人次。

（三）优化"大调解"体制，畅通矛盾纠纷化解渠道

针对政府体制改革和职能转变过程中呈现的社会矛盾纠纷多样化、复杂化的特点，2012年5月，社会矛盾大调解中心启动运行，标志着党政主导、综治牵头、司法行政部门参与的区域性"大调解"工作格局正式建立。通过搭建弱势群体法律援助、人民群众表达诉求、专业机构集中化解、三调联动配合工作"四大平台"，综合运用人民调解、行政调解、司法调解三种手段，使调解工作走向专业化、准司法化，不断提高社会矛盾纠纷调解的社会公信力。坚持每月定期召开矛盾纠纷排查调处联席会议，加强对社会矛盾的源头预防。建立健全市级领导包抓重大安全隐患和重大信访案件责任制，坚持落实"市长接待日"、政法领导带案下访等制度，有效提升了化解跨区域、跨行业、跨部门重大疑难纠纷的工作效能。社会矛盾大调解中心自成立以来，共计接待来访群众7825人次，受理各类矛盾纠纷1088件，成功调处1055件，调处成功率达到97%。自2012年8月起，中心历时半年时间，集中化解了一批重点难点历史遗留矛盾纠纷。全市的上访事件和矛盾纠纷呈现大幅减少趋势，2013年比2012年递减41.5%，2014年比2013年递减22.9%。

（四）搭建"大诚信"平台，打牢社会成员信用基础

按照《国家社会信用体系建设规划纲要》，市财政专项拨款100万元，于2014年6月全面启动了社会信用体系建设工作。计划用2年时间，分前期准备、建章立制、建设平台和完善提高四个阶段，突出4个维度（以健全覆盖全市自然人、企业含个体工商户、机关事业法人、社会组织法人等社会成员的信用记录为基础，以信用信息合规应用和信用服务体系为支撑，以树立诚信文化、弘扬诚信美德为理念，以守信激励和失信约束为奖惩机制），搭建社会信用信息共享交换平台，致力提高全社会的诚信意识和信用水平。目前正处于平台建设阶段，信用信息目录征集工作确定了72家产生信用信息的部门单位，覆盖了全市所有社会成员。

（五）拓展"大服务"领域，完善居家养老服务体系

为努力形成结构合理、功能齐全、运行高效的社会养老服务体系，市财政

投资2070万元，于2012年6月启动运行居家养老服务中心。借助"12345"民生服务热线，采取"政府引导、市场运作、企业服务"的方式，强化模式流程、信息网络、加盟服务、软件对接、人文情感五大支撑，将60周岁以上具有该市户籍且在该市居住的城区老年人，划分为A、B、C三大类别（A类老人包括90岁以上高龄老人、60以上低保空巢和重度残疾老人；B类老人包括80岁以上空巢老人，60岁以上低保老人，重点优抚对象，曾获市级以上劳模、"三八红旗手"、"见义勇为"称号者，市级离退休干部；C类老人包括其他60岁以上老人），分别实行"全额补贴、半额补贴、优惠服务"三种服务标准。同时吸纳18家优秀服务企业，运用"一键通"式电话和网络指令服务，实现注册老人在家享受家政保洁、订餐送餐、人文关怀、应急救助等各类便捷的上门服务。这种居家养老的"大服务"模式，被中央誉为全国居家养老服务工作的"领头雁"和"风向标"。截至2015年5月底，全市3.2万户符合注册条件的老人中有1.76万户老人注册居家养老服务，其中，有1.3万户家庭免费安装"一键通"电话；中心日均为老人服务1500余次，累计服务量达到106万余次，受到社会各界的一致好评。目前正在努力探索将居家养老服务覆盖延伸到农村社区，为广大农业人口提供优质的、符合实际的居家养老服务。

积极推进居家养老上门医疗服务，对全市所有居民进行摸底调查，筛选出有上门医疗需求的失独、孤寡、残疾、空巢、疾病中生活不能自理的居民840人，由市第二人民医院及社区工作人员组建入户小分队，进行上门医疗服务和医学健康档案建立，根据每次上门诊治情况，选择重点病人，依具体病种配备专业医疗专家，定期进行入户复诊工作。截至2015年5月底，上门医疗活动累计完成7160人次的诊疗和检查，先后16次开展医疗进农村大型巡诊、义诊惠民服务，回应办结"12345"热线医疗诉求率100%。

三 把握"五个必须"科学内涵，坚持社会治理正确方向

嘉峪关市通过三年时间的探索实践，加深了对创新社会治理规律的认识和把握，取得了五个方面的启示。

一是必须以民生为本为核心。创新社会治理终极价值取向是以人为本。保障基本民生、促进社会公平，是社会治理之基、和谐稳定之本。只有坚持把社会治理与关注民生相结合，在保障和改善民生中加强社会建设，做到项目向民生倾斜，资金向民生聚拢，成效在民生体现，才能不断提升人民群众幸福感和满意度，也才能使社会治理创新取得切实成效，形成持久动力。

二是必须以强化基层为基础。基层是社会治理有效性的基础和前提。只有牢固树立固本强基的思想，把更多的人力物力财力投向基层，通过夯实基层组织、壮大基层力量、整合基层资源、强化基层工作，才能最大限度地激发社会成员的责任感和积极性，引导基层组织、群体共同参与社会治理和公共服务。

三是必须以健全机制为保障。推进社会治理现代化，最根本的在于制度的改革和创新。只有建立健全科学有效的利益协调、诉求表达、矛盾化解机制和联系群众、服务群众的长效机制，才能形成一个有效衔接、相互联系、相互影响的社会治理有机整体，才能逐步提高社会治理的科学化、民主化、现代化水平。

四是必须以依法治理为根本。法治是调节社会利益关系的基本方式，社会公平正义的集中体现。只有坚持用法治思维和法治方式推进社会治理，逐步培育起全社会崇尚法律、敬畏法律、遵守法律的坚定信仰，才能逐步形成办事依法、遇事找法、解决问题用法、化解矛盾靠法的法治环境，使社会治理步入法治化轨道。

五是必须以信息平台为载体。信息化建设是一场深刻的效益革命。只有紧密结合实际加强信息化建设进程，推动移动互联网、云计算、大数据等与社会治理相结合，逐步建立完善全面覆盖、动态跟踪、联通共享、功能齐全的社会治理综合信息系统，才能极大提升社会治理效能，推动社会治理体系和治理能力现代化。

B.17
杭州建设公共自行车服务系统的探索

章贤春 陶雪军*

摘　要： 建立融入城市公共交通体系的公共自行车服务系统，使自行车以公共产品的方式成为城市公共交通的补充，用全新理念迅速占领城市公共交通的一席之地，用全新思路打造自有品牌，用现代化技术实现其公共产品的高效流通，打造具有里程碑意义的现代化公共自行车智能管理系统。通过不断创新，杭州打造出了带有"杭州模式"标签的公共自行车服务品牌。

关键词： 公共交通　公共自行车　五位一体　杭州模式　可持续发展

近年来，随着中国经济的快速增长和城镇化进程不断加快，中国城镇常住人口数量不断增长，城镇居民出行量逐年递增。虽然各级城市政府部门都在城市建设上加大了投资力度，但远远跟不上经济发展对城市交通需求量的增长，城市交通压力也由此不断增大，从而造成"行路难、停车难"的城市交通"两难"问题日益严重。

为有效缓解城市交通拥堵现象，降低市民出行成本，2006年12月，国家住房和城乡建设部等四部委联合下发《关于优先发展城市公共交通若干经济

---

* 章贤春，杭州市公共交通集团有限公司副总经理，分管下属单位杭州市公共自行车交通服务发展有限公司、杭州金通公共自行车科技开发有限公司，全面负责国内外其他城市的公共自行车项目推广，致力于研究不同城市之间公共自行车的发展；陶雪军，杭州市公共自行车交通服务发展有限公司总经理，全面负责杭州市公共自行车系统建设、运营，致力于研究城市公共自行车可持续发展道路。

政策的意见》，确立"公交优先"的城市交通发展战略，杭州市委、市政府在"公交优先"工作中，不仅在政策层面上给予公交企业大力支持，而且通过与公交服务质量挂钩，在财政资金上加大扶持力度。经过几年的发展，杭州公交系统无论在车辆等硬件设施方面，还是在服务质量等软件方面都取得了较大的发展，在国内城市中已经走在前列。从公交对城市交通的贡献看，1987～2007年，杭州公交出行分担率从7.8%提高到22.2%，为城市经济社会发展做出了重要贡献。但一些机构在社会调查中发现，80%的受访者对杭州的交通现状表示不满，认为交通拥堵降低了杭州城市生活品质的受访者约占84.74%。因此，一种便捷、经济、安全的新型公共交通工具的推出迫在眉睫，2008年3月，杭州市委、市政府为缓解城市交通"两难"，在全国首次提出实施公共自行车项目。

一 杭州公共自行车发展概况

（一）成立杭州市公共自行车交通服务发展有限公司

2008年4月，杭州市委、市政府依托杭州公交集团公司，组建了杭州市公共自行车交通服务发展有限公司（以下简称杭州市公共自行车公司），由该公司统一负责杭州市公共自行车交通系统的建设、营运和服务管理，系统实行一小时内免费租赁，超时阶梯性收费标准。2008年5月，杭州市公共自行车交通服务系统首批61个公共自行车服务点、2800辆公共自行车投放试行成功，至此，以打造"国内领先，国际一流"的系统为目标和坚持走"市场化运作保障公益性运行"可持续发展道路的杭州公共自行车系统正式诞生。

（二）杭州公共自行车系统运作方式

1. 网络运营、通租通还

实行"统一品牌、统一标准、统一设施、统一平台"的管理办法，运用物联网技术，实现公共自行车租赁服务网点间的通租通还。

2. 自助操作、智能管理

租赁系统全程实现"无人值守、自助操作、智能管理"，也就是只需刷一次卡,就可实现提车或还车,在操作系统的便利性上已经达到国际领先水平。

3. 限时免费、押金保证

实行"一小时免费和超时收费制",有利于提高自行车周转率,同时实现租车押金保证(200元)。据统计,96%以上的租车者是免费租用。

4. 租卡通用、另设专卡

杭州公交 IC 卡内(电子钱包区)金额在 200 元以上的,均可实现租车、还车。为方便中外游客租用公共自行车,专门开发了公共自行车租用卡 Z 卡。

5. 车辆保险、安全骑行

对所有公共自行车向保险公司投保骑车者人身意外伤害险和第三者责任险。

(三)主城区公共自行车实现全覆盖

截至 2015 年 4 月底,杭州主城区运行中的公共自行车服务点有 2558 处,其中上城区 382 处、下城区 389 处、江干区 429 处、西湖区 510 处、拱墅区 385 处、滨江区 262 处、下沙 181 处、江东 20 处,共设置锁止器 60518 个,服务点平均运行率达 98.44%,每个服务点日均租用量 108.45 次。除去 130 处服务点为 24 小时服务点位外,其余服务点营业时间为 6~24 点(21 点租车服务停止)。同时,主城区还设有旅游咨询点 100 处,主要负责商品售卖及提供旅游咨询服务。为保障车辆品质和服务水平,当前,杭州自行车公司对服务点管理采用区域分块管理的模式,主要分四个区域:城东区(含下沙、江东)、城南区(含滨江)、城西区和城北区,整个区域内均匀分布值守人员,方便市民租还车。区域所辖的服务点平均按 25 个服务点为一个小片区,每个服务员都在所属片区活动,以此化整为零,便于管理,共有驻点维修服务点 33 处,有人值守点位 51 处,早晚高峰服务点 14 处,机动下架服务点 78 处。

(四)大杭州范围内大力发展公共自行车项目,并实现互通

经过 7 年多的发展,截至 2015 年 4 月底的营运数据显示,杭州市 11 个城区共建有公共自行车服务点 3331 个,公共自行车 8.41 万辆,累计租用达到 5.41 亿人次。其中余杭、萧山及富阳城区均由当地公交公司负责运营,杭州公共自行车公司主要负责主城区公共自行车的日常运营,为方便大杭州范围内市民日常租用公共自行车,余杭及富阳公共自行车已于杭州主城区实现通租通

还（车辆可在任一区域租还），萧山区则主要通过换乘点换乘租赁予以实现，主要操作方式为换乘点具备杭州主城区及萧山区两套系统，市民在萧山租借后可在换乘点的萧山系统上进行归还，再从主城区系统内租赁车辆骑向主城区，并在任一点进行归还，反之亦然。

表1 2015年4月大杭州公共自行车服务点营运数及租用量明细

	公共自行车租赁点数量（个）	公共自行车数量（辆）	客运量（万人次）
全　市	3331	84100	1050.86
上城区	382	56300	190.39
下城区	389		178.03
西湖区	510		130.98
江干区	429		111.44
拱墅区	385		105.83
滨江区	262		66.28
江　东	20		0.38
下　沙	181		48.88
萧山区	330	10800	101.92
余杭区	422	16000	105.12
富阳区	21	1000	11.60

二　杭州公共自行车发展成效

杭州市公共自行车交通系统自投入运行以来，从各方面反映的情况来看，已经远远超出了当初要"解决公交出行最后一公里"和缓解城市交通"两难"问题的最初目标，同时，在推进节能减排、倡导绿色出行、建设低碳城市、提升城市品位、改善城市形象，以及提高市民身体素质等方面都取得较大的进展。

（一）融入了城市公共交通体系，基本解决"公交最后一公里出行"问题

由于公交线路站点的设置外围环境和城市化进程的进一步加快，"公交出行最后一公里"问题长期以来未能得到充分解决，对公共自行车交通系统进

行公益性定位，并运用现代科技实现公共自行车租用的自主服务和通租通还，使其与现有公交有机结合。

（二）进一步提高公交出行分担率，缓解城市交通"两难"

国家四部委联合下发《关于优先发展城市公共交通若干经济政策的意见》，通过优先发展公交，提高公交出行分担率，来减轻城市交通压力，改善城市交通环境，从而缓解城市交通的"两难"问题。通过对公共自行车交通系统的公益性定位，把公共自行车租用优惠条件与公交出行相结合，从而吸引更多的人选择公交出行，最终达到提高公交出行分担率的目的。目前，公共自行车日最高租用量达到44.11万人次，公交出行分担率得到进一步的提高，对减轻城市道路交通压力，改善城市道路交通条件，缓解城市交通"两难"问题起到了一定的作用。

（三）倡导绿色出行，推进节能减排工作，推动城市低碳经济的发展

据相关部门统计，截至2015年4月，杭州公共自行车累计租用人次已突破5.41亿人次，平均租用时间33.6分钟，平均出行距离3.0~5.0公里，如果按照每次出行距离为3.0公里来计算，累计行驶里程16.23亿公里。

表2 公共自行车节能减排对比表

年份	年租用量（万次）	与公交出行相比		与小汽车出行相比	
		节约标准煤（万吨）	减少二氧化碳量（万吨）	节约标准煤（万吨）	减少二氧化碳量（万吨）
2008年	205.97	0.03	0.07	0.11	0.29
2009年	3489.14	0.46	1.21	1.83	4.85
2010年	7476.04	0.98	2.59	3.92	10.38
2011年	8718.19	1.14	3.02	4.57	12.11
2012年	9426.79	1.24	3.27	4.94	13.10
2013年	10323.46	1.36	3.58	5.41	14.35
2014年	11069.90	1.46	3.84	5.81	15.39
2015年1~4月	3373.66	0.44	1.17	1.77	4.69
合计	54080.15	7.11	18.75	28.36	75.16

（四）城市形象进一步提升，城市品位得到提高

推行公共自行车交通系统，符合杭州市休闲旅游城市的定位，与西湖环湖游、运河、河道慢行系统以及商场超市购物有机结合，相得益彰，更加增添了休闲氛围和旅游气息，而且对服务设施形状、颜色等方面进行设计，使其自然地融入既定的城市色调之中，展现出一幅人与自然相融的画卷，美化了城市，为建设休闲之都和国际旅游城市，打造"生活品质之城"添上了靓丽的一笔。目前，公共自行车这一绿色出行的交通方式，已经成为杭州生活品质之城又一个新的亮点。

2011年9月，杭州成为唯一被英国广播公司（BBC）旅游频道评为"全球8个能提供最棒公共自行车服务的中国城市"之一。2013年，美媒"活动时间"网站选出16个全球最佳城市公共自行车系统，杭州排名第一。目前，系统作为杭州的创新项目，使杭州成为国内唯一一个荣获广州国际城市创新奖的城市。

三 杭州公共自行车经验总结

杭州公共自行车系统发展到今天，在目标、体制、建设、管理、营运、技术、政策等方面形成了自身独有的鲜明特点和杭州特色。

（一）政府主导，公交运作

杭州市公共自行车公司2008年成立时，杭州市委、市政府就提出为公共自行车系统基础建设及公共自行车新车投放进行一次性资金投入，由杭州公共自行车公司负责建设，并通过自主经营，承担公共自行车系统日常运营产生的人工成本、车辆维修、系统维修等运营费用，政府从规划、政策等方面入手，对公共自行车项目可持续发展给予方向性指导及支持，各级部门全力配合。

在政策支持上，2009年9月，根据杭州市委、市政府相关领导批示，园文局减免景区公共自行车绿化占用费；2010年6月杭州市旅委每年向公共自行车公司支付100个旅游咨询点的450万元运营费；2011年，鉴于公共自行车交通服务系统提供的是公益性公共服务，杭州市城管委同意公司免缴公共自行

车服务点城市道路占用费。

在布点指导上，一是建立"四结合一公示"选点制度。具体由市公用监管中心牵头，组织市、区两级市政部门、市公交集团、市交警支队，以城区为单位组成联合选点小组，共同确定后，在市政府、市城管办门户网站进行选址公示，并在选址待建点设置公示牌同步进行现场公示，公示无异议，才进入施工建设。二是提出"五字"建设方针。"有"：有人服务。实行自助操作，走动式服务管理模式。"近"：就近布点。根据市民和中外游客的出行需求，按照中心区300~500米的距离进行设点，加大服务网点建设，提高网点覆盖率，提高市民使用率。"通"：通租通还。租用者可以在任意一个服务点租车后，到任意一个服务点还车，方便市民租用。"配"：科学配送。建立科学、合理的车辆调配系统，解决租、还车难问题。"美"：彰显美学。按照城市家具设计要求，由中国美院对公共自行车亭、棚进行形象识别设计，彰显城市美学，使公共自行车亭、棚成为杭州一道靓丽的风景线。

（二）公益定位，市场操作

杭州公共自行车交通服务系统的建设，实行市民在一小时之内免费租用公共自行车，同时把公共自行车免费租用优惠条件与常规公交出行相联系，推出常规公交与公共自行车换乘实行免费租用时间延长至一个半小时的举措，从而吸引更多的人选择公交出行，有效降低系统运行成本的同时，最大限度地降低了租用者出行成本。据统计，自系统推出以来96%以上的公共自行车租用都是免费的，较好地解决了公共服务均等化的问题。

为保障城市公共自行车系统持续健康发展，杭州公共自行车项目通过公共自行车资源的市场化经营，在公交广告做相应贴补的基础上，近几年基本实现收支平衡。

1. 深入挖掘广告资源

以5年为1个经营期进行招标，将"免费单车"车身广告、服务亭（棚）广告资源整合利用，整体转让给国内知名广告企业，实现了广告收益最大化。

2. 服务亭集约利用

通过合作、租赁等方式，将服务亭进行集约利用，增设旅游咨询、饮品出售、彩票发售、汽车培训报名等商业服务内容，做到"一亭多用"。同时与广发银行、杭州银行等合作，进行银亭改造；与移动合作，打造移动服务基站等，促进对服务亭的商业开发。

3. 积极拓展服务输出市场

杭州公共自行车为其他城市提供三种模式的培训：一是整体由杭州公共自行车公司负责招工、培训的运营，二是由杭州公共自行车公司到相关城市进行指导培训，三是相关城市到杭州公共自行车公司跟班培训。通过以上模式，2013年起，杭州公共自行车公司陆续实现了对青岛、南京浦口、杭州富阳区等地公共自行车项目营运服务的输出。

4. 开发碳交易

2012年10月19日，经过权威机构的测算，杭州9处公共自行车服务点在2010年共减少二氧化碳排放量615.55吨，并在北京环境交易所正式挂牌交易成功，被杭州一家企业以2.1万元买下。这是杭州第一次在国家碳交易平台上完成自愿减排交易，也是全球第一次利用公共自行车为载体进行碳交易。在成功交易基础上，杭州公共自行车公司也加大了与其他企业的合作力度，加快碳排量计算方法学的开发，以推进"碳交易"市场力度，努力使之成为公司新的经济增长点。

（三）纳入体系，政策保证

由杭州市委、市政府下发的《关于加强公共自行车交通系统建设和管理的实施意见》等文件，要求市规划局负责，编制和完善城市慢行交通系统规划，制定《杭州市公共自行车交通发展专项规划》，推动公共自行车交通系统的建设与发展，建立以轨道交通为骨干，公共汽（电）车为主体，出租汽车、水上巴士（的士）、免费单车为补充的"五位一体"大公交营运结构。

根据杭州市委、市政府《关于深入实施公共交通优先发展战略打造"品质公交"的实施意见》和《杭州市公共自行车交通发展专项规划》，杭州依托日益完善的公共交通系统及网络系统，构建了"以固定服务点为主体，以移动服务点为补充，以停保基地为保障，以信息网络为载体"的与公共交通衔接良好，点多面广，分区管理，使用便捷，运转高效，具有杭州特色、高品质的公共自行车系统。具体目标是：至2015年，全市免费单车（公共自行车）总量达9万辆、服务点3500个；其中5县（市）中心城区各配置500辆、服务点25个。至2020年，全市公共自行车总量确保达17.5万辆，力争达20万辆。

同时，明确公共自行车配建标准，要求新建建筑应在自身用地范围内落实公共自行车服务场地，场地应使用方便并满足对外开放条件；凡配设公共自行车的建筑，可按其所配设的公共自行车数量以1∶3的比例折减其所配设的非机动车位，折减的非机动车位不应超过总数的2/3。

（四）市民支持，便民利民

杭州公共自行车赢得了社会各界的广泛认同和支持。一些政府机关、党群组织，专门组织志愿者队伍，到各公共自行车服务点开展义务修车、咨询等服务工作。截至目前，浙江工商大学等7所高校联合与杭州市公共自行车公司签署协议，共建公共自行车高校志愿服务基地，志愿者们参与公共自行车车辆清洁维护、宣传绿色出行理念、引导和鼓励市民绿色出行。随着志愿服务的宣传和公共自行车规模的加大，各类社区和各大中小学也积极参与到志愿者服务中来，2014年，杭州各大小学发动了"小红帽"扮靓小红车活动，使公共自行车的车容车貌发生了翻天覆地的变化，同年公共自行车服务职能延伸至社区的"社企共建"新型运营模式也随之启动。

所谓"社企共建"，是指由社区结合自身情况，招募人员经营管理公共自行车服务点，而公共自行车公司则以无偿向社区提供服务亭资源作为回报。通常社区安排的管理人员多为自身经济条件较差的特殊居民，在服务点上贩卖一些包装食品或饮料，扩大经营范围，提高收入，切实帮助困难居民解决经济问题。而公司在社区服务点选址上主要考虑社区周边，次要考虑还车难服务点，通过后台数据分析，特别是早晚高峰时间段租还车数据，以还车难点位为中心，设置服务半径（8～10处服务点数量为宜），并对还车难服务点进行现场勘查下架场地，努力寻求还车难与经济效益的平衡点，合理确定社企共建服务点。目前，杭州公共自行车公司已与三家社区或企业合作，推出3处社企共建服务点，为周边市民租还车提供便利，有效缓解租还车难问题。

（五）技术先进，管理科学

杭州公共自行车系统采用三层架构运行，由租用、网络与监控六大功能模块和 14 个子系统以及 3 个附属系统组成,运用射频识别、信息通信、自动控制查询、管理、结算等技术融于一体的物联网技术,不仅完成了服务点上公共自行车的自助租用操作,还实现了后台系统的有效管理,达到了"无人值守、自助服务、通租通还、方便智能"的设计理念。另外,通过自主研发,杭州还在火车东站推出了全国首个闸机式公共自行车租还点,使租车、还车更加方便快捷。

四 公共自行车"杭州模式"推广情况

杭州公共自行车公司与杭州公交集团控股子公司杭州金通公共自行车科技开发有限公司联合开展公共自行车服务系统的技术输出服务,帮助其他城市建设公共自行车体系。以"杭州模式"为模板,根据不同城市的实际情况,依托杭州金通科技公司强大的研发实力、成熟的理念及运营模式,协助黑龙江(哈尔滨)、辽宁(铁岭)、内蒙古(呼和浩特)、北京(通州)、天津、山西(太原)、江苏(南京)、福建(厦门)、广东(佛山)、贵州(贵阳)、甘肃(兰州)、新疆(塔城)等全国 25 个省(自治区、直辖市)共 118 个城市完成公共自行车系统建设并投入运行,其中尤以山西太原公共自行车项目的成效最为突出。太原公共自行车项目于 2012 年 6 月正式启动,2012 年 9 月 28 日首批公共自行车投放,到目前覆盖城区 220 平方公里、布局近 1300 个服务站点、4.1 万辆公共自行车全部投入使用。截至 2015 年 5 月,公共自行车租用量累计 2.81 亿人次、免费租用率达 98.67%,年减少碳排放量 3432 吨,相当于种植 34 万棵树。

B.18
三亚市生态文明建设的探索与实践

朱焕焕　单菁菁*

摘　要： 良好的生态环境是三亚市打造国际一流热带旅游精品城市的重要基底。然而伴随着城市的快速扩张，旅游、房地产等产业的蓬勃发展，三亚市生态建设与环境保护面临着前所未有的巨大挑战，如围填海及污染直排等造成的海洋生态退化问题，城市开发建设对资源的侵占和破坏问题等等。如何以生态环境优势推动经济、社会、生态环境协调发展，是未来三亚市健康发展的一个关键问题。为此，三亚市在生态文明建设中要牢固树立"生态立市，环境优先；分类指导，分区推进；统筹规划，重点突出；政府引导，社会参与"的发展理念。

关键词： 三亚市　生态文明建设　成就　问题　对策

三亚市是我国唯一的热带滨海旅游城市，风光秀丽，环境清新，气候宜人，空气质量居世界第二、中国第一，海水透明度仅次于加勒比海，温度常年保持在20℃~28℃，是理想的旅游度假胜地。特殊的自然资源、良好的生态环境是三亚的核心竞争力，也是其立市之基、发展之本。2013年习近平总书记视察海南时强调"碧海蓝天、青山绿水是建设国际旅游岛的最大本钱"、"良好的生态环境是最普惠的民生福祉"、"保护生态环境就是保护生产力，改

---

* 朱焕焕，中国社会科学院研究生院，博士，研究方向为城市与区域发展；单菁菁，中国社会科学院城市发展与环境研究所研究员，博士，主要研究方向为城市与区域发展战略、城市与区域规划、城市与区域管理等。

善生态环境就是发展生产力"。三亚要打造国际一流的热带旅游精品城市,加强生态环境保护、推动生态文明建设至关重要。"十二五"时期,三亚市在生态文明建设方面既取得了显著成就,也存在着一些突出问题。本文将在系统总结三亚经验教训的基础上,提出进一步推动生态文明建设的对策建议。

一 三亚市生态文明建设的探索与成就

"十二五"期间,三亚市坚持可持续发展战略,不断加强生态文明建设,推进节能减排、生态环保等各项工作,不断完善环境基础设施建设,加强环境综合治理和废水、废气、废渣、噪声等污染的防治,大力推动环保技术创新,加强环境监管和执法力度。总体来看,三亚市在保持经济持续快速增长的同时,生态建设与环境保护的意识和成效也不断凸显,生态环境质量总体保持全国领先水平。

(一)森林生态系统建设成效显著

"十二五"期间,三亚市继续加强对森林生态系统的建设工程,不断推进和实施了各项绿色建设工程,取得了丰硕的成效。

1. 继续实施"三边林"工程

开展"三边林"工程即建设路边、江边、海边防护林,是三亚加强森林体系建设的重要抓手。"十二五"期间,三亚市着力建设以三亚东西河为主线的河流、港湾生态景观带,以狗岭、临春岭、鹿回头岭、金鸡岭森林绿化带为主体的山头森林带,以亚龙湾、大东海、三亚湾等滨海岸线绿化保护区为核心的滨海绿化环境带。2011年,"三边林"工程完成造林1000亩,义务植树52万株,绿化道路67公里。完成了新风桥至月川桥段的红树林公园、亚龙湾青梅港红树林公园建设,把红树林建设成为沿海防护林体系的第一道防线。

2. 大力推进"绿化宝岛"工程

为响应省委、省政府的号召,三亚市于2012年开始实施了"绿化宝岛"工程,主要包括通道绿化工程、海防林建设工程、村庄绿化工程、城市森林建设工程、河流水库绿化工程、生态经济兼用林工程、森林抚育工程、种苗花卉工程等八大工程。截至2013年底,"绿化宝岛"工程已累计完成各类造林

6.22万亩。为改善三亚高速公路沿线两侧生态环境和景观效果,于2012年底启动实施了"绕城高速公路沿线两侧果林经济退果还林"工程。截至2013年底,共完成退果还林4200亩。

3. 积极修复被破坏的山体林地

"十二五"期间,三亚市先后关闭了数十个采石场,实施了绕城高速、东环铁路隧道口及抱坡岭沿线受损山体植被修复工程。经过各项工程建设,三亚市森林生态系统建设取得良好成效。

截至2014年底,三亚市森林覆盖率达68%,高于海南全省平均水平16.02个百分点,提前一年完成了"十二五"规划不低于68%的目标;城市建成区绿化覆盖率和城市绿地率分别达到45.3%和41.6%,人均公共绿地面积约19平方米,均高于海南全省平均水平。

(二)陆地水生态环境建设稳步推进

1. 饮用水水源地保护得到加强

"十二五"期间,三亚市积极开展饮用水水源保护区保护设施建设,完成划界立桩、隔离网建设等工作任务;规范城市饮用水水源环境应急管理;加强饮用水水源地污染治理,对各饮用水水源保护区严查违法行为;加强饮用水水源地环境监管力度,对国家要求的109项指标全部进行采样监测,有效保障了人民群众的饮水安全。2013年,投资2055万元完成了大隆、赤田、半岭水库水源保护隔离网的建设,共修建水源地保护隔离网47775米,其中修建塑钢网27083米、刺钢网20692米;并在饮用水水源保护区管理范围内设立告示(警示)牌94块、界标92座,进一步增强水源保护的安全屏障,居民饮用水安全得到有效保障。投资359万元对大隆、汤他、赤田和半岭水库库区进行了山体防护和岸坡治理,水土保持工程取得显著成效,有效维护了生态环境。

2. 内河河道环境综合整治有序开展

"十二五"期间,为加强内河防洪能力,保障河流水质安全,维护内河岸线生态系统,三亚市加强了对内河河道环境综合整治工作。一是加强了对中小型水库的除险加固工程。截至2014年,实施完成了57座小型水库除险加固工程,累计完成投资17528万元,池田水库除险加固工程也已完成60%。水库加固后既能满足周边农田灌溉需求,又能确保下游耕地及高速公路等国防设施的防洪安全。二是推进城镇防洪防潮工程建设。通过实施三亚西河槟榔河治理工程、宁远河防洪整治工程（大隆水库下游河段）、三亚东河防洪整治工程（抱坡溪段）、三亚东河儋州桥至海螺村防潮堤左岸堤防工程（市政海螺80号地块河堤）、吉阳镇大茅河整治工程等，极大地提高了城镇防洪防潮能力。三是加强水环境综合治理。为实施三亚内河河道疏浚清淤，恢复河道正常功能，开展实施了三亚东河潮见桥至儋州桥段（4790米）、三亚西河三亚桥至金鸡岭桥河段（5208.4米）和三亚西河金鸡岭桥至凤凰路桥段（2800米，支流汤他水河段长900米，六罗河河段长1900米）的河道疏浚清淤工程，工程预算总投资32000万元，目前也已进入实施阶段。工程完成后将大大提升三亚市内河水生态环境质量。

（三）近岸海域生态环境保护得到重视

1. 海洋环境监测预报能力稳步提高

近年来，三亚市不断扩大对海洋环境的监测和预报的监控范围和监控内容，海洋环境的监测和预报能力稳步提高。2013年，三亚市海洋与渔业局组织开展了以海水、海洋沉淀物、海洋生物、海洋垃圾和赤潮监视等为主要内容的海洋环境监测活动，监控区包括三亚湾、榆林湾、崖州湾、海棠湾、亚龙湾、红塘湾、亚龙湾海水浴场、滨海旅游度假区、红沙港海水养殖区、珊瑚礁生态监控区、海洋倾倒区、入海排污口临近海域和三亚河入海口等重点近岸海域及主要海洋功能区。监测结果表明，三亚绝大部分近岸海域达到一类海水水质标准，近岸海域环境功能区考核结果均达到相应水体功能控制标准，水质达标率100%。

2. 海洋环境保护整治及生态修复工程进展顺利

"十二五"期间，三亚市不断加强海洋环境保护整治及生态修复工程建设，并取得了明显成效。一是在三亚湾海域，开展生态实验性修复工程项目。近年来，三亚市逐渐加大了对海滩泥化及海岸侵蚀问题的关注，并且早在2006年三亚市就开始着手对三亚湾的海滩泥化及海岸侵蚀进行研究探讨。2014年，在三亚湾东部滩肩宽度较小的金鸡岭路口至光明路口间长约2.6公里的岸段实施人工补沙工程，遏制海滩侵蚀和沙滩泥化，恢复三亚湾海岸地带的原生植被，达到维持三亚湾海岸稳定的目的。二是加强了对三亚港口、大东海、三亚湾、亚龙湾等近岸海域的卫生监督管理与检查指导,加强对涉海企业的海洋环境卫生检查工作。

(四)湿地生态环境保护不断加强

"十二五"期间,为保护湿地生态系统,三亚市加强了湿地自然保护区的建设。当前,三亚市湿地主要类型分别为浅海滩涂、红树林、河口潟湖、珊瑚礁,而红树林、珊瑚礁、潟湖作为海洋中高生产力区和生物多样性区域,是海陆域交错的复合生态系统,也是三亚市重要的湿地资源。其中,以红树林湿地最具特色。据2012年统计,三亚市红树林面积1184亩,主要分布在三亚河两岸、榆林湾红沙港、林旺铁炉港、亚龙湾青梅港、保港、藤桥等河口港湾地区。近年来,三亚红树林面积通过人工造林及促进更新稍有增加,但因为红树林生长环境变化,有退化现象出现,防护效能逐渐下降。三亚市为了保护珍贵的红树林资源,已正式划定三个市级红树林自然保护区——亚龙湾青梅港红树林自然保护区、三亚河红树林自然保护区及三亚铁炉港红树林自然保护区,将为三亚市红树林湿地保护起到重要作用。

(五)城市人居生态环境不断改善

1. 大气环境质量继续保持优良

自2013年1月起,三亚市空气质量自动监测系统增加了对一氧化碳(CO)、臭氧(O_3)以及细颗粒物($PM_{2.5}$)的监测,以更全面地反映空气质量变化。监测显示,2013年三亚市大气环境质量总体继续保持优良,全年监测有效天数为364天,其中API指数≤100的天数为363天,优良率达到99.73%,可吸入颗粒物(PM_{10})、二氧化硫(SO_2)、二氧化氮(NO_2)的浓度平均值分别为$30ug/m^3$、$7ug/m^3$、$13ug/m^3$,均达到《环境空气质量标准》(GB 3095-2012)一级标准。

2. 城市污染治理能力明显提高

首先,城市污水处理率不断取得新成绩。"十二五"期间,三亚对全市污水处理设施现状配套、运行管理、污泥处理处置、再生水利用情况进行了调查摸底,制定了污水处理设施配套建设三年(2014~2016)分期实施计划、污泥处理处置规划、再生水利用规划,加大对排水许可管理制度和污水处理费征收工作力度。目前三亚湾新城污水处理厂已建设完成并投入运行，崖城镇污水处理厂、崖城创意新城污水处理厂、红塘湾污水处理厂、田独高新技术产业园污水处理厂和配套污水管网的建设工作稳步推进，红沙污水处理厂的扩建和污水处理工艺的升级改造进展顺利，污水收集率和处理率显著提高。截至2013年底，三亚市城镇生活污水集中处理率已达84.5%。其次，城市垃圾处理率不断提高。垃圾焚烧发电和餐厨垃圾处理项目及配套项目的设计和建设核准、报批等各项工作稳步推进。育才、天涯、林旺和梅山片区等8座垃圾转运站已经建设完成并投入使用。2013年，三亚市城镇生活垃圾无害化处理率达到100%。最后，机动车尾气污染防治不断加强。2012年颁布了《三亚市机动车环保检验合格标志管理工作方案》，在一定区域内实施高排放汽车、"黄标车"限行，逐步淘汰高排放汽车。

（六）农村生态环境保护工作逐步开展

1. 农村饮水安全工程扎实推进

"十二五"期间，三亚市以《三亚市农村饮水安全工程建设实施方案（2013~2016年）》为指导，投入建设资金13644.9万元，实施育才那浩水厂进村管网，吉阳区中廖、大茅供水主管道工程等饮水安全工程22宗，年新增节水1490万立方米，农村自来水普及率由60%提高到75%（超过全省农村自来水普及率12个百分点）。启动凤凰、育才农村饮水安全工程前期工作，计划投资33440万元，解决育才及凤凰的高峰区的农村饮水安全问题，解决工业、旅游业及其他服务业的用水问题。

2. 农村沼气改造工程效果明显

"十二五"期间，三亚市加大了对农村沼气改造工程的建设投入力度，加快农村生态家园建设进程。2011年农村沼气建设被列为创建生态家园富民行动的重要内容。积极探索创新沼气资源的综合利用模式，不断延长沼气产业链条，发挥沼气的最大效益，发展推广了"猪－沼－果"、"猪－沼－菜"等生态农业模式。"十二五"期间共建设户用沼气池2468个，其中大中型沼气池21个。截至2014年底，建设户用沼气池24612个，其中大中型沼气池23个，沼气年生产总量2100万立方米，全市农村沼气服务体系网点48个。

（七）生态文明理念和制度建设不断加强

通过广泛的生态教育和生态环保实践，三亚市的生态环保意识和生态文明理念不断增强。如新一届领导班子在上任之初，即提出要开展"城市治理管理年"和文明城市创建活动，全面提升城市规划、建设和管理水平，真正做到让路于民、让景于民、让绿于民、让海于民。采用俞孔坚"大脚革命"的理念，坚持尊重自然，绿色发展，建设绿色基础设施和生态安全格局。同时，三亚还在住建部的支持下，开展了城市修补、生态修复的城市"双修"工作，以及地下综合管廊和海绵城市建设试点工作，积极探索城市内涵式发展道路。

同时，三亚市还进一步加强了生态文明的制度建设，在相关规划编制、管理办法、资源保护与生态治理等方面都取得了明显进步。2015年，作为全国首批开始行使地方立法权的城市，三亚提出要从生态保护开始着手完善地方立法，并制定了《三亚市白鹭公园保护管理规定（草案）》作为第一项立法。目前，该法案正在广泛征求公众意见。

表1 "十二五"期间三亚市生态文明建设相关文件汇总

林地生态系统	2011年编制《三亚市林地保护利用规划（2010~2020）》
	2011年出台《三亚市生态效益补偿财政补贴暂行办法》
	2011年出台《三亚市森林公园管理办法》
	2011年编制《三亚市热带森林旅游发展规划》
	2012年出台《三亚市国有森林资源委托管理暂行办法》
	2012年出台《三亚市古树名木保护管理办法》
	2012年完成《三亚市古树名木调查报告》
湿地生态	2011年编制《三亚市饮用水水源保护区规划汇编》
	2012年出台《三亚市小型水库管理实施细则》
	2014年印发《三亚市水域滩涂养殖发证登记暂行办法的通知》
	2015年出台《三亚市增加发放大中型水库移民后期扶持资金实施方案》
海洋生态系统	2012年出台年度《三亚市伏季休渔管理实施方案》
	2012年编制《三亚海洋旅游发展规划（2012~2022）》
	2012年修编《三亚市海洋功能区划》
	2012年出台《三亚市海域使用动态监管中心工作方案》
	2014年出台《三亚市海洋生态补偿管理办法》，并启动了三亚市国家级海洋生态文明示范区申报工作

续表

人居生态系统	2011年编制《三亚市城市绿地系统规划修编(2011~2020)》
	2012年制订《三亚市2012年"绿化宝岛"建设工程实施方案》
	2013年制订《三亚市2013年"绿化宝岛"行动工程建设实施方案》
	2011年出台新的《三亚市机动车尾气污染防治管理办法》
	2011年制订《三亚市地表水环境整治工作方案》
	2011年制定《三亚市2012年公共机构节能实施方案》
	2011年编制《三亚市"十二五"主要污染物总量控制规划》
	2011年编制《三亚宁远河流域污染控制和生态保护规划》
	2011年出台《三亚市村庄建设管理办法》
	2011年出台《三亚市集体土地征收补偿安置管理规定》
	2011年修编《三亚市土地利用总体规划(2006~2020年)》
	2012年印发《三亚市城边村改造建设和环境改善工作指导意见的通知》
	2012年出台《三亚市集体建设用地开发利用管理暂行办法》
	2013年出台《三亚市农业综合开发农田水利设施工程管护办法》
	2013年出台《三亚市土地储备管理办法》
	2013年出台《关于加强机动车污染防治工作的实施意见》
	2014年出台《土地执法共同责任制实施办法》
	2014年出台《三亚市集体建设用地开发利用管理暂行办法(2014年修订)》
	2014年颁布《关于印发2014年三亚市整治违法排污企业保障群众健康环保专项行动工作实施方案的通知》
	2015年出台《关于印发三亚市餐厨垃圾管理办法的通知》

二 三亚市生态文明建设面临的问题

近年来，随着国际旅游岛建设步伐的不断加快，三亚开展了大规模的城市建设，各种生态环境问题也随之出现，生态文明建设依然任重道远。

一是围填海及污染直排导致海洋生态退化问题凸显。近年来，三亚市城市经济社会发展迅速，受城市发展空间及经济社会发展水平的制约，围填海及污染直排等行为屡禁不止，给海洋生态保护带来了巨大的挑战。一方面，受到城市发展空间、建设用地指标及岸线旅游开发的影响，三亚目前围填海行为需求旺盛，势必对海洋及近岸海域生态带来一定影响。围填海行为会改变岸线形态，在局部生态敏感区域改变海水的水动力条件，导致潮流、纳潮量等减小，

进而带来淤积，而淤积会进一步带来纳潮量减少，继而出现沙滩泥化污染、海岸防固功能减弱、岸线生态退化等问题。另一方面，沿岸城市生产生活污水的排放、海洋污染事故以及养殖自身污染等也给海洋生态保护带来极大挑战。2013年三亚市海洋环境状况公报显示，与2012年相比，近岸海域水质污染海域面积有所增加，污染海域主要集中在入海排污口、部分河流入海口附近海域、养殖密集区以及沿岸人口密集的湾底局部海域，污染程度加重导致部分水域生态环境质量下降，水体富营养化；红树林等植被及海洋生物多样性受到严重威胁。

二是城市开发建设对资源的侵占和破坏现象日益突出。近年来，随着三亚市城市发展的不断加快，城市开发建设中对资源的侵占和破坏现象日益突出。主要表现在对山地、湿地及内陆河流的破坏与污染，对三亚整体自然生态的保护构成挑战。如绕城高速等道路工程对山体的开挖留下的创面；采矿取石等活动对山体的开挖；山地型旅游开发非法占用山体或采取不恰当的开发模式，在施工工程中对场地的平整造成了对山体的毁灭性开挖和破坏；城市污水直排，造成红树林湿地出现退化现象；现有湿地缺乏有效保护和控制，水土富营养化，城市开发破坏侵占湿地；项目开发建设侵占水系河道和滨水绿地的现象时有发生，导致水系自我净化能力降低，污染情况日益严重。同时，城市的无序开发和蔓延，也导致城市周边一些耕地和林地资源被侵占，城市河道和山体空间受挤压，自然生态廊道被阻隔，自然生态的连续性被打破，生态系统碎片化现象突出。

三是环境基础设施质量不高、数量不足，污染减排压力不断增加。由于城市环境基础设施配套不足、管理水平欠缺、城市布局不合理，近年来三亚固体废弃物、废气、废水排放量逐年上升；同时，随着城市开发、房地产业发展及机动车数量的急剧增加，城市噪音污染问题也日趋严重，给人民生产生活带来极大的危害。

四是农村生态系统日趋脆弱。首先，农业开发侵占水系和林地现象突出，如"芒果上山"等果园、经济林项目侵占山地，造成山林生态系统植被单一化、水土涵养能力下降、农药面源污染加重等。其次，农村地区环境配套设施建设不足。以垃圾处理为例，尽管"十二五"期间，三亚市开展了"组保洁、村收集、区转运、市处理"的农村垃圾收运处理试点工作，但垃圾收运覆盖范围依然较窄,农村生产生活垃圾处理仍以填埋式和焚烧式为主。垃圾填埋污染地表水质,垃圾焚烧产生的粉尘和废气严重影响了大气质量。

三 继续推进三亚市生态文明建设的思考与建议

传统的工业化道路使我国很多城市付出了巨大的生态环境代价,但中国大多数城市所面临的生态环境短板,正好是三亚突出的比较优势。"十三五"是中国城市转型发展的重要时期,也是三亚打造国际热带精品旅游城市的关键时期,加强生态保护、创造一流环境、建设生态文明,是新时期增强三亚旅游吸引力和核心竞争力的重要举措。为此,三亚市在未来发展中应坚持如下原则。

1. 生态立市,环境优先

作为国际旅游岛的核心城市,三亚的未来发展必须保护好碧海蓝天这条不可触碰的底线,把建设生态文明、保护生态环境、节约资源能源放在经济社会发展的首要位置。牢固树立生态文明理念,坚持促进经济社会发展与生态环境保护相协调,生态文明建设与经济社会发展总体规划相衔接,以不超过资源环境承载能力为标准,以改善生态环境、推动绿色发展、构建美丽三亚为目标,重点解决危害群众健康和影响国际旅游城市建设发展的突出生态环境问题,加快形成资源节约型和环境友好型的产业结构、发展方式和消费模式,建设一流人居环境,创造绿色发展、绿色繁荣。

2. 分类指导,分区推进

"山、海、河、田、岛、城"是三亚市生态环境的主要因素,不同的自然生态系统,不同的社会经济发展水平,不同的生态环境问题,不同的区域资源环境承载能力,不同的主体功能定位,决定了未来的空间开发强度和发展潜力也应不同。三亚要因地制宜采取相应措施,分区域、分阶段有序开展工作。结合国家主体功能区划,针对三亚市自然环境状况和生态建设条件,按照生态保护、生态修复、生态治理的不同发展要求,加强生态建设与环境保护的力度。

3. 统筹规划,重点突破

生态环境问题成因复杂,许多历史遗留问题难以在短期内解决,必须进行近远期、城乡间的统筹考虑和规划。优先抓好生态环境建设的重点区域和重点工程,充分发挥重点工程的综合效益和示范带动作用。

4. 政府引导，社会参与

生态文明建设是一项庞大的社会工程，要坚持政府引导，综合运用法律、经济、技术、行政等手段，引导社会各界广泛参与，由被动的"生态环境保护"转向主动的"生态文明建设"，由单纯的"政府主导"转向"政府引导、社会参与"，构建政府、企业、社会相互合作和共同行动的生态文明建设新格局。

B.19 推动万众创新、大众创业

——浅谈北京市创新孵化平台建设

胡 浩*

摘　要： 2014年李克强总理在夏季达沃斯论坛上提出，要让创新创造的血液在全社会自由流动，掀起"大众创业"、"万众创新"的新局面，为中国经济提质增效打造不熄引擎。2015年，国务院出台了《关于发展众创空间推进大众创新创业的指导意见》和《关于大力推进大众创业万众创新若干政策措施的意见》。如何有效激发大众创业的激情，如何促进中小微企业在创新创业浪潮中快速健康地发展，是当前形势下需要深入思考和研究的问题。本文在归纳总结中远通达、中关村3W咖啡、北京CBD必帮咖啡等创新孵化平台发展历程、经营方式的基础上，提出了集中办公区、众创空间、创新创业环境3种不同的创新孵化、企业孵化模式，进而对推动万众创新、大众创业的服务平台建设和具体实现路径进行探讨，以期为相关政策制定和具体实践提供参考。

关键词： 万众创新　大众创业　孵化器　中小微企业　创客空间

---

* 胡浩，现为中国社会科学院城市发展与环境研究所博士后，主要从事区域发展、城市经济、区域经济方面的研究。本文在写作过程中得到中国社会科学院城市发展与环境研究所单菁菁研究员、王业强副研究员和北京CBD管委会、北京朝阳区劲松街道办事处等人员和单位的修改建议和大力支持，在此一并表示感谢。

一 万众创新、大众创业的背景概述

随着我国创新驱动发展战略的加快落实,大众创业、万众创新逐渐被视作中国新常态下经济发展"双引擎"之一①,全国各地掀起了企业孵化和创业、创客的热潮。2014年9月,李克强总理在夏季达沃斯论坛致开幕词时,提出要破除一切束缚发展的体制机制障碍,让每个有创业意愿的人都有自主创业空间,让创新创造的血液在全社会自由流动,通过创业和创新,掀起"大众创业"、"草根创业"、"人人创新"、"万众创新"的新局面,为中国经济提质增效打造不熄引擎,顺利过渡到经济新常态。2015年3月,国务院办公厅《关于发展众创空间推进大众创新创业的指导意见》也明确提出了"总结推广创客空间、创业咖啡、创新工场等新型孵化模式",加快构建众创空间的重点任务。2015年6月,国务院《关于大力推进大众创业万众创新若干政策措施的意见》提出了依托"互联网+"、大数据等,推动各行业创新商业模式的方式和扩大创业投资、支持创业起步成长,发展创业服务、构建创业生态,建设创业创新平台、激发创造活力的要求。

按照科技部《国家科技企业孵化器"十二五"发展规划》的要求,2015年,全国孵化器数量要达1500家,其中国家级孵化器达到500家。而2014年10月1日出版的《2014中国火炬统计年鉴》的统计显示,全国科技企业孵化器已经达到1468家,国家级孵化器达到504家,"十二五"期间,我国企业孵化的创新驱动建设已经取得超出预期的良好效果。江苏、天津、广东、上海、北京分别以444家、114家、108家、94家、92家的孵化器数量在企业孵化建设和服务方面崭露头角。在创业创新方面,中关村一直是广为关注的世界创新中心、创新集群圣地,上至国家领导人,下至普通草根创业者,纷纷涌向这里②。北京中关村创业大街依托中关村核心区的空间资源,发挥中关村在创业服务、创新服务、产业促进和国际合作等方面的优势资源,将政策支持,专业

---

① 《万众创新潮涌荆楚 释放万千草根创新活力》,新华网,2015年3月8日,引用日期2015年3月9日。
② 《李克强总理一行到中关村创业大街调研》,2015年5月7日,http://www.z-innoway.com/index.php? app=web&m=Article&a=detail&id=1132。

创业服务中介、服务机构、投资机构、知识产权管理、培训机构等要素汇聚一地，孵化创业企业600多家，融资总额超过17亿元。已经吸引了包括车库咖啡、3W咖啡、Binggo咖啡、飞马旅、36氪、言几又、亚杰汇、北京大学创业训练营、IC咖啡、创业家、联想之星、天使汇、硬创邦、虫洞之家、因果树等37家创业服务机构的入驻和集聚，成为"大众创业、万众创新"的风向标。在创客运动方面，全国70余家创客空间已经初步打造出北京"创客空间"、上海"新车间"、深圳"柴火空间"、杭州"洋葱胶囊"等具有一定知名度的创客品牌，初步形成了北京、上海、深圳三大创客文化圈。依托国家强大的创业生态体系，凭借0.8万小众群体蓬勃的生命力，创客已经开始了创新创意的实践活动和企业创业产品生产的合作，并已经将创新、创意、创业渗透和融合于互联网、加工制造、文化艺术、建筑、医疗、服装等行业[①]；创客也将作为带动"大众创业、万众创新"的尖兵之一促进众创空间蓬勃兴起，推动创新要素融合互动，推动我国"万众创新、大众创业"更好更快地发展和进步。

二 推动万众创新、大众创业的主要模式

在创新创业政策号召下，各地推动万众创新、大众创业的过程和模式大概有以下三种：第一是各地正在进行的集中办公区建设。一般集中办公区的建设多由政府组织或政府引导发起，在后期的发展中，由于市场的自发和调节作用，集中办公区逐步由管理功能向服务功能转化，并增加企业孵化、企业成长的环境因素。第二是近几年比较流行的"创客空间"或"众创空间"[②] 培育。中立的、不以营利为目的的"创客空间"通过实验室、咖啡馆、旧厂房、工作坊、工作室等为具有相同兴趣的创意者提供作品展示、产品加工制作的设施和空间，为演讲讲座、知识分享、主题聚会、创意交流以及协同创造提供场地

---

① 张景安：《激励大众创业，掀起万众创新的新局面》，《中关村》2015年第3期，第48～50页。
② "众创空间"是科技部在调研北京、深圳等地的创客空间、孵化器基地等创业服务机构的基础上，总结各地为创业者服务的经验之后提炼出来的一个新词。国务院《关于发展众创空间推进大众创新创业的指导意见》对其进行了明确定义：众创空间是顺应网络时代创新创业特点和需求，通过市场化机制、专业化服务和资本化途径构建的低成本、便利化、全要素、开放式的新型创业服务平台的统称。

和平台。而"众创空间"在"创客空间"、创新工厂等孵化模式的基础上，通过创客、创业的市场化、专业化、集成化、网络化引导，实现了创新与创业、孵化与投资的结合，让创意者和投资人有了交集，让"创客"借助社会力量、政策集成效应的发挥，在经济、人口、教育、科技比较聚集的地域走向了"创业"。第三是在"众创空间"发展经验基础上进行创新创业环境培育的中小微企业孵化建设。此孵化建设不同于传统的孵化器建设，它更加注重市场的主导作用和企业主体的成长环境营造，为中小微企业的创建和成长提供更周全、更便利、更多样化的要素服务和综合服务。

（一）优化建设集中办公区——以朝阳区中远通达为例

为了给企业提供较好的咨询、注册、审批、信息等服务，目前，许多地方的产业园区、开发区等为了招商引资和企业落户方便，也都建有土地、工商、规划、贷款、担保、劳动市场、技能培训、广告宣传等多种部门或职能于一体的企业服务中心，实现地方政府为企业入驻和发展的集中办公和绿色便捷服务。有部分街道办事处、乡镇或发展比较好的村，为了给市民、村民和企业提供贷款借款、招工就业、补贴发放、款项缴费等方便快捷的环境，也仿效园区企业服务中心的形式建设便民服务中心或行政办事大厅。但随着目前创业创客的发展，这些各等级服务中心或政府集中办公区逐渐演变，从由政府职能部门集中办公为企业和社会提供较好的创业和发展环境服务，演变为规模类似、需求一致的中小微企业集中办公一起来接受政府提供的创业环境，共享企业发展的办公环境。在此基础上，集中办公区进一步发展优化，逐步朝市场化的方向发展，变成政府引导、市场主导发展的运作模式。这一模式可以从朝阳区劲松街道的中远通达（北京）商务中心的发展历程中略见一斑。

中远通达位于北京劲松街道，是由朝阳区政府授权的一家集中办公区。它通过公司化运营模式，为企业发展提供所需要的商务服务及办公服务。除了向中小微企业提供服务式办公室、席位式办公室、公共会议室，满足企业发展所需要的办公空间和交流空间以外；中远通达集中办公区还可以针对企业发展需求为企业提供工商注册、代理记账、人事社保、基本IT等多元化服务项目，满足企业灵活办公、成本控制的需求，助力中小型创业企业的培育和发展；甚至建立包括法务咨询、风险投资支持、企业发展专项培训、财税策划、上市咨询辅导等孵化一站式平台和包括协会组织、社团组织、律师事务所、会计师事务所、投资顾问、注册公司、咨询服务公司、门户网站等的合作多元化平台，开展中小型企业创业咨询辅导、项目路演、创业投融资咨询、创业人才对接等项目服务，为中小企业及创业者以低成本、高效率创办企业提供硬件配套设施和软性服务体系。中远通达自集中办公区成立以来，先后为中小企业举办免费的国家法律和税务政策等培训活动达 13 次，解决就业人口 25000 人以上，服务公司 5300 多家，成功孵化企业 400 家，其中不乏北京陌陌科技有限公司、北京华清元泰新能源技术开发有限公司等已经纳斯达克上市或即将上市的知名公司。在万众创新、大众创业推动的中小微企业创新创业浪潮背景下，中远通达将集中办公区服务建设逐步向一站式孵化平台建设发展，体现了当前我国大众创新创业服务从政府为主到市场为主的特征和趋势，成为北京市朝阳区企业孵化创新驱动建设的一个成功案例。

（二）培育营造众创空间——以中关村 3W 咖啡为例

目前，提到大众创业、万众创新，不能不提一下具有"中国硅谷"之称的中关村。位于中关村国家自主创新示范区的中关村创业大街是全国首个建成的创业服务集聚区[①]，尽管刚刚挂牌一年，但已经引进政府相关部门机构、投融资机构、专业服务机构超过 60 家，聚集了车库、3W 咖啡、36 氪、天使汇、JD＋智能奶茶等 15 家声名远播的全国知名创业孵化器，聚集了全国八成以上的天使投资人，孵化创业企业 400 多家，获得融资的企业超过 200 家，平均每天孵化创业企业 1.6 家，平均每天都有一家企业获得融资，平均每家企业融资 500 万元[②]，中关村创业大街重新定义和提升了实惠、便捷、有环境、有保障的孵化器，吸引了成千上万具有创业梦想和创新理念的个人和团队，构建了真正孵化孵化器的平台，为各类新型孵化器的产生壮大和创业人员创客的"飞黄腾达"提供了难得空间。这一观点可以在海淀区中关村科技园的 3W 咖啡的

---

① 童曙泉、孙奇茹：《打造全业态、全方位、全链条、全要素的创新创业服务——全国首个创业大街中关村开街》，《北京日报》2014 年 6 月 13 日，http://bjrb.bjd.com.cn/html/2014-06/13/content_187625.htm。

② 《北京中关村创业大街一周年：日均孵化 1.6 家创业企业》，新华网，2015 年 6 月 26 日，http://www.chinaz.com/start/2015/0626/417251.shtml。

发展历程中得到论证。

3W咖啡位于北京中关村，是由一家互联网主题连锁咖啡厅逐步发展成为互联网创业圈子的聚集地和创新创意、投资交流的新型众创空间，目前已成为国内最早最成功的众筹创业咖啡馆。3W咖啡自创建咖啡馆以来，立足全球创新创业中心的中关村，不仅为创业者提供栖身、交流、办公的场所，为创业者提供思想交流和创意碰撞的空间，同时还根据创业者的需求不断尝试新的业务，提供品牌推广、创业基金、猎头招聘等多样化服务，帮助创业企业做大做强和进行市场推广，完善"全产业链"、"一站式"创业服务，搭建创业者与投资者交流互动、投资合作的平台。目前已经初步形成了中国首个集创业咖啡馆、孵化器、种子基金、品牌定位、市场推广、人才招聘等创业生态体系要素于一体的完整的创业生态圈。目前已经孵化企业100多个，基金支持公司22家，实现融资5亿元，市场估值超过20亿元。

3W咖啡打通创业者所有的需求瓶颈，通过互联网主题连锁咖啡厅解决创业者办公场地、网络信息、聚会讨论、项目投资交流等的场所"硬件"问题；通过最迅速的招聘机构拉勾网，解决创业者创业团队搭建和人才招聘问题；通过种子基金、天使投资、人人贷等互联网金融，解决创业者创业项目的资金难题、融资问题；通过宠物社交应用"闻闻窝"等打造良好的业界关系，帮助创业团队解决众筹平台、硬件制造、资金对接等众多难题；通过孵化器管理公司将孵化经验传递到更多孵化器、产业园区，解决创业者项目启动和中小微企业快速成长的环境问题。3W咖啡由此吸引越来越多的创业者前来寻找机会，帮助一批批创新型小微企业驶上了发展快车道，探索万众创新、大众创业顺利推动的模式与路径。

中关村创业大街及其知名众创空间的培育，还有其构建的全新的创业服务体系，逐步发展成熟为一种可复制的样板或模式，有力地助推万众创新、大众创业车轮的前行。"清青创"在天津、成都、青岛与地方政府合作，启动的三条创业大街建设①正在试图将中关村创业大街的经验和模式推向京外，创业咖啡也很快在大江南北遍地开花。除了车库咖啡、3W咖啡、IC咖啡等创业型咖

---

① 《中关村创业大街将复制到京外》，《人民日报》，2015年6月29日，http：//www.chinajob.gov.cn/InnovateAnd Services/content/2015－06/29/content_ 1079115. htm。

啡馆在全国开设分店外，北京的Binggo咖啡、杭州的贝塔咖啡、深圳的起点咖啡、上海的爱塔咖啡、武汉的光谷咖啡、东莞的蜂巢咖啡等也作为新起的星宿开始在各地通过整合本地创业资源要素，为早期创业者搭建起一个提供共享办公、人才交流、技术分享、市场拓展、项目对接等一站式服务的创新型创业孵化平台。2012年8月，由北京创业影院、天津创投咖啡、深圳网谷咖啡、杭州福云咖啡、温州智创空间、宁波无中生有咖啡、宁波伯乐遇马创业咖啡、郑州慧谷咖啡、成都翼起来创业咖啡、美国芝加哥蓝天使创投、武汉DEMO咖啡、青岛蓝海书斋、海口天使咖啡共13家单位联盟发起的中国创业咖啡联盟理事会，更为全国20多个省市80余家创业服务咖啡馆的发展提供了平台依托和提升空间。

（三）提升创新孵化环境——以北京CBD必帮咖啡为例

咖啡馆让创业的平台散发着咖啡的香味，把创业、创新、生活有机结合在了一起，咖啡馆发展演变成为一个创业服务机构和"创新性孵化器"，极大地提升了各地的创意创新活力和创业服务水平。创业咖啡这种民间版的"创业苗圃"与目前国家"大力发展创新工场、车库咖啡等新型孵化器，做大做强众创空间，完善创业孵化服务"的政策导向不谋而合，也将在国家加快发展创业孵化服务和"大众创业、万众创新"的推进中扮演越来越重要的角色。新兴的创业咖啡应该怎样在市场主导作用和众多的同类行业竞争中快速定位和寻找适合自己的发展路径，以及在众多知名品牌的发展经验指导下怎样消化吸收和传承提升，这些可以在北京CBD必帮咖啡的发展历程中得到一些感悟和启发。

必帮咖啡位于北京CBD，与海淀的车库咖啡、3W咖啡遥相呼应。2011年底，必帮咖啡以创始人即投资人的平台建设模式起家，临近大型企业集团的总部、世界各国大使馆、国家最高部委机关和基金银行、豪华酒店、高端商务楼宇、影视媒体密集区，在寸金寸土的国贸商圈选择了一个别具一格的两层独栋小楼，打造出了北京CBD范围内"一个楼下有咖啡馆的孵化器"。在不到一年的时间内（2012年），必帮咖啡就已经成功孵化出包括慧途旅行等在内的多个项目，在北京创投圈中具有了一定知名度。2013年11月，必帮咖啡以"房租入股、对赌经营"的方式进驻郎园21号楼后更加重视创新型孵化创业平台的建设。2014年11月，必帮咖啡进一步完善和升级孵化器创业平台，与致力于打造中国最有影响力的天使组织——中国青年天使会实现强强联手和战略合作，共同打造全新必帮咖啡。2015年7月，必帮咖啡与英国国际商务发展中心签署合作协议，正式成为英国国际商务发展中心在中国的唯一合作机构。

必帮咖啡不仅像车库咖啡、3W咖啡等一样搭建创意人与投资人沟通的平台，还通过"创业咖啡+孵化器+天使基金+创业服务链"四大服务模块，为精品项目提供法务、顾问和推广等深度服务，甚至是创业种子资金。必帮咖啡不同于常规众创空间通过选择市郊的产业集中孵化园或租金便宜的地区楼面降低成本，而是注重让创业者更加接近资本和市场，让投资人和创业者信息交流更加便捷和顺畅。必帮咖啡依托天使会的组织品牌和知名会员举办项目路演，联合英诺基金、北软基金、浙商创投等17家机构举办风险投资沙龙，与大成律所、绿狗在线法律等多家服务机构建立合作关系，与区委组织部合作为海外人才创业提供服务，与36氪、土豆网、凤凰网、北京电视台、京视传媒、爱奇艺、雷锋网、凤凰地产等机构建立活动合作关系，举办和承接产品发布会、节目录制、研讨会、沙龙活动、公司年会等多种形式的活动，依托现有路演项目资源池，实质性对一些优质项目进行一对一独家融资跟进，尝试开展FA模式的深度财务管理服务，稳扎稳打地寻求业务的创新和突破，实现了孵化器创业平台的逐步完善和升级。必帮咖啡有意通过国际化的平台，打造中欧之间创投合作的汇聚点和中转站，推动中国本土的优秀项目进入欧洲市场，实现欧洲创业项目经过筛选来到中国，一步步将中国的"万众创新、大众创业"孵化环境建设推上了世界舞台。

三 推动万众创新、大众创业的路径探讨

大众创业、万众创新，是培育和催生经济社会发展新动力的必然选择，是扩大就业、实现富民之道的根本举措。构建有利于创新创业的政策环境、制度环境和公共服务体系，以创新支持创业，以创业带动就业、以就业促进发展，是目前中国经济新常态下实现传统要素驱动、投资驱动向创新驱动转变的重要途径。推动大众创业、万众创新的发展，需要政府由管理和主导转向服务和引导，需要对各类市场主体不断开办新企业、开发新产品、开拓新市场，形成新

动力的持续支持，需要不断探索创新创业发展平台建设的模式支撑。中远通达对集中办公区优化建设、中关村 3W 咖啡对众创空间的营造和培育、CBD 必帮咖啡对创新创业环境和中小微企业孵化建设的理性借鉴和创新发展，都是北京市在推动大众创业、万众创新发展中摸索的具体经验和建设模式。

在推动大众创业、万众创新的发展中，不同的地区在不同的时期会有不同创新创业主体的不同需求。集中办公区向着一站式孵化服务的方向优化建设，众创空间为创客、创业者提供更多自我展示和企业培育平台，创业咖啡提升创新型中小微企业的孵化微环境，从大到小的层次结构为大众创业、万众创新提供多样化、多需求、多层级的成长发展机会。创业咖啡是最为小巧便捷、最易效仿操作的推动创新创业模式，当一个地区创新创业环境氛围较为缺乏时，可以通过加盟主题连锁、拓展创新创业展示空间和服务业务，提升创新型中小微企业孵化微环境的形式来推动万众创新、大众创业的逐步发展；众创空间需要更多文化氛围、科技氛围和人才资金支持，可以通过创新创业环境的逐步完善在吸引更多创客、企业、创业者、投资人的基础上集中集群和规模发展，当一个地区拥有较多技术、人才、资本等创新要素时，可以通过众创空间的培育和营造为万众创新、大众创业和企业孵化发展提供很好的推动力量；集中办公区规模较大，是发展最为成熟的创新创业推动模式，当一个地区的创业孵化机构数目很多，需要更为高级、更为有效的统筹管理时，可以通过集中办公区申报入围的政府行为或集中办公区优化建设的市场行为来推动创新创业的进一步发展。当然，三种模式也存在一定的服务内容交叉和升级转化功能，无论是政府化的集中办公区还是市场化的集中办公区，都有可能拓展其管理服务领域和功能，包含众创空间企业宣传、培训辅导、人才对接的项目服务。而众创空间和创业咖啡孵化环境所包含的政策咨询、行政审批、工商管理等的服务内容也是集中办公区常规的服务项目。某些众创空间的发展形式也是通过创客咖啡、创意咖啡的加盟孵化让创业变成像喝杯咖啡一样简单。创业咖啡在市场的导向下也会涉及种子孵化、市场推广、投资融资等超出咖啡馆本身的增值服务，还可以通过投资促进、培训辅导、媒体延伸、专业服务、创客孵化的业务拓展逐步发展成各具特色的新型孵化器或众创空间类型。此外，最小规模的创业咖啡可以通过创业服务的拓展和发展规模的拓展逐步向具有一定品牌知名度的众创空间转变，也可以逐步拓展自己在集中办公区中的角色和服务，最终走向创业期科技型企业集中办公区的发展。而地区活跃度高、孵化效果显著、发展成熟的众创空间也可以申请政府的补贴支持入围各层级集中办公区的发展。

无论是集中办公区优化、众创空间培育，还是创新创业中小微企业孵化环境提升，都具有市场主导、政府引导的角色定位，具有创投协同、开放共享的平台建设，具有互动交流、互利共赢的环境营造。因此，在推动万众创新、大众创业建设发展的道路上，一定要密切关注创新创业的问题需求导向，切实解决创业者面临的资金需求、市场信息、政策扶持、技术支撑、公共服务等瓶颈问题，最大限度释放各类市场主体创业创新活力，加强创业、创新、就业等各类政策统筹，部门与地方政策联动[1]，加强创业创新公共服务资源的开放共享和互联网络、社会网络创业创新政策资源、信息资源、人脉资源、商务资源的整合利用，充分发挥企业的创新主体作用，最终实现创新支持创业、创业带动就业的良性互动发展局面。

---

[1] 《国务院关于大力推进大众创业万众创新若干政策措施的意见》，中国政府网，2015年6月16日。

B.20
公众参与城市治理：广州同德围解困之路

胡刚 杨津[*]

摘　要： 中国城市发展中由于规划滞后、城市化发展较快，许多城市边缘片区都出现了各类交通、教育、治安、卫生等与城市中心地区发展不适应的问题，这些城市的边缘片区大都不是原来就很落后的，而是在城市的急剧扩张下由当初的城市繁荣地段演变成今日的边缘落后地区。本案例研究中的同德围之困是广州市城市片区治理的典型问题，也是老大难问题。在本案例中描述了同德围的解围过程，试图寻找一种解决路径，或称为"同德围模式"，是基于公众监督、共同参与的城市治理模式，以求探讨出有效的中国城市治理模式，为广州市其他片区以及其他城市的片区治理提供启示和借鉴，使城市管理逐渐转型为城市治理，具有重要的现实意义。

关键词： 城市治理　非政府组织　公众参与

一　同德围之困的社会背景

同德围位于广州市的西北角，面积约 3.6 平方公里，西湾路、西槎路贯穿同德围片区南北，被称为著名的"华山一条道"。同德围片区见证了广州城市的发展，也逐步被边缘化，经济发展落后，交通基础配套设施不健全，环境问题突出，是广州一个典型的城市片区，也是广州市片区整治工作的老大难问

[*] 胡刚，暨南大学公共管理学院教授；杨津，暨南大学公共管理学院硕士研究生。

题，亟待治理改善。

同德围1990年起被广州市政府规划为大型的住房解困地；1996年广州兴建地铁和内环路，将数万老城区拆迁居民安置至此；1998年，由于兴建教师新村的需要，在原来本是农田菜地的同德围建起了大量的安置房、解困房、周转房、保障房。由于紧邻老城区中心，租金楼价相对便宜，相当多的外来务工人员也纷纷涌入同德围租住。但医疗、卫生、交通、治安以及教育等关乎民生的问题并未得到同步的发展。而越来越多的外来务工者到来，使同德围由本地居住人口才2万，规划人口15万，发展成人口约30万的一个人口稠密而又人员复杂的城市边缘片区。同德围犹如一个大熔炉，各种问题、各类人员的汇集使该城市片区治理更加困难。城市不断向外发展，同德围也列入城市中心范围，但同德围片区的教育、交通、文化、卫生等都显然与城市中心的发展不相协调，交通环境没有得到改善，土地价值上不去，同德围的经济发展缺乏动力。

同德围片区的交通、卫生、教育等问题的凸显，引来媒体的关注和报道，同德围问题不断被媒体和市民提及。2004年，同德围居民开始向政府有关部门寄出同德围建议书；2005年，媒体开始关注同德围，同德围的问题最早被广州《新闻日日睇》报道，引起一阵轩然大波，专题《走进同德围》让大家了解到这个在城市中被遗忘的角落的样子；2007年，有10位广州市人大代表联名向市人大常委会提交议案，建议在同德围建设地铁；2010年初，上步桥——同德围西槎路跨越北环高速的唯一桥梁的桥墩被撞断后，20多条公交线路全被截断，机动车无法通行，同德围真正与"市"隔绝，公交长龙经常排到数百米远，居民的出行受阻，媒体再次将焦点瞄准了同德围。由于在同德围居住的居民以迁拆户、安置户、低保户、外来务工人员为主，从拆迁户迟迟拿不到房产证到广州水泥厂搬迁，从货运市场搬迁到上步桥被撞塌陷等一系列热点话题经常见诸报端，同德围成了一个"热点小区"，备受关注，但报道关注之后很少看到实实在在的"突围"举措。

二 同德围解困之路——公众参与社会治理

2012年1月，广州"两会"期间，有市政协委员向市委、市政府递交同德围街坊的万言书，述说在同德围居住之困；2012年1月14日，市委、市政府在同德围实地调研并召开现场会，意味着新一轮的整治工作即将开始。广州市成立了由市政府领导，交通、城建等有关部门负责人组成的综合整治工作领导小组，统筹协调同德围地区的综合治理工作，并制定了《同德围地区综合整治工作方案》，包括13项近期任务和3项远期任务，覆盖了交通、卫生、教育、文化等设施建设。

在市政府的牵头下，2012年2月23日，同德围地区综合整治工作咨询监督委员会成立，同年2月24日，《同德围地区综合整治工作方案（征求意见稿）》以非官方的形式在大洋网等各大网站发布，同时向广大市民派发意见征询表。2012年3月3日，在同德围文化广场开展文化活动，宣传政府整治同德围的举措方案。2012年3月9日下午，该机构组织工作人员在一些公共场所和小区门口向本地区的居民派发了一千多份《同德围综合整治工作任务征求意见表》。2012年3月10日，同德围地区综合整治工作咨询监督委员会在同德围文化广场摆摊听取街坊意见。

2012年3月16日，该机构通过电子邮箱、问卷调查表、现场征求意见会、信箱等4个渠道收集了近1000条群众意见并进行分类整理，得出近100页的群众意见反馈情况材料。其中，该地区居民对政府整治工作的支持率达99.8%，仅有0.2%的居民对个别项目持反对意见。2012年3月28日，公咨委完成了意见收集和反馈工作，共计1036条意见和建议。另将《同德围地区综合整治工作任务（征求意见稿）》中所列的22项重点工作之外的12条意见列出，正式提交至广州市政府。

同时根据方案，同德围地区综合整治工作领导小组制定了从当前到2013年底的近期目标，共九大项目，就是为了实现第一阶段目标，改善该区域出行难、上学难、看病难等问题。九项综合整治工程包括：北环高速上步桥底涵洞改造工程、鹅掌坦垃圾压缩站扩建工程、广清高速路庆丰收费站掉头辅道改造工程、同雅东街通往石井河岸边道路工程、六十五中同德围分校工程、地铁八号线北延段地质勘探工程、同德公园工程、广州市中医院同德围分院工程、公共厕所工程。2012年4月29日，市政府启动了同德围地区综合整治"9+1"工程。在上述过程中，公众参与社会治理成为同德围解困之路的主要特点。

（一）公众参与社会治理的平台建设

同德围地区综合整治咨询监督委员会是公众参与社会治理的重要平台，其成立是基于当地民众的急切需求，在对当地民生问题充分调研以及充分认识地方社会管理存在问题的基础上，由广州市政府带头提出意愿，并由广州市建委牵头负责落实。具体组成方式如下。

（1）由广州市政府拟定红头文件下发至白云区政府，由白云区政府会同同德围街道办事处拟定规范文件通知同德围街道下属19个社区。

（2）19个社区居委会将上级政府文件通过公示、网上政务公开等形式通知所在社区居民（包括居住在此的原著居民、村民、拆迁搬迁户、临时居住人员）。

（3）通过居民自荐以及各社区居委会推荐的方式，筛选出具有公益心、有牺牲精神（愿意挤出自身节假日休息时间）的居民拟担任咨监委委员。

（4）拟担任咨监委委员名单"由下至上"上报至广州市同德围地区综合整治工作领导小组，由领导小组对其委员的合适性进行评估和讨论，再由广州市政府审核批准。

（5）由市工作领导小组成员、白云区政府负责领导、同德围街道办事处负责领导、拟定担任的全体咨监委委员以及热心于公益事业的同德围居民（包括居住在此的原著居民、村民、拆迁搬迁户）共100多人参与会议，对由19个社区居委会共同推荐，市工作领导小组评估批准提名的咨监委主任、副主任、秘书长、副秘书长、委员通过现场摇号选举和举手鼓掌的方式进行投票表决。选举过程中，邀请《广州日报》等媒体进行全程性报道，并协同广州市公证处予以公证，以保证会议选举程序的合法性、公正性、公开性和公平性。

（6）对选举产生出的"咨监委"全体成员，广州市政府、白云区政府进行网上公示，同德围街道通知下属19个社区居委会进行张榜公示，以保证同德围居民的"知情权"和"参与权"，方便收集居民的意见和建议。

同德围综合整治工作咨询监督委员会是首个民间监督机构，是社会管理工作中的一项重大创举。这对同德围地区的居民来说，无疑是一种利益诉求的保障，表达意见的渠道，为政民互动提供了一个平台。

（二）公众参与社会治理的主要过程

在综合整治工作紧锣密鼓地循序进行过程中，解困工作得到了居民的支持。然而一些项目涉及相关人的切身利益，而同德围人员众多且复杂，众口难调。同德围地区将建高架桥以解决交通拥堵问题时，一些人的态度却悄然发生了变化。建高架桥最初是由资深建筑设计师提出的，为了解决同德围南北通行难题，建议沿石井河边建一座高架桥。此建议递交至同德围地区综合整治工作咨询监督委员会。建高架桥的初步方案——西线方案路线为沿石井河，途经鹅掌坦，由岭南湾畔从富力环市西苑旁与西湾路相接。该方案受到专家的质疑和沿途小区居民的反对。有关专家认为沿石井河修建，必然会影响到石井河的生态建设，况且在该方案中高架桥的6个上下出入口涉及的拆迁量太大，将很难落地完成。同时，西湾路周边许多小区业主以及该地居民都担心会对他们产生不良影响，诸如楼盘贬值、涉及拆迁、产生噪声等问题，因此反对该项目。但修建高架桥这个项目的必要性和重要性是大家都肯定的。该方案被不断地讨论和修改，在调研的基础上，最终讨论形成了东线方案——从德康路沿新市涌修建，经唐宁花园与西湾路连接。毫无疑问，此时，唐宁花园的业主们站出来表示反对，原因是高架桥经过他们小区将造成噪声污染，无法接受。政府部门只能向唐宁花园的业主们做出解释，将建设隔音屏障等。高架桥方案最初有东、西两个方案，但经过比较论证后，政府原则上同意采用东线方案。虽然东线方案慢慢被接受，但在具体的方案中，北站货场这一节点的建设方案就呼声四起，意见不一。

北站货场处的高架桥建设方案，引来几拨人的争议。一是越秀区矿泉村沙涌南经济合作社的社员和村民极力反对在北站货场上空建设高架，该货场的利益相关人越秀区矿泉街瑶台村的代表认为，货场是村集体物业，在货场上空建设高架桥将影响货场的使用，进而影响村里土地的价值，影响他们的经济发展。二是对于沙涌南经济合作社提出的绕行北站货场的方案，设计单位表示同意，他们认为该方案是最安全的方案，而且实施难度最小。在6月30日的座谈会之后，设计单位对高架设计方案进行了修改，主要是向东移动绕行的弯道，使高架尽可能靠近货场，从而保证上步村等行政村离高架最近的距离在20米以上。然而，修改后的绕行方案仍然没有得到白云区政府、同德围街道办以及当地居民的支持。白云区政府的代表认为，如果实行绕行方案，高架修好后带来的噪声、污染等问题必然会降低田心村的土地价值，而田心村土地本来就不多，即使高架离城中村20米以上也会对土地价值产生较大影响，尤其影响其融资渠道，从而给田心村的全面改造造成资金来源上的困难。三是让高架沿着附近铁路行走的方案得到了村民们的一致认可，但这会影响广铁集团的利益，部分铁路、仓库将要拆除，必然会影响其在广州地区货物的供应。

7月14日，市建委再次就同德围南北高架桥建设方案召开了座谈会。在座谈会上，各方利益代表意见不一，同德围地区综合整治工作咨询监督委员会提出，由各方代表投票对三个方案进行举手表决，但是，由于当天的协调会各方分歧太大，最终还是无果而终。设计单位亦认为技术上难度过大，难以实现。由于意见不统一，各方利益难以协调取得一致，修建高架桥的项目屡次在举手表决会上搁浅，利益相关人要么投反对票要么缺席表决会议以表达其反对意见，项目方案迟迟未定。

很多时候成败其实只差一步。建南北高架桥本来是当地居民提出来的想法，政府部门也很积极地推进这个项目，但由于涉及一点点利益冲突，项目难以推进。市建委认真总结分析后，认为项目有必要继续推进下去，因此继续和当地政府一起，与当地居民耐心地沟通。自7月14日后，同德围综合整治工作咨询监督委员会先后召集各利益代表协调了八次，广州市政府作为矛盾的协调方，尽力配合，秉承"凡是有争议的地方都下地"原则，与居民协调，方案多次改动才使得南北高架桥方案最终在同德围综合整治工作咨询监督委员会会议上以80%以上的比例得以通过，最终各方基本取得一致意见。在同德围高架桥项目中，政府部门的姿态越来越低。这个从群众中来又到群众中去的项目前后大小协商几十次，同德围综合整治工作咨询监督委员会的成员本身即是本地居民，由他们向同德围居民反映和解释情况，具有直接而有效的作用，为民众与政府之间搭建起沟通协调的平台，从而更有效地协调居民内部的多元利益需求。

此后，在广州市政府常务工作会议上，同德围地区综合整治工作咨询监督委员会负责人和市民代表受邀列席决策会议，参与讨论市政府重大项目决策。这是广州市政府常务会议的一个特例，也是一大进步。而同德围地区综合整治工作咨询监督委员会作为本地居民利益的代表，也参与到城市治理的会议中。

南德变电站作为一个大项目，也经历了居民与政府之间多次协商的过程。同德围综合整治完成后，新建的学校、增加的地铁将会带来更多的居民用电，同德围综合整治方案中提出建设新的变电站——南德变电站才能够保证同德围居民的用电量。然而相关部门的规划一提出便遭到居民的反对。周边居民担心新的变电站毗邻学校、小区，电磁辐射将对居民健康造成威胁。且新的变电站与附近的燃气储备站和加气站距离较近，居民担心存在潜在危险而纷纷抵制。同德围综合整治工作咨询监督委员会召集政府相关部门、居民几度一起协商，召开多次协调会议。与此同时，同德围综合整治工作咨询监督委员会和政府相关部门邀请相关专家论证若建设新的变电站是否造成辐射危害，并多次召开现场会消除民众顾虑。最终民众同意，南德变电站才动工。

（三）公众参与社会治理的制度创新

在同德围综合整治工作咨询监督委员会的监督协调下，同德围地区综合整治工作如火如荼地进行着。目前，"9＋1"项工程已有超半数完工，咨询监督委员会也成为广州市政民互动的新平台，广州市其他重大民生工程项目也纷纷效仿成立咨询监督委员会，为政府与市民之间沟通搭建桥梁。2013年3月，广州市政府常务工作会议审议通过了《广州市重大民生决策群众意见征询委员会制度（试行）》（简称《制度》），该《制度》明确规定，凡是关系市民切身利益，且涉及面广的重大民生决策事项，原则上均应成立群众意见征询委员会，先征询民意后再做决策。

《制度》出台之后，各种群众意见征询委员会在广州市迅速铺开，影响比较大的有：东濠涌中北段综合整治工程群众咨询监督委员会、重大城建项目群众咨询监督委员会、金沙洲咨询监督委员会、社会医疗保险群众咨询监督委员会等等。在短短一年时间里，同德围地区综合整治项目和由此延伸出的"同德围模式"已经成为新时期广州城市治理的典型代表。

公咨委制度是广州市政府在重大民生决策征询民意方面的一种制度创新，对于公咨委的建议权、否决权，政府并不虚与委蛇。例如在东濠涌治理项目中，由于施工涉及沿线居民的拆迁问题而招致居民的反对，公咨委委员到施工现场进行调研，缓解居民的情绪，并将居民的诉求汇报至政府，最终形成政府、公众双方满意的优化方案。此外，在东濠涌治理的景观设计上，东濠涌公咨委否决了东濠涌二期景观建设方案，越秀区政府、水务局、园林局就没有推进项目，而是立即召开专家评审会，积极改进方案。又如，对于广州大道的快捷化改造，政府原来倾向于建BRT，在听取了城建公咨委的意见后，决定首期不建BRT，采用建公交专用道的方案。

三 从城市管理向城市治理转型的理论思考

民生工程项目，最终的目的是改善民生，服务大众，解决城市片区问题。城市治理中的问题关乎城市每个居民，随着同德围综合整治工作监督咨询委员会的成立，以及政府深入调研走访，居民、社会、媒体、政府之间的关系逐步发生改变。城市管理向城市治理转型，应让居民就重要决策、重大事项有所知、有所言，并将其制度化、程序化。城市治理的定位是完善规划和治理问题，这是公约数，是大家都认可的。一般而言，损害的总是少数人的利益，大部分人的利益能得以保全。这对少数人而言，其力量是更弱的，"少数服从多数"是否就对少数人也是公平的，如何协调民众的意见分歧，考验着政府的智慧。

事实证明，以政府为主导的管理者角色逐渐难以适应城市的发展。从传统的城市管理走向公众参与式的城市治理是城市化发展的必然选择。城市管理与城市治理只有一字之差，却是主体的变化。传统的城市管理是自上而下的支配式的管理，是政府主导、控制作用明显的管理方式。而公众参与式的管理将要完成自下而上的城市治理模式，居民提出问题、意见等，上交至咨询监督委员会，再由咨询监督委员会提交至政府。政府了解居民的问题，召开调研会、听证会等再做出决策并实施。公众参与式的城市治理集大家之智慧，依靠各种社会力量将城市建设过程中产生的问题集中解决，是增强社会活力的体现，也将创造一种和谐的社会环境，提高城市的竞争力，使城市各片区均衡发展。

政民互动是政府力量、市场力量与社会力量三方力量的结合。单独由政府来管理，就会带来独权、独裁，居民的意愿难以表达，且在城市管理过程中产生的费用支出全由政府负担，势必造成财政支出增加。老百姓在意见产生分歧时，容易将矛盾指向政府，政府应对市民的压力略显疲软。目前城市中出现的许多问题都充分表明，政府的力量是有限的，政府作为协调者，需要在了解居民意愿后再定夺，而不能一意孤行。而互联网的发展，人们对微博的熟练运用，媒体的介入，都促使社会力量不断参与进来，是公民行使自身权利、履行义务的一大表现。同德围综合整治工作监督咨询委员会作为一个民间的监督机构，是一种社会力量，为政府的有效决策提供了依据。当然，社会力量更重要的是市民群众的力量，市民表达意愿才能使城市管理更加人性化。在城市管理中要做到"协商民主"，政府的定位很重要，政府的身份是协调者。三力协作、协商民主的规则是法治，法治将同德围综合整治工作监督咨询委员会纳入程序化、法制化，是民众利益的保证，使城市片区治理工作也有章可循。

B.21
"十二五"中国城市发展大事记*
（2011～2015年）

2011年

2011年1月19日 经国务院批准，上海张江高新技术产业开发区成为我国第三个国家自主创新示范区。

2011年1月24日 国务院发布了《关于同意将江苏省宜兴市列为国家历史文化名城的批复》（国函〔2011〕9号）和《关于同意将浙江省嘉兴市列为国家历史文化名城的批复》（国函〔2011〕10号），同意将江苏省宜兴市、浙江省嘉兴市列为国家历史文化名城。

2011年1月28日 上海、重庆开始试点房产税，上海按年、按价、按二

---

* 韩镇宇执笔，中国社会科学院研究生院城市发展与环境系博士研究生。

套房（及以上）以及外地居民新购房计征，重庆则按年、按住房档次及面积、按外地居民二套房（及以上）、按累进税率计征。

2011年2月22日 国家发改委印发了《中关村国家自主创新示范区发展规划纲要（2011~2020年)》，中关村国家自主创新示范区是我国第一个国家自主创新示范区。

2011年2月27日 时任中共中央政治局常委、国务院总理温家宝在接受中国政府网、新华网联合专访时表示，我国此后5年内计划新建保障性住房3600万套，以公租房和廉租房为主，另加上棚户区改造。

2011年5月6日 《城市竞争力蓝皮书：中国城市竞争力报告No.9》在京发布，公布了2010年城市综合经济竞争力排名，前三位城市分别是香港、台北、北京。

2011年5月20日 国务院发布了《关于海口市城市总体规划的批复》（国函〔2011〕54号）和《关于哈尔滨市城市总体规划的批复》（国函〔2011〕53号），原则同意修订后的《海口市城市总体规划（2011~2020年)》和修订后的《哈尔滨市城市总体规划（2011~2020年)》。

2011年5月26日 住建部、国家发改委公布了《关于命名第五批（2010年度）国家节水型城市的通报》（建城〔2011〕72号），深圳、昆明等17个城市入选。

2011年5月30日 国家发改委印发了《成渝经济区区域规划》，指出要形成以重庆、成都为核心，沿江、沿线为发展带的"双核五带"总体布局，推动成渝区域协调发展。

2011年6月8日 国务院印发了《全国主体功能区规划》，指出在2020年之前，我国在城镇化进程中要严格控制城市空间的扩张，注重调整城市空间结构，提高建成区人口密度，充分考虑城市化地区的环境资源承载力，同时提出了"两横三纵"的城市化战略格局，要把城市群作为推进城镇化的主体形态。

同日 国家发改委印发了《国家东中西区域合作示范区建设总体方案》，旨在推动国家东中西区域合作示范区又好又快发展。示范区位于江苏省连云港市，是我国目前唯一的东中西区域合作示范区。

2011年7月12日 国家发改委办公厅、财政部办公厅、住建部办公厅发布了《关于同意北京市朝阳区等33个城市（区）餐厨废弃物资源化利用和无害化处理试点实施方案并确定为试点城市（区）的通知》（发改办环资〔2011〕1669号），同意设立北京朝阳区、天津市津南区、上海市闵行区等33个城市（区）为我国首批餐厨废弃物资源化利用和无害化处理城市。

2011年7月26日 住建部公布了第二批全国"城市步行和自行车交通系统示范项目"，株洲、深圳、厦门、常德、三亚、寿光6个城市的项目入选。

2011年9月14日 住建部印发了《城乡建设防灾减灾"十二五"规划》，指出我国在"十二五"期间城乡建设防灾减灾工作的主要任务是制度建设、规划编制、设施建设、建筑改造、预案制定和应急处理。

2011年9月20日 2011中国城市规划年会在南京召开，本届年会以"转型与重构"为主题，重点研讨了在加快转变发展方式、推动转型升级的背景下的城乡规划工作。

2011年9月23日 第二届中国国际生态城市论坛在天津滨海新区开幕，此次论坛的主题是"低碳发展与生态城市"。

2011年10月7日 国务院发布了《关于支持河南省加快建设中原经济区的指导意见》（国发〔2011〕32号），指出要充分发挥中原城市群辐射带动作用，协调城镇体系发展与产业分工布局。

2011年10月8日 国务院发布了《关于支持喀什霍尔果斯经济开发区建设的若干意见》（国发〔2011〕33号），指出喀什经济开发区和霍尔果斯经济开发区要努力建成我国向西开放的重要窗口和新疆跨越式发展新的经济增长点。

2011年10月17日 国务院发布了《关于南宁市城市总体规划的批复》（国函〔2011〕121号），原则同意修订后的《南宁市城市总体规划（2011~2020年）》。

同日 第二批国家"城市矿产"示范基地名单在国家发改委网站公布，上海燕龙基再生资源利用示范基地、广西梧州再生资源循环利用园区、江苏邳州市循环经济产业园再生铅产业集聚区等15个园区在列。

2011年10月18日 国务院发布了《关于重庆市城乡总体规划的批复》（国函〔2011〕123号），原则同意修订后的《重庆市城乡总体规划（2007~2020年）》。

2011年10月29日　国家发改委办公厅发布了《关于开展碳排放权交易试点工作的通知》（发改办气候〔2011〕2601号），同意北京市、天津市、上海市、重庆市、湖北省、广东省及深圳市开展碳排放权交易试点。

2011年11月3日　国务院发布了《关于支持云南省加快建设面向西南开放重要桥头堡的意见》（国发〔2011〕11号），指出要将滇中城市经济圈建设为云南省经济发展的重要增长极。

2011年11月10日　第六届中国数字城市建设技术研讨会在北京开幕，此次大会主题为"智慧城市、和谐生活"。

2011年11月11日　国家发改委发布了《关于同意北京市等21个城市创建国家电子商务示范城市的复函》（发改办高技〔2011〕2753号），同意将北京市、天津市等21个城市列为国家电子商务示范城市，并原则同意各城市报送的国家电子商务示范城市工作方案。

2011年11月27日　国家发改委印发了《东北地区物流业发展规划》，指出要将沈阳、大连、长春、哈尔滨、通辽和营口建设为东北一级物流节点城市，将锦州、丹东、阜新、吉林等17个城市建设为二级物流节点城市。

同日　国家发改委印发了《河北沿海地区发展规划》，河北沿海地区包括秦皇岛、唐山、沧州三市所辖行政区域，此区域的发展对于促进京津冀及全国区域协调发展具有重要战略地位。

2011年12月14日　住建部发布了《关于2011年中国人居环境奖获奖名单的通报》（建城〔2011〕203号），授予山东省潍坊市、江苏省江阴市、常熟市2011年"中国人居环境奖"；授予北京市城乡规划社区参与实践项目等39个项目2011年"中国人居环境范例奖"。

2011年12月16日　国土资源部公布了首届国土资源节约集约模范县（市）评选结果，北京市西城区等101个县（市）入选。

2011年12月21日　国家发改委发布了《关于印发厦门市深化两岸交流合作综合配套改革试验总体方案的通知》（发改经体〔2011〕3010号），指出要更好地发挥厦门市在海峡西岸经济区改革发展中的龙头作用，促进两岸关系和平发展。

2011年12月30日　国务院发布了《关于长春市城市总体规划的批复》（国函〔2011〕166号），原则同意修订后的《长春市城市总体规划（2011～2020年）》。

2012年

2012年2月8日 住建部发布了《关于命名2011年国家园林城市、县城和城镇的通报》（建城〔2012〕13号），此次一共命名国家园林城市30个、国家园林县城31个、国家园林城镇7个。

2012年2月21日 国务院发布了《关于西部大开发"十二五"规划的批复》（国函〔2012〕8号），原则同意《西部大开发"十二五"规划》，明确指出要注重培育西部中小城市和特色鲜明的小城镇，提升西部城镇化的质量和水平。

2012年3月21日 国务院发布了《关于东北振兴"十二五"规划的批复》（国函〔2012〕17号），原则同意《东北振兴"十二五"规划》，促进资源型城市的可持续发展仍是振兴东北的工作重点之一。

2012年4月1日 国家发改委发布了《关于同意内蒙古乌兰察布市等13个市和重庆巫山县等74个县开展生态文明示范工程试点的批复》，同意内蒙古乌兰察布市等13个市（州、盟）和重庆巫山县等74个县（市、区、旗）作为全国生态文明示范工程试点。

2012年4月25日 国务院办公厅发布了《关于支持中国图们江区域（珲春）国际合作示范区建设的若干意见》（国办发〔2012〕19号），同意在吉林省珲春市设立中国图们江区域（珲春）国际合作示范区。

2012年5月21日 《城市竞争力蓝皮书：中国城市竞争力报告No.10》在京发布，公布了2011年城市综合经济竞争力排名，前三位城市与2010年相比没有变化，分别是香港、台北、北京。

2012年6月8日 住建部印发了《关于进一步鼓励和引导民间资本进入市政公用事业领域的实施意见》，支持民间资本参与市政公用事业建设。

2012年6月27日 住建部印发了《全国城镇燃气发展"十二五"规划》，指出"十二五"期间城镇燃气的主要任务是规划、建设、维护、管理和普及。

2012年7月3日 国务院发布了《关于支持深圳前海深港现代服务业合作区开发开放有关政策的批复》（国函〔2012〕58号），同意对有关政策给予支持。

2012年7月21日 北京及其周边地区遭遇61年来最强暴雨及洪涝灾害，

造成79人死亡，163处不可移动文物不同程度受损，经济损失达116.4亿元，由此引发了社会各界对我国城市地下基础设施建设、城市规划、城市应急预案体系乃至气候变化等话题的广泛讨论。

2012年7月25日 财政部公布了第三批"城市矿产"示范基地拟支持单位名单，佛山市赢家再生资源回收利用基地、滁州报废汽车循环经济产业园、新疆南疆城市矿产示范基地等六家单位入选。

2012年8月7日 住建部发布了《关于公布国家城市湿地公园的通知》（建城〔2012〕116号），批准山东省寿光市滨河城市湿地公园和新疆农六师五家渠市青格达湖湿地公园为我国的第八批国家城市湿地公园。

2012年8月12日 国家发改委发布了《关于黔中经济区发展规划的批复》（发改西部〔2012〕2446号），原则同意《黔中经济区发展规划》，强调黔中经济区的空间布局要以贵阳—安顺为核心、其他区域中心城市为支撑，探索山地新型城镇化道路，实现建成贵州城乡统筹发展的先行示范区。

2012年8月31日 国务院发布了《关于大力实施促进中部地区崛起战略的若干意见》（国发〔2012〕43号），对中部的城市交通、城市群建设、资源城市转型、"两型"城市试点建设以及城乡一体的发展建设提出了新任务。

2012年9月5日 住建部、国家发改委、财政部发布了《关于加强城市步行和自行车交通系统建设的指导意见》（建城〔2012〕133号），针对不同规模城市的步行和自行车出行分担率提出了目标。

2012年9月21日 第三届中国国际生态城市论坛在天津滨海新区开幕，此次论坛的主题是"生态城市建设与机制体制创新"。

2012年10月11日 第七届中国智慧城市建设技术研讨会暨设备博览会在北京开幕，这是"数字城市"大会改为"智慧城市"大会后的第一次举行。

2012年10月17日 2012中国城市规划年会在云南昆明召开，本届年会主题为"多元与包容"，反映出我国的城镇化所面临的实现经济包容性增长和创新社会管理的需要，以及城市规划在理论和实践两方面的创新需要。

2012年10月31日 财政部经建司和国家发展改革委环资司发布了《关于公布第二批餐厨废弃物资源化利用和无害化处理试点城市名单的通知》，同意江苏常州、陕西咸阳、河北唐山等16个城市成为第二批餐厨废弃物资源化利用和无害化处理试点城市。

2012年11月18日 住建部发布了《关于促进城市园林绿化事业健康发展的指导意见》（建城〔2012〕166号），指出到2020年，全国设市城市要对照《城市园林绿化评价标准》完成等级评定工作并达到国家Ⅱ级标准，被命名的国家园林城市要达到国家Ⅰ级标准。

2012年11月26日 国家发改委印发了《中原经济区规划（2012~2020年）》，指出要通过加快城市群建设、提升城镇功能、促进城乡协调发展以及探索推进新型农村社区建设，以加快推进中部经济区的新型城镇化。

2012年12月13日 国务院发布了《关于南昌市城市总体规划的批复》（国函〔2012〕201号），原则同意修订后的《南昌市城市总体规划（2001~2020年）》。

2012年12月26日 中国工程院发布了《中国工程科技中长期发展战略研究》报告，将智能城市列为中国面向2030年的30个重大工程科技专项之一。

2013年

2013年1月5日 国务院发布了《关于城市优先发展公共交通的指导意见》（国发〔2012〕64号），主要针对城市的拥堵和交通污染问题，指出要通过提高运输能力、提升服务水平，确立公共交通在城市交通中的主体地位。

2013年1月15日 住建部办公厅发布了《关于2012年"迪拜国际改善居住环境最佳范例奖"获奖项目的通报》（建办城函〔2013〕24号），宣布"山西省临汾市城市公厕改善人居环境项目"入选2012年全球十佳范例奖，"浙江省嘉兴市石臼漾水源生态湿地工程"等4个项目入选全球百佳范例，"江苏省苏州市同里古镇保护项目"等4个项目获得全球良好范例称号。

2013年2月10日 国务院发布了《关于同意将江苏省泰州市列为国家历史文化名城的批复》（国函〔2013〕26号），同意将泰州市列为国家历史文化名城。

2013年2月28日 国家发改委发布了《关于浙江嘉善县域科学发展示范点建设方案的批复》（发改地区〔2013〕419号），原则同意《浙江嘉善县域科学发展示范点建设方案》，浙江嘉善县域科学发展示范点是我国县域科学发展的首个示范点。

2013年3月12日　国务院发布了《关于贵阳市城市总体规划的批复》（国函〔2013〕44号），原则同意修订后的《贵阳市城市总体规划（2011~2020年）》。

2013年3月18日　国家发改委印发了《全国老工业基地调整改造规划（2013~2022年）》，指出通过推进城市老工业区改造、完善城市服务功能、优化城市内部空间布局，实现提升老工业区城市综合功能。

2013年3月27日　住建部发布了《关于2012年中国人居环境奖获奖名单的通报》（建城〔2013〕47号），授予江苏省太仓市、山东省泰安市2012年中国人居环境奖，授予上海市宝山区顾村公园建设项目等38个项目2012年中国人居环境范例奖。

2013年4月15日　住建部、国家发改委发布了《关于命名第六批（2012年度）国家节水型城市的通报》（建城〔2013〕64号），包括安徽池州、河南许昌等5个国家节水型城市，以及浙江省长兴县1个国家节水型县城（试点）。

2013年5月19日　《城市竞争力蓝皮书：中国城市竞争力报告No.11》在京发布，公布了2012年城市综合经济竞争力排名，前三位城市分别是香港、深圳、上海。

2013年5月28日　国土资源部公布了第二届国土资源节约集约模范县（市），此次共有河北省张家口市崇礼县、山西省晋中市平遥县等101个县（市），以及辽宁省铁岭市、江苏省无锡市等10个地级市入选。

2013年6月18日　住建部印发了《城市排水（雨水）防涝综合规划编制大纲》，要求加强基础设施建设，全面提升城市防涝能力。

2013年7月2日　国家发改委、中科院印发了《科技助推西部地区转型发展行动计划（2013~2020年）》，指出要围绕西部重点工业城市以及各国家级新区建设创新型产业集群，并支持建设创新型城市。

2013年7月3日　中华人民共和国国务院常务会议原则通过了《中国（上海）自由贸易试验区总体方案》，批准在上海外高桥保税区等4个海关特殊监管区域内建设中国（上海）自由贸易试验区。

2013年7月6日　国务院印发了《芦山地震灾后恢复重建总体规划》，指出用三年时间使灾区生产生活条件和经济社会发展得以恢复并超过震前水平，为2020年与全国同步实现全面建成小康社会目标奠定坚实基础。

2013年7月8日 国家发改委环资司发布了《关于拟列为2013年循环经济重点工程示范试点单位的公示》，公布了第四批国家"城市矿产"示范基地园区、2013年园区循环化改造园区以及第三批餐厨废弃物资源化利用和无害化处理试点城市名单。

2013年7月19日 生态文明贵阳国际论坛在贵州贵阳开幕。这是"生态文明贵阳会议"经批准改为"生态文明贵阳国际论坛"后的第一次召开，且此后将以贵阳市为永久会址。

2013年7月28日 国务院发布了《关于同意将山东省烟台市列为国家历史文化名城的批复》（国函〔2013〕83号），同意将烟台市列为国家历史文化名城。

2013年8月1日 国务院印发了《"宽带中国"战略及实施方案》，指出到2020年基本实现城市光纤到楼入户，城市和农村家庭宽带接入能力分别达到50Mbps和12Mbps，发达城市部分家庭用户可达1Gbps。

2013年8月9日 国家发改委印发了《黑龙江和内蒙古东北部地区沿边开发开放规划》，指出要通过加快边境口岸城镇发展、加强区域中心城市建设以及统筹城乡发展，实现东北沿边城镇发展与城乡一体化。

2013年8月29日 国务院办公厅印发了《中央国家机关及有关单位对口支援赣南等原中央苏区实施方案》，中央有关单位将对赣南老区共31个县（市、区）进行对口支援。

2013年9月13日 国务院发布了《关于加强城市基础设施建设的意见》（国发〔2013〕36号），指出要加强城市基础设施建设，着力解决我国基础设施总量不足、标准不高、运行管理粗放等问题。

2013年9月15日 第四届中国国际生态城市论坛在天津滨海新区开幕，此次论坛的主题是"生态城市与美好家园"。

2013年9月23日 国务院发布了《关于石家庄市城市总体规划的批复》（国函〔2013〕101号），原则同意修订后的《石家庄市城市总体规划（2011～2020年）》。

2013年9月27日 国务院印发了《中国（上海）自由贸易试验区总体方

案》，两天后（29日）中国（上海）自由贸易试验区正式挂牌成立。

2013年10月18日 国务院发布了第641号国务院令，正式公布《城镇排水与污水处理条例》，在排水污水处理、相关设施建设与维护以及法律责任各方面做出详细规定。

2013年10月30日 第八届中国智慧城市建设技术研讨会在北京开幕，此次大会主题为"智慧、创新、服务"。

2013年11月15日 新华社授权发布了十八届中央委员会第三次全体会议《中共中央关于全面深化改革若干重大问题的决定》，提出了多项重大改革目标和内容，其中在城镇化方面指出要"推进以人为核心的城镇化"，具体任务包括建立城乡统一的建设用地市场、推进城市建设管理创新、推进农业转移人口市民化等。

2013年11月16日 2013中国城市规划年会在青岛召开，本届年会主题为"城市时代，协同规划"，旨在探讨在"四化"同步和区域协调的要求下如何进行创新社会治理。

2013年12月2日 国务院印发了《全国资源型城市可持续发展规划（2013~2020年）》，指出力争在2020年基本完成资源枯竭城市的转型任务。

同日 国家发改委网站公布2013年拟确定国家循环经济示范市和县的名单，包括江苏省苏州市、河南省鹤壁市、广西壮族自治区梧州市等19个市以及宁波市宁海县、安徽省界首市、甘肃省通渭县等21个县入选。

同日，住建部、财政部、国家发改委发布了《关于公共租赁住房和廉租住房并轨运行的通知》（建保〔2013〕178号），指出从2014年起，各地公共租赁住房和廉租住房将并轨运行，并轨后统称为公共租赁住房。

2013年12月11日 国家发改委办公厅、工信部办公厅、科技部办公厅以及国家新闻出版广电总局（代章）发布了《关于同意北京市等16个城市（群）开展国家下一代互联网示范城市建设工作的通知》（发改办高技〔2013〕3017号），原则同意北京、上海、南京、杭州等15个城市开展国家下一代互联网示范城市建设工作，同意长沙、株洲、湘潭3个城市联合开展国家下一代互联网示范城市群建设。

2013年12月16日 住建部发布了《关于保障性住房实施绿色建筑行动的通知》（建办〔2013〕185号），要求在2014年及以后新立项的、由政府投资集中兴建且规模在2万平方米以上的公租房（含保障房）中率先实施绿色建筑行动。

2013年12月20日 住建部发布了《关于公布国家城市湿地公园的通知》（建城〔2013〕187号），批准重庆璧山县观音塘湿地公园、额尔古纳城市湿地公园、嘉兴市石臼漾湿地公园、东莞城市湿地公园为第九批国家城市湿地公园。

2013年12月31日 国家发改委和住建部发布了《关于加快建立完善城镇居民用水阶梯价格制度的指导意见》（发改价格〔2013〕2676号），指出在2015年底前，设市城市原则上要全面实行居民阶梯水价制度，具备实施条件的建制镇，也要积极推进居民阶梯水价制度，以促进城镇节约用水。

2014年

2014年1月10日 国务院办公厅转发了财政部《关于调整和完善县级基本财力保障机制的意见》，指出要统一国家对县级基本财力的保障范围和标准，逐步加大奖补资金支持力度，同时要推进省直接管理县财政改革，强化县级政府预算管理。

同日 国务院发布了《关于同意设立陕西西咸新区的批复》（国函〔2014〕2号）、《关于同意设立贵州贵安新区的批复》（国函〔2014〕3号），同意设立陕西西咸新区、贵州贵安新区，即我国的第7和第8个国家级新区。

2014年1月14日 住建部发布了《关于命名2013年国家园林城市、县城和城镇的通报》（建城〔2014〕4号），此次一共有国家园林城市37个、园林县城37个以及园林城镇14个。

2014年1月24日 住建部发布了《关于2013年中国人居环境奖获奖名单的通报》（建城〔2014〕17号），授予江苏省镇江市、安徽省池州市、山东省东营市、江苏省宜兴市、浙江省长兴县2013年中国人居环境奖，授予北京市海淀区翠湖湿地公园生态保护项目等36个项目2013年中国人居环境范例奖。

2014年2月24日 人社部、财政部印发了《城乡养老保险制度衔接暂行办法》，对进一步推进我国公共服务均等化以及城乡一体化提出了相关规定。

2014年2月26日 经国务院同意，湖南望城经济开发区、云南大理经济开发区、浙江慈溪经济开发区、天津东丽经济开发区以及黑龙江双鸭山经济开发区升级为国家级经济技术开发区。

2014年3月11日 国务院发布了《关于推进城区老工业区搬迁改造的指导意见》（国办发〔2014〕9号），针对城区老工业区搬迁定位不合理、承接地选择不科学、污染土地治理不彻底、土地利用方式粗放等问题提出了具体意见。

2014年3月12日 国家发改委发布了《关于云南省普洱市建设国家绿色经济试验示范区发展规划的批复》（发改环资〔2014〕434号），原则同意《普洱市建设国家绿色经济试验示范区发展规划》，该规划成为我国首个以绿色经济为主题的区域规划。

2014年3月16日 新华社公布了《国家新型城镇化规划（2014～2020年）》，明确了未来城镇化的发展路径、主要目标和战略任务，指出了推进农业转移人口市民化、优化城镇化布局和形态、提高城市可持续发展能力、推动城乡发展一体化四大城镇化战略任务。

2014年3月20日 国家发改委发布了《关于同意东莞市等30个城市创建国家电子商务示范城市的通知》（发改高技〔2014〕469号），东莞市、义乌市、泉州市、莆田市等30个城市成为我国的第二批电子商务示范城市。

2014年3月21日 国家发改委发布了《关于开展低碳社区试点工作的通知》（发改气候〔2014〕489号），指出开展低碳社区试点是我国走新型低碳城镇化道路、倡导和谐社会下低碳生活方式、控制居民生活领域温室气体排放过快增长的重要探索。

2014年4月18日 国务院、国家发改委印发了《晋陕豫黄河金三角区域合作规划》，指出培育壮大运城、临汾、渭南和三门峡四个区域中心城市，以带动晋陕豫交界地带黄河沿岸的区域发展。

同日 国务院发布了《关于长沙市城市总体规划的批复》（国函〔2014〕45号），原则同意《长沙市城市总体规划（2003～2020年）（2014年修订）》。

2014年4月22日 国务院发布了《关于洞庭湖生态经济区规划的批复》（国函〔2014〕46号），原则同意《洞庭湖生态经济区规划》，支持将岳阳、荆州、常德、益阳建设成为长江中游地区重要的中心城市，促进长江中游城市群一体化发展和长江全流域开发开放。

2014年5月4日 住建部印发了《智慧社区建设指南（试行）》，指出要建立"高效率、低成本"公共服务体系，同时意味着智慧社区建设将是下一阶段的智慧城市工作重心之一。

2014年5月9日　《城市竞争力蓝皮书：中国城市竞争力报告No.12》在京发布，公布了2013年城市综合经济竞争力排名，前三位城市与2012年相比没有变化，即香港、深圳、上海。

2014年6月3日　国务院办公厅发布了《关于加强城市地下管线建设管理的指导意见》（国办发〔2014〕27号），指出力争用5年时间完成城市地下老旧管网改造，用10年左右时间建成较为完善的城市地下管线体系。

2014年6月4日　深圳建设国家自主创新示范区获得国务院批复，这是党的十八大后国务院批准建设的首个国家自主创新示范区，也是我国首个以城市为基本单元的国家自主创新示范区。

2014年6月5日　国家发改委、财政部、国土资源部、水利部、农业部、林业局公布了我国第一批生态文明先行示范区建设名单，包括北京市密云县、延庆县和天津市武清区等43个市、区（县）入选了首批54个单位。

2014年6月9日　国务院发布了《关于同意设立青岛西海岸新区的批复》（国函〔2014〕71号）。青岛西海岸新区位于胶州湾西岸，包括青岛市黄岛区全部行政区域，是我国设立的第9个国家级新区。

2014年6月12日　国务院发布了《关于同意设立内蒙古二连浩特重点开发开放试验区的批复》（国函〔2014〕74号），内蒙古二连浩特重点开发开放试验区的设立，对于加快内蒙古沿边开放、推动丝绸之路经济带建设、促进民族团结均具有重要意义。

同日　国家发改委、财政部、中央编办、工信部、教育部、公安部、民政部、人社部、卫生部、审计署、药监局、国标委发布了《关于同意深圳市等80个城市建设信息惠民国家试点城市的通知》（发改高技〔2014〕1274号），同意深圳、佛山、苏州、芜湖等80个城市申请成为我国首批国家级建设信息惠民试点城市。

2014年6月18日　国家统计局公布了2014年5月份70个城市房价指数，数据显示平均而言，2014年5月份全国住房价格环比下降0.2%，这是我国自2012年6月以来首次出现房价环比下降。

2014年6月26日　呼和浩特市房地产开发监督管理处发布了《更正声

明》，称《呼和浩特市人民政府办公厅关于印发〈关于切实做好住房保障工作促进全市房地产市场健康稳定发展的实施意见〉的通知》中第七项第二行括号内"含二套住房"应为"含二手住房"，意味着呼和浩特市成为2010年国家实施限购政策以来首个正式发文确定放开限购的城市。

2014年7月2日 国务院发布了《关于同意设立大连金普新区的批复》（国函〔2014〕76号），同意设立大连金普新区。大连金普新区位于辽宁省大连市中南部，范围包括大连市金州区全部行政区域和普兰店市部分地区，是我国第10个国家级新区。

同日 国家发改委、财政部、住建部发布了《关于同意浙江省衢州市等17个城市为第四批餐厨废弃物资源化利用和无害化处理试点城市的通知》（发改办环资〔2014〕1905号），包括浙江衢州、山东聊城、江苏镇江等17个城市。

2014年7月11日 住建部公布了第二批全国"城市步行和自行车交通系统示范项目"，北京市西城区步行和自行车交通系统示范项目等94个项目入选。

2014年7月16日 国务院发布了《关于珠江—西江经济带发展规划的批复》（国函〔2014〕87号），原则同意《珠江—西江经济带发展规划》，指出要提升城市功能，推进城乡一体化，建设特色多元沿江城镇体系。

2014年7月22日 国家发改委环资司、财政部经建司发布了第五批国家"城市矿产"示范基地拟选名单，包括烟台资源再生加工示范区、内蒙古包头铝业产业园区、兰州经济技术开发区红古园区、克拉玛依石油化工工业园区和哈尔滨循环经济产业园区共5个。

2014年8月26日 国务院发布了《关于全国对口支援三峡库区合作规划（2014~2020年）的批复》（国函〔2014〕96号），原则同意并印发了《全国对口支援三峡库区合作规划》，支持对三峡库区19个县（区）进行对口支援。

同日 国家发改委发布了《关于开展市县"多规合一"试点工作的通知》（发改规划〔2014〕1971号），正式将辽宁省大连市旅顺口区、黑龙江省哈尔滨市阿城区以及黑龙江省同江市等28个市县设为"多规合一"试点。

2014年8月27日 国家发改委、工信部、科技部、公安部、财政部、国土资源部、住建部、交通部发布了《关于印发促进智慧城市健康发展的指导意见的通知》（发改高技〔2014〕1770号），指出到2020年要建成一批特色鲜明的智慧城市，做到服务便捷、管理精细、环境宜居、设施智能和安全长效。

2014年9月1日 住建部发布了《关于命名国家园林城市的通报》（建城〔2014〕131号），将通辽市、鄂尔多斯市、宁德市、高密市、泸州市、咸阳市、灵武市、中卫市补充为2013年国家园林城市。

2014年9月13日 2014中国城市规划年会在海南海口召开，本届年会主题为"城乡治理与规划改革"。

2014年9月19日 国务院发布了《关于支持汕头经济特区建设华侨经济文化合作试验区有关政策的批复》（国函〔2014〕123号），同意在汕头经济特区设立华侨经济文化合作试验区。

2014年9月23日 第五届中国国际生态城市论坛在天津滨海新区开幕，此次论坛的主题是"聚焦生态城市与美好家园"。

2014年9月25日 国务院发布了《关于依托黄金水道推动长江经济带发展的指导意见》，指出通过长江经济带上中下游的优势互补、协作互动，有利于打造世界级的长三角一体化城市群，培育发展长江中游城市群，促进成渝城市群一体化发展，并推动黔中和滇中区域性城市群发展。《长江经济带综合立体交通走廊规划》随《意见》一并印发。

2014年10月14日 国务院办公厅发布了《关于同意中国—新加坡天津生态城建设国家绿色发展示范区实施方案的复函》（国办函〔2014〕81号），原则同意《中国—新加坡天津生态城建设国家绿色发展示范区实施方案》，支持建设中国—新加坡天津生态城国家绿色发展示范区，为探索中国特色新型城镇化道路提供示范。

同日 国务院发布了《关于同意设立四川天府新区的批复》（国函〔2014〕133号），同意将四川天府新区设立为国家级新区，成为我国的第11个国家级新区。

2014年10月20日 国务院发布了《国务院关于同意支持苏南建设国家自主创新示范区的批复》（国函〔2014〕138号），正式批复苏南国家自主创新示范区成为我国第5个国家自主创新示范区，也是首个以城市群为基本单元的国家自主创新示范区。

2014年10月22日 住建部印发了《海绵城市建设技术指南——低影响

开发雨水系统构建（试行）》，推进建设自然积存、自然渗透、自然净化的海绵城市。海绵城市是指下雨时吸水、蓄水、渗水、净水，需要时将蓄存的水"释放"并加以利用的城市。

2014年11月3日 第九届中国智慧城市建设技术研讨会暨设备博览会在京召开，此次大会主题是"创新、融合、服务"与"大数据"，并首次设置"智慧城市运营及投融资"分论坛，旨在探讨智慧城市建设融资模式和途径。

2014年11月19日 国家发改委、环保部、科技部、工信部、财政部、商务部、国家统计局公布了国家第一批循环经济试点示范单位，北京、深圳、河北邯郸等11个城市成为第一批循环经济试点示范城市。

2014年11月20日 国务院发布了《关于调整城市规模划分标准的通知》（国发〔2014〕51号），新的城市规模划分标准对小城市、中等城市、大城市、特大城市的城市常住人口规模标准作了调整，并增设了超大城市标准。

2014年11月22日 国家发改委发布了《关于北京新机场工程可行性研究报告的批复》（发改基础〔2014〕2614号），同意在北京市大兴区建设北京新机场，以满足北京地区航空运输需求，促进北京南北城区均衡发展和京津冀协同发展，同时更好服务全国对外开放。

2014年11月25日 国务院发布了《关于乌鲁木齐市城市总体规划的批复》（国函〔2014〕149号），原则同意修订后的《乌鲁木齐市城市总体规划（2014～2020年）》。

2014年12月3日 李克强主持召开国务院常务会议，指出要依托湖南长株潭、天津的国家高新区将中关村6项先行先试政策推向全国，长株潭和天津由此成为我国第6和第7个国家自主创新示范区。

2014年12月12～13日 中央城镇化工作会议在北京举行，指出了我国今后推进城镇化的主要任务，包括推进农业转移人口市民化、提高城镇建设用地利用效率、建立多元可持续的资金保障机制、优化城镇化布局和形态、提高城镇建设水平以及加强对城镇化的管理。

2014年12月29日 国家发改委发布了《关于印发国家新型城镇化综合试点方案的通知》（发改规划〔2014〕2960号），同意将宁波等62个城市（镇）列为国家新型城镇化综合试点地区。

2015年

2015年1月6日 住建部发布了《关于加快培育和发展住房租赁市场的指导意见》（建房〔2015〕4号），指出加快建立住房租赁信息政府服务平台、培育住房租赁机构、支持房地产开发企业出租房源、建设房地产投资信托基金试点以及支持从租赁市场筹集公共租赁房源。

2015年1月12日 住建部发布了《关于2014年中国人居环境范例奖获奖名单的通报》（建城〔2015〕8号），授予"北京市朝阳循环经济产业园项目"等54个项目2014年中国人居环境范例奖。

2015年1月29日 国务院发布了《关于推广中国（上海）自由贸易试验区可复制改革试点经验的通知》（国发〔2014〕65号），决定推广上海自贸试验区的可复制改革试点经验，明确提出了可复制推广的主要内容。

2015年2月6日 国务院发布了《关于珠海市城市总体规划的批复》（国函〔2015〕11号），原则同意《珠海市城市总体规划（2001~2020年）（2015年修订）》。

2015年2月12日 住建部、国家发改委发布了《关于命名第七批（2014年度）国家节水型城市的通报》（建城〔2015〕30号），来自江苏、浙江、山东、云南的8个城市入选。

2015年2月16日 国家发改委、国务院台办、国土资源部、住建部发布了《关于支持海峡两岸（温州）民营经济创新发展示范区建设的复函》（发改地区〔2015〕328号），原则支持海峡两岸（温州）民营经济创新发展示范区建设，并指出示范区要以建成连接长三角和中西部地区的重要区域和出海口、两岸产业对接基地和民营经济创新发展示范区为目标。

2015年3月1日 《不动产登记暂行条例》正式施行，标志着我国不动产确权的全面启动，为将来构建城乡统一的用地市场，以及建立健全财产税制度打下了基础。

2015年3月19日 住建部发布了《关于公布国家城市湿地公园的通知》（建城〔2015〕42号），批准山西省孝义市、黑龙江省五大连池市、浙江省湖州市和四川省阆中市的4个湿地公园为第十批国家城市湿地公园。

2015年3月25日 国务院发布了《关于宁波市城市总体规划的批复》

（国函〔2015〕50号），原则同意《宁波市城市总体规划（2006~2020年）(2015年修订)》。

2015年3月28日 国家发展改革委、外交部、商务部联合发布了《推动共建丝绸之路经济带和21世纪海上丝绸之路的愿景与行动》，"一带一路"战略大幅提高了沿线城市的开放水平，区位条件大幅改善，更是西部地区推进"四化同步"的重大机遇。

2015年3月30日 中国人民银行、住建部、中国银监会发布了《关于个人住房贷款政策有关问题的通知》，适当下调了居民购买二套房以及住房公积金贷款购买首套房的首付比例，被称为"3·30"新政，《通知》颁布后一线和二线城市楼市呈现回暖迹象。

2015年4月2日 财政部经建司、住建部城建司、水利部规划司在财政部经建司网站上公布了2015年海绵城市建设试点名单，重庆、厦门、武汉、济南、贵安新区和西咸新区等16个城市（新区）入选，这是我国第一批海绵城市试点。

2015年4月3日 住建部、国家文物局发布了《关于公布第一批中国历史文化街区的通知》（建规〔2014〕28号），北京市皇城历史文化街区、天津市五大道历史文化街区、上海市外滩历史文化街区等30个街区被选为第一批中国历史文化街区。

2015年4月5日 国务院发布了《关于长江中游城市群发展规划的批复》（国函〔2015〕62号），原则同意《长江中游城市群发展规划》。长江中游城市群是以武汉城市圈、环长株潭城市群、环鄱阳湖城市群为主体形成的特大型城市群，国土面积约31.7万平方公里。

2015年4月7日 住建部和科技部公布了第三批国家智慧城市试点名单，最终确定北京市门头沟区等84个城市（区、县、镇）为国家智慧城市2014年度新增试点，河北省石家庄市正定县等13个城市（区、县）为扩大范围试点，航天恒星科技有限公司等单位承建的41个项目为国家智慧城市2014年度专项试点。

2015年4月10日 财政部经建司、住建部城建司在财政部经建司网站上公布了2015年地下综合管廊试点城市名单，包头、沈阳、哈尔滨、苏州、厦门、十堰、长沙、海口、六盘水和白银共10个城市入选。

2015年4月15日 国家发改委发布了《关于促进国家级新区健康发展的指导意见》（发改地区〔2015〕778号），进一步对国家级新区的经济增速、发展质量、开放程度、带动能力和产城融合等方面提出要求。

2015年4月20日 国务院批准并印发了《进一步深化中国（上海）自由贸易试验区改革开放方案》、《中国（福建）自由贸易试验区总体方案》、《中国（广东）自由贸易试验区总体方案》、《中国（天津）自由贸易试验区总体方案》，自贸区试点逐步推广落实。

2015年4月25日 国务院发布了《关于同意设立湖南湘江新区的批复》（国函〔2015〕66号），湖南湘江新区成为我国第12个国家级新区，且是中部地区的首个国家级新区。

2015年4月30日 中共中央政治局召开会议，审议通过《京津冀协同发展规划纲要》，指出京津冀协同发展的战略核心是有序疏解北京的非首都功能，同时公共服务均等化、生态环境保护也是协同京津冀发展需要突破的重点领域。

2015年5月7日 国土资源部在国家发展改革委等部门联合举行的新闻发布会上表示，现已确定北京等14个城市开发边界划定的原则和方法，我国划定开发边界的城市下一步将扩大到600多个。

2015年5月15日 《城市竞争力蓝皮书：中国城市竞争力报告No.13》在京发布，公布了2014年城市综合经济竞争力排名，前三位城市分别是深圳、香港、上海。

2015年5月20日 国务院办公厅发布了《关于加快高速宽带网络建设推进网络提速降费的指导意见》（国办发〔2015〕41号），指出要加快建设全光纤网络城市，到2017年底直辖市、省会城市、其他设区市城区和非设区市城区宽带用户平均接入速率要全部在20Mbps以上，且有效降低网络资费、提升服务水平。

2015年5月21日 国务院发布了《关于北京市服务业扩大开放综合试点总体方案的批复》（国函〔2015〕81号），北京自此成为全国首个服务业扩大开放试点城市。

2015年6月1日 《城市综合管廊工程技术规范》（GB50838-2015）正式实施，增加了综合管廊工程的基本规程内容，且含有"综合管廊工程建设应以综合管廊工程规划为依据"等18条强制性条文。《基础设施和公用事业特许经营管理办法》也自6月1日起开始实施,通过对特许经营系统化顶层设计,并深化投融资体制改革,促进在能源、交通、水利、环保、市政等基础设施和公用事业领域开展特许经营。

同日 《中华人民共和国政府和大韩民国政府自由贸易协定》正式签署,创新性地引入了地方经济合作条款,明确将中国威海市和韩国仁川自由经济区作为地方经济合作示范区。

2015年6月11日 国务院发布了《关于同意将江苏省常州市列为国家历史文化名城的批复》(国函〔2015〕93号),同意将常州市列为国家历史文化名城。

同日 国务院正式发文(国函〔2015〕100号)批复同意成都高新区建设国家自主创新示范区,成都高新区由此成为中国西部首个、全国第8个国家自主创新示范区。

2015年6月14日 国务院办公厅发表了《关于加强城市地下管线建设管理的指导意见》(国办发〔2014〕27号),提出用10年左右时间,建成较为完善的城市地下管线体系,大幅提升应急防灾能力,以适应经济社会发展需要。

2015年6月23日 2015年中国十佳宜居城市排行榜在"2015中国城市分类优势排行榜暨新常态下香港城市竞争力基本评价新闻发布会"上公布,此次排名前三位的城市是深圳、珠海、烟台。

2015年6月30日 (北京时间)2015年中欧城镇化伙伴关系论坛在比利时首都布鲁塞尔召开,论坛主题为"合作、创新、实践",就城市建设投融资、可持续城市交通、智慧低碳城市等主题进行了深入研讨和交流,并提出要把中欧城镇化合作融入"一带一路"建设。

同日 国务院发布了《关于进一步做好城镇棚户区和城乡危房改造及配套基础设施建设有关工作的意见》(国发〔2015〕37号),提出了2015~2017年棚改三年实施计划。

2015年7月2日 国务院发布了《关于同意设立南京江北新区的批复》(国函〔2015〕103号),同意设立南京江北新区,该新区的设立对于推动苏南现代化建设和长江经济带更好更快发展具有重要意义。

2015年7月4日 国务院发布了《关于积极推进"互联网+"行动的指

导意见》（国发〔2015〕40号），指出要积极推广基于互联网的城市便民服务，并加快制定智慧城市领域的基础共性标准。

2015年7月20日　国务院发布了《关于兰州市城市总体规划的批复》（国函〔2015〕109号），原则同意《兰州市城市总体规划（2011~2020年)》。

2015年7月23日　国务院发布了《关于同意设立云南勐腊（磨憨）重点开发开放试验区的批复》（国函〔2015〕112号），同意设立云南勐腊（磨憨）重点开发开放试验区，构建"一带一路"面向西南开放的桥头堡。

2015年8月2日　国务院办公厅发布了《关于全面实施城乡居民大病保险的意见》（国办发〔2015〕57号），指出在2015年底前，大病保险要覆盖所有城镇居民基本医疗保险和新型农村合作医疗的参保人群，到2017年要建立起比较完善的大病保险制度。

2015年8月3日　国务院发布《关于福州市城市总体规划的批复》（国函〔2015〕125号），原则同意《福州市城市总体规划（2011~2020年)》。

同日　国家发改委发布了《关于加强城市停车设施建设的指导意见》（发改基础〔2015〕1788号），旨在解决停车设施供给不足问题，推动停车产业化发展。

2015年8月6日　国务院办公厅发布了《关于同意在上海等9个城市开展国内贸易流通体制改革发展综合试点的复函》（国办函〔2015〕88号），同意在上海市、南京市、郑州市、广州市、成都市、厦门市、青岛市、黄石市和义乌市9个城市开展国内贸易流通体制改革发展综合试点。

2015年8月10日　国务院办公厅发布了《关于推进城市地下综合管廊建设的指导意见》（国办发〔2015〕61号），提出到2020年要建成并投入运行一批国际先进的地下综合管廊并投入运营，管线安全水平和防灾抗灾能力实现明显提升，逐步消除主要街道蜘蛛网式架空线以及地面反复开挖问题。

2015年8月12日　天津市滨海新区瑞海国际物流有限公司的危险品货柜发生特别重大火灾爆炸事故，截至发稿已造成160多人死亡、直接经济损失数百亿元，此次事故折射出了我国在城市规划、生产监管和审批、城市应急、城市居民财产保险等制度上多方面的问题。

2015年8月19日　国务院发布了《关于同意将江西省瑞金市列为国家历史文化名城的批复》（国函〔2015〕132号），同意将瑞金市列为国家历史文化名城。

Abstract

In 2015, the final year of the 12th Five – year Plan, taking Retrospect of the 12th Five – year Plan and Prospect for the 13th Five – year Plan as its theme, *Annual Report on Urban Development of China No. 8* researched and summarized the achievements and problems of China's urbanization and urban development during the 12th Five – year Plan period, also deeply analyzed its future situation and development trend under the China's New Normal, so as to put forward the general developing strategy and suggestion to China's urbanization and urban development in the 13th Five – year Plan period.

Through a lot of studies and researches, we found that China's urbanization rate has achieved two major breakthroughs during the 12th Five – year Plan period. One is that China's urbanization rate has reached and began to exceed 50% from 2010 to 2011, which making China enter into the city – based society. The other is that in 2012 China's urbanization rate reached 52.6% which surpassed the world's overall urbanization rate (52.5%). What's more, China' s urbanization is being pushed forward rapidly with a faster average speed compared to the world's average increased speed (0.5 percentage point per year). At the same time, China's urbanization and urban development has also made a lot of substantive progresses in the 12th Five – year Plan period, such as the regional gap of urbanization is gradually narrowing, the carrier function of urban agglomeration is becoming increasingly prominent, urban economic strength, social enterprises, innovation and entrepreneurship as well as other areas are continuous improving. However, there are still some outstanding problems needing to be improved, such as issues in the fields of urban planning and management, economic growth pattern, spatial layout, scientific and technological innovation, social contradictions, security management and environmental pollution.

Related with China's urbanization and urban development, this book designs 7 chapters which are comprehensive, economic, social, ecological environment, construction management and chronicle of events, analyzes and evaluates the healthy development of China's 287 cities, deeply researches the following topics which include China's urbanization, urban economic transition and upgrading, social security and social governance, urban ecological environment and ecological civilization construction, urban management, urban governance, urban construction and other issues, summarizes excellent experience in urbanization and urban development of the following cities, such as Jiayuguan, Hangzhou, Sanya, Beijing, Guangzhou and other cities, also make a list of important events of China's urbanization and urban development during the 12th Five – year Plan period.

Based on the review and rethought on various aspects of China's urbanization and urban development during the 12th Five – year Plan period, this book puts forward that in the 13th Five – year Plan period China needs to achieve urban comprehensive transformation through reform and innovation, actively adapt to a normal situation, specially focus on five key points, accelerate the realization of three major transformations, make great efforts to promote innovation, positively and steadily push forward people-oriented, industrialization and urbanization integrated, urban and rural integrated, regional synergetic neo – urbanization, promote innovated, smart, green and low-carbon urban economic transformation, and develop a new social governance system featured open, inclusive, harmonious and multivariate co – governance.

Keywords: Urbanization; Urban Development; Transformation; Innovation

Contents

B I General Report

B.1 Innovation – driven Comprehensive Transformation of Chinese Cities
—A retrospect of the 12th Five – year Plan and a perspective of the 13th Five – year Plan

Research Group of General Report / 001

Abstract: During the period of the 12th Five – year Plan, magnificent achievements have been made regarding urbanization and urban development in China. Economic capability of cities, infrastructure construction, social undertakings, level of innovation and entrepreneurship and so on are rapidly advanced, with the divide between rural and urban diminishing, and the core function of carrying capacity enhancing. However, while such accomplishments are made, the development of China's cities is still facing a series of problem like the extensive economic growth pattern, lack of technological innovation, unbalance of urban spatial distribution, convolution of various social contradictions, environmental pollution, potential safety hazard, etc. Within the 13th Five – year Plan, China's urban development should take hold of China's New Normal; strive for new achievements; accelerate the new – type urbanization marked by human – oriented characteristic, combination of industry and city, integration of urban and rural, as well as regional coordination; promote the transformation of urban economy to innovative, intelligent, environmental and low – carbon condition; construct a social management system features openness, inclusiveness, harmonious and multi – governance; motivate the comprehensive transformation of cities through deepening the reformation and innovation.

Keywords: The 13th Five – year plan; Urban Development; Innovation – driven; Transformation

B Ⅱ Comprehensive Reports

B.2 Evaluation of Healthy Development in Chinese Cities

Shan Jingjing, Wu Zhanyun and Geng Ya'nan / 037

Abstract: In recent years, city healthy development has received increasing concerns from local and central governments in our country. Local governments have energetically implemented the healthy city plan, and the city health project has steped into a new stage from the pilot exploration to the comprehensive promotion. Evaluation results show that, in 2014, the city healthy development level in our country has been increased to a certain extent, but the sub –healthy cities still take a large proportion. From the perspective of regional structure, the "east strong-west weak" pattern is remarkable, and the gaps between five city agglomerations are still significant. The healthy development level of Pearl River Delta city agglomeration ranks first among the city agglomerations, the ecological environment problem of Beijing –Tianjin –Hebei city agglomeration is the most outstanding one, while the performance of city security ability of the Yangtze river delta and the Pearl River Delta city agglomerations are quite poor. From the perspective of city size, the healthy development level of big cities has advantages as a whole but the healthy environment and city management index of megacity are at the bottom of the list; Healthy development level of resource –based cities is far below ecological cities and the largest short board is construction of society and people's livelihood.

Keywords: Healthy city; Healthy development Index; Evaluation system; Sub-Health

B.3 The Development Situation and Trend of Urbanization in China

Sheng Guangyao / 072

Abstract: This article would analyze China's urbanization development in the

12th Five-Year Plan and predict its development trend in the 13th Five-Year Plan from the four aspects: urban population growth change, urbanization speed difference, population flow distribution pattern and city capital construction. During the 12th Five-Year Plan, national population urbanization and city construction continue to rise rapidly. However, compared the economic development in the 11th Five-year period, the growth speed of urban population growth, urbanization and municipal fixed asset investment has declined. In eastern regions, the urbanization speed is slower and the municipal construction investment scale is shrinking, whereas in central and western regions, the urbanization is accelerating and construction investment scale is expanding substantially. Looking into the future, in the 13th Five-Year Plan, the national population urbanization speed will continue to slow, and the regional disparity in urbanization level will further narrow down. At the same time, the transformation development of urbanization will grow more urgent.

Keywords: Urbanization, Development Situation, Regional Disparity, Development Trend

B Ⅲ Economic Reports

B. 4 Analysis in Transformation and Upgrading of Urban
       Economy under New Economic Normality
       Huang Shunjiang / 087

Abstract: During the Twelfth Five-Year, our cities have maintained the trend of rapid growth. At the same time, however, cities also encounter the problem of weak growth. In the background that Chinese economy enters a new normality, urban economy should make a substantial progress in transformation and upgrading in the Thirteenth Five-Year. The direction of urban economic transformation is toward high-end by establishing the modern industrial system, which is made up of advanced manufacturing, modern service industry and modern agriculture. The fundamental path of transformation is technological innovationtowards intelligent, green, and lean.

Keywords: New Economic Normality, Transformation and Upgrading, Modern Industry System

B.5 Tendency and Characteristic of Industrial Convergence
in the Information Era
Wu Zhanyun, Shan Jingjing, Cai Yifei and Su Hongjian / 103

Abstract: As China's economic develop into the service era and the new normal, industrial convergence has become an important approach to ease economic downturn, promote integration of informatization and industrialization, and optimize economic structure. Based on the conception of industrial convergence, the paper firstly analyzed the tendency and characteristic of industrial convergence, then prejudged the key field and new mode, discussed industrial convergence in Beijing as the regional practice, and offered policy proposal finally.

Keywords: Information era; Industrial Convergence; Internet Plus; Business Innovation

B.6 The Influence and Revelation of the "Free Trade Zone"
Strategy to the Urban Economy *Qian Jie* / 120

Abstract: Under the background of China's New Normal, in-depth analysis the important meaning and the major influence of China's FTA strategy to promote the Urban Economy of China, and take this as the focal point of improving the growth of the Chinese economy. And the reference of the international FTZ to the Chinese FTA strategy、Urban Economy.

Keywords: FTZ; Urban Economy

B Ⅳ Social Reports

B.7 Social Governance and Social Organization Construction
Li Guoqing / 133

Abstract: The "12th Five Year Plan" period is a landmark period because during that time, China transitioned from economic construction oriented development to social oriented development. During the social management innovation stage from 2011 to 2013, with the strengthening of the government's social management functions, community became an important platform for mass participation in social management, and the dual management system of social organization as well as the whole social management structure changed significantly. During the period 2014 − 2015, the early social governance stage, the focus has been on deepening the reform of the social organization management system. The idea of "social governance" denotes the co − participation of multivariate subjects. The overall objective of urban social development in the "13th Five Year Plan" period is to establish the "social standard idea" and "life − oriented principle" in cities. In order to realize social governance, the government must provide public services, as well as establish a city − based social governance structure. Further we need to promote the polycentric governance capacity of public resources in the city, and the community grid platform should be a full partner in practical problem solving. We need to foster the development of social organizations and transform homeowner associations into property self − governance organizations in a real sense. Meanwhile, urban safety management systems should be based in the latest emergency management practice and instruct community members in emergency management measures.

Keywords: Social Governance Structure; Service Oriented Government; Community Grid Platform; Social Organization Governance; Homeowner Governance; Urban Security Management

B. 8   Chinese − oriented Pension Insurance System:
　　　 Choice of Improving Urbanization Mechanism   *Lu Haiyuan* / 148

Abstract: China's pension insurance system reform has made great achievements during the 12th Five − year Plan period, including basically realized the full coverage of pension insurance system, as well as built two basic system platforms, which are pension insurance system for urban workers and for urban − rural residents. In the background of new − typed urbanization, based on the review and summary of the achievements, this article discussed the integration, choice and consolidation of the two system platforms, analyzed the necessary and the problems of pension insurance system reform, and pointed out that China's pension insurance system needs further change. In the coming 13th Five -year Plan period, we need do top - level design of reform and innovation better, adhere to the route of "two - way advancement", "small integration" and "major integration", fully establish a national united as well as urban - rural united pension insurance system with a combination of basic pension and individual account, complete Chinese orientation and consolidation in pension insurance system, further to improve urbanization mechanism, so as to provide a solid institutional guarantee for new - typed urbanization and the building of a well - off society in an all round way.

Keywords: Pension Insurance System with Chinese Characteristics; Two Basic System Platforms; Urbanization Mechanism

B. 9　The Construction and Development of Urban Housing
　　　Security System in China　　　　　　　　　　*Dong Xin* / 160

Abstract: On the basis of the review of urban housing security system development process in China, this paper summarizes the construction achievements of urban housing security system in the "Twelfth Five Year Plan" period, and analyzes the existing problems of urban housing security system. Then the paper looks forward to the development orientation, the focal points and trend of urban housing security system in the "Thirteenth Five Year Plan" period. At last, the relevant policy suggestions are put forward in order to solve the existing problems of the housing security system in China.

Keywords: Urban housing security system; "Twelfth Five - Year Plan" period; "Thirteenth Five - Year Plan" period

ⅠB Ⅴ　Ecological Environment Reports

B. 10　The Situation and Countermeasures of China's
　　　　Urban Environmental Protection　　　　　　*Li Yujun* / 172

Abstract: In the overall, China's urban environmental quality has been improved during 2011 – 2014, but it could not reach the public demand. In this paper, the authors indicated the challenges and countermeasures of urban environmental protection during the period of Thirteen Five.

Keywords: Urban; Environmental Protection; Pollution Control; Environmental Risk

B. 11 Assessment and Suggestions on China's Low – carbon Pilots
Shi Weina, Zhuang Guiyang / 186

Abstract: It is the effective path for proactively exploring the low – carbon development way suited for China's situation, transforming the economic development mode and the impartment device for addressing climate change by promoting the low – carbon piloting and demonstration. China has identified 42 low – carbon pilots (including cities and provinces) since July 2010. By present, it passed 5 years, during which the low carbon pilots have accumulated effective experiences, at the same time, problems are presented. This paper aims, for one hand, make assessment of the low – carbon piloting work from the connotation, standards, existing problems during the 12th Five – Year Plan period, for the other hand, comparing with the work plan, whether the accomplishment meet with the target will be assessed. At last, suggests are raised for the piloting future work during the 13th Five Year Plan period.

Keywords: Low – carbon Pilot; Assessment

B VI Construction Management Reports

B. 12 Problems and Countermeasures of Smart City
       Construction in China
Cong Xiaonan, Liu Zhiyan and Wang Yi / 199

Abstract: This paper argued that although construction of smart cities in China followed closely with other countries, the concept and construction institution was still behind advanced countries. Utilizing pilot and demonstration patterns was conducive to explore the suitable way of construction of China's smart cities, and narrow the gap between China and advanced countries. The authors analyzed the eight problems in the construction of smart cities in China, and offered some proposals on promoting construction levels from several aspects, such as forming construction pattern, expanding the application system, strengthening R&D and industry support, and integrating pilot projects.

Keywords: Smart Cites; Problems; Countermeasures

B.13 Urban Security and Construction of the Emergency Management System *Li Hongyu, Liang Shangpeng* / 217

Abstract: The article reviews and analyzes China's urban emergency incident and China's urban security and emergency management system during the 12th five-year plan. Then, the article points out some problems of urban security and emergency management system, such as the lack of economic security management, the practice and theory mismatches, the legal system construction lagging, the insufficient validity of communal participation and the lack of lateral ties. Based on the present situation, learning the advanced experience of the emergency management system in New York, Tokyo and London, the article points out the ideas and key points of urban security and emergency management system during the 13th five-year plan. That is management system changing to be comprehensive and diversified, management mechanism changing to be whole process design, management technology changing to be elaborative and intelligent, management legislation changing to be "legislation first".

Keywords: Urban Security; Emergency Management; the 13th Five-year; Plan

B.14 Study on the Governance of Mega-cities in China
Song Yingchang / 231

Abstract: According to the new classification standards, there are eight mega-cites in China, including Shanghai, Beijing, Shenzhen, Chongqing, Tianjin,

Nanjing, Guangzhou and Shenyang. They have eight characteristics, specifically high administrative rank, strong economic power, a large number of non-household register population, massive civilian car ownership, less per capita road area, high ratio of housing price and income, aggregation of high quality education and medical resources, concentrated energy consumption. In the development process, eight mega-cities face the common problems, that is excessive accumulation of population, traffic congestion, high housing price, strong resources and environmental constraints etc.. In the future, governing the mega-cities, China need to draw up a scientific governance planning firstly, to build a perfect "filter" for factor agglomeration secondly, to do the transitional policy arrangements thirdly, to solve external problems for mega-cites governance.

Keywords: Mega-Cities; Development Characteristics; Governance Thinking

B.15 Urban Municipal Tunnel: International Experience and the Key Issues of Comprehensively Development in China

Deng Jun, Chen Hongbo / 246

Abstract: Urban municipal tunnel is a fundamental measure to solve issues of "zipper road" and "cobweb-style road". It is a key action to improve the level of the underground pipeline infrastructure in China, and is an important handle to build ecological civilization and to promote new urbanization. Municipal tunnel in mainland China has been faced a major opportunity for the rapid development of the third generation, so the government issued some supportive policies, regulations and codes which mentioned construction and management of the municipal tunnel must be referenced from Europe, Japan, and other advanced counties, to solve the key issues of construction and management of the municipal tunnel, to comprehensivelydevelop urban municipal tunnel construction, and to urge municipal tunnel standardization, modernization and popularization energetically.

Keywords: Urban Municipal Tunnel; International Experience; Comprehensive Benefit; Policy; Key Issue

B VII Cases Reports

B.16 The Exploration and Practice of Social Administration Innovation in Jiayuguan

Jiayuguan Social Administration Innovation Research Group / 262

Abstract: As one of the comprehensive experimental and representative cultivating cities, Jiayuguan has actively promoted Institutional mechanism innovation in social administration, carried on beneficial exploration in both governance system and capacity, and accumulated some experience. The core of Jiayuguan Experience, which has realized a benign interaction, is to set up the fundamental frame with "one main line, three reform and four governance" according to the idea of "big governance". "The main line" is to set the people's livelihood as the root, solid the foundation, integrate urban and rural areas, innovate the carriers, multi - co - governance and promote harmony. The "three reform" is to streamline the administrative level, standardize the operating mechanism, and expand the service function. The "four main governance" is to set up the social governance system from the source in a comprehensive, systematic and legal way. The exploration and practice in Jiayuguan shows that the social governance innovation must adhere to the people's livelihood as the core, strengthening the grass - roots as the foundation, improving the mechanism as the safeguard, ruling by law as the foundation and information platform as the carrier.

Keywords: Social Administration; Jiayuguan; People's Livelihood as the Foundation; Multi -co -governance

B.17 A Research on Model of Public Bicycles in Hangzhou

Zhang Xianchun, Tao Xuejun / 278

Abstract: This article is aiming at establishing a public bicycle service system that can be integrated in public transport system of city, making bicycle a complementary of city's public transport system as public products, taking an established place in city's public transport by applying brand - new ideas, conducting self - brand - building in a brand - new though, realizing the highly - effective circulate of public products using modern technology, establishing a modern intelligent management system of public bicycle that can be referred as milestone. By the means of constantly innovation, Hangzhou has built a public bicycle service brand with the label of "Hangzhou Model".

Keywords: Public Transport; Public Bicycle; Five - in - one; Hangzhou Model; Sustainable Development

B. 18　The Exploration and Practice of Ecological Civilization Construction in Sanya　　　　　*Zhu Huanhuan, Shan Jingjing* / 288

Abstract: The good ecological environment is the basis on which Sanya can build an international first - class tropical tourism city. However, with the rapid expansion of the city, the vigorous development of tourism, real estate and other industries, Sanya's ecological civilization construction is facing unprecedented challenges, such as the surrounding reclamation and the directly discharge of pollution that lead to the marine ecological degradation and the seizure and destruction of resources in urban development and construction. How to take advantage of ecological environment to promote the coordinated development among economic, social and ecological is the key problem for Sanya's healthy development in the coming period. Therefore, it is necessary for Sanya to firmly establish the "ecological concept of city construction and environmental priorities; classified guidance and partition propulsion; overall planning and highlighting; government guidance and social participation" development philosophy in the ecological civilization construction.

Keywords: Sanya; Ecological Civilization Construction; Achievements; Problems; Countermeasures

B. 19　Developing Model and Routine of Mass Entrepreneurship
and Innovation: Introduction to the Enterprise Incubation
Platform Construction of Beijing　　　　　　　　　*Hu Hao* / 299

Abstract: On the summer Davos Forum of 2014, Primer Li Ke – qiang Propose that entrepreneurship and innovation should develop freely in the whole society like the blood flow in the body. China needs to develop the "twin engines" of popular entrepreneurship and mass innovation to improve quality and effectiveness of Chinese economy, And Mass entrepreneurship and innovation are important for implementing a new growth strategy When China comes to a "new normal" phase of slower growth. In 2015 the state council also issued "Guidelines of developing public entrepreneurship places to promote the Mass entrepreneurship and innovation" and "Guidelines to promote mass entrepreneurship, innovation". How to arouse the masses entrepreneurship effectively, how to promote the Small and Medium – sized Enterprises rapid develop in the Innovative entrepreneurial community? They are the key research problems need to be thought deeply. This paper concentrates on three different enterprise incubation or cultivation platform models: the construction of centralized office places, the construction of public entrepreneurship places and the construction of Innovative business incubation. And then summarizes the development of 3 real – life cases correspondingly: Zhongyuantongda (Beijing) Business Center, 3W coffee in zhongguancun and Big Bang Café in Beijing Central Business District. And then discusses the developing mode and routine of Mass entrepreneurship and innovation in Beijing and how to stimulate the enthusiasm of public and enterprise through the construction of incubation platform. Hoping it can provide some reference conclusions or policy guidance to the development of Mass entrepreneurship and innovation in some cities.

Keywords: Mass Innovation; Popular Entrepreneurship; Incubation; Small and Medium – sized Enterprises; Maker Space

B. 20　Public Participation and Urban Governance:
the Solution of Problem of Tongdewei

Hu Gang, Yang Jin / 309

Abstract: Owing to the postponing of planning and the relatively rapid developing of cities during the urban development in China, problem of not matching the development of central city areas like challenges of traffic, education, public security and hygiene have occurred in many edge areas of urban. These edges of urban areas was not lagging behind formerly, but evolved from the originally prosperous sections of cities into the present less developed edge areas in the context of hastily extending of cities. The problems of Tongdewei presented in this case study is a typical problem of urban areas governance of Guangzhou city, and is a longstanding difficult challenge as well. This case study describes the problem – solving progress of Tongdewei, and is trying to search for a problem – solving method or referred as "Model of Tondewei", an urban governance method based on public scrutiny and public participation, in order to explore the effective urban governance method of China and provide inspiration and reference of urban areas governance to Guangzhou province and other cities, to gradually transmit urban management into urban governance, which indicates important practical significance.

Keywords: Urban Governance; Non – governmental Organization; Public Participation

法律声明

"皮书系列"(含蓝皮书、绿皮书、黄皮书)之品牌由社会科学文献出版社最早使用并持续至今,现已被中国图书市场所熟知。"皮书系列"的LOGO（ ）与"经济蓝皮书""社会蓝皮书"均已在中华人民共和国国家工商行政管理总局商标局登记注册。"皮书系列"图书的注册商标专用权及封面设计、版式设计的著作权均为社会科学文献出版社所有。未经社会科学文献出版社书面授权许可,任何使用与"皮书系列"图书注册商标、封面设计、版式设计相同或者近似的文字、图形或其组合的行为均系侵权行为。

经作者授权,本书的专有出版权及信息网络传播权为社会科学文献出版社享有。未经社会科学文献出版社书面授权许可,任何就本书内容的复制、发行或以数字形式进行网络传播的行为均系侵权行为。

社会科学文献出版社将通过法律途径追究上述侵权行为的法律责任,维护自身合法权益。

欢迎社会各界人士对侵犯社会科学文献出版社上述权利的侵权行为进行举报。电话:010-59367121,电子邮箱:fawubu@ssap.cn。

社会科学文献出版社

权威报告·热点资讯·特色资源

皮书数据库
ANNUAL REPORT(YEARBOOK) DATABASE

当代中国与世界发展高端智库平台

皮书俱乐部会员服务指南

1. 谁能成为皮书俱乐部成员？
- 皮书作者自动成为俱乐部会员
- 购买了皮书产品（纸质书/电子书）的个人用户

2. 会员可以享受的增值服务
- 免费获赠皮书数据库100元充值卡
- 加入皮书俱乐部，免费获赠该纸质图书的电子书
- 免费定期获赠皮书电子期刊
- 优先参与各类皮书学术活动
- 优先享受皮书产品的最新优惠

3. 如何享受增值服务？

（1）免费获赠100元皮书数据库体验卡

第1步 刮开附赠充值的涂层（右下）；
第2步 登录皮书数据库网站（www.pishu.com.cn），注册账号；
第3步 登录并进入"会员中心"—"在线充值"—"充值卡充值"，充值成功后即可使用。

（2）加入皮书俱乐部，凭数据库体验卡获赠该书的电子书

第1步 登录社会科学文献出版社官网（www.ssap.com.cn），注册账号；
第2步 登录并进入"会员中心"—"皮书俱乐部"，提交加入皮书俱乐部申请；
第3步 审核通过后，再次进入皮书俱乐部，填写页面所需图书、体验卡信息即可自动兑换相应电子书。

4. 声明

解释权归社会科学文献出版社所有

皮书俱乐部会员可享受社会科学文献出版社其他相关免费增值服务，有任何疑问，均可与我们联系。

图书销售热线：010-59367070/7028
图书服务QQ：800045692
图书服务邮箱：duzhe@ssap.cn

数据库服务热线：400-008-6695
数据库服务QQ：2475522410
数据库服务邮箱：database@ssap.cn

欢迎登录社会科学文献出版社官网
（www.ssap.com.cn）
和中国皮书网（www.pishu.cn）
了解更多信息

社会科学文献出版社 皮书系列
SOCIAL SCIENCES ACADEMIC PRESS (CHINA)

卡号：313579267065
密码：

子库介绍
Sub-Database Introduction

中国经济发展数据库

涵盖宏观经济、农业经济、工业经济、产业经济、财政金融、交通旅游、商业贸易、劳动经济、企业经济、房地产经济、城市经济、区域经济等领域，为用户实时了解经济运行态势、把握经济发展规律、洞察经济形势、做出经济决策提供参考和依据。

中国社会发展数据库

全面整合国内外有关中国社会发展的统计数据、深度分析报告、专家解读和热点资讯构建而成的专业学术数据库。涉及宗教、社会、人口、政治、外交、法律、文化、教育、体育、文学艺术、医药卫生、资源环境等多个领域。

中国行业发展数据库

以中国国民经济行业分类为依据，跟踪分析国民经济各行业市场运行状况和政策导向，提供行业发展最前沿的资讯，为用户投资、从业及各种经济决策提供理论基础和实践指导。内容涵盖农业，能源与矿产业，交通运输业，制造业，金融业，房地产业，租赁和商务服务业，科学研究，环境和公共设施管理，居民服务业，教育，卫生和社会保障，文化、体育和娱乐业等100余个行业。

中国区域发展数据库

以特定区域内的经济、社会、文化、法治、资源环境等领域的现状与发展情况进行分析和预测。涵盖中部、西部、东北、西北等地区，长三角、珠三角、黄三角、京津冀、环渤海、合肥经济圈、长株潭城市群、关中—天水经济区、海峡经济区等区域经济体和城市圈，北京、上海、浙江、河南、陕西等34个省份及中国台湾地区。

中国文化传媒数据库

包括文化事业、文化产业、宗教、群众文化、图书馆事业、博物馆事业、档案事业、语言文字、文学、历史地理、新闻传播、广播电视、出版事业、艺术、电影、娱乐等多个子库。

世界经济与国际政治数据库

以皮书系列中涉及世界经济与国际政治的研究成果为基础，全面整合国内外有关世界经济与国际政治的统计数据、深度分析报告、专家解读和热点资讯构建而成的专业学术数据库。包括世界经济、世界政治、世界文化、国际社会、国际关系、国际组织、区域发展、国别发展等多个子库。